DIE DDR
EINE CHRONIK DEUTSCHER GESCHICHTE

DIE DDR

EINE CHRONIK DEUTSCHER GESCHICHTE

VORWORT

Brandenburger Tor, 1989.

Mit der Beendigung des Zweiten Weltkrieges ging die größte kriegerische Auseinandersetzung der Weltgeschichte zu Ende. Das Dritte Reich Adolf Hitlers, in dem man ausgezogen war, eine Hegemonialstellung in der Welt zu erobern, musste bedingungslos kapitulieren, war von einem Subjekt der Geschichte zu einem Objekt der Siegermächte herabgesunken. Not, Elend und Trümmer plagten das geschlagene Volk. Der gemeinsame Wille der Sieger, es die Niederlage deutlich spüren zu lassen, prägte das Gesicht der unmittelbaren Nachkriegszeit. Doch bald schon war es mit einem gemeinsamen Willen der Anti-Hitler-Koalition vorbei. Der offene Bruch zwischen der Sowjetunion und den Westmächten wurde zum Schicksal der deutschen Nation.

Danach hatte die sich schon unmittelbar nach Kriegsende abzeichnende Spaltung Deutschlands mehr und mehr vertieft. Bald standen sich auf deutschem Boden zwei deutsche Staaten gegenüber, getrennt durch zwei grundsätzlich andersartige Gesellschaftssysteme, getrennt durch die am schärfsten bewachte Grenze der Welt. Das Zusammentreffen von Willy Brandt und Willi Stoph in Erfurt und Kassel hatte gezeigt, wie unvereinbar sich die beiden deutschen Staaten BRD und DDR gegenüberstanden, wie nachdrücklich die Machthaber in Ostberlin auf der völkerrechtlichen Anerkennung ihrer Republik durch Bonn beharrten, wobei diese Politik der Eigenständigkeit der DDR mit dem Staatsbesuch Erich Honeckers im September 1987 in der Bundesrepublik, als er von Kanzler Kohl mit allen Ehren empfangen worden war, ihren Höhepunkt erreicht hatte.

Zwei Jahre später jedoch blieben die Worte des Geburtstagsgrußes von Michail Gorbatschow zum 40. Jahrestag der DDR-Staatsgründung im Oktober 1989, „Wer zu spät kommt, den bestraft das Leben", bei der SED-Führung ungehört. Das Volk hingegen hatte die Botschaft richtig verstanden. Am 9. November überwand es die Mauer und ließ vier Jahrzehnte des „real existierenden Sozialismus" hinter sich. Ein Jahr später, nach dem Beitritt der neuen Bundesländer in die Bundesrepublik, war die Deutsche Demokratische Republik schon Geschichte.

Die Chronik dieser Geschichte aufzuzeigen hat sich die vorliegende Dokumentation zum Ziel gesetzt, wobei die zahlreichen Originalunterschriften von ADN / Zentralbild zeigen, wie die SED-Führung die Wirklichkeit ihres Staates gesehen wissen wollte und wie sie auch viele Millionen DDR-Bürger tatsächlich gesehen haben. Eine Auswahl von Bildern und Texten will dazu neben Politik, Wirtschaft, Kultur und Sport insbesondere auch den Alltag berücksichtigen, sodass ein vielfältiges Bild der ehemaligen DDR entsteht, die aus der Geschichte Deutschlands nicht mehr wegzudenken ist.

1945

Ende April/Anfang Mai treffen die drei Initiativgruppen der KPD aus der Sowjetunion kommend in Deutschland ein und nehmen im sowjetisch besetzten Gebiet ihre Tätigkeit auf: die Gruppe Ulbricht im Raum Berlin, die Gruppe Ackermann in Sachsen und die Gruppe Sobottka in Mecklenburg/Vorpommern.

7./8.5. Bedingungslose Kapitulation der Wehrmacht in Reims/Frankreich und in Berlin-Karlshorst.

9.5. Erklärung Stalins zum Kriegsende, worin es heißt, dass Deutschland weder zerstückelt noch vernichtet werden soll; als Sonderbeauftragter der Regierung der Sowjetunion trifft A. I. Mikojan zur Beurteilung der Lage in Deutschland in Berlin ein.

17.5. Einsetzung eines Magistrats unter Oberbürgermeister Dr. A. Werner in Berlin durch den sowjetischen Stadtkommandanten.

23.5. Verhaftung der am 2.5. in Mürwik/Flensburg nach Hitlers Selbstmord gebildeten Reichsregierung unter Admiral Dönitz durch britische Truppen.

5.6. Bekanntgabe der Deklaration über die Niederlage Deutschlands und die Übernahme der obersten Gewalt in Deutschland durch die Regierungen der UdSSR, USA, Großbritanniens und Frankreichs; Bildung des Alliierten Kontrollrates für Deutschland in Berlin.

9.6. Bildung der Sowjetischen Militäradministration in Deutschland (SMAD) in Berlin.

10.6. Befehl Nr. 2 der SMAD: Zulassung antifaschistisch- demokratischer Parteien und Gewerkschaften in der sowjetischen Besatzungszone.

11.6. Aufruf des Zentralkomitees der Kommunistischen Partei Deutschlands (KPD); Neukonstituierung der KPD.

15.6. Bildung eines Initiativausschusses zur Gründung antifaschistisch-demokratischer Gewerkschaften in Berlin.

15./17.6. Neukonstituierung der Sozialdemokratischen Partei Deutschlands (SPD); Bildung des Zentralausschusses in Berlin.

19.6. Abkommen über Aktionsgemeinschaft zwischen KPD und SPD; Bildung eines gemeinsamen Arbeitsausschusses zwischen dem ZK der KPD und dem Zentralausschuss der SPD in Berlin.

26.6. Gründung der Christlich-Demokratischen Union Deutschlands (CDU) in Berlin.

1.-3.7. Abzug der amerikanischen und britischen Truppen aus den östlichen Teilen der SBZ; Einrücken der Westalliierten in ihre Besatzungssektoren in Berlin.

4.-16.7. Bestätigung von Landes- bzw. Provinzialverwaltungen für Mecklenburg, Sachsen, Thüringen, die Mark Brandenburg und Sachsen-Anhalt durch die SMAD.

5.7. Gründung der Liberal-Demokratischen Partei Deutschlands (LDPD) in Berlin.

In der Nacht vom 8. auf den 9. Mai wurde in Berlin-Karlshorst im Namen der Deutschen Wehrmacht die bedingungslose Kapitulation unterzeichnet. Von links:: Generaloberst Stumpff, Generalfeldmarschall Keitel und Admiral von Friedeburg.

8.7. Gründungskonferenz für den Kulturbund (KB) zur demokratischen Erneuerung Deutschlands in Berlin.

11.7. Mit Befehl Nr. 1 übernimmt die interalliierte Militärkommandantur die Kontrolle über Groß-Berlin und teilt die Stadt in 4 Besatzungssektoren ein.

14.7. Bildung des Blocks der antifaschistisch-demokratischen Parteien und eines gemeinsamen Ausschusses aus je

Das berühmte Photo von den Soldaten der Roten Armee, die die sowjetische Fahne auf dem Berliner Reichstag hissen, ist gestellt. Der Photograph inszenierte die Aktion am 2. Mai, zwei Tage nachdem Artilleristen die Ruine erobert und eine erste rote Fahne an der Frontseite befestigt hatten.

1945

5 Vertretern von KPD, SPD, CDU und LDPD in Berlin („Antifa-Block").

17.7.-7.8. Potsdamer Konferenz der 3 Kriegsalliierten unter Vorsitz von Stalin, Truman, Churchill/Attlee; Regelung wichtiger Fragen zur Behandlung Nachkriegsdeutschlands und anderer vom Krieg betroffener Staaten in Europa durch das Potsdamer Abkommen; diesen Vereinbarungen waren während des Krieges die Treffen der drei Kriegsalliierten in Teheran (28.11.-1.12.1943) und Jalta (4.-11.2.1945) unter Beteiligung von Churchill, Roosevelt und Stalin sowie weitere Konferenzen der Außenminister vorausgegangen. Außerdem war als ständiges Gremium zur Erarbeitung von Vorschlägen über die Neuordnung Europas die European Advisory Commission mit Sitz in London gebildet worden.

27.7. Mit Befehl Nr. 17 beschließt die SMAD die Errichtung von 11 ihr zugeordneten Zentralverwaltungen in der SBZ.

Potsdamer Konferenz (v. l. n. r., sitzend): Premierminister Attlee (Nachfolger Churchills seit 26.7.), Präsident Truman, J.W. Stalin, (dahinter, stehend): Admiral Leahy, E. Bevin, J. Byrns und W. Molotow.

31.7. Bildung antifaschistischer Jugendausschüsse durch die SMAD zugelassen; Gründung eines zentralen Jugendausschusses und Wahl von E. Honecker zum Vorsitzenden am 10.9. in Berlin.

4.8. Frankreich tritt dem Potsdamer Abkommen vom 2.8. nachträglich bei.

3.-11.9. Mit dem Erlass von Verordnungen der Länder- bzw. Provinzialverwaltungen der SBZ zur Durchführung einer Bodenreform beginnt ein Prozess der Umwälzung der gesellschaftlichen und wirtschaftlichen Strukturen in der SBZ; am 5.9. setzten sich die vier Parteien des Antifa-Blocks für die sofortige Durchführung der Bodenreform ein.

1.10. Wiederaufnahme des Schulunterrichts in der SBZ; das ZK der KPD und der Zentralausschuss der SPD sprechen sich am 18.10. in einer gemeinsamen Erklärung für die allseitige Demokratisierung des Schulwesens aus.

3.10. Mit Befehl Nr. 49 verfügt die SMAD die Entfernung aller NSDAP-Mitglieder aus dem Justizdienst.

10.10. Mit seinem Gesetz Nr. 2 verfügt der Alliierte Kontrollrat die Auflösung und das Verbot aller NS-Organisationen in Deutschland.

17.10. Beginn der Bildung von Ausschüssen der gegenseitigen Bauernhilfe als Vorläufer der Organisation Vereinigung der gegenseitigen Bauernhilfe (VdgB).

18.10. Konstituierung und Anklageerhebung des Internationalen Militärgerichtshofes für den Hauptkriegsverbrecher Prozess in Berlin, der vom 20.11.1945 bis 30.9.1946 in Nürnberg stattfand.

22.10. Die SMAD räumt den Länder- bzw. Provinzialverwaltungen das Recht ein, Gesetze und Verordnungen mit Gesetzeskraft zu erlassen.

30./31.10. Mit den Befehlen Nr. 124 und 126 schafft die SMAD die gesetzliche Grundlage zur Sequestrierung und Konfiszierung von Eigentum des deutschen Staates, der NSDAP, der Wehrmacht sowie großer Industrie-, Bergbau- und Handelsunternehmen.

1.11. Zulassung von antifaschistischen Frauenausschüssen durch die SMAD; Vorläufer des am 8.3.1947 in Berlin gegründeten Demokratischen Frauenbundes Deutschlands (DFD).

2./3.12. Erste Tagung von Funktionären und Delegierten der Landesjugendausschüsse der SBZ in Berlin; Beratung über den Aufbau einer antifaschistischen Einheitsorganisation der Jugend.

8.-21.12. Auseinandersetzungen innerhalb des Parteienblocks um die Durchführung der Bodenreform; die Vorsitzenden der Christlich-Demokratischen Union Deutschlands (CDU), Hermes und Schreiber, müssen auf Drängen der SMAD wegen Verweigerung ihrer Zustimmung zur entschädigungslosen Enteignung des Großgrundbesitzes von ihren Ämtern zurücktreten; den Vorsitz der CDU übernimmt Jakob Kaiser.

20./21.12. Gemeinsame Konferenz (Sechziger Konferenz) des ZK der Kommunistischen Partei Deutschlands (KPD) und des Zentralausschusses der Sozialdemokratischen Partei Deutschlands (SPD) in Berlin; in einer Resolution wird die baldige Vereinigung beider Parteien beschlossen.

1946

17.-18.1. Tagung der Theaterfachleiter Sachsens in Dresden. Es spricht Herbert Gute (Aufgaben des Theaters im demokratischen Wiederaufbau).

20.1.-8.2. Die Universitäten in Berlin (20. Januar), Halle-Wittenberg (1. Februar), Leipzig (5. Februar), Greifswald (15. Februar) und Rostock (25. Februar) sowie die Bergakademie Freiberg (8. Februar) nehmen ihre Lehrtätigkeit wieder auf.

21.1. Der Verlag Die Wirtschaft nimmt seine Tätigkeit auf.

22.1. Die Ausbildung an der Fachschule für Bibliothekare in Berlin beginnt mit dem ersten Kurzlehrgang.

23.1. Mitteilung über die Gründung des Kulturausschusses der KPD, SPD und des FDGB in Berlin „Gemeinsamer Kulturausschuss der Arbeiterorganisationen.

23.1. Befehl des Obersten Chefs der SMAD über die Eröffnung und Tätigkeit von Volkshochschulen.

28.1. Verband der Deutschen Presse als dem FDGB angeschlossene Organisation gegründet.

Anfang Februar erscheint im zweiten Heft der „Einheit – Monatsschrift zur Vorbereitung der Sozialistischen Einheitspartei" ein Artikel des ZK-Mitgliedes A. Ackermann: „Gibt es einen besonderen deutschen Weg zum Sozialismus?".

1.2. Satzung für Volksbüchereien festgelegt.

3.-5.2. Erste Zentrale Kulturtagung der KPD in Berlin. Reden von Anton Ackermann (Unsere kulturpolitische Sendung), Walter Bartel (Volkshochschulen und Erwachsenenbildung), Josef . Naas (Die demokratische Erneuerung des deutschen Schul- und Bildungswesens) und Wilhelm Pieck (Um die Erneuerung, der deutschen Kultur).

9.-11.2. Gründungskongress (1. Bundeskongress) des Freien Deutschen Gewerkschaftsbundes (FDGB) in Berlin; Hans Jendretzky (KPD), Bernhard Göring (SPD), Ernst Lemmer (CDU) werden als Vorsitzende gewählt.

7.3. Gründung der Freien Deutschen Jugend (FDJ) in Berlin; Vorsitzender der Einheitsorganisation wird E. Honecker.

31.3. Urabstimmung der Westberliner Kreisverbände der SPD unter dem Schutz der Westalliierten zur Frage der Vereinigung von SPD und KPD; auf dem Höhepunkt der Auseinandersetzungen um die Gründung der Sozialistischen Einheitspartei Deutschlands (SED) geben über 2/3 der SPD-Mitglieder ihre Stimme ab, davon lehnen 82 v. H. die sofortige Verschmelzung ab, 62 v. H. befürworten jedoch die Zusammenarbeit mit der KPD.

21./22.4. Gründung der Sozialistischen Einheitspartei Deutschlands (SED) auf dem Vereinigungsparteitag in Berlin; gemäß dem zunächst geltenden Prinzip der Parität werden W. Pieck (KPD) und O. Grotewohl (SPD) als Vorsitzende gewählt; Annahme des Statuts und der „Grundsätze und Ziele der SED"; dem Vereinigungsparteitag waren am 19./20.4. für die jeweiligen Ostzonen-Organisationen ein XV. Parteitag der KPD und XXXX. Parteitag der SPD mit dem Beschluss zur Vereinigung vorausgegangen.

23.4. 1. Tagung des Parteivorstands (PV) der Sozialistischen Einheitspartei Deutschlands (SED); Wahl des Zentralsekretariats (ZS); erstmaliges Erscheinen des Zentralorgans der SED „Neues Deutschland".

25.4.-15.5. und **15.6.-12.7.** Außenministerkonferenz der vier Kriegsalliierten in Paris; verbindliche Beschlüsse wurden nicht gefasst.

Der historische Händedruck zwischen Wilhelm Pieck (rechts) und Otto Grotewohl im Berliner Admiralspalast am 22.4.. Neben ihnen sitzend Walter Ulbricht.

Emblem der SED, 1946.

1946

17.5. Gründung der staatlichen Deutschen Film-AG (DEFA) in Potsdam-Babelsberg.

31.5. Zulassung von SPD und SED durch die Alliierte Kommandantur.

8.-10.6. I. Parlament der Freien Deutschen Jugend (FDJ) in Brandenburg.

26.10: Erste DEFA-Filmpremiere mit Wolfgang Staudtes (Regie) „Die Mörder sind unter uns". Unser Bild zeigt eine Szene mit Hildegard Knef und Wilhelm Borchert.

9.6. Eröffnungsfeierlichkeiten ist das Staatliche Beethoven-Streichquartett aus Moskau.

14.6. Gründung des Leipziger Kommissions- und Großbuchhandels, aus dem sich der sozialistische Buchgroßhandel der DDR entwickelt.

15.6. Offizielle Eröffnung der Parteihochschule „Karl Marx" beim Parteivorstand der SED in Liebenwalde bei Berlin auf Beschluss des Parteivorstandes vom 14.5.1946.

18.6. Befehl Nr. 177 des Obersten Chefs der SMAD zur Rückführung der Museumswerte und Wiedereröffnung der Museen.

30.6. Durch Volksentscheid wird in Sachsen das „Gesetz über die Übergabe von Betrieben von Kriegs- und Naziverbrechern in das Eigentum des Volkes" rechtskräftig; 93 v. H. der Stimmberechtigten nehmen am Volksentscheid teil, 77 v. H. sprechen sich für seine Annahme aus; in der Zeit vom 24.7. bis 16.8. treten in den übrigen Ländern und Provinzen der SBZ Verordnungen gleichen Inhalts in Kraft.

1.7. Befehl Nr. 187 des Obersten Chefs der SMAD zur Wiedereröffnung der Deutschen Akademie der Wissenschaften zu Berlin (Beginn der Tätigkeit der Akademie am 1. August).

1.7. Gründung des Verlages Technik in Berlin.

1.7. Gründung des Verlages für die Frau in Leipzig.

6.7. Eröffnung des Zentralmuseums des Landes Sachsen. Im Schloss Pillnitz werden Bestände der Dresdner Galerie Neue Meister und der deutschen Abteilung der Gemäldegalerie Alte Meister gezeigt.

7.7. Die kulturpolitische Wochenzeitung „Sonntag" erscheint, herausgegeben vom Kulturbund zur demokratischen Erneuerung Deutschlands.

6.-8.7. Parteitag der Liberal-Demokratischen Partei Deutschlands (LDPD) in Erfurt; Dr. W. Külz zum Vorsitzenden gewählt.

1.8. Wiedereröffnung der Deutschen Akademie der Wissenschaften in Berlin.

17.8. Der SMAD-Befehl Nr. 253 ordnet das Prinzip „gleicher Lohn für gleiche Arbeit" für alle Arbeiter und Angestellten, Männer, Frauen und Jugendliche an.

1./2.10. Das alliierte Militärtribunal verkündet die Urteile im Nürnberger Hauptkriegsverbrecher-Prozess.

1.10. Wiedereröffnung der Hochschule für Musik in Leipzig (seit 4.November 1968 Hochschule für Musik „Felix Mendelssohn Bartholdy" Leipzig).

4.10. Eröffnung der wiederaufgebauten Kammerspiele des Deutschen Theaters in Berlin mit dem Stück „Kapitän Brassbounds Bekehrung" von George Bernard Shaw (Regie: Gustaf Gründgens; Hauptdarsteller: Käthe Dorsch).

4.-6.10. Erste Tagung der Bibliothekare der sowjetischen Besatzungszone in Berlin.

20.10. Wahlen zu den Land- und Kreistagen in der SBZ sowie zur Stadtverordnetenversammlung von Groß- Berlin; die SED errang zwar in allen 5 Landtagen die meisten Abgeordnetensitze, ein Regieren ohne das Blockprinzip wäre ihr aber insbesondere in Brandenburg und in Sachsen-Anhalt unmöglich gewesen; hier hatten CDU und LDPD gemeinsam die absolute Mehrheit; in Groß-Berlin errang die SPD 48,7, die SED 19,8, die CDU 22,2 und die LDPD 9,3 v. H. der Stimmen.

9.11. Theater der Jungen Welt in Leipzig eröffnet. Erstes für die Schuljugend spielendes Theater Deutschlands. - Wiedereröffnung des Lehrbetriebes an der Kunstschule Burg Giebichenstein - Werkstätten der Stadt Halle.

10.11. Eröffnung des wiederaufgebauten Schillerhauses in Weimar.

14.11. Veröffentlichung eines Verfassungsentwurfs für eine deutsche demokratische Republik durch den Parteivorstand der SED.

3.-12.12. Bildung der Landes- und Provinzialregierungen in der SBZ; Dezember 1946 bis Februar 1947 Inkrafttreten der Länderverfassungen.

1947

1.1. Inkrafttreten des Bi-Zonen-Abkommens; Zusammenlegung der Wirtschaftsverwaltungen der amerikanischen und britischen Zone.

13.2. Stadtverordnetenversammlung von Groß-Berlin verabschiedet Gesetz zur Überführung von Konzernen und sonstigen wirtschaftlichen Unternehmen in Gemeineigentum.

14.2. Bildung einer Arbeitsgemeinschaft zwischen der Sozialistischen Einheitspartei Deutschlands (SED) in der SBZ und der Kommunistischen Partei Deutschlands (KPD) in den Westzonen in Berlin mit dem Ziel der engen Zusammenarbeit zwischen beiden Parteien.

22.2. Gründung der Vereinigung der Verfolgten des Naziregimes (VVN) in Berlin.

25.2. Mit Kontrollratsgesetz Nr. 46 beschließt der Alliierte Kontrollrat die Auflösung des preußischen Staates; ab Sommer 1947 werden in der SBZ die Provinzen Sachsen-Anhalt und Mark Brandenburg in Länder umbenannt.

1.3. Aufruf des PV der SED für einen Volksentscheid zur Bildung eines deutschen Einheitsstaates mit demokratischer Selbstverwaltung für Länder und Gemeinden.

7.-9.3. Gründung des Demokratischen Frauenbundes Deutschlands (DFD) in Berlin.

10.3.-24.4. Außenministerkonferenz der vier Alliierten in Moskau; in der deutschen Frage wird außer über die nachträgliche Bestätigung der Auflösung Preußens und der Entlassung aller Kriegsgefangenen bis Ende 1948 keine Einigung erzielt.

17.-19.4. 2. Bundeskongress des Freien Deutschen Gewerkschaftsbundes (FDGB) in Berlin.

26.4. Erste Ausstellung der Dresdner Künstlergruppe „Das Ufer" in Dresden. Zu sehen sind unter anderem Arbeiten von Rudolf Bergander, Siegfried Donndorf und Rudolf Nehmer.

Mai Wiedereröffnung der „Hochschule für Grafik und Buchkunst" Leipzig.

Mai Gründung der Künstlervereinigung „Die Fähre" in Halle. Zu ihr gehören: Fritz Baust, Werner Büttner, Albert Ebert, Herbert Finneisen, Fritz Freitag, Waldemar Grzimek, Rudolf Heinrich,

Georg Heinze, Clemens Kindling, Hanna Klitsch (später Jura), Herbert Lange, Rudolf Leonhard, Karl Erich Müller, Otto Müller, Helmut Schröder, Willi Sitte, Meinolf Splett, Brunhilde Stein, Käthe Wagner-Gobensleben, Otto Heinz Werner.

2.5. Uraufführung des DEFA-Films „Razzia" (Buch: H. G. Petersson; Regie: Werner Klingler; Hauptdarsteller: Paul Bildt, Elly Burgmer, Claus Holm, Nina Konsta, Hans Leibelt, Friedhelm von Petersson, Agathe Poschmann).

3.5. Aufführung des Stückes „Die russische Frage" von Konstantin Simonow am Deutschen Theater Berlin (Regie: Falk Harnack; Hauptdarsteller: Hannsgeorg Laubenthal, Hans Leibelt, Wolfgang Lukschy).

12.5. Der Verlag Volk und Welt beginnt seine Tätigkeit (ab 1.Januar 1964 mit dem Verlag Kultur und Fortschritt vereinigt). - Gründung des Sportverlages in Berlin.

16.-18.5. Bund Deutscher Volksbühnen (Volkskulturorganisa-tion) auf einer vom FDGB und dem Kulturbund zur demokratischen Erneuerung Deutschlands einberufenen Tagung (entsprechend einem Aufruf des Bundesvorstandes des FDGB vom 30. Januar) gegründet. Zu Vorsitzenden werden Karlheinz

3.10. DEFA-Filmpremiere. Ilse Steppat und Willi Prager in „Ehe im Schatten".

Rudolf Rocker, „Der Leidensweg von Zensi Muhsam", 1947.

1947

Martin, Walter Maschke und Inge von Wangenheim gewählt.

20./21.5. 1. Kongress des Kulturbundes (KB) in Berlin.

23.-26.5. II. Parlament der Freien Deutschen Jugend (FDJ) in Meißen.

29.5. Abschluss des Abkommens zwischen der amerikanischen und britischen Militärregierung über den Bizonen-Wirtschaftsrat, der sich am 25.6. als oberste deutsche Wirtschaftsverwaltung für die Westzonen in Frankfurt a. M. konstituiert.

4.6. Befehl Nr. 138 der SMAD über die Gründung der Deutschen Wirtschaftskommission (DWK), die als Zusammenschluss der bisherigen Zentralverwaltungen für Industrie, Verkehr, Handel und Versorgung, Land- und Forstwirtschaft sowie Brennstoff und Energie als oberste deutsche Wirtschaftsverwaltung in der SBZ am 11.6. mit Sitz in Berlin ihre Tätigkeit aufnimmt.

6.-9.6. Konferenz der Ministerpräsidenten der Länder aus allen 4 Besatzungszonen Deutschlands in München scheitert an den unterschiedlichen Direktiven der Delegationen.

6.6. Gründung der Domowina-Druckerei in Bautzen als erste Einrichtung für den Druck und für die Verbreitung des sorbischen Schriftgutes.

14.6. Eröffnung der Hochschule für Angewandte Kunst in Berlin-Weißensee (seit 1965 Kunsthochschule Berlin).

Trümmerfrauen. Allein in Berlin hat der Krieg über 70 Millionen Kubikmeter Trümmerschutt hinterlassen. – Ergebnis von mehr als 350 Bombenangriffen. Was in Jahrhunderten erbaut wurde, hat Hitlers Krieg in Jahren vernichtet.

19.6. Schreiben der Abteilung Kultur und Erziehung beim Zentralsekretariat der SED an alle Landesvorstände der SED mit der Aufforderung nach Unterstützung des Zeittheaters.

30.6. Gründung der Gesellschaft zum Studium der Kultur der Sowjetunion (auf dem 2.Kongress vom 1. bis 2. Juli 1949 in Gesellschaft für Deutsch-Sowjetische Freundschaft umbenannt). Zum ersten Vorsitzenden wird Jürgen Kuczynski gewählt.

30.6. Gründung der Gesellschaft zum Studium der Kultur der Sowjetunion; später umbenannt in Gesellschaft für Deutsch-Sowjetische Freundschaft (DSF).

4.-7.7. II. Parteitag der Liberal-Demokratischen Partei Deutschlands (LDPD) in Eisenach.

6.-8.9. II. Parteitag der Christlich-Demokratischen Partei Deutschlands (CDU) in Berlin.

8.-10.9. II. Pädagogischer Kongress in Leipzig. Referat von Paul Wandel (Ein Jahr demokratische Schulentwicklung in der sowjetischen Besatzungszone); Beschluss über Grundsätze der Erziehung in der deutschen demokratischen Schule.

20.-24.9. II. Parteitag der Sozialistischen Einheitspartei Deutschlands (SED) in Berlin.

4.-8.10. 1. Schriftstellerkongress des Kulturbundes (KB) in Berlin.

9.10. SMAD-Befehl Nr. 234 schreibt Maßnahmen zur Steigerung der Arbeitsproduktivität und zur Verbesserung der Versorgung der Werktätigen vor; Durchführung des Befehls wird zum Hauptinhalt der Gewerkschaftsarbeit erklärt; 13.10. Einführung einer neuen Arbeitsordnung und Erlass einer Verordnung über Jugendarbeitsschutz.

22.-23.11. 1. Deutscher Bauerntag in Berlin; Bildung des zentralen Verbandes der Vereinigung der gegenseitigen Bauernhilfe (VdgB).

26.11. Protestentschließung einer Kundgebung des Kulturbundes zur demokratischen Erneuerung Deutschlands in Berlin gegen das Verbot des Kulturbundes im amerikanischen und englischen Sektor von Berlin.

25.11.-15.12. Außenministerkonferenz der 4 Alliierten in London endet ohne Ergebnis in der deutschen Frage.

6./7.12. 1. Deutscher Volkskongress für Einheit und gerechten Frieden" tritt auf Initiative der SED in Berlin zusammen; ihm gehören außer Vertretern der Parteien und Massenorganisationen der SBZ auch Delegierte aus den Westzonen an; Konstituierung der Volkskongressbewegung. Wahl eines Ständigen Ausschusses als leitendes Organ; Verabschiedung einer Resolution zur Wiederherstellung der deutschen Einheit an die Londoner Außenministerkonferenz und Wahl einer Delegation, die auf Anweisung der Westmächte aber nicht empfangen wird.

20.12. Absetzung der Vorsitzenden des Hauptvorstandes der Christlich-Demokratischen Union Deutschlands (CDU), J. Kaiser und E. Lemmer, durch die SMAD wegen Verweigerung der Teilnahme am Volkskongress.

1948

30.1. Erstaufführung des Stückes „Furcht und Elend des Dritten Reiches" von Bertolt Brecht am Deutschen Theater in Berlin (Regie: Wolfgang Langhoff).

11.2. Entschließung des Parteivorstandes der SED „Intellektuelle und Partei" angenommen.

23.2.-6.3. und **20.4.-3.6.** Konferenz der 3 Westmächte und der Benelux-Staaten in London; in den „Londoner Empfehlungen" wird die Bildung eines separaten deutschen Staates aus den drei Westzonen mit der Möglichkeit der späteren Wiederherstellung der deutschen Einheit beschlossen.

26.2. Gemäß Befehl Nr. 35 der SMAD stellen die Entnazifizierungskommissionen in der SBZ ihre Tätigkeit ein.

9.3. Übernahme der zentralen Leitung und Lenkung der Wirtschaft der SBZ durch die Deutsche Wirtschaftskommission (DWK); Vorsitzender der DWK wird H. Rau (SED).

17./18.3. 2. Deutscher Volkskongress in Berlin; Wahl des Deutschen Volksrates mit Wilhelm Pieck (SED), Otto Nuschke (CDU) und Wilhelm Külz (LDPD) als Vorsitzende des Präsidiums.

20.3. Alliierter Kontrollrat für Deutschland stellt aufgrund der Auseinandersetzungen zwischen UdSSR und Westalliierten über die Londoner Sechsmächtekonferenz seine Tätigkeit ein; am 16.6. stellen die sowjetischen Vertreter ihre Mitarbeit in der Alliierten Kommandantur in Berlin ein.

17.4. Mit SMAD-Befehl Nr. 64 stellt die Sequester-Kommission ihre Tätigkeit ein; die Überführung der Betriebe der Kriegsverbrecher in Volkseigentum gilt als abgeschlossen; am 23.4. beginnt aufgrund SMAD-Befehl Nr. 76 der Aufbau von Vereinigungen Volkseigener Betriebe (VVB).

29.4. Gründung der Demokratischen Bauernpartei Deutschlands (DBD).

22./23.5. I. Kongress der Gesellschaft zum Studium der Kultur der Sowjetunion – Vorläufer der Gesellschaft für Deutsch-Sowjetische Freundschaft (DSF) – in Berlin; Wahl von Prof. Dr. Jürgen Kuczynski (SED) zum Präsidenten.

23.5.-13.6. Durchführung eines Volksbegehrens für einen Volksentscheid zur Einheit Deutschlands in der SBZ und in Teilen der Westzonen.

25.5. Gründung der National-Demokratischen Partei Deutschlands (NDPD) in Berlin.

18.-20.6. Durchführung der Währungsreform in den 3 Westzonen.

23./24.6. Blockierung der Zufahrtswege von den Westzonen nach Berlin durch sowjetische Truppen; 26.6. Beginn der Luftbrücke der Westalliierten.

23./24.6. Konferenz der Sowjetunion und der osteuropäischen Volksdemokratien in Warschau; Verurteilung der Londoner Empfehlungen und Forderung nach Bildung einer gesamtdeutschen Regierung, Abschluss eines Friedensvertrages auf der Grundlage des Potsdamer Abkommens, Entmilitarisierung Deutschlands und Reparationsleistungen auch aus den Westzonen.

24.-28.6. Währungsreform in der SBZ.

1.7. Westzonenkonferenz in Frankfurt a. M. Aufgrund der Londoner Empfehlungen übergeben die Militärgouverneure der 3 Westzonen den 11 westdeutschen Ministerpräsidenten 1. den Auftrag, bis zum 1.9.1948 einen verfassungsgebenden Parlamentarischen Rat einzuberufen, 2. die bestehenden Ländergrenzen zu überprüfen und 3. ein vorläufiges Besatzungsstatut.

5.-8.7. III. Pädagogischer Kongress in Leipzig berät über Fragen der Neulehrerausbildung. Es referieren Wilhelm Heise, Max Kreuziger, Alfred Sachse, Paul Wandel (Der neue Lehrer der neuen, demokratischen Schule - ein politisch denkender und handelnder Mensch).

9.7. Uraufführung des DEFA-Films „Grube Morgenrot" (Buch: Joachim Barckhausen, E.W.Fiedler, Alexander Graf von Stenbock-Fermor; Regie: Erich Freund, Wolfgang Schleif; Hauptdarsteller: Karl Hellmer, Claus Holm, Hans Klering, Charlotte Küter, Lotte Loebinger, Albert Venohr).

16./17.7. I. Parteikonferenz der Demokratischen Bauernpartei Deutschlands

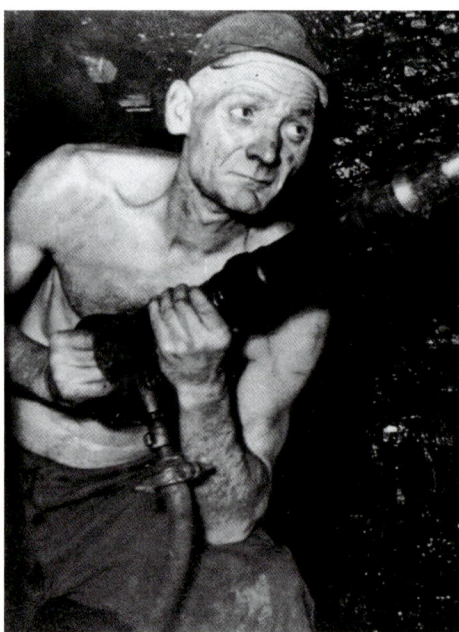

13.10. Adolf Hennecke überfüllt sein Soll um 387%. „Adolf Hennecke, Nationalpreisträger, Initiator der nach ihm benannten Aktivistenbewegung, die die Arbeitsproduktivität nicht nur durch körperliche Mehrleistung, sondern durch besseres Durchdenken der Arbeitsmethoden vergrößert." (Originalunterschrift)

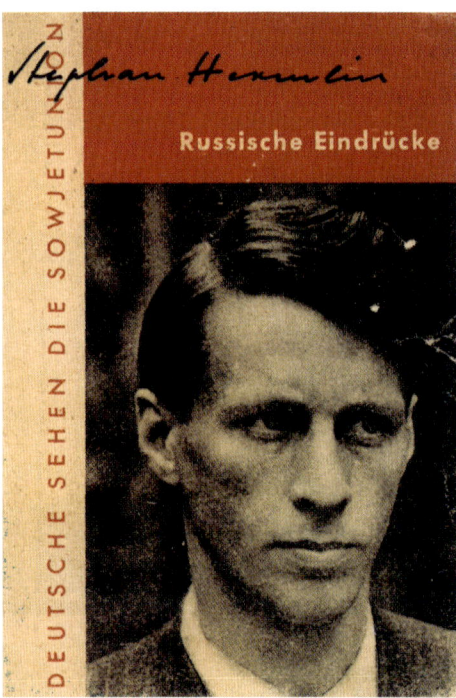

Stephan Hermlin, „Deutsche sehen die Sowjetunion", 1947.

1948

(DBD) in Schwerin; Wahl von Erich Goldenbaum zum Vorsitzenden.

21.7. Annahme des Zweijahresplanes 1949/50 aufgrund der Beschlüsse des PV der SED vom 29./30.6. durch die DWK.

28./29.7. Auf dem Hintergrund des Bruchs zwischen Kominform und KP Jugoslawiens Ende Juni 1948 leitet der PV der Sozialistischen Einheitspartei Deutschlands (SED) auf seiner 12. Tagung eine Änderung seines bisherigen Kurses ein: Betonung der führenden Rolle der Sowjetunion, Kampf gegen Nationalismus, Anerkennung der Oder-Neiße-Grenze, Umformung der SED zur „Partei neuen Typus".

5.8. Erweiterung des Blocks der antifaschistisch-demokratischen Parteien durch Aufnahme der DBD und des FDGB; am 7.9. durch Aufnahme der NDPD.

18.8. Alexandrow-Ensemble in Berlin. Das Konzert wird zur Massenkundgebung der deutsch-sowjetischen Freundschaft. Weitere Gastspiele des Alexandrow-Ensembles in Dresden, Halle, Leipzig, Magdeburg, Schwerin, Weimar.

22.8. Das Deutsche Nationaltheater Weimar als erster Theaterneubau in der sowjetischen Besatzungszone mit der Inszenierung von Johann Wolfgang Goethes „Faust" eröffnet.

22.8. Premiere von Jacques Offenbachs „Orpheus in der Unterwelt" an der Komischen Oper Berlin (Regie: Walter Felsenstein; Sänger: Rudolf Drexler, Elfriede Trötschel, Aribert Wäscher).

25.-27.8. Erstes Auftreten deutscher Kulturschaffender auf einem internationalen Kongress nach dem zweiten Weltkrieg: Alexander Abusch und Anna Seghers sprechen auf dem Weltkongress der Kulturschaffenden in Wroclaw.

Eine Douglas C-54 Skymaster, von den Berlinern „Rosinenbomber" genannt, im Anflug auf Tempelhof. Knapp elf Monate lang wurde die Millionenstadt über die alliierte Luftbrücke versorgt, nachdem die Sowjets die Transportwege zu Lande und zu Wasser abgeschnürt hatten.

2.-3.9. Arbeitstagung der Vertreter der Kunstschaffenden der SED in Kleinmachnow. Es referieren Anton Ackermann (Die Kultur und der Zweijahrplan) und Willi Stoph (Die politische und wirtschaftliche Bedeutung des Zweijahrplans). Rede von Walter Ulbricht (Der Künstler im Zweijahrplan). „Ruf an die Künstler und Schriftsteller" wird verabschiedet.

2./3.9. 1. Parteikonferenz der National-Demokratischen Partei Deutschlands (NDPD) in Potsdam; Wahl von Dr. Lothar Bolz zum Vorsitzenden.

15./16.9.13. Tagung des PV der Sozialistischen Einheitspartei Deutschlands (SED): weitere Beschlüsse zur Umwandlung der SED zur „Partei neuen Typus"; Bildung der Zentralen Parteikontrollkommission (ZPKK).

18.-20.9. III. Parteitag der Christlich-Demokratischen Union Deutschlands (CDU) in Erfurt; Wahl von Dr. Otto Nuschke zum Vorsitzenden.

13.10. Mit der Übererfüllung seines Tagessolls (387 v. H.) durch den Bergmann A. Hennecke wird der Anstoß für die Aktivistenbewegung in der SBZ gegeben.

14.11. Bekanntgabe des Verfassungsentwurfs für eine deutsche demokratische Republik durch den Deutschen Volksrat.

25./26. 11. Konferenz des Freien Deutschen Gewerkschaftsbundes (FDGB) in Bitterfeld: Festlegung der Aufgaben der Gewerkschaften im Rahmen der Planwirtschaft. Abschaffung der Betriebsräte durch ihre Eingliederung in die Betriebsgewerkschaftsleitungen.

26./27.11. Erweiterung der Deutschen Wirtschaftskommission (DWK) durch Einbeziehung gewählter Vertreter der Landtage sowie durch Vertreter der Parteien und des FDGB und der VdgB aufgrund SMAD-Befehl Nr. 183.

30.11. Mit der Bildung eines provisorischen demokratischen Magistrats in Berlin (Ost) unter Friedrich Ebert wird die Spaltung der Berliner Verwaltung vollendet; bereits am 6.9. war die Berliner Stadtverordnetenversammlung nach kommunistischen Störungen im Ostberliner Stadthaus zum ersten Mal ohne die Vertreter der SED in Berlin (West) zusammengetreten.

13.12. Gründung der Kinderorganisation Junge Pioniere in Berlin.

1949

11.1. Deutsche Erstaufführung von Bertolt Brechts „Mutter Courage und ihre Kinder" am Deutschen Theater Berlin (Regie: Bertolt Brecht, Erich Engel; Hauptdarsteller: Paul Bildt, Werner Hinz, Angelika Hurwicz, Ernst Kahler, Helene Weigel).

12.1. Verordnung der Deutschen Verwaltung des Innern und der Deutschen Verwaltung für Volksbildung zur Überführung von Volkskunstgruppen und volksbildenden Vereinen in die bestehenden demokratischen Massenorganisationen.

12.1. Gründung des Fachbuchverlages in Leipzig.

24.1. Beschluss des PV der SED über Auflösung der Arbeitsgemeinschaft zwischen der SED und der Kommunistischen Partei Deutschlands (KPD) der Westzonen.

25.1. Gründung des Rates für Gegenseitige Wirtschaftshilfe (RGW) in Warschau.

25.-28.1. 1. Parteikonferenz der Sozialistischen Einheitspartei Deutschlands (SED) in Berlin.

17.2. Beschluss des PV der SED über den Ausbau der Maschinen-Ausleih-Stationen (MAS) in der Landwirtschaft; 19./20.2. Bauernkonferenz der SED in Halle.

18./19.3. 6. Tagung des Deutschen Volksrates: Annahme des Verfassungsentwurfs. Ausschreibung von Wahlen zum 3. Deutschen Volkskongress nach dem Prinzip der Einheitsliste; Brief an den Parlamentarischen Rat in Bonn und an den Bizonen-Wirtschaftsrat in Frankfurt a. M. mit Vorschlag zu gemeinsamen Treffen und Beratung der deutschen Frage in Braunschweig.

29.3. ZS der SED beschließt Gründung des Marx-Engels-Lenin-Instituts beim PV der SED; nach Eröffnung des Instituts am 1.9.1949 wird das seit dem 29.12.1947 existierende Forschungsinstitut für wissenschaftlichen Sozialismus eingegliedert.

31.3. Die 2. Plenarsitzung der Deutschen Wirtschaftskommission der sowjetischen Besatzungszone (DWK) beschließt die Verordnung über die Erhaltung und die Entwicklung der deutschen Wissenschaft und Kultur, die weitere Verbesserung der Lage der Intelligenz und die Steigerung ihrer Rolle in der Produktion und im öffentlichen Leben. Stiftung der Nationalpreise für Wissenschaftler, Kulturschaffende und Techniker durch die DWK. Rede von Otto Grotewohl auf der Vollversammlung (Intelligenz und Arbeiterschaft) und Paul Wandel (Für die Erhaltung und Entwicklung der deutschen Wissenschaft und einer neuen demokratischen Kultur).

April Erstmalig erscheint die Monatsschrift „Volk und Kunst" des Bundes Deutscher Volksbühnen für Theater, Laienspiel, Volksmusik, Chorwesen und Tanz (Begründer: Friedrich Wolf; erscheint bis März 1959).

April Gastspiel der Dresdner Philharmonie unter Leitung von Heinz Bongartz in Bremen und Hamburg. Es ist die erste Tournee eines Orchesters aus der sowjetischen Besatzungszone in die westlichen Besatzungszonen.

1.4. Gesetz der Landesverwaltung Sachsen zur Demokratisierung des Büchereiwesens tritt in Kraft. 1286 Büchereien werden in Volkseigentum übergeführt. Sie verfügen über eine Million Bände.

1.-10.4. Erste deutsche Schriftstellerdelegation in der CSR: Willi Bredel, Stephan Hermlin, KuBa, Ludwig Renn, Friedrich Wolf, Max Zimmering.

2.4.-1.5. Conrad-Felixmüller-Ausstellung mit Malerei und Grafik in Halle.

4.4. Gründung des Nordatlantikpaktes (NATO) in Washington.

20.-25.4. Führende Kulturschaffende nehmen an den Weltfriedenskongressen in Paris und Prag teil, unter anderen Alexander Abusch, Johannes R. Becher, Arnold Zweig.

1.5. Gründung der Zentralstelle für Volkskunst beim Bund Deutscher Volksbühnen.

8.5. Einweihung des Ehrenfriedhofs für die gefallenen Sowjetsoldaten in Berlin-Treptow.

12.5. Ende der Berliner Blockade; 30.9. Ende der Luftbrückenaktion.

15./16.5. Wahlen zum 3. Deutschen Volkskongress in der SBZ.

23.5. Grundgesetz für die Bundesrepublik Deutschland wird verkündet.

„Armeegeneral W. I. Tschuikow empfing am 10.10.1949 in Berlin-Karlshorst das Präsidium der Provisorischen Volkskammer der DDR und den Ministerpräsidenten Otto Grotewohl in Anwesenheit des Außerordentlichen Botschafters der UdSSR in Deutschland W. S. Semjonow. Armeegeneral W. I. Tschuikow verliest die Erklärung, davor Ministerpräsident Grotewohl (r.), daneben der Präsident der Provisorischen Volkskammer der DDR, Johannes Dieckmann." (Originalunterschrift)

1949

> In einem DDR-Zuchthaus sind die Häftlinge zum Appell angetreten. „Mal herhören!", verkündet der Oberwärter. „Morgen kommt unser Staatspräsident Wilhelm Pieck." „Siehst du", flüstert ein Häftling dem anderen zu, „ich habe immer gesagt, dass es mit dem kein gutes Ende nimmt!"

„Auf Vorschlag aller Fraktionen wählten die Provisorische Volkskammer und die Provisorische Länderkammer den Vorsitzenden der SED, Wilhelm Pieck, zum Präsidenten der DDR. Die jüngste Abgeordnete der Volkskammer, Margot Feist, beglückwünscht Wilhelm Pieck zu seiner Wahl als Staatspräsident." (Originalunterschrift)

23.5.-20.6. Außenministerkonferenz der 4 Alliierten in Paris endet ohne Einigung in der deutschen Frage; Westalliierte lehnen Empfang einer Delegation des 3. Deutschen Volkskongresses ab.

29./30.5. 3. Deutscher Volkskongress in Berlin: Annahme des Verfassungsentwurfs für die Deutsche Demokratische Republik, Verabschiedung des Manifests an das deutsche Volk, Stellungnahme zur Pariser Außenministerkonferenz, Umbildung des Deutschen Volksrates.

Erste Verfassung der DDR, 1949.

1.-5.6. III. Parlament der Freien Deutschen Jugend (FDJ) in Leipzig.

6.6. Puschkin-Feiern anlässlich des 150. Geburtstages des Dichters.

9.6. Goethe-Haus am Frauenplan in Weimar nach Bombenschäden wiederhergestellt.

9.-12.6. „Weimartage" der Aktivisten. Referat von Willi Bredel am 12. Juni (Die kulturelle Verantwortung der Arbeiterklasse).

15.-16.6. 1. Zentrale Delegiertenkonferenz der Gewerkschaft Kunst in Berlin.

18.6. Wiedereröffnung der Nationalgalerie in Berlin mit der Ausstellung „Deutsche Kunst von der Goethezeit bis zur Schwelle der Gegenwart".

23.-25.6. I. Parteitag der National-Demokratischen Partei Deutschlands (NDPD) in Halle.

1.-2.7. 2.Kongress der Gesellschaft zum Studium der Kultur der Sowjetunion in Berlin. Beschluss über Namensänderung in „Gesellschaft für Deutsch-Sowjetische Freundschaft" (DSF). Zum Präsidenten wird Jürgen Kuczynski gewählt.

8.7. Uraufführung des DEFA-Films „Die Buntkarierten" (Buch: Berta Waterstradt; Regie: Kurt Maetzig; Hauptdarsteller: Werner Hinz, Camilla Spira).

16.-17.7. Offener Brief an alle Kulturschaffenden, angenommen vom Zentralrat der FDJ.

22.7. Der Deutsche Volksrat beschließt die Schaffung der Nationalen Front des demokratischen Deutschland.

1949

Juli Ausstellung mit Werken von Karl Völker in Halle.

1.8. Thomas Mann hält in Weimar seine „Ansprache im Goethe-Jahr" und erhält den Goethe-Preis der Stadt Weimar.

14.8. Wahlen zum 1. Deutschen Bundestag in den Westzonen.

20.8. Dessauer Landestheater wiedererrichtet. Eröffnung mit Wolfgang Amadeus Mozarts „Zauberflöte" und Bertolt Brechts „Mutter Courage".

23.-24.8. Parteivorstand der SED beschließt „Schulpolitische Richtlinien für die deutsche demokratische Schule".

23.-25.8. IV. Pädagogischer Kongress in Leipzig. Es referieren Hans Siebert (Die Hebung des Leistungsstandes in der deutschen demokratischen Schule), Paul Wandel (Die Rolle der Schule und des Lehrers im Kampf für die nationale Einigung und den Frieden); Rede Wilhelm Piecks (Erzieht die Jugend zu allseitig gebildeten Menschen). Erstmalig werden 28 Pädagogen vom Präsidenten Wilhelm Pieck als „Verdiente Lehrer des Volkes" ausgezeichnet.

„Madame Ulbricht", sagt die Hausangestellte. Lotte unterbricht: „Aber, wie redest du mich an?" Die Hausangestellte korrigiert sich: „Genossin Ulbricht. Ich habe heute meinen freien Abend, da gehe ich in die Oper und sehe mir ‚Genossin Butterfly' an."

25.8. Erstmalige Verleihung des Nationalpreises durch Wilhelm Pieck auf einer Festsitzung zu den Goethe-Festtagen in Weimar. Die Auszeichnungen auf dem Gebiet von Kunst und Literatur erhalten: I Johannes R. Becher, Christel Goltz, Josef Herrmann, Joseph Keilberth, Heinrich Mann, Jaro Prohaska; II Hermann Abendroth, Erich Engel, Bernhard Kellermann, Friedrich Wolf, Kollektiv der Filme „Die Buntkarierten" und „Ehe im Schatten" (Friedl Behn-Grund, Kurt Maetzig, Camilla Spira, Berta Waterstradt), Kollektiv der Aufführung „Mutter Courage" (Paul Bildt, Werner Hinz, Angelika Hurwicz, Gerda Müller, Helene Weigel); III Ernst Busch, Herbert Eulenberg, Helmut Koch, KuBa, Wolfgang Langhoff, Ernst Legal, Carl Orff, Gustav Seitz, Erich Weinert.

26.-28.8. Goethe-Festtage in Weimar. Rede Johannes R.Bechers (Der Befreier) zum 200. Geburtstag Johann Wolfgang Goethes. Parteivorstand der SED verabschiedet „Manifest zur Goethe-Feier der deutschen Nation" (28. August).

28.8. Premiere des „Faust I" von Johann Wolfgang Goethe am Deutschen Theater Berlin (Regie: Wolfgang Langhoff; Hauptdarsteller: Ernst Wilhelm Borchert, Werner Hinz, Willy A. Kleinau, Wolfgang Langhoff).

August Ausstellung „Das Ufer. Gruppe Dresdener Künstler 1947" in Dresden (bis 1951 jährlich).

1.9. Beginn der ersten Spielzeit des Berliner Ensembles unter Leitung von Helene Weigel (entsprechend dem Beschluss des Parteivorstandes der SED zur Gründung des Berliner Ensembles vom I.April 1949).

„Blick auf die Tribüne während der Kundgebung am 11.10.1949 anläßlich der Gründung der DDR und der Wahl des Staatspräsidenten. Links neben dem Rednerpult Wilhelm Pieck." (Originalunterschrift)

2.9. Gründung des Kulturfonds.

7.9. Konstituierende Sitzungen von Bundestag und Bundesrat in Bonn; 12.9. Wahl von Theodor Heuss zum Bundespräsidenten; 15.9. Wahl von Konrad Adenauer zum Bundeskanzler; 20.9. Regierungsbildung und Regierungserklärung; 21.9. Inkrafttreten des Besatzungsstatuts.

10.9.-31.10. II. Allgemeine Deutsche Kunstausstellung in Dresden. Die Eröffnungsrede hält Rudolf Engel. Ausgestellt werden 735 Kunstwerke von über 300 Künstlern, darunter etwa 120

16.9. DEFA-Filmpremiere „Rotation".

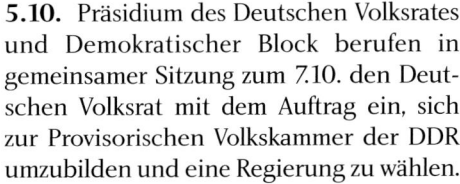

Künstlern aus westlichen Besatzungszonen. In sieben Wochen hat die Ausstellung 50 000 Besucher.

15.-17.9. Der Verband der Deutschen Presse wird auf dem III. Kongress der Internationalen Organisation der Journalisten (IOJ) als Mitglied aufgenommen.

16.9. Uraufführung des DEFA-Films „Rotation" (Buch: Erwin Klein, Wolfgang Staudte; Regie: Wolfgang Staudte; Hauptdarsteller: Paul Esser, Irene Korb).

„1949. Erich Honecker (r.), Vorsitzender des Zentralrates der FDJ, und Heinz Keßler (l.), Mitglied des Zentralrates der FDJ, marschieren an der Spitze eines Demonstrationszuges der FDJ durch die Damerowstraße in Berlin-Pankow." (Originalunterschrift)

1.10. Die Vorstudienanstalten werden in Arbeiter-und-Bauern-Fakultäten (ABF) umbenannt.

4.10. Tagung des PV der Sozialistischen Einheitspartei Deutschlands (SED): Beschluss zur Bildung einer Provisorischen Regierung der Deutschen Demokratischen Republik; Verabschiedung des Dokuments „Die Nationale Front des demokratischen Deutschland und die Sozialistische Einheitspartei Deutschlands".

5.10. Präsidium des Deutschen Volksrates und Demokratischer Block berufen in gemeinsamer Sitzung zum 7.10. den Deutschen Volksrat mit dem Auftrag ein, sich zur Provisorischen Volkskammer der DDR umzubilden und eine Regierung zu wählen.

7.10. Gründung der Deutschen Demokratischen Republik (DDR); In Kraft setzen der Verfassung durch die Provisorische Volkskammer.

7.10. Gründung der Deutschen Demokratischen Republik. Die konstituierende Sitzung der Provisorischen Volkskammer setzt die, vom Deutschen Volksrat beschlossene (19. März 1949) und vom 3. Deutschen Volkskongress (30. Mai 1949) bestätigte, Verfassung in Kraft. Zum Präsidenten der Provisorischen Volkskammer wird Johannes Dieckmann (LDPD) gewählt. Die Fraktion der SED beauftragt als stärkste Fraktion Otto Grotewohl mit der Regierungsbildung. Der Deutsche Volksrat verabschiedet das Manifest „Die Nationale Front des demokratischen Deutschland".

8.10. Abschluss eines Abkommens über den Innerdeutschen Handel (IDH) zwischen der Bundesrepublik Deutschland und der DDR in Frankfurt a. M.

10.10. Auflösung der SMAD und Bildung der Sowjetischen Kontrollkommission (SKK); Übertragung aller Verwaltungsfunktionen auf die Provisorische Regierung der DDR.

10.10. Die Sowjetische Militäradministration in Deutschland überträgt die bisher von ihr ausgeübten Verwaltungsfunktionen auf die Provisorische Regierung der Deutschen Demokratischen Republik.

11.10. Wilhelm Pieck wird auf der gemeinsamen Sitzung der Provisorischen Volkskammer und der Provisorischen Länderkammer einstimmig zum Präsidenten der Deutschen Demokratischen Republik gewählt.

11.10. Wahl Wilhelm Piecks zum Präsidenten der DDR durch die Provisorische Volkskammer und die Provisorische Länderkammer.

12.10. Bestätigung der Provisorischen Regierung der DDR unter Ministerpräsident Otto Grotewohl durch die Provisorische Volkskammer.

15.10. Aufnahme Diplomatischer Beziehungen zwischen der UdSSR und der DDR.

17.10.-2.12. Aufnahme Diplomatischer Beziehungen zwischen der DDR und Bulgarien, der Tschechoslowakei, Polen, Ungarn, Rumänien, der Volksrepublik China, der Volksrepublik Korea und Albanien.

8.11. Eröffnung des Berliner Ensembles mit der DDR-Erstaufführung von Bertolt Brechts „Herr Puntila und sein Knecht Matti" (Regie: Bertolt Brecht, Erich Engel; Hauptdarsteller: Erwin Geschonneck, Therese Giehse, Leonhard Steckel, Gisela Trowe).

9.11. Uraufführung des DEFA-Films „Unser täglich Brot" (Buch: Hans-Joachim Beyer, Slatan Dudow, Ludwig Turek; Regie: Slatan Dudow; Hauptdarsteller: Paul Bildt, Harry Hindemith, Irene Korb, Inge Landgut).

23.-27.11. 2. Bundeskongress des Kulturbundes (KB) in Berlin; Entwurf über die Grundaufgaben des KB.

8.12. Beschluss der Provisorischen Volkskammer zur Errichtung des Obersten Gerichtshofes und der Generalstaatsanwaltschaft der DDR.

1950

7.1. Konstituierung des Sekretariats der Nationalen Front des Demokratischen Deutschland; 3.2. Konstituierung des Nationalrats der Nationalen Front aus dem früheren Präsidium des Deutschen Volksrates; 15.2. Annahme des Programms der Nationalen Front durch den Nationalrat.

20.1. Provisorische Volkskammer verabschiedet Gesetz über den Volkswirtschaftsplan 1950.

8.2. Provisorische Volkskammer beschließt die Gesetze über den Einsatz und die Förderung der Jugend und über die Bildung des Ministeriums für Staatssicherheit.

9.2. Provisorische Volkskammer verabschiedet Gesetz über die Abgaben der Republik und der übrigen Gebietskörperschaften (Abgabengesetz) und regelt die Finanzordnung der DDR.

9.-10.2. Erste Konferenz der SED zu Fragen der Presse in Berlin. Es referieren Hermann Axen (Die Entwicklung der Parteipresse zu einer Presse neuen Typs) und Wilhelm Pieck (Die nächsten Aufgaben der Partei und der Parteipresse).

17.2. Uraufführung des DEFA-Films „Der Kahn der fröhlichen Leute" nach dem gleichnamigen Roman von Jochen Klepper (Buch: Richard Nicolas; Regie: Hans Heinrich; Hauptdarsteller: Joachim Brennecke, Paul Esser, Petra Peters, Werner Peters, Fritz Wagner).

15.3. Erklärung des Parteivorstandes der SED „Nationales Bekenntnis zu Bach" zum Bach-Jahr 1950.

16.3. Regierung der DDR erlässt „Verordnung zur Entwicklung einer fortschrittlichen, demokratischen Kultur des deutschen Volkes und zur weiteren Verbesserung der Arbeits- und Lebensbedingungen der Intelligenz" (Kulturverordnung).

16.3. Zentralinstitut für Bibliothekswesen gegründet.

16.3.-19.4. Ernst-Barlach-Ausstellung in Berlin.

19.-21.3. Bach-Ehrung der deutschen Jugend in Eisenach.

22.3. Die Provisorische Volkskammer beschließt das Gesetz über die Verleihung von Nationalpreisen.

24.3. Gründung der Deutschen Akademie der Künste in Berlin; Staatspräsident Pieck beruft Arnold Zweig zum Präsidenten der Akademie.

13.4. Aufnahme Diplomatischer Beziehungen der DDR zur Mongolischen Volksrepublik.

19.4. Provisorische Volkskammer verabschiedet Gesetz der Arbeit.

21.-24.4. 3. Bundeskongress des Demokratischen Frauenbundes Deutschlands (DFD) in Berlin; Wahl von Elli Schmidt (SED) zur Vorsitzenden.

24.-29.4. Prozess vor dem Obersten Gericht der DDR gegen eine Gruppe von Staats- und Wirtschaftsfunktionären (Willi Brundert, SED, und Leo Herwegen, CDU) endet wegen „Wirtschaftsverbrechen" mit hohen Zuchthausstrafen.

15.5. Reparationsabkommen zwischen der UdSSR und der DDR setzt die noch zu zahlenden Reparationen nominell um 50 v.H. herab.

17.5. Volljährigkeitsalter wird in der DDR von 21 auf 18 Jahre herabgesetzt.

27.-30.5. Deutschlandtreffen der Freien Deutschen Jugend (FDJ) in Berlin (Ost).

5./6.6. Besuch einer Regierungsdelegation der DDR unter Leitung von Walter Ulbricht in der VR Polen; gleiche Delegationsbesuche vom 21. bis 23.6. in der Tschechoslowakei und am 24.6. in der ungarischen VR.

6.6. Plenartagung der Deutschen Akademie der Künste wählt als neue Mitglieder Ernst Busch, Fritz Cremer, Herbert Jhering, Kurt Maetzig, Paul Rilla, Rudolf Wagner-Régeny und Friedrich Wolf. Erstes Abkommen zwischen der DDR und der Volksrepublik Polen über

„In allen Westberliner Bezirken fand am 18.7.1950 eine Sammlung von Unterschriften statt. An dieser großen Friedenskampagne beteiligten sich viele tausend Friedenskämpfer, darunter bekannte Künstler und Wissenschaftler. Neben Hunderten von Werktätigen wurden auch der Intendant des deutschen Theaters und Nationalpreisträger Wolfgang Langhoff, die Universitätsprofessoren DR. Winternitz, Dr. Meusel, Dr. Contell, Dr. Bali und Dr. Beyer von der westlichen Stumm-Polizei verhaftet. Der berühmte Atomforscher, Professor Havemann, rief bei seiner Festnahme: ‚Weil ich gegen die Atombombe bin, werde ich verhaftet.'" (Originalunterschrift)

1950

"Um 1950. Im Wettbewerb ‚Brigade der ausgezeichneten Qualität' wurde im VEB Zeiss Jena die Brigade Biermann ausgezeichnet. Begründung: Die Gütevorschriften wurden von der Brigade mit 100 Prozent eingehalten. Von 12 verschiedenen Instrumenten, die in der Abteilung gefertigt werden, tragen 8 das Gütezeichen I. Die Brigade hat einen durchschnittliche Normerfüllung von 115,1 Prozent zu verzeichnen. Die Fertigung der Instrumente erfolgte ohne Ausschuß. Die Brigade senkte ihre Selbstkosten um 6,5 Prozent." (Originaluntershrift)

Broschüre der Nationalen Front zum Deutschlandtreffen der Jugend, 1950.

wissenschaftlich-technische und kulturelle Zusammenarbeit.

10.6. Landesgalerie Sachsen-Anhalt in Halle eröffnet mit der Ausstellung „Käthe Kollwitz – ein Leben für uns" (10. Juni bis 16. Juli).

15.6. Der Zentralrat der FDJ beschließt das Friedensaufgebot der deutschen Jugend.

17.-18.6. Gründungskongress des Verbandes Bildender Künstler Deutschlands im Kulturbund zur demokratischen Erneuerung Deutschlands in Berlin. Otto Nagel wird zum Vorsitzenden gewählt.

23.6. Unterzeichnung eines Protokolls über kulturelle Zusammenarbeit zwischen der DDR und der CSR.

24. 6. Unterzeichnung eines Abkommens über kulturelle und technisch-wissenschaftliche Zusammenarbeit zwischen der DDR und der Ungarischen Volksrepublik.

2.7. Uraufführung des DEFA-Films „Semmelweis – Retter der Mütter" nach einer Filmerzählung von Joachim Barckhausen und Elfriede Brüning (Buch: Joachim Barckhausen; Regie: Georg C. Klaren; Hauptdarsteller: Karl Paryla).

4.-6.7. Gründung des Deutschen Schriftstellerverbandes in Berlin (Ost); Bodo Uhse (SED) zum Präsidenten gewählt.

Zwei Freundinnen treffen sich auf dem Ost-Berlinder Alexanderplatz. Sagt die eine zur anderen: „Ich glaube, morgen gibt es Schnee." – „Das ist mir völlig egal", antwortet die andere resigniert. „Ich stelle mich für nichts mehr an."

6.7. Unterzeichnung des Abkommens über die Oder- Neiße-Grenze zwischen Polen und der DDR in Zgorzelec (polnischer Teil von Görlitz/ Neiße); bereits am 6.6. hatten die Provisorische Regierung der DDR und die polnische Regierung in Warschau in einer Deklaration die Oder-Neiße-Grenze für unantastbar erklärt; dagegen hatten am 13.6. alle Fraktionen des Deutschen Bundestages, mit Ausnahme der KPD, in Bonn in gemeinsamer Erklärung Rechtsverwahrrung eingelegt.

6.7. Aufnahme der Freien Deutschen Jugend (FDJ) in den Demokratischen Block der Parteien und Massenorganisationen.

8.-9.7. Kulturtreffen der Domowina in Bautzen. Vor etwa 150000 Teilnehmern sichert Wilhelm Pieck Erhaltung und Entwicklung der sorbischen Kultur durch die DDR zu.

9.7. Plenartagung der Deutschen Akademie der Künste wählt Fritz Cremer als neues Mitglied.

11.-12.7. 250 Jahre Deutsche Akademie der Wissenschaften. Feierlichkeiten unter Teilnahme von Delegationen aus aller Welt, Reden von Wilhelm Pieck (Jeder wahre Wissenschaftler - ein Verteidiger des Friedens) und Paul Wandel (Zur Verantwortlichkeit und Freiheit der Wissenschaft).

20.-24.7. III. Parteitag der Sozialistischen Einheitspartei Deutschlands (SED) in Berlin (Ost).

25.7. 1. Tagung des Zentralkomitees (ZK) der SED: Konstituierung des ZK; Wahl des Politbüros des ZK der SED und der anderen leitenden Organe; Walter Ulbricht Generalsekretär des ZK.

27.7. Erlass einer Regierungsverordnung über Maßnahmen zur Förderung der Aktivisten- und Wettbewerbsbewegung; Schaffung von Ehrentiteln wie

1950

„Held der Arbeit", „Verdienter Aktivist", „Verdienter Erfinder" usw..

24.8. 2. Tagung des ZK der SED: Parteiausschlüsse im Rahmen einer Säuberungsaktion in der Parteispitze; im Juli 1956 zum Teil durch Rehabilitierung wieder aufgehoben.

25./26.8. 1. Nationalkongress der Nationalen Front des Demokratischen Deutschland in Berlin (Ost). Beginn der Propaganda für die Einheitslisten-Wahlen in der DDR.

30.8.-3.9. 3. Kongress des FDGB in Berlin beschließt unter anderem das „Arbeitsprogramm des FDGB zur Entfaltung der kulturellen Massenarbeit". Herbert Warnke wird erneut zum Vorsitzenden gewählt.

1. 9. Hochschule für bildende Künste Dresden aus der Akademie für bildende Künste und der Hochschule für Werkkunst gebildet.

2.9. Uraufführung des Mansfelder Oratoriums von Stephan Hermlin und Ernst Hermann Meyer in Eisleben anlässlich der 750-Jahr-Feier des Mansfelder Kupferbergbaus.

6.9. Die Volkskammer verabschiedet das Gesetz über den Aufbau der Städte in der DDR und der Hauptstadt Berlin (Aufbaugesetz).

12.-19.9. Außenministerkonferenz der 3 Westmächte in New York: Bundesregierung bis zur Wiedervereinigung zur einzigen freien und gesetzlich konstituierten deutschen Regierung erklärt, die das deutsche Volk in internationalen Angelegenheiten vertreten könne; am 22.9. wendet sich der Ministerrat der DDR gegen die Beschlüsse der New Yorker Konferenz; am 20./21.10. lehnen die UdSSR, die Volksdemokratien unter Einschluss der DDR auf einer gemeinsamen Konferenz in Prag die New Yorker Beschlüsse ab, fordern eine Rückkehr zum Potsdamer Abkommen sowie den Abschluss eines Friedensvertrages mit ganz Deutschland und die Bildung eines Gesamtdeutschen Konstituierenden Rates aus Vertretern beider deutscher Staaten.

27.9. Gesetz über den Mutter- und Kinderschutz und die Rechte der Frau durch Provisorische Volkskammer beschlossen.

29.9. Aufnahme der DDR in den Rat für Gegenseitige Wirtschaftshilfe (RGW).

1.10. Eröffnung der Deutschen Hochschule für Musik in Berlin (seit 1964 Hochschule für Musik „Hanns Eisler" Berlin).

4.10. Eröffnung der Hochschule für Planökonomie (jetzt Hochschule für

Ökonomie „Bruno Leuschner") in Berlin-Karls-horst.

7.10. Nationalpreis für Kunst und Literatur 1950:1 Johannes R. Becher und Hanns Eisler für die Nationalhymne der DDR, Arnold Zweig, Kollektiv des Films „Der Rat der Götter" (Friedl Behn-Grund, Kurt Maetzig, Wilhelm Schiller, Friedrich Wolf); II Willi Bredel, Hans Marchwitza, Rudolf Mauersberger, Otto Nagel, Günther Ramin, Kollektiv der Aufführung „Die verkaufte Braut" (Walter Felsenstein, Arthur Grüber, Heinrich Pflanzl, Anny Schlemm, Rudolf Schock); III Heinz Bongartz, Ludwig Justi, Karl Richter, Paul Rilla, Hans Sandig, Amadeus Webersinke, Eduard von Winterstein, Kollektiv „Das Mansfelder Oratorium" (Stephan Hermlin, Ernst Hermann Meyer), Kollektiv der Aufführung „Du bist der Richtige" (Hans Rodenberg, Gustav von Wangenheim), Kollektiv des Films „Unser täglich Brot" (Robert Baberske, Slatan Dudow, Harry Hindemith, Irene Korb), Kollektiv des Films „Immer bereit" (Walter Fehdmer, Joop Huisken, Bruno Kleberg, Feodor Pappe, Karl Plintzner).

14.10. Uraufführung des Schauspiels „Die Bürgermeisterin" von Friedrich Wolf im Staatstheater Dresden.

15.10. Wahlen zur Volkskammer, zu den Landtagen, Kreistagen und Gemeindevertretungen nach Einheitslisten der Nationalen Front; Beteiligung 98,44 v. H., Ja-Stimmen 99,7 v. H.

„21.3.1950. Sitzung des vorbereitenden Ausschusses der Akademie der Künste der DDR, an der der Schriftsteller, Dichter und Regisseur Bertolt Brecht (r.) und der Komponist Hanns Eisler teilnahmen." (Originalunterschrift)

22.10. Eröffnung der Deutschen Hochschule für Körperkultur (DHfK) in Leipzig.

22.10. Eröffnung der Deutschen Hochschule für Körperkultur in Leipzig.

24.10. Die sorbische kulturpolitische Monatszeitschrift „Rozhlad" („Die Umschau") erscheint erstmals.

26./27.10. 3. Tagung des ZK der SED: Beschluss zur Überprüfung aller Mitglieder und Kandidaten im 1. Halbjahr 1951.

1950

1.11. Konferenz der Natur- und Heimatfreunde im Kulturbund zur demokratischen Erneuerung Deutschlands in Dresden.

4./5.11. 1. Deutscher Friedenskongress in Berlin (Ost).

11.11. Eröffnung des Theaters im Haus der Kultur der Sowjetunion (heute Maxim Gorki Theater Berlin) mit Konstantin Simonows Schauspiel „Der fremde Schatten" (Regie: Bodo Schweykowski, Robert Trösch; Hauptdarsteller:

Der Lehrer fordert: „Bildet einen Satz mit den beiden Substantiven Partei und Frieden!" Fritzchen meldet sich: „Mein Vater sagt immer: ‚Lasst mich mit der Partei in Frieden!'"

Deutschlands zur „Vereinigung der gegenseitigen Bauernhilfe (Bäuerliche Handelsgenossenschaft).

26.-28.11. Erste Funktionärskonferenz der FDJ mit 8 000 Funktionären und Delegierten aus der DDR und der BRD in Berlin. Referat von Walter Ulbricht (Entfaltet den Feldzug der Jugend für Wissenschaft und Kultur). Verabschiedung einer gleichnamigen Resolution.

30.11. Brief Otto Grotewohls an Konrad Adenauer mit Vorschlag der Bildung eines Gesamtdeutschen Konstituierenden Rates zur Vorbereitung gesamtdeutscher Wahlen; Adenauer lehnt in einer Stellungnahme am 15.1.1951 diesen Vorschlag ab und erinnert an die Erklärung des Bundeskabinetts vom 22.3.1950 und die Entschließung des Deutschen Bundestages vom 14.9.1950, worin gesamtdeutsche freie Wahlen als erster Schritt gefordert wurden.

8.12. Uraufführung des DEFA-Films „Das kalte Herz" nach dem gleichnamigen Märchen von Wilhelm Hauff (Buch: Wolf von Gordon, Paul Verhoeven; Regie: Paul Verhoeven; Hauptdarsteller: Paul Bildt, Erwin Geschonneck, Lotte Loebinger, Lutz Moik, Hanna Rucker) als erstem Farb- und Märchenfilm der DEFA. Auf dem VI. Internationalen Filmfestival Karlovy Vary (1951) erhält der Film den Preis für den besten Farbfilm.

24.11. DEFA-Filmpremiere. Hans-Edgar Stecher und Brigitte Krause in „Saure Wochen – frohe Feste", 1950.

Hertha Röhmelt, Hans Rose, Anny Stöger, Doris Thalmer).

16.11. Eröffnung des Theaters der Freundschaft in Berlin mit der Aufführung von Gustav von Wangenheims Stück „Du bist der Richtige" (Regie: Hans Rodenberg).

15.11. Regierungsneubildung und Regierungserklärung durch Ministerpräsident Otto Grotewohl; konstituierende Sitzung der Volkskammer am 8.11.; der Zusatz „Provisorisch" für Volksvertretung und Regierung entfällt.

20.11. Zusammenschluss des bisherigen VdgB und des Zentralverbandes landwirtschaftlicher Genossenschaften

24.3. DEFA-Filmpremiere „Bürgermeister Anna".

15.12. Gesetz zum Schutz des Friedens. Gesetz über die Schulpflicht in der DDR, das die allgemeine Schulpflicht für den Besuch der achtklassigen Grundschule und der berufsbildenden Schule regelt und festlegt, dass die Schulpflicht in den staatlichen Schulen der DDR zu erfüllen ist.

15.12.-15.1. Kunstausstellung mit Werken von Otto Nagel in der Deutschen Akademie der Künste zu Berlin.

18.12.-11.1. Gastspiele des sowjetischen Puppenspielers Sergej Obraszow mit seinem Ensemble in Berlin, Leipzig, Dresden, Chemnitz, Erfurt, Halle, Potsdam und Schwerin.

20.12. DDR-Erstaufführung des Schauspiels „Brigade Karhan" von Vassek Káca durch das Deutsche Theater im VEB Bergmann-Borsig.

22.12. Verordnung des Ministerrates leitet Reorganisierung und Veränderungen der Leitungsstruktur in der volkseigenen Industrie (VEB und VVB) ein.

1951

1.1. Grundsteinlegung für den ersten Hochofen des Eisenhüttenkombinats Ost (EKO) bei Fürstenberg/Oder; Inbetriebnahme am 19.9.

20.-22.1. 3.Kongress der Gesellschaft für Deutsch-Sowjetische Freundschaft (DSF) in Berlin (Ost); Wahl von Friedrich Ebert (SED) zum Präsidenten.

30.1. Regierungserklärung Otto Grotewohls und Verhandlungsvorschlag der Volkskammer an den Deutschen Bundestag, gemeinsam einen Gesamtdeutschen Konstituierenden Rat einzuberufen.

5.3. Forderung des Präsidiums der Volkskammer an die 4 Alliierten, über Abschluss eines Friedensvertrages mit Deutschland noch 1951 zu verhandeln; am 14.3. bekräftigen Regierung und Volkskammer der DDR ihre Deutschlandpolitik unter der Losung „Deutsche an einen Tisch!"

15.-17.3. 5. Tagung des ZK der SED; Beschluss über den Kampf gegen den Formalismus in Kunst und Literatur und für die Hinwendung zum sozialistischen Realismus.

22.4. Gründung des Nationalen Olympischen Komitees (NOK).

25.4. Das Politbüro des ZK der SED beschließt Maßnahmen zur Verbesserung der Lage der Intelligenz.

28.-29.4. Kongress junger Künstler in Berlin berät Vorbereitung der III. Weltfestspiele der Jugend und Studenten (15. bis 19. August). Brief Erich Honeckers an den Kongress „Für eine wahre, humanistische, neue demokratische Kultur" (10.April). Entschließung „Unsere Kunst dient dem Frieden" angenommen.

1.5. Gründung des Instituts für Sorbische Volksforschung bei der Akademie der Wissenschaften der DDR in Berlin.

2.5. Plenartagung der Deutschen Akademie der Künste wählt Willi Bredel als Mitglied.

4.5. Beschluss des Ministerrats der DDR, am 12. Juni jeden Jahres den „Tag des Lehrers" zu feiern.

7.5. Deutsche Erstaufführung von Michail Glinkas Oper „Ruslan und Ludmilla" an der Deutschen Staatsoper in Berlin.

11.5. Aufnahme des Deutschen Demokratischen Rundfunks in die 1946 gegründete Organisation Internationale de Radiodiffusion (OIR, ab 1959 OIRT).

16.-18.5. 1. Deutscher Kulturkongress in Leipzig mit Kulturschaffenden aus der DDR und der BRD. Bildung eines koordinierenden Ausschusses zur Förderung gesamtdeutscher Gespräche unter den Kulturschaffenden. Rede Johannes R. Bechers (Forum der Nation).

19.5. III. Bundeskongress des Kulturbundes zur demokratischen Erneuerung Deutschlands in Leipzig. Wiederwahl Johannes R. Bechers zum Präsidenten.

21.5. Abschluss des ersten Betriebskollektivvertrages (BKV) in der DDR im VEB Stahl- und Walzwerk Riesa.

5.6. Aufforderung des Zentralrats der FDJ an die Jugend der DDR, sich in einem „Stalin-Aufgebot" für die Erfüllung des Fünfjahrplans einzusetzen.

13.-15.6. 6. Tagung des ZK der SED: Beschluss über Einführung neuer Methoden zur Erhöhung der Arbeitsproduktivität und des Prinzips der Wirtschaftlichen Rechnungsführung in den VEB.

5.-19.8. 3. Weltfestspiele der Jugend und Studenten in Berlin (Ost).

31.8. Uraufführung des DEFA-Films „Der Untertan" nach dem Roman von Heinrich Mann (Buch: Fritz und Wolfgang Staudte; Regie: Wolfgang Staudte; Hauptdarsteller: Werner Peters). Auf dem VI. Internationalen Filmfestival Karlovy Vary (1951) erhält der Film den Preis für den Kampf um sozialen Fortschritt.

15.9. Erneute Aufforderung der Volkskammer an den Deutschen Bundestag zur Aufnahme gesamtdeutscher Beratungen über die Durchführung von Wahlen für eine Nationalversammlung.

20.9. Abschluss eines Abkommens über den Innerdeutschen Handel (IDH) zwischen der Bundesrepublik Deutsch-

„Gegen die Pariser Militärberatungen. In Rostock fand am 6.2.1951 eine von 40 000 Einwohnern besuchte Großkundgebung statt. Nach der von Prof. Haerle (Universität Rostock) gehaltenen Ansprache wurde einmütig beschlossen, mit den französischen Werktätigen und allen anderen Friedensfreunden tatkräftig zusammenzuarbeiten, um die Remilitarisierung in Westdeutschland zunichte zu machen." (Originalunterschrift)

Ein Mann steht stundenlang an der Spree und schaut. Fragt ihn einer: „Jenosse, wat kiekst de uff det Wasser?" – „Ich warte auf die Schiffe, die uns Getreide aus Russland bringen sollen." Brüllt der andere los: „Mensch, biste doof? Kiek nich ins Wasser, kiek ins ‚neue Deutschland'!"

1951

„Das bekannte Café ‚Praha' in der Französischen Straße in Berlin feierte am 15.10.1951 sein einjähriges Bestehen. Die Belegschaft steht in Verbindung mit den Kollegen des Prager Gaststätten-Kommunalunternehmens, mit denen sie ihre Erfahrungen austauschen. Im Café liegen Alben mit Fotos aus Praha zur Ansicht aus." (Originalunterschrift)

„Am 20.6.1951 besichtigte Präsident Pieck die Bauten, die in Berlin zu den Weltfestspielen der Jugend und Studenten errichtet werden und überzeugte sich vom Fortschritt der Arbeiten in der Pionier-Republik Wuhlheide. Präsident Pieck im Gespräch mit einem verdienten Arbeiter." (Originalunterschrift)

land und der DDR (Berliner Abkommen).

27.9. Bundesregierung unterbreitet dem Deutschen Bundestag eine Wahlordnung für gesamtdeutsche freie Wahlen; u.a. sollen diese Wahlen unter internationaler Kontrolle der UNO durchgeführt werden.

27.9. Abschluss eines Handelsabkommens (1952 bis 1955) und eines Abkommens über wissenschaftlich-technische Zusammenarbeit zwischen der DDR und der UdSSR; 1951/52 folgen weitere langfristige Handelsabkommen mit den osteuropäischen Volksdemokratien.

Wilhelm Pieck und Otto Grotewohl fahren im Taxi durch Berlin. „Wenn ich jetzt Zigaretten zum Fenster rauswerfe, laufen mir alle Männer hinterher", sagt Pieck. „Wenn ich jetzt Damenstrümpfe aus dem Fenster werfe, laufen mir alle Frauen hinterher", sagt Grotewohl. Sagt der Taxifahrer: „Und wenn ich euch jetzt beide zum Fenster rauswerfe, läuft mir das ganz Volk hinterher."

3.10. Prozess gegen 19 Jugendliche wegen oppositioneller Meinungsäußerungen und Kundgebungen endet vor dem Landgericht Zwickau mit z. T. hohen Zuchthausstrafen.

17.10. Gründung der Deutschen Akademie der Landwirtschaftswissenschaften in Berlin (Ost).

1.11. Verabschiedung des Gesetzes über den Fünfjahrplan 1951-1955 durch die Volkskammer.

2.11. Brief von Präsident Wilhelm Pieck an Bundespräsident Theodor Heuss mit dem Vorschlag eines Zusammentreffens zur Erörterung gesamtdeutscher Probleme: 7.11. Ablehnung durch Theodor Heuss.

25.11. Proklamierung des Nationalen Aufbauprogramms Berlin durch das ZK der SED; 22.12. Konstituierung des Nationalen Aufbaukomitees zum Neuaufbau Berlins; Träger des Nationalen Aufbauwerks (NAW) ist die Nationale Front.

27.11. Anweisung des ZK der SED an die regionalen Parteileitungen, Angehörige der Intelligenz bei der wissenschaftlichen Arbeit und durch Gewährung von materiellen Sondervergünstigungen im persönlichen Bereich zu fördern und zu unterstützen.

11.12. Regierungsdelegation der DDR spricht sich auf einer Sitzung des Politischen Ausschusses der UN-Vollversammlung in Paris gegen die Einsetzung einer UN-Kommission zur Kontrolle der Wahlen in beiden Teilen Deutschlands aus; die Delegation der Bundesregierung bejaht den Einsatz einer UN-Kommission.

1952

1.1. Staatliches Ensemble für sorbische Volkskunst gegründet.

2.1. In einem großen Aufbaueinsatz unter anderem mit Beteiligung von Otto Grotewohl wird mit dem Nationalen Aufbauwerk begonnen, das sich in der Folgezeit zu einer Massenbewegung entwickelt.

6.1. Hochschule der Gewerkschaften „Fritz Heckert" in Bernau eröffnet.

8.1. Langfristiges Abkommen über kulturelle Zusammenarbeit zwischen der Regierung der DDR und der Regierung der Volksrepublik Polen in Berlin unterzeichnet.

9.1. Volkskammer billigt Gesetzentwurf für gesamtdeutsche Wahlen zu einer Nationalversammlung; 6.2. Bundesregierung veröffentlicht Gesetz über die Grundsätze für freie Wahlen zu einer verfassunggebenden deutschen Nationalversammlung.

10.1. Gründung der Gedenkstätte des Potsdamer Abkommens in Cecilienhof (Potsdam).

14.1. Tagung der Staatlichen Kommission für Kunstangelegenheiten und der Deutschen Bauakademie zum Thema „Architektur und Technik beim Bau neuer Theater" in Berlin.

15.1. Gründung des Zentralen Gesangs- und Tanzensembles des FDGB.

18.1. Gründung des Museums für Deutsche Geschichte in Berlin. Zum Direktor wird Alfred Meusel ernannt. (Am 5.Juli werden die ersten vier Abteilungen der Öffentlichkeit übergeben.)

25.1. Zentralhaus für Laienkunst in Leipzig eröffnet (ab 1954 Zentralhaus für Volkskunst, ab 1962 Zentralhaus für Kulturarbeit).

31.1.-2.2. Erste Konferenz der Berliner Kulturschaffenden berät Probleme des Kampfes um die Erhaltung der einheitlichen deutschen Kultur.

3.2. Grundsteinlegung für die Bauten in der heutigen Berliner Frankfurter Allee durch Otto Grotewohl im Rahmen des Nationalen Aufbauwerks (Beginn am 3.Januar).

14.2. Austausch der Ratifizierungsurkunden des Abkommens über die kulturelle Zusammenarbeit zwischen der Volksrepublik China und der DDR in Berlin.

15.2. Uraufführung des DEFA-Films „Das verurteilte Dorf" (Buch: Jeanne und Kurt Stern; Regie: Martin Hellberg; Hauptdarsteller: Helga Göring, Günther Simon). Auf dem VII. Internationalen Filmfestival Karlovy Vary (1952) erhält der Film einen Friedenspreis.

1.3. Die „Junge Welt" als Zentralorgan der FDJ erscheint als Tageszeitung.

7.3. Angesichts der vor ihrem erfolgreichen Abschluss stehenden Verhandlungen über den Deutschlandvertrag und die Europäische Verteidigungsgemeinschaft unterbreitet die UdSSR in einer Note an die Westmächte den Entwurf für einen Friedensvertrag mit Deutschland.

17.3. Anordnung zur Schaffung von Kulturräumen oder Kulturhäusern in den Gemeinden der DDR.

19.3. Anna Seghers wird in Moskau der Internationale Friedenspreis 1951 überreicht.

22.-30.3. Deutsche Beethoven-Ehrung anlässlich des 125. Todestages des Komponisten mit internationaler Beteiligung. Am 26. März Festakt mit Ansprache von Wilhelm Pieck (Das Bekenntnis zu Beethoven - ein Bekenntnis zum Frieden). Eine Ausstellung und eine wissenschaftliche Tagung finden statt. (Bereits am 23. Februar Stellungnahme des ZK

> An der Sowjetischen Kommandantur in Plauen wird ein Stalin-Bild angebracht. Fragt eine alte Frau einen Volkspolizisten: „Wer ist dieser schöne Mann?" Antwort: „Das ist doch Stalin, der hat uns von den Nazis befreit!" – „Ach, so ein guter Mann ...Ob der uns auch von den Russen befreit?"

„1.4.1952. ,Die laufende Masche'. Eine bunte Mode-Revue mit Gesang, Tanz und schönen Kleidern, die vom Deutschen Veranstaltungsdienst herausgebracht wird. Die IG Textil, Bekleidung, Leder gab den Auftrag für dieses Programm, um unseren Werktätigen die Erfolge und noch vorhandene Schwächen der Textilindustrie zu zeigen. Szene aus dem Tanz ,Traum von Perlon'." (Originalunterschrift)

der SED zum 125. Todestag Ludwig van Beethovens.)

1.4. Die bisher dem Kulturbund zur demokratischen Erneuerung Deutschlands angeschlossenen Organisationen des Deutschen Schriftstellerverbandes, des Verbandes Bildender Künstler Deutschlands und des Verbandes Deutscher Komponisten und Musikwissenschaftler werden selbständig.

1952

„Freiwilliger Aufbau 1952 in Magdeburg. Angeregt durch das Nationale Aufbauprogramm Berlin werden die Enttrümmerung und der Aufbau auch der anderen durch Amibomben zerstörten Städte der DDR vorangetrieben. In Magdeburg wurden die Enttrümmerung zum Beispiel nach Stadtteilen neu organisiert und die Abfuhr durch Bereitstellung der notwendigen Transportmittel verbessert. Jean Marchal aus Maranille, der zwei Jahre von den Nazis in Buchenwald eingesperrt war und heute in Magdeburg als Schuhmacher lebt, nimmt eifrig an dem freiwilligen Aufbau teil." (Originalunterschrift)

„Berlin – schöner denn je!" Plakat für das Nationale Aufbauprogramm Berlin, 1952.

1.4. Volkskunstkabinett Bernburg als erstes Volkskunstkabinett der DDR gegründet.

9.4. Das Ministerium für Volksbildung der DDR weist zum Gesetz zur Wahrung der Rechte der sorbischen Bevölkerung unter anderem an, in den sorbischen Sprachgebieten der Länder Sachsen und Brandenburg sorbische Grundschulen einzurichten und sorbischen Sprachunterricht für sorbische Kinder an allen sonstigen Grundschulen im zweisprachigen Gebiet zu erteilen.

15.-16.4. II. Bundeskongress der Domowina in Bautzen.

16.4. 50 junge Autoren beraten auf einer Tagung beim Zentralrat der FDJ in Berlin Probleme der Jugendliteratur.

16.4. Institut für deutsche Sprache und Literatur an der Deutschen Akademie der Wissenschaften eröffnet.

25.4. Ausstellung „Das Werk des Künstlers und Forschers Leonardo da Vinci" anlässlich seines 500. Geburtstages und des Weltgedenktages in Berlin.

29.4. Übergabe weiterer 66 SAG-Betriebe durch die UdSSR an die DDR und deren Umwandlung in VEB.

17.5. Mehrere politische Prozesse in Sachsen und Thüringen enden mit hohen Zuchthausstrafen; am 24.5. wird in einem politischen Prozess in Berlin (Ost) ein Todesurteil gefällt.

26./27.5. Ministerrat und Ministerium für Staatssicherheit beschließen Errichtung einer Sperrzone entlang der Demarkationslinie zur Bundesrepublik Deutschland.

26.5. Bundesregierung und Vertreter der Westmächte unterzeichnen den Deutschlandvertrag in Bonn; 27.5. Unterzeichnung des Vertrages über die Europäische Verteidigungsgemeinschaft (EVG) in Paris; 13.6. Demokratischer Block protestiert gegen die Unterzeichnung der Verträge von Bonn und Paris in Berlin (Ost).

13.6. Aufnahme des Demokratischen Frauenbundes Deutschlands (DFD) als ständiges Mitglied in den Demokratischen Block.

28.6. Regierungsverordnung bestimmt Erhöhung der Löhne und Gehälter für Facharbeiter sowie für Angehörige der Intelligenz.

9.-12.7. 2. Parteikonferenz der SED in Berlin (Ost) beschließt den Aufbau des Sozialismus in der DDR.

23.7. Volkskammer beschließt Gesetz über die weitere Demokratisierung des Aufbaus und der Arbeitsweise der staatlichen Organe in den Ländern; die DDR wird in 14 Bezirke gegliedert; durch die neue zentralistische Struktur verlieren die 5 Länder an Bedeutung, bleiben aber vorerst noch weiter bestehen.

7.8. Gründung der Massenorganisation Gesellschaft für Sport und Technik (GST).

19.9. Empfang einer Delegation der Volkskammer durch Bundestagspräsident Hermann Ehlers in Bonn führt nicht zur Kontaktaufnahme zwischen den Regierungen beider deutscher Staaten.

5.-10.10. Staatsbesuch einer Regierungsdelegation der UdSSR zum 3. Jahrestag der Gründung der DDR.

7.10. Einführung militärischer Dienstgrade und neuer Uniformen für die Kasernierte Volkspolizei; seit Anfang 1952 wird die Bereitschaftspolizei mit sowjetischen Waffen ausgerüstet; am 16.5. wird die Grenzpolizei dem Ministerium für Staatssicherheit unterstellt.

28./29.11. Deutscher Kongress für Verständigung und Frieden in Berlin (Ost);.

5./6.12. 1. Konferenz der Vorsitzenden der LPG mit Vertretern des ZK der SED und der Regierung in Berlin (Ost); Beschluss über die Bildung und den Ausbau der LPG und Verabschiedung von Musterstatuten.

Was ist der Unterschied zwischen einer Fuhre Langholz und der Kulturpolitik der DDR? Bei einer Fuhre Langholz kommt erst das dicke Ende und dann die rote Fahne.

1953

1.1. Das ZK der SED erklärt in einem Aufruf das Jahr 1953 aus Anlass des 70.Todestages von Karl Marx am 14.März sowie seines 135. Geburtstages am 5. Mai zum Karl-Marx-Jahr: „Im Jahr 1953 gedenkt die deutsche Nation ihres größten Sohnes Karl Marx".

15.1. Verhaftung des Außenministers und stellvertretenden CDU-Vorsitzenden Georg Dertinger unter Beschuldigung der Spionagetätigkeit; am 20./21.1. beschließt der Hauptvorstand der CDU eine genaue Überprüfung aller verantwortlichen Funktionäre in der Partei und im Staatsapparat.

17.-18.1. Erster Theaterkongress der DDR in Berlin zum Thema „Das sowjetische Theater – unser Vorbild im Kampf um den sozialistischen Realismus an deutschen Bühnen".

19.-26.1. Eine Delegation aus der Volksrepublik Polen unter der Leitung des Ministers für Kultur und Kunst weilt zur Sitzung der deutsch-polnischen Kommission zur Realisierung des Kulturabkommens in der DDR.

28.-29.1. Zentrale Kulturtagung des FDGB in Chemnitz legt die nächsten Aufgaben der kulturellen Massenarbeit der Gewerkschaften fest. Beschluss des Präsidiums des Bundesvorstandes des FDGB „Über die nächsten Aufgaben der kulturellen Massenarbeit".

Januar Monatszeitschrift „Neue Deutsche Literatur", vom Deutschen Schriftstellerverband herausgegeben, erscheint erstmals. Monatszeitschrift „Bildende Kunst", vom Verband Bildender Künstler Deutschlands herausgegeben, erscheint erstmals.

1.2. Die Zentrale Delegiertenkonferenz der Deutschen Volksbühne beschließt, angesichts des sozialistischen Aufbaus in der DDR und der Entwicklung der Theater der DDR zu Volkstheatern die Tätigkeit der Deutschen Volksbühne mit Ende der Spielzeit einzustellen.

7.2. Die 11. Tagung des ZK der SED findet aus Anlass des 20. Jahrestages der illegalen Tagung des ZK der KPD, auf der Ernst Thälmann zum letzten Male referierte, im „Sporthaus Ziegenhals" in Niederlehme statt. Einweihung der Ernst-Thälmann-Gedenkstätte im „Sporthaus Ziegenhals" durch Wilhelm Pieck.

14.2. Beschluss des Ministerrats über Grundsätze der Preispolitik; Konsumgüterpreise sollten langsam gesenkt werden, Industriepreise sollten zur Erhöhung von Arbeitsproduktivität und Rentabilität sowie zur Kostensenkung führen; Beschluss des ZK der SED über den Feldzug für strenge Sparsamkeit.

20.2. Die Deutsche Verwaltungsakademie „Walter Ulbricht" vereinigt sich mit

der Hochschule für Justiz zur Deutschen Akademie für Staats- und Rechtswissenschaften „Walter Ulbricht" in Potsdam-Babelsberg.

23.2. Gründung des Komitees der Antifaschistischen Widerstandskämpfer bei gleichzeitiger Auflösung der Vereinigung der Verfolgten des Naziregimes (VVN).

6.3. 12. Tagung des ZK der SED: Trauersitzung zum Tode Stalins; am 17.3. beschließt das ZK der SED u. a. die Umbenennung des Wohngebietes des Eisenhüttenkombinats Ost (bei Fürstenberg/Oder) in Stalinstadt (7.5.1953).

9.4. Beschluss des Ministerrates zur Aufhebung der Rationierung von Textilien und Schuhwaren; eine teilweise Aufhebung der Rationierung für diese Waren sowie eine Preissenkung für Textilien und Backwaren waren 1951 in Kraft getreten; ab 1.5. keine Ausgabe mehr von Lebensmittelkarten an ca. 2 Mill. Bewohner der DDR (Freiberufliche, Unternehmer, Handwerker, in Berlin [West] Tätige usw.); am 20.4. Preiserhöhungen für rationierte Lebensmittel.

15.4. Politbüro der KPdSU empfiehlt dem ZK der SED die Milderung des politischen Kurses.

21.4. Bischöfe der evangelischen Kirche wenden sich gegen die Behinderung der Kirchenarbeit, insbesondere gegen das Vorgehen staatlicher Organe gegen die Jungen Gemeinden und die

„1953. Die Landwirtschaftliche Produktionsgenossenschaft ‚Walter Ulbricht' in Merxleben hat sich durch besonders gute Erfolge in der Ernte, der Ablieferung und der Arbeitsorganisation hervorgetan, die sie durch die Unterstützung der MTS Klettstedt erringen konnten. Ernst Großmann, Vorsitzender der LPG, im Kreise seiner Familie." (Originalunterschrift)

evangelische Studentengemeinde; am 16.5. verurteilt das Bezirksgericht Rostock einen Diakon wegen „falscher Auslegung der christlichen Lehre" zu 8 Jahren Zuchthaus.

5.5. ZK der SED und Ministerrat beschließen aus Anlass des 135. Geburtstages von Karl Marx u. a. die Umbenennung von Chemnitz in Karl-Marx-Stadt.

28.5. Auflösung der Sowjetischen Kontrollkommission in Deutschland durch

1953

die Regierung der UdSSR. Ernennung von W. Semjonow zum Hohen Kommissar der Sowjetunion in Deutschland.

28.5. Beschluss des Ministerrates über Erhöhung der Arbeitsnormen.

28.-31.5. V. Parteitag der Liberal-Demokratischen Partei Deutschlands (LDPD) in Dresden.

9.6. Kommuniqué des Politbüros des ZK der SED zur Einleitung der Politik des Neuen Kurses; Stärkung der Staatsmacht, engere Verbindung von Partei, Staat und Bevölkerung sowie Verbesserung der Lebenslage aller Bevölkerungsschichten.

11.6. Ministerrat beschließt die Durchführung des Neuen Kurses; u. a. wird die Verordnung über die Ausgabe von Lebensmittelkarten vom 9.4. zurückgenommen.

16.6. Tagung des Berliner Parteiaktivs der SED: W. Ulbricht und O. Grotewohl

> Ein sowjetischer Besatzungsoffizier kommt zu einem Uhrmacher und verlangt die Reparatur seiner defekten Armbanduhr. Der Uhrmacher eröffnet sie gleich – und holt eine tote Wanze heraus. „Ah", nickt der Russe verständnisvoll: „Maschinist kaputt!"

„13.10.1953. Was dem Kollegen Nothe der neue Kurs brachte. Frau Nothe will sich mit ihrem Mann einen gemütlichen Abend machen und kauft dazu einiges im Konsum ein. Speiseöl, Butter, Bier und Ölsardinen stammen aus Lieferungen der Sowjetunion und aus den Volksdemokratien von Handelsverträgen, die unsere Regierung nach dem 9. Juni 1953 abgeschossen hat." (Originalunterschrift)

erläutern die Politik des Neuen Kurses und nehmen zu Fehlern der Partei- und Staatsführung Stellung; Aufhebung des Ministerratsbeschlusses über die Normenerhöhung vom 28.5.

16.6. Streik der Bauarbeiter in der Ost-Berliner Stalinallee sowie Proteste gegen die Normenerhöhung.

17.6. Volksaufstand in Berlin (Ost) und der gesamten DDR; Niederschlagung durch die Sowjetische Armee; der Ausnahmezustand wird in Berlin (Ost) erst am 11.7. beendet.

21.6. 14. Tagung des ZK der SED: Beschluss „über die Lage und die unmittelbaren Aufgaben der Partei"; der Volksaufstand wird als vom Westen initiierter „konterrevolutionärer faschistischer Putsch" dargestellt; die Politik des Neuen Kurses soll durch sozialpolitische Maßnahmen und durch allgemeine Verbesserung des Lebensstandards der Bevölkerung fortgesetzt werden.

27.6. Heinrich-Mann-Preis der Deutschen Akademie der Künste erstmals verliehen. Ausgezeichnet werden Stefan Heym und Max Zimmering.

11.-12.7. Wettstreit der besten Volkskunstgruppen der DDR beim Fest des Liedes und des Tanzes in Berlin.

16.7. Amtsenthebung und Verhaftung des bisherigen Justizministers Fechner (SED); Fechner hatte sich am 29.6. u. a. für das Streikrecht ausgesprochen.

18.7. IV. Zentrale Delegiertenkonferenz des Verbandes der Deutschen Presse in Berlin. Die bisher dem FDGB angeschlossene Organisation wird selbständig. Annahme neuer Satzungen. Rudi Wetzel wird zum Vorsitzenden gewählt.

24.-26.7. 15. Tagung des ZK der SED: Im Bericht des Politbüros des ZK über die gegenwärtige Lage und den neuen Kurs der Partei wird trotz Selbstkritik der Parteiführung die Generallinie der Partei für richtig erklärt; der Neue Kurs soll fortgesetzt werden; Neuwahl des Sekretariats des ZK und des Politbüros, Wahl von Walter Ulbricht zum Ersten Sekretär des ZK (bisher Generalsekretär); Ausschluss von Zaisser und Herrnstadt aus dem ZK wegen Fraktionsbildung sowie von Fechner aus dem ZK und aus der Partei.

23.12. DEFA-Filmpremiere „Die Geschichte vom kleinen Muck".

1953

27.7. Ausstellung sowjetischer und vorrevolutionärer russischer Kunst in Berlin eröffnet, die später in Dresden und in anderen Städten der DDR gezeigt wird.

31.7. Plenartagung der Deutschen Akademie der Künste wählt Martin Andersen Nexö zum Ehrenmitglied.

4.8. Deutscher Bundestag erklärt den 17. Juni zum „Tag der deutschen Einheit" (Staatsfeiertag).

6.8. Ministerrat der DDR beschließt „Verordnung über die Gründung der Nationalen Forschungs- und Gedenkstätten der klassischen deutschen Literatur in Weimar". Zum Generaldirektor wird Helmut Holtzhauer berufen.

17.8. 15 Bezirksstudios beginnen mit eigenen Rundfunkprogrammen.

20.-22.8. Verhandlungen einer Regierungsdelegation der DDR mit der Regierung der UdSSR in Moskau; Vereinbarung über den Erlass aller Reparationsleistungen ab 1.1.1954 und über die Umwandlung der jeweiligen diplomatischen Vertretungen in Botschaften.

30.8.-30.9. „Kunstausstellung Leipzig 1953" als erste Bezirkskunstausstellung durchgeführt.

1.9. Gründung der Theaterhochschule Leipzig (seit 18. November 1967 Theaterhochschule „Hans Otto" Leipzig).

6.9. Uraufführung der Oper „Wat Tyler" des englischen Komponisten Alan Bush am Leipziger Opernhaus.

17.-19.9. 16. Tagung des ZK der SED: Direktiven für die Wahlen zum IV. Parteitag und die Neuwahl der leitenden Parteiorgane; erneuter Vorschlag zur Aufnahme gesamtdeutscher Beratungen aus Vertretern beider deutscher Staaten und Festlegung der politischen und sozio-ökonomischen Grundstruktur eines wiedervereinigten Deutschland.

2.10. Berliner Kabarett „Die Distel" eröffnet.

6.10. Nationalpreisträger für Kunst und Literatur 1953: I Lion Feuchtwanger; II Fritz Cremer, Heinrich Kilger, Willi Kurth, Helene Weigel, Kollektiv des Films „Die Unbesiegbaren" (Willy A. Kleinau, Karl Paryla, Artur Pohl); III Paul Dessau, Karl Grünberg, Eugen Klagemann, Eberhard Schmidt, Erwin Strittmatter.

7.10. Wiederwahl von Wilhelm Pieck zum Präsidenten der DDR.

13.-17.10. Lucas-Cranach-Ehrung in Wittenberg und Weimar aus Anlass des 400. Todestages des Malers.

1.11. Verhaftung angeblicher Agenten in mehreren Städten der DDR.

1.11. Gründung der Deutschen Buch-Export und -Import GmbH in Leipzig.

Briefmarken-Blockausgabe: Karl-Marx-Jahr 1953, anlässlich seines 135. Geburtstages.

Auf einer Parteikonferenz erläutert Otto Grotewohl die schwierige Lage in der Versorgung und endet mit den Worten: „Aus diesem Grund, Genossen, den Riemen enger schnallen!" Da meldet sich ein Genosse: „Und wo gibt's Riemen, Genosse Grotewohl?"

„8.7.1953. Der Tischler Lothar Mohnholz, der Maler Horst Karyg und der Betonbauer Joachim Scholz, drei lustige Berliner Jungen, verbringen ihren Urlaub im schönen Thüringer Wald. Beim Abendessen vor ihrem Zelt im Tal von Mellenbach." (Originalunterschrift)

1953

„Juli 1953. Der Betriebskollektivvertrag der Chemischen Werke Buna wurde von der gesamten Belegschaft und der Werkleitung im ersten Halbjahr 1953 erfüllt. Die Verpflichtung, den aufgeschlüsselten Plan des Werkes um 7 Prozent überzuerfüllen, wurde eingehalten. Die Arbeitsproduktivität wurde gehoben und die Selbstkosten wurden gesenkt." (Originalunterschrift)

„In diesem Jahr (1953) führte die Berliner Arbeiter- und Bauern-Fakultät ihre Woche der offenen Tür vom 1.-6.2. durch. Am 3.2. nahmen Kollegen einiger Berliner Groß-Betriebe an den Vorlesungen teil, um sich ein Bild vom Leben an der Fakultät zu machen und dann den Jugendlichen in ihrem Betrieb darüber zu berichten. Während des Deutsch-Unterrichts der Klasse A 10, 1. Semester. Im Hintergrund die Kollegen Gozdowsky, Hauptbuchhalter, Pulpit, Verantwortlicher für die Kontrolle des Lehrlingsessens; Kollege Weingärtner von der Abteilung Schulung im VEB Güterumschlag und Kollege Habermann, der im HF-Werk Oberschöneweide für die Qualifizierung der Erwachsenen verantwortlich ist." (Originalunterschrift)

„24.4.1953. Frühling in Berlin. In den Grünanlagen am Bahnhof Friedrichstraße nehmen die Berliner ihre ersten Sonnenbäder." (Originalunterschrift)

10.11. Uraufführung des Schauspiels „Der Teufelskreis" von Hedda Zinner im Theater am Schiffbauerdamm (heutiges Berliner Ensemble) in Berlin (Regie: Fritz Wisten; Hauptdarsteller: Jochen Brockmann, Harry Hindemith, Willy A. Kleinau, Franz Kutschera, Edwin Marian, Werner Peters).

13.-19.11. Franz-Schubert-Festwoche aus Anlass des 125. Todestages des Komponisten in Berlin.

20.-22.11. Dritte Verlegerkonferenz in Leipzig. Rede von Johannes R. Becher (Die Kulturpolitik der Deutschen Demokratischen Republik); Rechenschaftsbericht von Fritz Apelt.

21.11. Innenministerium der DDR beschließt Abschaffung der Interzonenpässe, nachdem am 14.11. die Westmächte und die Bundesrepublik Deutschland entsprechende Maßnahmen getroffen haben.

10.12. Ministerrat der DDR beschließt Verordnung über weitere Verbesserung der Arbeits- und Lebensbedingungen der Arbeiter und der Rechte der Gewerkschaften; wichtige Ergänzung des Gesetzes der Arbeit vom 19.4.1950.

1954

1.1. Übergabe der letzten 33 SAG-Betriebe an die DDR durch die UdSSR.

7.1. Auf Beschluss des Ministerrates werden ein Ausschuss für deutsche Einheit und ein Ministerium für Kultur gebildet; das Amt für Reparationen wird aufgelöst.

22./23.1. 17. Tagung des ZK der SED: Parteiausschluss von Wilhelm Zaisser und Rudolf Herrnstadt; Anton Ackermann, Hans Jendretzky und Elli Schmidt werden aus dem ZK ausgeschlossen.

25.1.-18.2. Konferenz der Außenminister der UdSSR, der USA, Großbritanniens und Frankreichs in Berlin endet ohne Einigung in der deutschen Frage.

15.2. Brief des ZK der SED an den Parteivorstand und alle Mitglieder der SPD mit der Aufforderung, gemeinsam mit der KPD, dem DGB und dem FDGB die Vorschläge der UdSSR zur Lösung der deutschen Frage zu unterstützen und einen Vertrag über kollektive Sicherheit in Europa zu beraten; Ablehnung durch Erich Ollenhauer am 17.2.

25.2. Premiere der „Zauberflöte" von Wolfgang Amadeus Mozart an der Komischen Oper Berlin (Regie: Walter Felsenstein; Sänger: Richard Holm, Benno Kusche, Sigmund Roth, Sonja Schöner).

7.3. Haus der Jungen Talente im ehemaligen Podewilsscljen Palais in Berlin von Friedrich Ebert eröffnet.

9.3. Uraufführung des DEFA-Films „Ernst Thälmann – Sohn seiner Klasse" (Buch: Willi Bredel, Michael Tschesno-Hell; Regie: Kurt Maetzig; Hauptdarsteller: Günther Simon). Auf den VIII. Internationalen Filmfestspielen in Karlovy Vary (1954) erhält der Film einen Friedenspreis.

24.3. Programmerklärung des Ministeriums für Kultur „Zur Verteidigung der Einheit der deutschen Kultur".

25.3. Erklärung der Regierung der UdSSR über die Anerkennung der Souveränität der DDR.

30.3.-6.4. IV. Parteitag der Sozialistischen Einheitspartei Deutschlands (SED) in Berlin (Ost).

15.-16.5. II. Nationalkongress der Nationalen Front in Berlin (Ost); Vorschlag an die Volkskammer und den Deutschen Bundestag, eine Volksbefragung über den alternativen Abschluss des EVG-Vertrages oder eines Friedensvertrages durchzuführen; Wiederwahl von Prof. Erich Correns zum Präsidenten des Nationalrats.

6./7.6. II. Deutschlandtreffen der Freien Deutschen Jugend (FDJ) in Berlin (Ost).

9.6. Vor dem Obersten Gericht der DDR endet der Prozess gegen den ehemaligen Außenminister Dertinger und Mitangeklagte wegen angeblicher Verschwörertätigkeit mit hohen Zuchthausstrafen; am 14.6. verurteilt das Oberste Gericht 4

„Pfingsten 1954. Deutschlandtreffen für Einheit, Frieden und Freiheit. Demonstration auf dem Marx-Engels-Platz. Blick auf die Ehrentribüne. Präsident Pieck (r.) und der Stellvertreter des Ministerpräsidenten., Walter Ulbricht, grüßen die Demonstranten. Hinter Pieck Erich Mielke." (Originalunterschrift)

„Am 21.8.1954 endete in Solingen die 27. Amateur-Straßenweltmeisterschaft mit einem Sieg des belgischen Fahrers Emile van Cante. Gustav Adolf Schur sicherte sich durch eine unglaubliche Energieleistung auf den letzten 500 Metern vor dem ersten italienischen Fahrer den sechsten Platz und wurde bester deutscher Fahrer." (Originalunterschrift)

Ein Mann geht durch die Stadt und murmelt leise vor sich hin: „Scheiß-Staat, Scheiß-Staat ..." Ein Polizist hört das, klopft ihm auf die Schulter: „Sie haben Scheiß-Staat gesagt, ich muss Sie verhaften." „Sie können mich gar nicht verhaften", sagt der Mann, „es gibt ja viele Staaten, und Sie wissen nicht, welchen ich meine." „Da haben Sie Recht", antwortet der Polizist und lässt den Mann gehen. Nach 10 Metern klopft er dem Mann jedoch auf die Schulter und sagt: „Ich muss Sie doch verhaften – es gibt ja nur einen Scheiß-Staat."

1954

Angeklagte wegen Rädelsführerschaft am 17.6.1953 zu hohen Zuchthausstrafen; am 14.7. werden vom Obersten Gericht der seit dem 15.12.1952 verhaftete ehemalige Minister für Handel und Versorgung, Dr. Hamann (LDPD), und 4 Mitangeklagte zu hohen Zuchthausstrafen verurteilt.

27.-29.6. In der Volksbefragung zur Alternative „Für Friedensvertrag und Abzug der Besatzungstruppen oder EVG-Vertrag und Generalvertrag und Belassung der Besatzungstruppen auf 50 Jahre" votieren in der DDR und Berlin (Ost) über 93 v. H. für den Friedensvertrag.

24.-25.7. In beiden Teilen Berlins findet der Deutsche Kulturtag statt. Es werden Beschlüsse über praktische Maßnahmen für die gesamtdeutsche Kulturarbeit gefasst, die den Regierungen der DDR und der BRD als Vorschläge unterbreitet werden.

29.7. Gründung der Deutschen Liga für die Vereinten Nationen in Berlin. Peter Alfons Steiniger wird zum Präsidenten gewählt.

4.8. Gesetz zur Erhaltung und Pflege der heimatlichen Kultur von der Volkskammer der DDR beschlossen.

6.8. Regierung der UdSSR beschließt im Zusammenhang mit der Gewährung der vollen Souveränität der DDR (25. März) die Aufhebung aller Befehle und Anordnungen, die von der Sowjetischen Militäradministration und von der Sowjetischen Kontrollkommission in Deutschland in den Jahren 1945 bis 1953 über Fragen erlassen worden sind, die das politische, wirtschaftliche und kulturelle Leben der DDR betreffen.

19.-22.8. I. Deutsches Turn- und Sportfest in Leipzig.

10.9. I. Deutsche Arbeiterkonferenz in Leipzig; damit sollen die im Sommer 1948 unterbrochenen Interzonenkonferenzen der Gewerkschaften wiederaufgenommen werden; Ziel der Konferenzbeschlüsse ist die Herstellung der Aktionseinheit der Arbeiterklasse in Deutschland.

13.9. Inkrafttreten von Preissenkungen für Lebensmittel, Genussmittel und Gebrauchsgüter der staatlichen Handelsorganisation (HO) sowie der Postgebühren.

17.10. Wahlen zur Volkskammer und zu den Bezirkstagen; über 99 v. H. der Stimmen für die Einheitslisten der Nationalen Front.

23.10. Unterzeichnung der Pariser Verträge – Aufnahme der Bundesrepublik Deutschland in die Westeuropäische Union (WEU) und in die NATO (9.5. 1955), Beendigung des Besatzungsregimes.

16.12. Aufnahme Diplomatischer Beziehungen der DDR zur Demokratischen Republik Vietnam (Nordvietnam).

29.-31.12. Konferenz der Volksvertretungen der DDR, Polens und der Tschechoslowakei in Prag; Annahme einer Entschließung über den gemeinsamen Schutz der Unantastbarkeit der Grenzen der drei Staaten.

> Walter Ulbricht kommt in eine Kleinstadt. Ein Kraftwerk blieb von Kriegsschäden unversehrt. Der Hauptingenieur führt ihn in das Kesselhaus. „Sehen Sie, Genosse Ulbricht: Dieser alte Kessel ist schon über 80 Jahre im Betrieb – und noch kein bisschen Kesselstein." Darauf Ulbricht zu seinem Begleiter: „Hier helfen wir. Bitte aufschreiben – Kesselstein besorgen!"

9.3. DEFA-Filmpremiere. Rudolf Klix, Günther Simon und Erich Franz in „Ernst Thälmann – Sohn seiner Klasse".

28.4. DEFA-Filmpremiere „Kein Hüsung".

1955

12.1. Premiere des Schauspiels „Winterschlacht" von Johannes R. Becher am Berliner Ensemble (Regie: Bertolt Brecht, Manfred Wekwerth; Hauptdarsteller: Ekkehard Schall, Raimund Scheicher).

22.1. Erstmalige Verleihung des Lessing-Preises. Ausgezeichnet wird Herbert Jhering.

25.1. UdSSR erklärt Kriegszustand mit Deutschland für beendet; seitens der 3 Westmächte war dieser Schritt bereits 1951 erfolgt.

3.2. Verordnung über Berufsberatung und Berufslenkung der Absolventen der Universitäten, Hoch- und Fachschulen sowie eine neue Stipendienordnung, die den Kreis der Stipendienempfänger wesentlich erweitert. Verordnung über die Volksmusikschulen in der DDR.

5.-6.2. Konferenz „Volkskunstarbeit auf dem Lande" des Ministeriums für Kultur und des Zentralhauses für Volkskunst in Leipzig.

12. 2. Außerordentliche Zentrale Delegiertenkonferenz des Verbandes der Deutschen Presse. Beschluß der Richtlinien für die Einstellung, Ausbildung und Prüfung der Mitarbeiter der demokratischen Presse.

13.2. Kundgebung anlässlich des Jahrestages der Zerstörung Dresdens. Bertolt Brecht übergibt dem Deutschen Friedensrat 176 203 Unterschriften gegen die Pariser Verträge.

18.2. Volkskammer schlägt dem Deutschen Bundestag Vorbereitung gesamtdeutscher Wahlen unter internationaler Kontrolle vor.

24.2. Uraufführung der „Rosenberg-Kantate" von Leo Spies (Text: Paul Wiens).

2.3. Volkskammer wendet sich in einer Proklamation an das deutsche Volk gegen Ratifizierung der Pariser Verträge durch den Deutschen Bundestag und schlägt Volksbefragung über die Wiedervereinigung vor.

13.3. Bundesvorstand des FDGB stiftet Literaturpreis.

27.3. Erste Jugendweihen in Berlin (Ost); am 13.11.1954 wurde ein Zentraler Ausschuss für Jugendweihe gebildet.

30.4. Erstmalige Verleihung des am 10.12.1953 gestifteten Ordens „Banner der Arbeit" an „hervorragende Werktätige" und „sozialistische Kollektive".

1.5. Erstmaliges Auftreten der Kampfgruppen der Arbeiterklasse (Betriebskampfgruppen) unter der Losung „Bereit zur Arbeit und zur Verteidigung der Heimat!" auf den Maidemonstrationen.

5.5. Bundesrepublik Deutschland erhält mit Inkrafttreten der Pariser Verträge ihre Souveränität; Vorbehaltsrechte der 3 Westmächte in gesamtdeutschen Fragen und des inneren Notstandes bleiben bestehen.

11.-14. 5. Abschluss des Warschauer Paktes; Bildung des Vereinten Kommandos der Streitkräfte der Teilnehmerstaaten (UdSSR, Albanien, Bulgarien, DDR, Polen, Rumänien, Tschechoslowakei, Ungarn).

1./2.6. 24. Tagung des ZK der SED: Verabschiedung eines 10-Punkte-Programms zur Wiedervereinigung; Forderung auf Herstellung der Aktionseinheit der Arbeiterklasse und nach verstärkter Zusammenarbeit mit Sozialdemokraten und Gewerkschaften in der Bundesrepublik Deutschland.

18.6. Aufnahme des am 22.4.1951 gegründeten Nationalen Olympischen Komitees (NOK) der DDR in das Internationale Olympische Komitee (IOC) als provisorisches Mitglied.

17.-23.7. Genfer Gipfelkonferenz der Regierungschefs der USA, Großbritanniens, Frankreichs und der UdSSR endet ohne Fortschritte in der deutschen Frage; Genfer Direktive für die nachfolgende Außenministerkonferenz (27.10.-16.11.).

24.-27.7. Besuch sowjetischer Regierungsdelegation unter Leitung von Chruschtschow und Bulganin in der DDR; Erklärung Chruschtschows, die

„Zur 1. Baukonferenz vom 3. bis 8.4.1955 ist in der Deutschen Sporthalle in Berlin eine Ausstellung eröffnet worden. Modell der Berliner Stalinallee. Blick auf den Bersarin-Platz." (Originalunterschrift)

Wiedervereinigung Deutschlands sei vor allem Sache des deutschen Volkes; die politischen und sozialen Errungenschaften der DDR dürften dabei jedoch nicht angetastet werden.

12.8. Grotewohl unterbreitet in der Volkskammer neue Vorschläge zur Annäherung beider deutscher Staaten auf der Basis der ZK-Beschlüsse vom 1./2.6.

18.8. Ministerrat der DDR beschließt Verordnung über Produktionsgenossenschaften des Handwerks (PGH) und Musterstatuten für die PGH vom Typ 1 und 2.

27.8. NOK der DDR und der Bundesrepublik Deutschland beschließen Ent-

1955

Der Aktivist Adolf Hennecke ist Gast bei einer Schulveranstaltung. Ein Schüler trägt ihm zu Ehren Schillers Gedicht „Die Glocke" vor. Hennecke aber unterbricht: „Das geht doch viel kürzer: Loch in die Erde, Bronze rin! Glocke fertig! Bim-bim-bim!"

sendung gesamtdeutscher Mannschaft zu den Olympischen Spielen 1956 in Melbourne.

31.8. Beginn des Aufbaus des Kombinats Schwarze Pumpe und der Wohnstadt Hoyerswerda im Bezirk Cottbus.

9.-13.9. Verhandlungen einer Delegation aller Bundestagsparteien unter Leitung von Bundeskanzler Adenauer mit der Regierung der UdSSR in Moskau; Aufnahme diplomatischer Beziehungen.

17.-20.9. Verhandlungen einer Regierungsdelegation der DDR mit der Regierung der UdSSR in Moskau; Abschluss eines Vertrages über die gegenseitigen Beziehungen, Auflösung der Hohen Kommission der UdSSR in Deutschland; Befehle und Anordnungen der SMAD und der sowjetischen Kontrollkommission bereits am 7.8.1954 außer Kraft gesetzt.

26.9. Volkskammer beschließt Gesetz zur Ergänzung der Verfassung als verfas-

„Für Frieden, Einheit, Demokratie und Sozialismus", FDGB-Plakat zum 1. Mai 1954.

„9.9.1955. Auf der Nebenstelle ‚Stillhof' des Volkseigenen Jugendgutes ‚Thomas Müntzer' in Amalienruh, Kreis Meiningen, befand sich eine moderne Schweineaufzuchtstation. Hier werden für den eigenen Bedarf des Jugendgutes und für die Volkseigenen Güter der Umgebung Absatzferkel aufgezogen. Die Kollegen der Schweineaufzuchtstation haben sich das Ziel gesetzt, bis Jahresende 145 Zuchtsauen zu ziehen. Der Schweinemeister Kollege Emdenschliz mit zwei wenigen Stunden alten veredelten Landschweinen." (Originalunterschrift)

sungsmäßige Voraussetzung zum Aufbau von Streitkräften.

7.10. Auf den IX. Internationalen Filmfestspielen Karlovy Vary (1956) wird Günther Simon für seine darstellerische Leistung als bester Schauspieler ausgezeichnet.

7.10. Der Deutsche Fernsehfunk sendet die ersten Originalübertragungen (Direktsendungen).

8.-9.10. I. Deutsche Volksmusiktage in Meißen.

14.10. Bildung des Staatlichen Filmarchivs der DDR.

14.-16.10. Wartburgfest der deutschen Studenten.

27.10.-16.11. Konferenz der Außenminister der 4 Großmächte in Genf endet ohne Ergebnis in der deutschen Frage; Beobachterdelegation der DDR erklärt gesamtdeutsche Wahlen nur nach einer Demokratisierung und Entmilitarisierung der Bundesrepublik für möglich.

1.11. Gründung des Instituts für Bibliothekswissenschaft und wissenschaftliche Information an der Humboldt-Universität zu Berlin.

3.-16.11. Ausstellung „Junge Künstler" in Berlin.

13.11. Uraufführung des Melodrams „Lilo Herrmann" von Paul Dessau (Text: Friedrich Wolf).

24.11. Präsidium des Ministerrats beschließt Umstrukturierungen im Regierungsapparat; Walter Ulbricht wird 1. Stellvertreter des Vorsitzenden des Ministerrats.

27.11. Eröffnung der Ausstellung der von der UdSSR zurückgegebenen Gemälde der Dresdner Galerie in Berlin (Ost).

2.-3.12. Die II. Hochschulkonferenz der SED in Leipzig berät Fragen der politischen Erziehung und der Hebung des ideologischen Niveaus der Studierenden an den Universitäten und Hochschulen. Es referiert Kurt Hager.

8.-10.12. 5. Kongress der Gesellschaft für Deutsch-Sowjetische Freundschaft in Berlin. Friedrich Ebert wird zum Präsidenten wiedergewählt.

12.12. Haus der Tschechoslowakischen Kultur in Berlin in Anwesenheit von Ladislav Ctoll und Johannes R. Becher eröffnet.

23.12. Uraufführung des Schauspiels „Die Lützower" von Hedda Zinner am Deutschen Theater Berlin (Regie: Wolfgang Langhoff; Hauptdarsteller: Lothar Blumhagen, Walter Lendrich, Kurt Oligmüller, Margarethe Taudte).

Frage: Welches ist der wichtigste Buchstabe des Alphabets? Antwort: Im Prinzip sind alle wichtig, aber unersetzbar ist das „W", denn sonst hieße es „Arschauer Vertrag", „Alter Ulbricht" und „Affenbrüderschaft".

1956

3.1. Beginn des offiziellen Fernsehprogramms unter der Bezeichnung „Deutscher Fernsehfunk".

9.-14.1. IV. Deutscher Schriftstellerkongress in Berlin (Ost); Forderung nach Durchsetzung des sozialistischen Realismus; Beschluss eines Statuts. Wahl von Anna Seghers, Hans Marchwitza und Erich Strittmatter (alle SED) zu Vorsitzenden.

13.1. Uraufführung des DEFA-Films „Der Teufelskreis" nach dem gleichnamigen Schauspiel von Hedda Zinner in Berlin (Buch und Regie: Carl Balhaus; Hauptdarsteller: Jochen Brockmann, Fred Delmare, Erika Dunkelmann, Irma Münch, Kurt Steingraf)

18.1. Volkskammer beschließt Gesetz über Schaffung der Nationalen Volksarmee (NVA) und des Ministeriums für Nationale Verteidigung.

22.-29.1. Mozart-Woche in Berlin anlässlich des 200. Geburtstages des Komponisten. Auf dem Festakt in der Deutschen Staatsoper hält Max Burghardt die Ansprache (27. Januar).

24.1. Lessing-Preis an Fritz Erpenbeck und Peter Hacks verliehen.

26.1.-5.2. Olympische Winterspiele in Cortina d' Ampezo. In der ersten gesamtdeutschen Mannschaft gewinnt Harry Glass im Skispringen die Bronzemedaille.

14.-25.2. XX. Parteitag der KPdSU in Moskau; Teilnahme einer Delegation des ZK der SED unter Leitung von Walter Ulbricht und Otto Grotewohl.

„Ist das hier richtig?" erkundigt sich der Klempner, „Bei Ihnen soll der Wasserhahn defekt sein?" „Bei uns ist alles in Ordnung", antwortet die Hausfrau. „Merkwürdig, wohnt hier nicht die Familie Arnold?" „Arnolds? Das ist ja schon ein halbes Jahr her, dass die ausgezogen sind." „Typisch", entgegnet der Klempner. „Erst die Handwerker bestellen, und dann Hals über Kopf ausziehen."

15./16.2. Übernahme des Sozialversicherungswesens durch den FDGB.

17.2. Uraufführung des DEFA-Films „Genesung" (Buch: Karl Georg Egel, Paul Wiens; Regie: Konrad Wolf; Hauptdarsteller: Wolfgang Kieling, Wilhelm Koch-Hooge, Karla Runkehl).

17.2. Heinrich-Heine-Feiern anlässlich des 100. Todestages des Dichters.

7.3. Clara-Zetkin-Gedenkstätte in ihrem Geburtsort Wiederau eröffnet.

15.3. Beschluss des Ministerrates der DDR „Über die Aufgaben und den Aufbau der Mittelschulen in der Deutschen Demokratischen Republik".

20.3.-20.5. Ausstellung des Verbandes Bildender Künstler Deutschlands zu Ehren der 3. Parteikonferenz der SED in Dresden.

24.-30.3. 3. Parteikonferenz der SED in Berlin beschließt Direktive für den zweiten Fünfjahrplan der Entwicklung der Volkswirtschaft der DDR (1956 bis 1960). Referat Walter Ulbrichts (Der zweite Fünfjahrplan und der Aufbau des Sozialismus in der DDR). Die Konferenz konstatiert den Eintritt der DDR in eine neue Entwicklungsetappe, deren Hauptinhalt die Durchsetzung der sozialistischen Produktionsverhältnisse in allen Bereichen der Gesellschaft ist.

24.-30.3. 3. Parteikonferenz der SED in Berlin (Ost).

27.3. Heinrich-Mann-Preis der Deutschen Akademie der Künste an Rudolf Fischer, Franz Fühmann und Wolfgang Schreyer verliehen.

26.4. Abkommen der Regierung der DDR und der Regierung der UdSSR über kulturelle und wissenschaftliche Zusammenarbeit.

27.4. Haus der Polnischen Kultur in Berlin eröffnet.

30.4. Preis für künstlerisches Volksschaffen erstmalig verliehen, unter anderen an den Chor des Erich-Weinert-Ensembles, den Chor der Gerhart-

„*14.8.1956. PKW-Wohnwagenanhänger zur Herbstmesse 1956. Blick in das Wohnabteil.*" *(Originalunterschrift)*

Hauptmann-Oberschule Wernigerode und das Stephan-Hermlin-Ensemble der Pädagogischen Hochschule Potsdam.

1.5. Mai-Demonstration zum ersten Mal durch Militärparade der NVA eingeleitet.

5.5. Iskra-Gedenkstätte in Leipzig eröffnet.

9.-10.5. V. Zentrale Delegiertenkonferenz des Verbandes der Deutschen Presse in Berlin. Rudi Wetzel wird erneut zum Vorsitzenden gewählt.

15.-18.5. V. Pädagogischer Kongress in Leipzig schlägt Einführung der poly-

1956

technischen Bildung und Aufbau der zehnklassigen Mittelschule vor.

25.5. Gründung des Verlages des Ministeriums für Nationale Verteidigung (seit 1. Januar 1961 Deutscher Militärverlag).

29.-30.5. 1. Künstlerkonferenz der Deutschen Konzert- und Gastspieldirektion.

30.5. Deutsche Erstaufführung von Leoc Janáceks Oper „Das schlaue Füchslein" an der Komischen Oper Berlin (Regie: Walter Felsenstein; Sänger: Irmgard Arnold, Rudolf Asmus, Herbert Rößler).

30.5. Regierungserklärung Otto Grotewohls mit 8-Punkte-Vorschlag zur Annäherung und Verständigung beider deutscher Staaten; u. a. Nichteinführung der Wehrpflicht und zahlenmäßige Begrenzung der Streitkräfte in beiden deutschen Staaten.

1.-3.6. Kongress der Natur- und Heimatfreunde in Berlin. 14 Leitsätze für die Arbeit im Kulturbund zur demokratischen Erneuerung Deutschlands beschlossen.

3.6. Eröffnung der wiederhergestellten Semper-Galerie mit den von der Sowjetunion übergebenen Gemälden anlässlich der Festwochen zur 750-Jahr-Feier der Stadt Dresden.

6.6. Gerhart-Hauptmann-Gedächtnisstätte anlässlich des 10. Todestages des Dichters auf Hiddensee eröffnet.

8.6. Abkommen über die kulturelle Zusammenarbeit zwischen der DDR und der Republik Syrien in Damaskus unterzeichnet.

16.6. FDGB-Literaturpreis an Klaus Beuchler, Karl Georg Egel, Stefan Heym, Jürgen Lenz und Paul Wiens verliehen.

23.6. I. Zentrale Tagung der Schmalfilmamateure in Berlin. Vorführung der Preisträgerfilme aus dem 1. Wettbewerb.

27.-28.6. Zweiter Kongress junger Künstler in Karl-Marx-Stadt. Rede von Alexander Abusch (Der junge Künstler in unserer Zeit).

29.6. Übergabe der nach dem Krieg in der Sowjetunion aufbewahrten, 300000 Bände umfassenden Gothaer Bibliothek an die DDR.

30.6. Vorschlag des ZK der SED an den Parteivorstand der SPD zu gemeinsamem Vorgehen gegen die Einführung der Wehrpflicht in der Bundesrepublik Deutschland; zugleich wird der Ministerrats-Beschluss vom 26.6., der eine Reduzierung der Truppenstärke der NVA von 120.000 auf 90.000 Mann vorsieht, als Beispiel herausgestellt.

3.7. Gesamtdeutsche Grafikausstellung „Ein Bekenntnis zum Leben" in der Deutschen Akademie der Künste in Berlin eröffnet.

7.-8.7. Sorbisches Volkstreffen in Bautzen. Das neuerbaute Haus der Sorben wird der Öffentlichkeit übergeben.

8.-20.7. I. Internationaler Robert-Schumann-Wettbewerb für Klavier und Gesang in Berlin. Der Schumann-Wettbewerb wird 1961 in die Internationale Vereinigung der Musikwettbewerbe (FCIM) aufgenommen. 1. Preise erhalten die Sängerin Kira Isotowa, der Sänger Alexander Wedernikow (UdSSR) und die Pianistin Annerose Schmidt (DDR).

16./17.7. Verhandlungen einer Regierungsdelegation unter Otto Grotewohl mit der sowjetischen Regierung in Moskau; Vereinbarungen über Herabsetzung der Unterhaltskosten für sowjetische Streitkräfte in der DDR um 50 v. H. sowie über Kreditgewährung an die DDR und Erhöhung des Warenaustauschs.

> Im Kreml läuft ein Mann herum und ruft: „Chruschtschow ist ein Wahnsinniger!" Er wird verhaftet und zu 23 Jahren Zwangsarbeit verurteilt. Die Begründung: drei Jahre wegen Beleidigung des Parteichefs – und 20 Jahre wegen Verrats eines Staatsgeheimnisses.

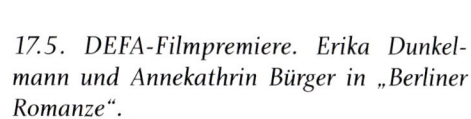

17.5. DEFA-Filmpremiere. Erika Dunkelmann und Annekathrin Bürger in „Berliner Romanze".

„HO Warenhaus – Hier kauft der Osterhase". Plakat, 1956.

1956

19.7. Vereinigung der Filmklubs der DDR gegründet. Zum Vorsitzenden wird Kurt Maetzig ernannt. Sie wird Mitglied der Internationalen Föderation.

19.7. Mikroaufnahmen des Nachlasses des deutschen Dichters und Revolutionärs Erich Mühsam werden der Deutschen Akademie der Künste zu Berlin vom Moskauer Gorki-Institut für Weltliteratur übergeben.

22.-29.7. Deutsche Robert-Schumann-Ehrung in Zwickau aus Anlass des 100. Todestages des Komponisten. Eröffnung des Schumann-Hauses als Gedenkstätte in Zwickau (22. Juli).

25.-28.7. Erste internationale Arbeitstagung der Germanisten vom Institut für Deutsche Sprache und Literatur bei der Deutschen Akademie der Wissenschaften zu Berlin veranstaltet.

27.-29.7. 28. Tagung des ZK der SED: Rehabilitierung und Aufhebung der Parteistrafen für Franz Dahlem, Anton Ackermann, Hans Jendretzky, Elli Schmidt u. a..

2.-5.8. II. Deutsches Turn- und Sportfest in Leipzig. Das neu erbaute Stadion der Hunderttausend wird eröffnet.

17.8. Verbot der Kommunistischen Partei Deutschlands (KPD) durch das Bundesverfassungsgericht.

18.8. Staatsfeier zum Tode Bertolt Brechts. Gedenkansprachen von Walter Ulbricht und Johannes R. Becher (Trauer um Bertolt Brecht).

19. 8. Der vom Ministerium für Kultur der DDR gestiftete Cicinski-Preis für vorbildliche Leistungen im sorbischen Kulturleben wird erstmals verliehen an Mcrcin Nowak-Neumann und das Sorbische Volkstheater Bautzen. Der vom Ministerium für Kultur gestiftete Preis wird alle zwei Jahre in zwei Klassen an sorbische Künstler, Kulturschaffende und Kollektive sowie an andere Persönlichkeiten der DDR verliehen.

27.8.-15.9. Gastspiel des Berliner Ensembles in London mit „Mutter Courage", „Pauken und Trompeten" und dem „Kaukasischen Kreidekreis".

31.8. Uraufführung des Dokumentarfilms „Du und mancher Kamerad"

„5.8.1956. Deutsches Turn- und Sportfest in Leipzig. Am Sonntag fand in den Straßen Leipzigs der Festumzug der Turner und Sportler statt. Walter Ulbricht und Manfred Ewald grüßen die Sportler." (Originalunterschrift)

(Buch: Annelie und Andrew Thorndike; Regie: Andrew Thorndike).

31.8.-28.9. Ausstellung mit Werken von Willi Geiger in der Deutschen Akademie der Künste zu Berlin.

1.9. Eröffnung des Hauses für sorbische Volkskunst in Bautzen.

1.9. Staatliche Fachschule für Artistik in Berlin eröffnet.

13.9. Vereinbarung des Bundesvorstands des FDGB und des Ministeriums

„II. Deutsches Turn- und Sportfest in Leipzig. Auch die jüngsten und kleinsten Sportler waren beim Festumzug dabei." (Originalunterschrift)

1956

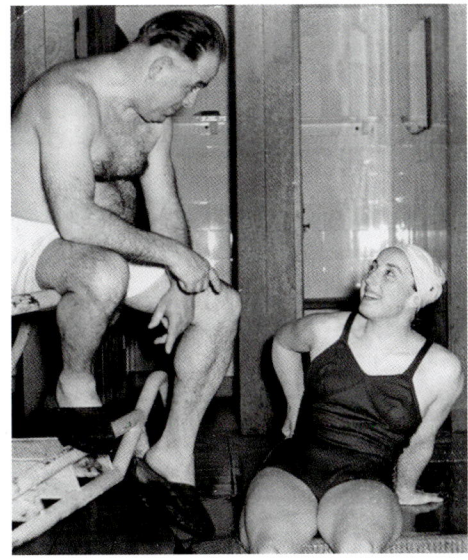

„19.4.1956. Die Verdiente Meisterin des Sports Jutta Langenau (SC Turbine Erfurt) hat berechtigte Aussichten, die deutschen Farben bei der Olympiade in Melbourne zu vertreten. Sie hält die Weltbestleistung über 200 Meter Butterfly, den Deutschen Rekord über 100 Meter Butterfly und die DDR-Rekorde von 200 bis 1 000 Meter. Jutta Langenau, die als Sportlehrerin in der Heinrich-Mann-Oberschule in Erfurt tätig ist, schwimmt seit 1945/46 aktiv. Ihr Trainer, Verdienter Meister des Sports Hannes Horlbeck, will versuchen, die Leistungen unserer Rekordschwimmerin noch zu steigern." (Originalunterschrift)

für Arbeit und Berufsausbildung über Lohnerhöhungen und Aufhebung der unteren Ortsklassen; am 4.6. waren Preissenkungen für einzelne Konsumgüter in Kraft getreten; am 16.11. wurden Rentenerhöhungen festgesetzt.

14.-16.9. 1. Kongress der Gesellschaft für Sport und Technik (GST) in Karl-Marx-Stadt.

15.9.-20.10. Ausstellung „Die deutsche Landschaft" mit 231 Werken von 17 Künstlern aus der BRD und 121 Künstlern aus der DDR in der Staatlichen Galerie Moritzburg in Halle.

4.-6.10. Beratungen von Vertretern der LDPD und FDP über Fragen der Wiedervereinigung Deutschlands und der Möglichkeit einer Zusammenarbeit.

7.10. Kultur- und Informationszentrum der DDR in Prag eröffnet.

Wolfgang Behrendt.

Harry Glass.

„WERRA – die Kamera für sie. Carl Zeiss Jena". Plakat, 1956

8.-12.10. Internationale Wissenschaftliche Heine-Konferenz in Weimar.

16.-17.10. Puppenspielertagung mit internationaler Beteiligung in Berlin.

20.-21.10. Tagung der Natur- und Heimatfreunde des Kulturbundes zur demokratischen Erneuerung Deutschlands über Fragen der Volkskundeforschung.

23.10. Gründung des Büros für Urheberrechte in Berlin.

26.10. Plenartagung der Deutschen Akademie der Künste. Als neue Mitglieder werden Fidelio F. Finke, John Heartfield, Franz Konwitschny, Hans Theo Richter, Alex Wedding (Grete Weiskopf) gewählt.

1.11. Gründung des VEB Verlag Enzyklopädie.

12.-14.11. 29. Tagung des ZK der SED: Beschluss über die Rechte der Arbeiter in den Betrieben; Beratung zur Einführung der 45-Stunden-Woche und Erhöhung der Altrenten.

17.11.-31.12. Jahresausstellung der Akademie der Künste in Berlin mit Werken der Malerei und Plastik. Von 124 Künstlern werden Werke ausgestellt, unter anderen von Fritz Cremer, Carl Crodel, Otto Dix, Willi Geiger, Josef Hegenbarth, Bert Heller, Max Lingner, Otto Nagel, Karl Schmidt-Rottluff, Max Schwimmer.

22.11.-8.12. Olympische Sommerspiele in Melbourne. In der gesamtdeutschen Mannschaft holt der Boxer Wolfgang Behrendt die erste Goldmedaille für die DDR.

6.12. Brief des ZK der SED an die studentische Jugend der DDR.

7.12. Uraufführung des DEFA-Films „Der Hauptmann von Köln" (Buch: Slatan Dudow, Henryk Keisch, Michael Tschesno-Hell; Regie: Slatan Dudow; Hauptdarsteller: Christel Bodenstein, Erwin Geschonneck, Rolf Ludwig).

7.-8.12. II. Kongress der Gesellschaft zur Verbreitung wissenschaftlicher Kenntnisse in Berlin. Werner Rothmaler zum Präsidenten wiedergewählt.

1957

3.-8.1. Vereinbarung zwischen der DDR und der UdSSR über Erhöhungen der Warenlieferungen und Kreditgewährung an die DDR.

15.1. DDR-Erstaufführung von Bertolt Brechts „Leben des Galilei" im Berliner Ensemble (Inszenierung in der Regie von Bertolt Brecht vorbereitet und begonnen, nach seinem Tode von Erich Engel fortgeführt und vollendet; Hauptdarsteller: Ernst Busch).

17.1. Volkskammer beschließt Gesetz über die Örtlichen Organe der Staatsmacht und Gesetz über die Rechte und Pflichten der Volkskammer gegenüber den örtlichen Volksvertretungen.

18.1. Volkskammer beschließt Gesetz über schrittweise Einführung der 45-Stunden-Woche in der volkseigenen Industrie, im Verkehrs- und Nachrichtenwesen; Inkrafttreten je nach Branche am 1.3. bzw. 1.4.; das Gesetz wird auch in der privaten Industrie wirksam.

22.1. Lessing-Preis an Max Schroeder verliehen.

29.1. Im Dietz Verlag erscheint der erste Band der neununddreißigbändigen Ausgabe der Werke von Karl Marx und Friedrich Engels (MEW).

31.1.-1.2. 30. Tagung des ZK der SED: Wegen des längeren Nebeneinanders zweier deutscher Staaten mit entgegengesetzter Gesellschaftsordnung sei die Wiedervereinigung nur noch über eine deutsche Konföderation und über einen paritätischen Gesamtdeutschen Rat möglich.

1.2. Anordnung über den Fortfall der Studiengebühren im Direktstudium an den Universitäten, Hoch- und Fachschulen der DDR.

8.-10.2. Delegiertenkonferenz des Deutschen Schriftstellerverbandes in

---

„Dresden-Hauptbahnhof!" ruft eine Straßenbahnschaffnerin: „Wer von den Fahrgästen Urlaub hat, gute Fahrt! Und wer zur Arbeit muss: gute Erholung!"

Berlin berät über Probleme des sozialistischen Realismus. Anna Seghers wird zur Vorsitzenden des Verbandes gewählt.

20.2. Uraufführung der VI. Orchestersuite von Fidelio F. Finke in Dresden.

23.-24.2. Delegiertenkonferenz des Verbandes Deutscher Komponisten und Musikwissenschaftler in Berlin. Referat von Nathan Notowicz, der zum 1. Sekretär wiedergewählt wird. Ottmar Gerster wird erneut zum Vorsitzenden gewählt.

26.-28.2. 5. Konferenz der Vorsitzenden und Aktivisten der LPG in Rostock; in 65 v. H. der Gemeinden der DDR bestehen über 6200 LPG mit rund 220.000 Mitgliedern und ca. 23 v. H. der landwirtschaftlichen Nutzfläche.

1.3. Eröffnung des neuerrichteten Leipziger Schauspielhauses mit Friedrich Schillers „Wallenstein".

7.-9.3. Prozess gegen Wolfgang Harich u. a. wegen Verbrechens gegen Artikel 6 der Verfassung (Boykotthetze) endet mit hohen Zuchthausstrafen, desgleichen ein zweiter Prozess gegen Angehörige der Harich-Gruppe am 26.7..

12.3. Abschluss des Abkommens über die zeitweilige Stationierung sowjetischer Streitkräfte in der DDR zwischen der DDR und der UdSSR.

12.3.-31.5. Kunstausstellung mit Werken von Otto Dix in der Deutschen Akademie der Künste zu Berlin.

14.3. Gründung der Robert-Schumann-Gesellschaft in Zwickau. Zum Präsidenten wird Karl Laux gewählt.

15.-17.3. IV. Bundeskongress der Domowina in Cottbus. Kurt Krenz zum Vorsitzenden der Domowina wiedergewählt.

22.-23.3. Volkskunstkonferenz des Bundesvorstandes des FDGB in Berlin. Rede von Egon Rentzsch (Die Verantwortung der Gewerkschaften für die Entwicklung der Volkskunst in den Betrieben).

26.-27.3. Intendantenkonferenz der DDR berät Maßnahmen auf dem Wege zum sozialistischen Theater.

„Der Erste, Sekretär des ZK der KPdSU, N.S. Chruschtschow, und weitere Mitglieder der sowjetischen Delegation besuchten am 9.8.1957 die Landwirtschaftsausstellung in Markkleeberg. Während einer Unterhaltung (2.v.l.): Walter Ulbricht, (Mitte): N.S. Chruschtschow." (Originalunterschrift)

27.3. Heinrich-Mann-Preis der Deutschen Akademie der Künste an Herbert Nachbar, Hanns Maaßen und Margarete Neumann verliehen.

29.3. Uraufführung des DEFA-Films „Tinko" nach dem gleichnamigen Roman von Erwin Strittmatter (Buch und Regie: Herbert Ballmann; Hauptdarsteller: Josef Sieber, Günther Simon, Lisa Wehn).

3.4. Der von Grete Weiskopf gestiftete F.-C.-Weiskopf-Preis für die Pflege der

1957

"15.10.1957. Von den 450 Einwohner der Gemeinde Gussow, Kreis Königs Wusterhausen, wurde die Bäuerin Anneliese Caensicke zu ihrer Volksvertreterin gewählt. Im Gemeinderat arbeitet sie auf dem Gebiet des Wohnungs- und Sozialwesens. Vielen Bewohnern hat sie seitdem schon helfen könne. So hat sie zum Beispiel den erkrankten Frauen die Sorge um ihre Kinder und den Haushalt abgenommen, Wohnungstausch vermittelt, Möglichkeiten für eine neue Wohnung geschaffen. Frau Caensicke wird besonders von älteren Bewohnern oft um Rat gefragt.

Die Volksvertreterin ist selbst Mutter von zwei Kindern und arbeitet für ihre Eltern, die Genossenschaftsbauern sind, in der Frauenbrigarde der LPG mit. Frau Caensicke will selbst Mitglied der LPG werden. Neben ihren Kindern und ihrem Haushalt versorgt sie noch das Vieh aus der persönlichen Wirtschaft ihrer Eltern. Trotzdem hat sie noch Zeit, jeden Dienstag im Volkschor Gussow mitzusingen. Trotz vieler Arbeit auf dem Feld, im Haushalt und im Gemeinderat vernachlässigt sie ihre Kinder Gerhard und Lieselotte nicht." (Originalunterschrift)

"Koche und Backe mit Kathi". Plakat, 1957.

deutschen Sprache wird von der Deutschen Akademie der Künste erstmals verliehen. Preisträger ist Ernst Stein (Stiftung des Preises am 16. März 1956).

7.-16.4. 1. Konferenz des Verlagswesens der sozialistischen Länder in Leipzig.

8.4. Beschluss des Sekretariats des Bundesvorstandes des FDGB über „Die Aufgaben der Gewerkschaftsbibliotheken in den Betrieben".

12.4. Regierungsbeschluss zur Bildung eines Wirtschaftsrates beim Ministerrat der DDR zur Gewährleistung der engen Verbindung von Aufstellung und Durchführung der Volkswirtschaftspläne und zur Herstellung einer koordinierenden Leitung der Volkswirtschaft; am 9.1. war ein Zentraler Beirat für Fragen der staatlichen Beteiligung an Privatbetrieben beim Staatssekretariat für Örtliche Wirtschaft errichtet worden.

25.4. Tagung des Zentralrats der Freien Deutschen Jugend (FDJ): FDJ zur sozialistischen Jugendorganisation der DDR erklärt.

27./28.4. Gründung des Deutschen Turn- und Sportbundes (DTSB) als zentrale Sportorganisation der DDR in Berlin (Ost); Wahl von R. Reichert zum Präsidenten.

30.4. Preis für künstlerisches Volksschaffen unter anderen an das Ernst-Hermann-Meyer-Ensemble der Humboldt-Universität zu Berlin, den Chor des Volkskunstensembles des FDGB, an Henn Haas (Leiter der Tanzgruppe des Volkskunstensembles des FDGB) und Helmut Koch verliehen.

7.5. Eröffnung der Lenin-Gedenkstätte in Leipzig im Verlagsgebäude der „Leipziger Volkszeitung".

7.5. Johann-Gottfried-Herder-Medaille wird erstmals an zwanzig verdiente Lehrer der russischen Sprache verliehen.

8.-29.5. Erstes Gastspiel des Moskauer Wachtangow-Theaters in der DDR in den Städten Berlin, Dresden und Leipzig.

8.-31.5. Erstes Gastspiel des Berliner Ensembles in Moskau und Leningrad. Gezeigt werden „Leben des Galilei", „Der kaukasische Kreidekreis", „Mutter Courage" von Bertolt Brecht und „Pauken und Trompeten" von George Farquhar.

10.5. Abschluss eines Konsular-Abkommens zwischen der DDR und der UdSSR in Moskau.

2.-26.6. Kulturbund zur demokratischen Erneuerung Deutschlands veranstaltet Aussprachen von Wissenschaftlern und Künstlern mit Walter Ulbricht in Leipzig (2. und 26. Juni) und in Berlin (19. Juni). Auftakt für eine öffentliche Diskussion über ideologische Probleme, insbesondere über sozialistische Ethik.

6.6. Präsidium des Ministerrats beschließt Maßnahmen zur Verbesserung der Arbeit auf dem Gebiet der natur-

1958

10.1. Aufruf des Politischen Ausschusses des Zentralvorstands der LDPD an die Handwerksbetriebe, sich in Produktionsgenossenschaften (PGH) zusammenzuschließen und beim sozialistischen Aufbau mitzuarbeiten; am 16./17.12.1957 hatte der Hauptvorstand der CDU private Industrieunternehmer zur Aufnahme staatlicher Beteiligungen und private Einzelhändler zum Abschluss von Kommissionsverträgen aufgerufen sowie Handwerker und Bauern für die genossenschaftliche Produktion zu gewinnen versucht.

18.1. Arbeitsplan über die kulturelle Zusammenarbeit mit der Tschechoslowakischen Republik in Berlin unterzeichnet.

18.1.-16.3. Heinrich-Zille-Gedenkausstellung anlässlich seines 100. Geburtstages in Berlin.

22.1. Lessing-Preis an Hans Lücke verliehen.

25.1. Aufführung der Oper „Hoffmanns Erzählungen" von Jacques Offenbach in einer Neufassung an der Komischen Oper Berlin (Regie: Walter Felsenstein; Sänger: Melitta Muszely, Hanns Nocker).

28.1. Uraufführung der Sinfonie für Streicher von Ernst Hermann Meyer in Leipzig.

3.-6.2. 35. Tagung des ZK der SED: Ausschluss von Karl Schirdewan und Fred Oelßner aus dem Politbüro, von Schirdewan und dem Minister für Staatssicherheit, Ernst Wollweber, darüber hinaus aus dem ZK, Nachwahlen für das Politbüro und das Sekretariat des ZK, u. a. wird Erich Honecker Mitglied des Sekretariats; Beratung über die Aufgaben der Gewerkschaften, Empfehlung an den FDGB, ständige Ausschüsse für Produktionsberatung als Organe der Gewerkschaften (anstelle der Arbeiterkomitees) zu bilden. Beschluss, die Bundesrepublik in der „Produktion pro Kopf der Bevölkerung" zu übertreffen

7.-9.2. 5. Kongress des Kulturbundes zur demokratischen Erneuerung Deutschlands; Beschluss zur Umbenennung in Deutscher Kulturbund, Wahl von Max Burghardt (SED) zum Präsidenten.

10./11.2. Volkskammer beschließt Gesetz über die Vervollkommnung und Vereinfachung der Arbeit des Staatsapparates; Bildung von VVB und Auflösung der Industrieministerien.

23.-24.2. Kulturkonferenz der Domowina zum Thema „Die sorbische Kultur muss eine sozialistische sein" in Bautzen.

24.-26.2. 2.Baukonferenz des ZK der SED und des Ministeriums für Bauwesen in Berlin. Entschließung über die weitere Entwicklung des Bauwesens in der DDR zur Steigerung des industriellen Wohnungsbaus.

„6.9.1958. Leipziger Herbstmesse 1958. Modell ‚Contessa' vom VEB Elegant Berlin. Ein festliches, elegantes Komplet aus Baumwolle mit Metallfaden. Eine zarte Rose schmückt das Decolleté des Prinzeßkleides, über das ein kragenloser Mantel gezogen wird. Dieses Modell wird auf der internationalen Messemodenschau gezeigt." (Originalunterschrift)

27.-28.2. Kulturkonferenz des Bundesvorstandes des FDGB. Referat von Egon Rentzsch „Für eine sozialistische Kultur-Politik der Gewerkschaften". Beschluss des Präsidiums des Bundesvorstandes „Für eine sozialistische Kulturpolitik der Gewerkschaften" angenommen.

28.2.-2.3. III. Hochschulkonferenz der SED in Berlin. Es referiert Kurt Hager (Der Kampf für die sozialistische Hochschule). Entschließung über die Aufgaben der Universitäten und Hochschulen beim Aufbau des Sozialismus in der DDR verabschiedet.

4.3. Beschluss des Politbüros des ZK der SED „Die Aufgaben der Parteipropaganda bei der sozialistischen Erziehung der Volksmassen".

18.-19.3. Deutsche Historiker-Gesellschaft in Leipzig gegründet. Ernst Engelberg wird zum Vorsitzenden gewählt.

23.3. Eröffnung des Museums für sorbisches Schrifttum in Bautzen anlässlich des 10. Jahrestages der Verabschiedung des Gesetzes zur Wahrung der Rechte der sorbischen Bevölkerung.

„10. bis 16.7.1958. V. Parteitag der SED in der Werner-Seelenbinder-Halle. Der Delegierte Egon Krenz, Unteroffizier der nationalen Volksarmee." (Originalunterschrift)

27.3. Heinrich-Mann-Preis der Deutschen Akademie der Künste an Hans Grundig, Herbert Jobst, Rosemarie Schuder verliehen.

28.-30.3. 6. Kongress der Gesellschaft für Deutsch-Sowjetische Freundschaft in Berlin. Zum neuen Präsidenten wird Georg Handke gewählt. Es referiert Friedrich Ebert (Unser Kampf um Frieden und Sozialismus).

10.-11.4. Arbeitstagung des Staatssekretariats für Hochschulwesen und der Gewerkschaft Wissenschaft in Leipzig

1957

„15.10.1957. Von den 450 Einwohner der Gemeinde Gussow, Kreis Königs Wusterhausen, wurde die Bäuerin Anneliese Caensicke zu ihrer Volksvertreterin gewählt. Im Gemeinderat arbeitet sie auf dem Gebiet des Wohnungs- und Sozialwesens. Vielen Bewohnern hat sie seitdem schon helfen könne. So hat sie zum Beispiel den erkrankten Frauen die Sorge um ihre Kinder und den Haushalt abgenommen, Wohnungstausch vermittelt, Möglichkeiten für eine neue Wohnung geschaffen. Frau Caensicke wird besonders von älteren Bewohnern oft um Rat gefragt.

Die Volksvertreterin ist selbst Mutter von zwei Kindern und arbeitet für ihre Eltern, die Genossenschaftsbauern sind, in der Frauenbrigade der LPG mit. Frau Caensicke will selbst Mitglied der LPG werden. Neben ihren Kindern und ihrem Haushalt versorgt sie noch das Vieh aus der persönlichen Wirtschaft ihrer Eltern. Trotzdem hat sie noch Zeit, jeden Dienstag im Volkschor Gussow mitzusingen. Trotz vieler Arbeit auf dem Feld, im Haushalt und im Gemeinderat vernachlässigt sie ihre Kinder Gerhard und Lieselotte nicht." (Originalunterschrift)

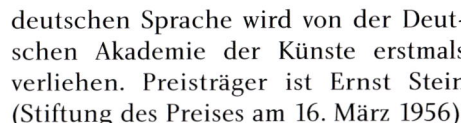

deutschen Sprache wird von der Deutschen Akademie der Künste erstmals verliehen. Preisträger ist Ernst Stein (Stiftung des Preises am 16. März 1956).

7.-16.4. 1. Konferenz des Verlagswesens der sozialistischen Länder in Leipzig.

8.4. Beschluss des Sekretariats des Bundesvorstandes des FDGB über „Die Aufgaben der Gewerkschaftsbibliotheken in den Betrieben".

12.4. Regierungsbeschluss zur Bildung eines Wirtschaftsrates beim Ministerrat der DDR zur Gewährleistung der engen Verbindung von Aufstellung und Durchführung der Volkswirtschaftspläne und zur Herstellung einer koordinierenden Leitung der Volkswirtschaft; am 9.1. war ein Zentraler Beirat für Fragen der staatlichen Beteiligung an Privatbetrieben beim Staatssekretariat für Örtliche Wirtschaft errichtet worden.

25.4. Tagung des Zentralrats der Freien Deutschen Jugend (FDJ): FDJ zur sozialistischen Jugendorganisation der DDR erklärt.

27./28.4. Gründung des Deutschen Turn- und Sportbundes (DTSB) als zentrale Sportorganisation der DDR in Berlin (Ost); Wahl von R. Reichert zum Präsidenten.

30.4. Preis für künstlerisches Volksschaffen unter anderen an das Ernst-Hermann-Meyer-Ensemble der Humboldt-Universität zu Berlin, den Chor des Volkskunstensembles des FDGB, an Henn Haas (Leiter der Tanzgruppe des Volkskunstensembles des FDGB) und Helmut Koch verliehen.

7.5. Eröffnung der Lenin-Gedenkstätte in Leipzig im Verlagsgebäude der „Leipziger Volkszeitung".

7.5. Johann-Gottfried-Herder-Medaille wird erstmals an zwanzig verdiente Lehrer der russischen Sprache verliehen.

8.-29.5. Erstes Gastspiel des Moskauer Wachtangow-Theaters in der DDR in den Städten Berlin, Dresden und Leipzig.

8.-31.5. Erstes Gastspiel des Berliner Ensembles in Moskau und Leningrad. Gezeigt werden „Leben des Galilei", „Der kaukasische Kreidekreis", „Mutter Courage" von Bertolt Brecht und „Pauken und Trompeten" von George Farquhar.

10.5. Abschluss eines Konsular-Abkommens zwischen der DDR und der UdSSR in Moskau.

2.-26.6. Kulturbund zur demokratischen Erneuerung Deutschlands veranstaltet Aussprachen von Wissenschaftlern und Künstlern mit Walter Ulbricht in Leipzig (2. und 26. Juni) und in Berlin (19. Juni). Auftakt für eine öffentliche Diskussion über ideologische Probleme, insbesondere über sozialistische Ethik.

6.6. Präsidium des Ministerrats beschließt Maßnahmen zur Verbesserung der Arbeit auf dem Gebiet der natur-

„Koche und Backe mit Kathi". Plakat, 1957.

1957

Das Modell 311-3 Reise-Coupe der Baureihe AWE Wartburg kommt erstmals 1957 auf den Markt.

Anfrage an den Sender Eriwan: „Wo sitzt derjenige, der in der DDR für die politischen Witze verantwortlich ist?" Antwort: „Keine Ahnung, wo er sitzt. Wir wissen nur, dass er sitzt."

„6.10.1957. Zum Start des sowjetischen Satelliten sagte die Schaffnerin Ingeborg Schmidt vom BVG-Bahnhof Berlin-Weißensee: ‚Am Sonnabend hörte ich zum ersten Mal im Rundfunk die unwahrscheinliche Nachricht, daß die Sowjetunion einen Erdtrabanten gestartet hat. Gespannt lauschte ich den Berichten. Als die ersten Töne vom Trabanten über den Rundfunk gegeben wurden, war ich ehrlich gesagt erschüttert, was von Menschenhirnen ausgeknobelt worden ist. Es ist doch das größte Ereignis, ja fast ein Wunder, das bestimmt die meisten Menschen interessiert. Da schwebt nun eine Kugel 900 Kilometer von der Erde entfernt und ist von Menschenhand geschaffen worden. und dafür gibt es sogar einen Fahrplan des Satelliten. Erstaunlich ist, mit welcher Genauigkeit die Städte angegeben sind, die vom Satelliten überflogen werden. Beinahe könnte ich glauben ‚es ist ein Fahrplan der BVG, als wäre das alles so einfach und selbstverständlich. Ich freue mich besonders, daß es die Sowjetunion war, die diesen großen Erfolg nach langer angestrengter Arbeit errungen hat und somit ständig beweist, daß die meisten wissenschaftlichen Erfolge auf friedlicher Basis den Menschen von großem Nutzen sind." (Originalunterschrift)

wissenschaftlichtechnischen Forschung und Entwicklung und der Einführung der neuen Technik.

6.-8.6. 4. Arbeiterjugendkongress der DDR in Magdeburg widmet sich Fragen der Kultur. Beschluss „Arbeiterjugend - sei Stoßbrigade für die sozialistische Gestaltung unseres Vaterlandes, für die Meisterung der modernen Technik und die Aneignung der sozialistischen Kultur!".

14.6. FDGB-Literaturpreis an KuBa und Valentin Rabis verliehen.

15.6. Volkskunstkonferenz in Berlin. Programmatische Erklärung des Nationalrates der Nationalen Front und des Ministeriums für Kultur „Für eine sozialistische Volkskunstbewegung".

22.6. Marx-Engels-Denkmal von Walter Howard in Karl-Marx-Stadt enthüllt.

1.7. Vereinbarung des Bundesvorstandes des FDGB mit dem Ministerium für Kultur über die Zusammenarbeit der allgemeinen öffentlichen Bibliotheken mit den Gewerkschaftsbibliotheken.

4.7. ZK der SED veröffentlicht und begrüßt Beschluss des ZK der KPdSU über Ausschluss der parteifeindlichen Gruppe Malenkow. Kaganowitsch und Molotow aus dem ZK der KPdSU.

10.-12.7. 32. Tagung des ZK der SED: „Thesen" zur Vereinfachung der Organisation des Staatsapparates und der Änderung der Arbeitsweise seiner Mitarbeiter; Ankündigung der Bildung von Vereinigungen Volkseigener Betriebe (VVB).

29.7. Erklärung der 3 Westmächte und der Bundesrepublik Deutschland in Berlin (West), worin die Viermächte-Verantwortung für Fragen der Wiedervereinigung Deutschlands unterstrichen wird.

7.-14.8. Besuch einer Partei- und Regierungsdelegation der UdSSR unter Leitung von Chruschtschow und Mikojan in der DDR.

19.-23.8. Vertrag über Freundschaft und Zusammenarbeit zwischen der DDR und der Mongolischen Volksrepublik sowie Abkommen über die kulturelle und wissenschaftliche Zusammenarbeit zwischen beiden Ländern abgeschlossen.

24.8. Konstituierung des Forschungsrats der DDR in Berlin (Ost).

2.10. Vorschlag des polnischen Außenministers Adam Rapacki über Bildung einer kernwaffenfreien Zone in Mitteleuropa vor der UN-Vollversammlung; der Rapacki-Plan wird zeitweilig Bestandteil der Außenpolitik aller Warschauer-Pakt-Staaten.

7.10. Beschluss der Volks- und Länderkammer über Verlängerung der Amtszeit von Präsident Wilhelm Pieck für weitere 4 Jahre.

13.10. Geldumtauschaktion zur Kontrolle des Geldumlaufs der Währung der DDR innerhalb und außerhalb der DDR.

16.-19.10. 33. Tagung des ZK der SED: Orientierung auf vorrangige Entwicklung der Grundstoffindustrie, sozialisti-

1957

15.11. DEFA-Filmpremiere. Eva-Maria Hagen und Jochen Thomas in „Vergeßt mir meine Traudel nicht".

sche Umgestaltung der Landwirtschaft (Kollektivierung), Ankündigung der Auflösung der Mehrzahl der Industrieministerien und Bildung von VVB als leitende Wirtschaftsorgane, Bildung einer Kommission für Fragen der Kultur beim Politbüro unter Leitung von Alfred Kurella.

19.10. Abbruch der diplomatischen Beziehungen zwischen der Bundesrepublik Deutschland und Jugoslawien (Hallstein-Doktrin) nach Aufnahme diplomatischer Beziehungen zwischen Jugoslawien und der DDR am 10.10.

23./24.10. Kulturkonferenz des ZK der SED in Berlin (Ost); Beschluss über die nächsten Aufgaben zur Verwirklichung der sozialistischen Kulturpolitik.

14.-16.11. Beratung von 12 kommunistischen und Arbeiterparteien Europas und Asiens in Moskau; 16.-19.11. Beratung von 64 kommunistischen und Arbeiterparteien in Moskau, Verabschiedung eines Friedensmanifests.

16.11. Erklärung der Beratung von Vertretern der kommunistischen und Arbeiterparteien sozialistischer Länder in Moskau (Charakterisierung der sozialistischen Kulturrevolution als allgemeine Gesetzmäßigkeit des Aufbaus der sozialistischen Gesellschaft).

25.11. Deutsche Erstaufführung von Sergej Prokofjews Oper „Die Verlobung im Kloster" am Städtischen Theater Leipzig.

26.-29.11. Konferenz des Zentralinstituts für Bibliothekswesen zur Bibliotheksarbeit auf dem Lande in Güstrow.

3.12. Arbeitstagung des Schriftstellerverbandes über die Darstellung des Neuen auf dem Lande in der Literatur. Das Hauptreferat hält Hans Jürgen Geerdts.

11.12. Volkskammer beschließt Änderung des Passgesetzes, Ausdehnung der Strafbestimmungen auf den innerdeutschen Reiseverkehr; Appell der Volkskammer an den Deutschen Bundestag zur Errichtung einer atom- und raketenwaffenfreien Zone in Mitteleuropa; am 30.4. hatte die Regierung der DDR der Bundesregierung bereits den Vorschlag des beiderseitigen Verzichts auf Atomrüstung unterbreitet.

12.12. Heinrich-Heine-Preis erstmals verliehen. Ausgezeichnet werden Karl Schnog und Walther Victor.

12.-14.12. III. Kongress des Bundes Deutscher Architekten in Leipzig-Markkleeberg. Kurt Liebknecht referiert über Probleme des sozialistischen Städtebaus. Wiederwahl von Hanns Hopp zum Präsidenten.

13.12. DDR nimmt an der I. Filmkonferenz sozialistischer Länder in Prag teil.

16.12. Inbetriebnahme des ersten Atomreaktors der DDR in Rossendorf bei Dresden.

19.12. Der vom Zentralrat der FDJ gestiftete Kunstpreis, die Erich-Weinert-Medaille, wird erstmals verliehen. Preisträger sind unter anderen KuBa, Günter Kochan und Manfred Wekwerth.

Dezember Der Deutschlandsender des Deutschen Demokratischen Rundfunks beginnt mit der ersten großen Solidaritätsaktion „Dem Frieden die Freiheit".

7.3. DEFA-Filmpremiere. Peter Kiwitt und Wolfgang Kieling in „Betrogen bis zum jüngsten Tag".

1958

10.1. Aufruf des Politischen Ausschusses des Zentralvorstands der LDPD an die Handwerksbetriebe, sich in Produktionsgenossenschaften (PGH) zusammenzuschließen und beim sozialistischen Aufbau mitzuarbeiten; am 16./17.12.1957 hatte der Hauptvorstand der CDU private Industrieunternehmer zur Aufnahme staatlicher Beteiligungen und private Einzelhändler zum Abschluss von Kommissionsverträgen aufgerufen sowie Handwerker und Bauern für die genossenschaftliche Produktion zu gewinnen versucht.

18.1. Arbeitsplan über die kulturelle Zusammenarbeit mit der Tschechoslowakischen Republik in Berlin unterzeichnet.

18.1.-16.3. Heinrich-Zille-Gedenkausstellung anlässlich seines 100. Geburtstages in Berlin.

22.1. Lessing-Preis an Hans Lücke verliehen.

25.1. Aufführung der Oper „Hoffmanns Erzählungen" von Jacques Offenbach in einer Neufassung an der Komischen Oper Berlin (Regie: Walter Felsenstein; Sänger: Melitta Muszely, Hanns Nocker).

28.1. Uraufführung der Sinfonie für Streicher von Ernst Hermann Meyer in Leipzig.

3.-6.2. 35. Tagung des ZK der SED: Ausschluss von Karl Schirdewan und Fred Oelßner aus dem Politbüro, von Schirdewan und dem Minister für Staatssicherheit, Ernst Wollweber, darüber hinaus aus dem ZK, Nachwahlen für das Politbüro und das Sekretariat des ZK, u. a. wird Erich Honecker Mitglied des Sekretariats; Beratung über die Aufgaben der Gewerkschaften, Empfehlung an den FDGB, ständige Ausschüsse für Produktionsberatung als Organe der Gewerkschaften (anstelle der Arbeiterkomitees) zu bilden. Beschluss, die Bundesrepublik in der „Produktion pro Kopf der Bevölkerung" zu übertreffen

7.-9.2. 5. Kongress des Kulturbundes zur demokratischen Erneuerung Deutschlands; Beschluss zur Umbenennung in Deutscher Kulturbund, Wahl von Max Burghardt (SED) zum Präsidenten.

10./11.2. Volkskammer beschließt Gesetz über die Vervollkommnung und Vereinfachung der Arbeit des Staatsapparates; Bildung von VVB und Auflösung der Industrieministerien.

23.-24.2. Kulturkonferenz der Domowina zum Thema „Die sorbische Kultur muss eine sozialistische sein" in Bautzen.

24.-26.2. 2.Baukonferenz des ZK der SED und des Ministeriums für Bauwesen in Berlin. Entschließung über die weitere Entwicklung des Bauwesens in der DDR zur Steigerung des industriellen Wohnungsbaus.

„6.9.1958. Leipziger Herbstmesse 1958. Modell ‚Contessa' vom VEB Elegant Berlin. Ein festliches, elegantes Komplet aus Baumwolle mit Metallfaden. Eine zarte Rose schmückt das Decolleté des Prinzeßkleides, über das ein kragenloser Mantel gezogen wird. Dieses Modell wird auf der internationalen Messemodenschau gezeigt." (Originalunterschrift)

27.-28.2. Kulturkonferenz des Bundesvorstandes des FDGB. Referat von Egon Rentzsch „Für eine sozialistische Kulturpolitik der Gewerkschaften". Beschluss des Präsidiums des Bundesvorstandes „Für eine sozialistische Kulturpolitik der Gewerkschaften" angenommen.

28.2.-2.3. III. Hochschulkonferenz der SED in Berlin. Es referiert Kurt Hager (Der Kampf für die sozialistische Hochschule). Entschließung über die Aufgaben der Universitäten und Hochschulen beim Aufbau des Sozialismus in der DDR verabschiedet.

4.3. Beschluss des Politbüros des ZK der SED „Die Aufgaben der Parteipropaganda bei der sozialistischen Erziehung der Volksmassen".

18.-19.3. Deutsche Historiker-Gesellschaft in Leipzig gegründet. Ernst Engelberg wird zum Vorsitzenden gewählt.

23.3. Eröffnung des Museums für sorbisches Schrifttum in Bautzen anlässlich des 10. Jahrestages der Verabschiedung des Gesetzes zur Wahrung der Rechte der sorbischen Bevölkerung.

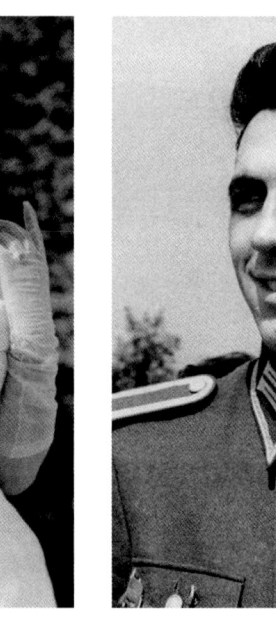

„10. bis 16.7.1958. V. Parteitag der SED in der Werner-Seelenbinder-Halle. Der Delegierte Egon Krenz, Unteroffizier der nationalen Volksarmee." (Originalunterschrift)

27.3. Heinrich-Mann-Preis der Deutschen Akademie der Künste an Hans Grundig, Herbert Jobst, Rosemarie Schuder verliehen.

28.-30.3. 6. Kongress der Gesellschaft für Deutsch-Sowjetische Freundschaft in Berlin. Zum neuen Präsidenten wird Georg Handke gewählt. Es referiert Friedrich Ebert (Unser Kampf um Frieden und Sozialismus).

10.-11.4. Arbeitstagung des Staatssekretariats für Hochschulwesen und der Gewerkschaft Wissenschaft in Leipzig

1958

Ein Kunde verlangt ein paar Herrenschuhe, Größe 44. „Ham wa nich." Dann will er ein paar Damenschuhe, Größe 39. „Ham wa nich." Schließlich will er Kinderschuhe, Größe 22. „Ham wa nich." „Na gut", sagt er, „werden wir eben den Kapitalismus barfuß überholen."

zum Thema „Über die Verantwortung der Arbeiterklasse für die Heranbildung einer sozialistischen Intelligenz".

12. und 21.4. Der Deutsche Kulturbund veranstaltet in Halle Gespräche von Wissenschaftlern und Künstlern mit

„31.8.1958. Der VEB Automobilwerk Zwickau stellt wieder seinen bewährten P 70-Kombiwagen in der Halle 3 der Technischen Messe vor." (Originalunterschrift)

Walter Ulbricht zu Fragen der sozialistischen Bewusstseinsbildung.

14.-18.4. Kulturabkommen zwischen der DDR und der Volksrepublik Bulgarien in Berlin unterzeichnet.

23.4. Unterzeichnung des Abkommens über kulturelle und wissenschaftliche Zusammenarbeit mit der Koreanischen Volksdemokratischen Republik in Pjöngjang gemeldet.

24./25.4. Schulkonferenz der SED in Berlin (Ost); Beratungen zur Einführung des polytechnischen Unterrichts und des Ausbaus der zehnklassigen Mittelschule; ab 1.9. folgt Einführung des Unterrichtstages in der Produktion im Rahmen des polytechnischen Unterrichts.

16.5. Brief des ZK der SED an die Delegierten des SPD-Parteitages in Stuttgart, Vorschlag der Aktionsgemeinschaft im Kampf für den Truppenabzug und die Blockfreiheit in Deutschland; die Initiative wird in einem Schreiben des ZK der SED an den Parteivorstand und die Mitglieder der SPD vom 2.12. wiederholt und auf die Gewerkschaften ausgedehnt.

28.5. Volkskammerbeschluss über Abschaffung der Rationierung und Einführung einheitlicher Preise für alle Lebensmittel; Festlegung von Lohn-, Gehalts- und Rentenerhöhungen.

12.6. Beschluss des Ministerrats zur sozialistischen Umgestaltung der Landwirtschaft, Ausbau der LPG und MTS.

5.-12.7. 1. Ostseewoche in Rostock.

7.7. Beschluss der UdSSR, auf Stationierungskosten für ihre Truppen in der DDR ab 1.1.1959 zu verzichten.

10.-16.7. V. Parteitag der Sozialistischen Einheitspartei Deutschlands (SED) in Berlin (Ost); im Laufe des Juli/August Bekenntnis aller Parteien und Massenorganisationen der DDR zur Hauptaufgabe des Parteitages, dem Sieg der sozialistischen Produktionsverhältnisse.

4.9. Regierung der DDR schlägt in gleichlautenden Noten an die Regierungen der 4 Großmächte sowie in einer Note an die Bundesrepublik Deutschland Bildung einer Vier-Mächte-Kommission zur Vorbereitung eines Friedensvertrages mit Deutschland vor; dem schließt sich am 18.9. die Regierung der UdSSR an; die Westmächte lehnen diese Vorschläge am 30.9. und die Bundesrepublik am 17.11. ab.

14.9. Einweihung der Nationalen Mahn- und Gedenkstätte im ehemaligen KZ Buchenwald bei Weimar.

3./4.11. Zentrale Chemiekonferenz des ZK der SED und der Staatlichen Plankommission im VEB Leuna-Werke; Beschluss eines Chemieprogramms, das den beschleunigten Ausbau der chemischen Industrie vorsieht.

10.11. Erklärung von N. Chruschtschow über sowjetische Absicht, den Viermächte-Status in Berlin aufzuheben; am 27.11. kündigt die UdSSR in gleichlautenden Noten gegenüber den 3 Westmächten das Besatzungsstatut für Groß-Berlin und fordert eine „entmilitarisierte Freie Stadt Berlin (West)"; in Antwortnoten vom 31.12. weisen die Westmächte die sowjetischen Vorstellungen zurück.

16.11. Wahlen zur Volkskammer, zu den Bezirkstagen und zur Stadtverordnetenversammlung von Berlin (Ost); Volkskammerwahl; 99,87 v. H. für die Einheitsliste der Nationalen Front.

8.12. Regierungsbildung unter Otto Grotewohl als Vorsitzendem des Ministerrats und Walter Ulbricht als 1. Stellvertreter des Vorsitzenden; Verabschiedung des Gesetzes über den Ministerrat und des Gesetzes über die Auflösung der Länderkammer.

Ein LPG-Vorsitzender liest seinem Schweinemeister die Leviten: „Also, Kollege, wenn das Ferkelsterben nicht aufhört, raucht's im Karton. Früher im Kapitalismus waren deine Schweine gesund und fett. Hast du eine Entschuldigung?" Der Meister: „Nein, aber eine Erklärung." „Und?" fragt der Vorsitzende. „Vielleicht Selbstmord?"

1959

3.1. Jugendkomplexbrigade „Nikolai Mamai" im VEB Elektronisches Kombinat Bitterfeld beschließt als erste Brigade der DDR, unter der Losung „Sozialistisch arbeiten, lernen und leben" um den Titel „Brigade der sozialistischen Arbeit" zu kämpfen.

5.1. Eröffnung der Militärakademie „Friedrich Engels" in Dresden.

10.1. UdSSR veröffentlicht Note mit Entwurf eines Friedensvertrages für Deutschland; am 8.4. richtet Otto Grotewohl an Bundeskanzler Adenauer den Vorschlag zu Vorverhandlungen über einen Friedensvertrag.

15.-17.1. 4. Tagung des ZK der SED: Beschluss über die Umgestaltung des Schulwesens und Einführung der zehnklassigen polytechnischen Schulbildung; Gesetzentwurf über die LPG.

16.1. Zentralantiquariat des Volksbuchhandels in Leipzig gegründet. Zu seinen Aufgaben gehören Vertrieb, Anleitung von Antiquariaten des Volksbuchhandels und herausgeberische Tätigkeit (Reprints).

21.1-8.2. Filmwochen der DEFA in London. Gezeigt werden unter anderen die Filme „Stärker als die Nacht", „Genesung", „Der Hauptmann von Köln".

22.1. Den Lessing-Preis erhalten Johanna Rudolph und Harald Hauser.

23.1. Plenartagung der Deutschen Akademie der Künste. Wahl Erwin Strittmatters zum Mitglied.

1.-8.2. Felix-Mendelssohn-Bartholdy-Festwoche anlässlich des 150. Geburtstages des Komponisten in Leipzig.

17.2. Kunstsammlung des Gothaer Schloßmuseums von der Sowjetunion zurückgegeben.

17.2. Beschluss des Politbüros des ZK der SED „Erklärung zum Händel-Gedenkjahr 1959".

23.2. Feierliche Eröffnung des Händel-Jahres aus Anlass des 200. Todestages des Komponisten in Halle.

26.2. Uraufführung des Dokumentarfilms „Ein Tagebuch für Anne Frank" (Buch und Regie: Joachim Hellwig) in Berlin. Der Film erhält 1960 auf der III. Dokumentär- und Kurzfilmwoche den 1. Hauptpreis.

4.-12.3. Besuch einer sowjetischen Delegation unter Leitung von Chruschtschow in der DDR; Chruschtschow bestreitet den ultimativen Charakter der sowjetischen Note vom 27.11.1958 und unterstreicht die sowjetische Entschlossenheit zum Abschluss eines Friedensvertrages mit beiden deutschen Staaten; am 9.3. trifft Chruschtschow in der Ost-Berliner Botschaft der Sowjetunion mit dem Vorsitzenden der SPD, Erich Ollenhauer, zusammen.

18.3. Parteivorstand der SPD veröffentlicht einen Deutschlandplan.

2.4. Brief des ZK der SED an den Parteivorstand und alle sozialdemokratischen Organisationen und Mitglieder der SPD zum Deutschlandplan der SPD; erneuter Vorschlag zur Aktionsgemeinschaft beider Parteien und der Gewerkschaften.

13.18. 4. Politischer Prozess vor dem Bezirksgericht Dresden gegen 5 Studenten der TH Dresden wegen illegaler Organisierung einer staatsfeindlichen Gruppe endet mit hohen Zuchthausstrafen.

Von dem Modell P70 Coupé der Baureihe AWZ sind zwischen 1957 und 1959 1500 Exemplare ausgeliefert worden.

24.4. 1. Bitterfelder Kulturkonferenz berät unter dem Motto „Greif zur Feder, Kumpel! Die sozialistische Nationalkultur braucht Dich!" Grundfragen der Kulturpolitik (Bitterfelder Weg).

11.5.-20.6. und 13.7.-5.8. Konferenz der Außenminister der USA, Großbritanniens, Frankreichs und der UdSSR unter gleichberechtigter Teilnahme von Delegationen der Bundesrepublik Deutsch-

„15.8.1959. III. Deutsches Turn- und Sportfest in Leipzig. Im Leipziger Wohnbezirk Süd fand ein wahres Fest des Volkssports statt, als am Sonnabend, dem 15.8. die Leipziger Bevölkerung dieses Bezirks mit Walter Ulbricht und seiner Gattin, dem 1. Sekretär der Bezirksleitung Leipzig der SED, Paul Fröhlich, und dem Präsidenten des Deutschen Turn- und Sportbundes, Rudi Reichert, am Massensport teilnahmen." (Originalunterschrift)

1959

10. Jahrestag der DDR. An einem volkseigenen Zirkus wird ein Plakat angebracht: „10 Jahre DDR". Über Nacht wird ein zweites befestigt: „10 Jahre Zirkus".

land und der DDR in Genf endet ohne Einigung in der deutschen Frage.

12.-15.5. VI. Parlament der Freien Deutschen Jugend (FDJ) in Rostock; „Programm der jungen Generation für den Sieg des Sozialismus". Überarbeitung des Statuts, Wahl von H. Schumann (SED) zum 1. Sekretär des Zentralrats.

22./23.5. 5. Tagung des ZK der SED: Vorschlag zum Abschluss eines Nichtangriffspaktes zwischen beiden deutschen Staaten; am 19.6. überreicht DDR-Außenminister Lothar Bolz den Teilnehmern der Genfer Konferenz einen entsprechenden Entwurf.

22.5. In der DDR leben nach den Unterlagen der deutschen Zentralverwaltung für Statistik 17310670 Einwohner.

3.6. Die Volkskammer beschließt das Gesetz über die Landwirtschaftlichen Produktionsgenossenschaften (LPG).

13.-21.6. 1. Arbeiterfestspiele der DDR im Bezirk Halle; die hohe Beteiligung von Laienkünstlern und Volkskunstgruppen soll Zeugnis vom „Bitterfelder Weg" ablegen.

16.8. Uraufführung der Volksballade „Klaus Störtebecker" von KuBa in Ralswiek im Rahmen der Rügen-Festspiele. (Regie: Hanns Anselm Perten; es wirken 1200 Berufs- und Laienkünstler mit).

19.8. Schiller-Festspiele der deutschen Jugend in Weimar.

24.8. Gründung der ersten Kulturakademie der DDR in Magdeburg.

„Leipziger Messe – Mustermesse". Plakat, 1959.

8.10. DEFA-Filmpremiere. Angelica Dombröse und Willi Schrade in „Verwirrung der Liebe".

Sagt der Brigadier zu seinen Leuten: „Ich habe zwei Nachrichten für euch, eine gute und eine schlechte. Zuerst die schlechte: Wir müssen morgen 500 Säcke Kartoffeln verladen. Nun die gute: Es sind weder Säcke noch Kartoffeln da."

1.9. Einführung des Lehrplans für die zehnklassige allgemeinbildende polytechnische Oberschule nach Vorschlägen der 4. ZK-Tagung; am 2.12. beschließt die Volkskammer mit dem Gesetz über die sozialistische Entwicklung des Schulwesens die Einführung des neuen Schultyps in der gesamten DDR bis 1964.

1.10. Volkskammer beschließt Gesetz über Siebenjahrplan zur Entwicklung der Volkswirtschaft (1959-1965) und Gesetz über die Staatsflagge der DDR (schwarzrotgoldene Fahne mit dem Staatswappen).

26.-31.10. 5. Kongress des FDGB in Berlin (Ost); Beschluss zur Entfaltung der sozialistischen Gemeinschaftsarbeit und zur Erfüllung des Siebenjahrplans.

10.-13.12. 7. Tagung des ZK der SED; Beratung von landwirtschaftlichen Fragen mit Vertretern der Agrarwissenschaft der LPG und der DBD, am 12.12. sind im ersten Landkreis der DDR (Eilenburg) alle Bauern in LPG zusammengeschlossen; Ende 1959 werden über 43 v. H. der landwirtschaftlichen Nutzfläche von 10132 LPG mit 435 365 Mitgliedern bearbeitet.

18.12. Unterzeichnung eines Abkommens über den Bau einer Erdölleitung von Weißrussland nach Schwedt an der Oder durch die UdSSR. Polen und die DDR in Moskau; am 30.4. begann im Kombinat Schwarze Pumpe die Produktion von Braunkohlenbriketts und elektrischem Strom.

25.12. Uraufführung des DEFA-Films „Kabale und Liebe" nach Friedrich Schiller (Regie: Martin Hellberg; Hauptdarsteller: Wolf Kaiser, Marion van de Kamp, Otto Mellies, Axel Triebel, Marianne Wünscher).

1960

1.1. Edition Leipzig, Verlag für Kunst und Wissenschaft, beginnt mit seiner Tätigkeit.

1.1. Neuprofilierung der technisch-wissenschaftlichen Fachverlage; der seit 1946 bestehende VEB Verlag Technik und der 1949 gegründete VEB Fachbuchverlag übernehmen neue Aufgaben. Gründung der Fachverlage VEB Deutscher Verlag für Grundstoffindustrie, VEB Verlag für Bauwesen, transpress VEB Verlag für Verkehrswesen und VEB Deutscher Landwirtschaftsverlag.

1.1. VEB Zentralzirkus durch Zusammenschluss der volkseigenen Betriebe Circus Barlay und Circus Busch gebildet.

1.1. Ausstrahlung des ersten Originalkonzerts (IX. Sinfonie von Ludwig van Beethoven) durch den Deutschen Fernsehfunk.

6.1. Einigung zwischen den NOK der Bundesrepublik Deutschland und der DDR über gemeinsame Olympiamannschaft zu den Winter- und Sommerspielen.

23.1. Brief Walter Ulbrichts an Bundeskanzler Adenauer mit Vorschlag zur Abrüstung und Herbeiführung eines Friedensvertrages wird am 27.1. ungeöffnet zurückgesandt.

10.2. Volkskammer beschließt Gesetz über die Bildung des Nationalen Verteidigungsrates der DDR (NVR) (Vorsitzender: W. Ulbricht) sowie die Schaffung eines Ständigen Ausschusses für Nationale Verteidigung.

11.2. Deutsche Konzert- und Gastspieldirektion, Sitz Berlin, gegründet. Sie hat den Auftrag, Künstler und künstlerische Ensembles aus dem Ausland in die DDR und aus der DDR in das Ausland zu vermitteln. VEB Konzert- und Gastspieldirektion wird für die Gestaltung eines sozialistischen Veranstaltungswesens in jedem Bezirk am Sitz des Rates des Bezirkes gebildet.

11.-13.2. Konferenz des Verlagswesens der DDR in Leipzig. Referat von Erich Wendt.

18.2-28.2. Olympische Winterspiele in Squaw Valley. In der gesamtdeutschen Mannschaft gewinnen Eisschnellläuferin Helga Haase und Skispringer Helmut Recknagel jeweils eine Goldmedaille.

20.2. Eröffnung des Kultur- und Informationszentrums der DDR in Budapest.

1.3. Bildung der ersten sozialistischen Großhandelsgesellschaft zur Versorgung der Verkaufsstellen der HO, des Konsums und des privaten Einzelhandels mit Obst und Gemüse.

2.3. Ausstellung „Frauenschaffen und Frauengestalten in der bildenden Kunst" in Berlin anlässlich des 50. Internationalen Frauentages eröffnet.

9.3. Nationales Zentrum Puppentheater der DDR in Berlin gebildet.

14.3. In Delhi wird eine von der Deutschen Akademie der Künste veranstaltete Grafik-Ausstellung von Wilhelm Girnus eröffnet.

17.3. 1. Tagung der Zentren für Bibliothekswissenschaft und methodische Arbeit der Bibliotheken sozialistischer Länder in Berlin.

18.3. Beschluss des Präsidiums des Bundesvorstandes des FDGB über die „Kulturhäuser der Gewerkschaften - Stätten der Entwicklung des allseitig gebildeten sozialistischen Menschen".

22.3. Beginn einer Konzertreise des Leipziger Gewandhausorchesters unter Leitung von Franz Konwitschny nach Großbritannien.

26.3. Erstmalige Verleihung des Käthe-Kollwitz-Preises der Deutschen Akademie der Künste an Karl-Erich Müller. - Heinrich-Mann-Preis der Deutschen Akademie der Künste an Helmut Hauptmann und Annemarie Reinhard verliehen.

30.3.-2.4. 8. Tagung des ZK der SED: Beratung landwirtschaftlicher Fragen und Beschluss über Erhöhung der landwirtschaftlichen Produktion und Entwicklung der LPG; in der Zeit vom 4.3. bis 14.4. wird in allen Bezirken der DDR die Kollektivierung der Landwirtschaft abgeschlossen.

„24.10.1960. Zur 150-Jahrfeier der Berliner Humboldt-Universität. Studenten der Humboldt-Universität, Arbeiter der Berliner volkseigenen Elektroindustrie und Berufskünstler aus der Hauptstadt haben in Vorbereitung des Doppeljubiläums der Humboldt-Universität und der Charité ein Arbeiter- und Studentenensemble gebildet. Es wird während der Feierlichkeiten mit einem Programm auftreten. Mitglieder des Arbeiter- und Studentenensembles proben. Der Student Wolf Biermann (5.v.l.) bei einer Regiebesprechung mit Klaus Lauer (Student), Gert Schaefer (Schauspieler beim Berliner Ensemble), Frau Lehmann (Produktionsarbeiterin im EAW Treptow),, T. Bortfeld (Medizinstudent) und Dieter Matter (Student)." Wegen des späteren Konfliktes der Parteiführung mit Wolf Biermann trägt das Foto auf der Rückseite einen Sperrvermerk. (Originalunterschrift)

1960

17.4. ZK der SED veröffentlicht in einem Offenen Brief an die „Arbeiterschaft Westdeutschlands" den „Deutschlandplan des Volkes": Verzicht auf Gewaltanwendung, Bildung eines gesamtdeutschen paritätischen Ausschusses, Verzicht auf Atomrüstung und Raketenbasen, Verständigung über Abschluss eines Friedensvertrages.

27.-29.4. Kulturkonferenz des ZK der SED, des Ministeriums für Kultur und des KB in Berlin (Ost); Beratung der Beschlüsse der Bitterfelder Konferenz (24.4.1959), Entschließung über Grundsätze sozialistischer Kulturarbeit im Siebenjahrplan.

28.4. Ministerrat beschließt Richtlinie über die Arbeit der neuen Konfliktkommissionen in den sozialistischen Betrieben.

20.5. Auf einer Kundgebung in Berlin (Ost) unterstreicht Chruschtschow nach dem gescheiterten Pariser Gipfeltreffen (16.-18.5.) den sowjetischen Standpunkt in der Deutschland- und Berlin-Frage.

4.-12.6. Während der 2. Arbeiterfestspiele der DDR im Bezirk Karl-Marx-Stadt findet am 8.6. die 1. Konferenz schreibender Arbeiter (Bitterfelder Weg) statt.

23.-25.6. 2. Kongress der Gesellschaft für Sport und Technik (GST) in Magdeburg; Orientierung auf die vormilitärische Ausbildung und Freiwilligenwerbung für die Nationale Volksarmee (NVA) und andere bewaffnete Organe, Verabschiedung der Grundsätze und Aufgaben der GST und eines Statuts.

24.6. Treffen der 12 regierenden kommunistischen und Arbeiterparteien in Bukarest; im November/Dezember endet die Beratung von 81 kommunistischen und Arbeiterparteien in Moskau mit einer gemeinsamen Erklärung und einem Appell an alle Völker der Welt.

20.-23.7. 9. Tagung des ZK der SED: Festlegung der nächsten Aufgaben für die Konzentration, Spezialisierung und Standardisierung der Produktion, Hervorhebung der Bedeutung der sozialistischen Gemeinschaftsarbeit.

22.7. Gründung des „Komitees der DDR für die Solidarität mit den Völkern

Ingrid Krämer.

Helmut Recknagel.

Der Lehrer fragt seine Schüler: „Was wisst ihr über den westdeutschen Imperialismus?" Klein Fritzchen meldet sich: „Herr Lehrer, der Imperialismus will unser Land erobern, ausbeuten und damit ruinieren!" „Sehr gut, Fritz. Weißt du noch mehr darüber?" – „Ja, Herr Lehrer, zum Glück ist dem westdeutschen Imperialismus die Sowjetunion zuvorgekommen!"

Afrikas" unter Teilnahme von Vertretern aus 14 afrikanischen Ländern in Berlin (Ost).

24.7. Auf dem XII. Internationalen Filmfestival in Karlovy Vary erhält Erwin Geschonneck für seine Darstellung in dem Film „Leute mit Flügeln" einen Preis für die beste männliche Hauptrolle.

Juli Monatszeitschrift „ich schreibe" erscheint erstmals, herausgegeben zur Unterstützung und Anleitung der Zirkel schreibender Arbeiter vom Zentralhaus für Volkskunst in Leipzig.

13.8. Massenfestspiel „Blast das Feuer an" aus Anlass des 10jährigen Bestehens von Eisenhüttenstadt mit 2000 Mitwirkenden aufgeführt.

25.8.-11.9. Olympische Sommerspiele in Rom Die wieder gesamtdeutsche Mannschaft erkämpft sich insgesamt 42 Medaillen 16 davon fallen auf die Sportler der DDR, wobei Ingrid Krämer mit ihren beiden Goldmedaillen im Kunst-Turmspringen für die große Überraschung sorgt.

29.8. Innenministerium der DDR untersagt Bundesbürgern anlässlich eines Heimkehrertreffens in Berlin (West) vom 31.8. bis 4.9. den Aufenthalt ohne gültige Aufenthaltsgenehmigung in Berlin (Ost); diese Bestimmung wird ab 8.9. zur Dauerregelung.

8.9. Ministerrat beschließt Denkschrift über allgemeine und vollständige Abrüstung beider deutschen Staaten an die UNO-Vollversammlung.

12.9. Nach dem Tod des Präsidenten Wilhelm Pieck am 7.9. Bildung des Staatsrates der DDR als kollektives Leitungsorgan unter Vorsitz von Walter Ulbricht.

1.10. Beschluss des Staatsrates über Gewährung einer Teilamnestie.

4.10. Programmatische Erklärung des Staatsrats der DDR (Ulbricht) vor der Volkskammer zur geschichtlichen Mission der DDR.

5.10. Kunstpreis der DDR verliehen an das Kollektiv des Fernsehspiels „Nackt unter Wölfen" (Manfred Borges, Fred

1960

Stehen zwei am Tresen. Fragt der eine: „Kennst du den Unterschied zwischen Bier und Walter Ulbricht?" „Ja", sagt der, „Bier ist flüssig und Walter Ulbricht ist überflüssig." „Kennst du auch den Unterschied zwischen dir und dem Tresen?" „Nein, den kenne ich nicht." Nach zwei Jahren treffen sich beide wieder. Fragt wieder der eine: „Kennst du den Unterschied zwischen einem Schwein und Walter Ulbricht?" Der andere, klug geworden, sagt: „Ich kenne keine Unterschiede mehr!"

Delmare, Günter Kaltofen, Georg Leopold, Edwin Marian, Hans-Peter Minetti, Gert Schaefer, Heinz Voss und Johannes Wiecke).

5.10. Mit dem Preis für künstlerisches Volksschaffen I. Klasse werden Gerd-Michael Henneberg, das Bauerntheater Puchow (Neubrandenburg) sowie das Ensemble der Hüttenfestspiele von Eisenhüttenstadt ausgezeichnet.

5.10. Kulturzentrum der DDR in Helsinki eröffnet.

6.10. Nationalpreisträger für Kunst und Literatur 1960: I Walter Felsenstein, Franz Konwitschny, Helene Weigel; II Erwin Geschonneck, Wolfgang Langhoff, Gret Palucca, Kollektiv für den Aufbau der Oper in Leipzig (Hans Gußmann, Kurt Hemmerling, Hans-Joachim Müller, Kunz Nierade, Helmut Ober); III Werner Eggerath, Gerhard Frei, Harald Hauser, Rudolf Heinrich, Hanns Nocker, Claus Schulz, Max Seydewitz, Johannes Paul Thilmann, Eleonore Vesco, Kollektiv der Fernsehspiele „Weimarer Pitaval" (Walter Jupe, Friedrich Karl Kaul, Wolfgang Luderer), Kollektiv zur Förderung und Unterstützung der Arbeiter-und-Bauern-Theater (Alexander Reuter, Julius Theurer, Mario Turra, Werner Wenzel).

6.10. Uraufführung des Schauspiels „Die Holländerbraut" von Erwin Strittmatter am Deutschen Theater Berlin (Regie: Benno Besson; Hauptdarsteller: Käthe Reichel).

7.10. Ring-Uraufführung von Karl-Rudi Griesbachs Gegenwartsoper „Marike

Weiden" gleichzeitig in Frankfurt (Oder), Weimar und Görlitz.

8.-9.10. Eröffnung des neuerbauten Opernhauses in Leipzig mit einem Gastspiel David Oistrachs und der Aufführung der „Meistersinger" von Richard Wagner (Regie: Joachim Herz) durch das Leipziger Gewandhausorchester.

11.10.-1.11. „Die Flucht aus der Hölle", erster mehrteiliger Fernsehfilm des Deutschen Fernsehfunks, uraufgeführt (Regie: Hans Erich Korbschmitt; Hauptdarsteller: Armin Mueller-Stahl).

„Die zwölf jüngsten Mitglieder einer Hausgemeinschaft in der Stalinallee im Berliner Stadtbezirk Friedrichshain erhielten am 25.11.1960 die sozialistische Namensweihe im festlich geschmückten Kultursaal. In der Feierstunde hielt der Bezirksbürgermeister die Festansprache." (Originalunterschrift)

„3.2.1960. Die Jugendkomplexbrigade vom Jugendofen ‚Lenin' in der Karbidfabrik der volkseigenen Chemischen Werke Buna in Schkopau hat sich vorgenommen, den Titel einer ‚Brigade der sozialistischen Arbeit' zu erringen. Als Wettbewerbspartner hat sie die Komplexbrigaden des Ofens sechs aufgerufen." (Originalunterschrift)

1960

15.10.-5.11. 1. Zentrales Treffen junger Talente in Leipzig im Rahmen der 3. Messe der Meister von morgen.

16.10. Uraufführung der Operette „Messeschlager Gisela" von Jo Schulz und Gerd Natschinski am Metropol-Theater Berlin (Regie: Hans Pitra; Hauptdarsteller: Margot Dörr, Leo de Beer, Rudolf Hentschel, Erika Grajena).

29.10.-8.11. Festwoche zur 400-Jahr-Feier der Dresdner Kunstsammlungen. Eröffnung der vollständig wiederhergestellten Gemäldegalerie.

Oktober-November Ausstellung mit Werken von José Venturelli in der Deutschen Akademie der Künste.

4.11. Uraufführung des DEFA-Films „Fünf Patronenhülsen" (Buch: Walter Gorrish; Regie: Frank Beyer; Hauptdarsteller: Erwin Geschonneck, Edwin Marian, Ulrich Thein). Auf dem XII. Filmfestival der Werktätigen der _SSR (1961) erhält Walter Gorrish den Preis für die wirksamste Vertretung des Gedankens des proletarischen Internationalismus.

7.11. Fritz-Reuter-Ehrung der DDR in Stavenhagen anlässlich des 150. Geburtstages des Dichters.

8.11. Buchklub der Kinder (Schüler) durch Verfügung des Ministeriums für Volksbildung gegründet; er ermöglicht verbilligten Bezug von fünf Kinder- oder Jugendbüchern im Jahr.

13.-19.11. III. Dokumentär- und Kurzfilmwoche in Leipzig erstmals mit internationaler Beteiligung. 90 Filme aus 24 Ländern werden aufgeführt.

15.11. Presseveröffentlichung des Entwurfs des Gesetzbuchs der Arbeit (GBA).

1.12.1960-31.1.1961. Umtausch der Parteidokumente in der Sozialistischen Einheitspartei Deutschlands (SED).

29.12. Zurücknahme der Kündigung des Abkommens über den Innerdeutschen Handel (IDH) (vom 30.9. zum 31.12.) durch die Bundesrepublik Deutschland.

„*22.3.1960. Weit über die Hälfte aller Mitarbeiter des Rates des vollgenossenschaftlichen Kreises Wismar unterstützen gegenwärtig täglich die Genossenschaftsbauern bei der Lösung der vielseitigen Aufgaben zur Steigerung der tierischen und pflanzlichen Marktproduktion. Auf diese Weise sollen im Kreis Wismar in diesem Jahr über den Volkswirtschaftsplan hinaus 365 Tonnen Rind- und Schweinefleisch, 18 Tonnen Schlachtgeflügel, 2 200 Tonnen Milch und 1,6 Millionen Eier geliefert werden. Die Mitarbeiter der staatlichen Organe unterstützen auch in allen 29 Gemeinden des Kreises, jeweils nach dem Zusammenschluß von LPG einen Wirtschaftskomplex darstellen, alle Maßnahmen zur Verbesserung des Lebens der Dorfbevölkerung. Sachgebietsleiter Hans Lübbert vom Rat des Kreises (r.), der Bürgermeister der Gemeinde Lübow, Alfred Odebrecht und die Verkäuferin Ulla Parchow über das Warenangebot im Landwarenhaus des Ortes. Ständig steigt die Zahl der auf die Dörfer gelieferten Fernsehapparate, aber noch ist der Bedarf nicht gedeckt, meint Ulla Parchow.*" (Originalunterschrift)

„Käufer und Verkäufer sind Konsum-Genossenschafter, sie stehen im gegenseitigen Vertrauen hinter und vor dem Ladentisch", Plakat, 1960.

1961

30.1. Beschluss des Staatsrats über die weitere Entwicklung der Rechtspflege.

7.2. Kommuniqué des Politbüros des ZK der SED zur Rolle der Jugend beim Aufbau des Sozialismus.

10.2. Plenartagung der Deutschen Akademie der Künste. Als neue Mitglieder werden aufgenommen: Bruno Apitz, Karl von Appen, Rudolf Bergander, Johann Cilen_ek, Franz Fühmann, Otto Gotsche, Lea Grundig, Waldemar Grzimek, Rudolf Heinrich, Wolfgang Heinz, Wieland Herzfelde, Heinrich Kilger, Werner Klemke, Kurt Sanderling, Kurt Schwaen, Andrew Thorndike, Fritz Wisten, Klaus Wittkugel, Konrad Wolf.

24.2. Berufung von Hans Bentzien zum Minister für Kultur. Alexander Abusch wird zum Stellvertreter des Ministerpräsidenten ernannt.

28.2. Armeemuseum in Potsdam eröffnet.

3.3.-18.4. Ausstellung „Bildende Künstler der DDR in sozialistischen Ländern" in Leipzig.

10.3. Hauptversammlung des Börsenvereins der Deutschen Buchhändler zu Leipzig. Klaus Gysi wird zum neuen Vorsteher gewählt.

16.-19.3. 12. Tagung des ZK der SED: Beratung wirtschaftlicher Probleme unter Teilnahme von Funktionären der Partei, des Staatsapparates, der Wirtschaft und Wissenschaft; Konzentration auf Entwicklung von Grundstoffindustrie, Maschinenbau sowie Steuerungs-, Mess- und Regeltechnik, Beschlussfassung über den Volkswirtschaftsplan 1961 einschließlich des Plans Neue Technik.

28./29.3. Tagung des Politischen Beratenden Ausschusses des Warschauer Paktes in Moskau; Beschluss über Maßnahmen zur Erhöhung der Verteidigungsbereitschaft u.a. modernere Ausrüstung für die NVA.

31.3. Uraufführung des DEFA-Films „Fünf Tage – fünf Nächte" (Buch: Lew Arnschtam, Wolfgang Ebeling; Hauptregie: Lew Arnschtam; Hauptdarsteller: Annekathrin Bürger, Heinz-Dieter Knaup, Wilhelm Koch-Hooge, Marga Legal, Wsewolod Safonow).

6.-8.4. IV. Kongress des Bundes Deutscher Architekten in Berlin. Das Hauptreferat hält Hanns Hopp. Er wird erneut zum Präsidenten gewählt.

12.4. Gesetzbuch der Arbeit durch die Volkskammer verabschiedet.

12.4. Erstaufführung von Bertolt Brechts „Die heilige Johanna der Schlachthöfe" am Dresdner Schauspielhaus.

14.-16.4. V. Bundeskongress der Domowina in Bautzen. Zum Vorsitzenden wird Kurt Krenz wiedergewählt.

17.4. Uraufführung der 2. Sinfonie von Leo Spies.

20.4.-31.5. Kunstausstellung „Neues Leben - neue Kunst" aus Anlass des 15. Jahrestages der Gründung der SED in Berlin.

23.4. Einweihung der Nationalen Mahn- und Gedenkstätte im ehemaligen faschistischen Konzentrationslager Sachsenhausen mit einer Plastik-Gruppe von Waldemar Grzimek.

28.4. Eröffnung der I. Internationalen Gartenbauausstellung der sozialistischen Länder in Erfurt.

8.5. Uraufführung der Komödie „Frau Flinz" von Helmut Baierl am Berliner Ensemble (Regie: Peter Palitzsch, Manfred Wekwerth; Hauptdarsteller: Helene Weigel).

10.-14.5. I. Forum der sozialistischen Dramatik in Leipzig.

19.5. Uraufführung des DEFA-Films „Professor Mamlock" nach dem gleichnamigen Drama von Friedrich Wolf (Buch: Karl-Georg Egel, Konrad Wolf; Regie: Konrad Wolf; Hauptdarsteller: Ursula Burg, Wolfgang Heinz, Lissy Tem-

24.8. DEFA-Filmpremiere. Hannjo Hasse, Wolfgang Kalweit, Rolf Ripperger und Christoph Beyert in „Der Fall Gleiwitz".

pelhof, Hilmar Thate). Auf dem II. Internationalen Filmfestival Moskau (1961) erhält der Film eine Goldmedaille.

24.5. Johannes-R.-Becher-Preis erstmalig verliehen. Ausgezeichnet werden Uwe Berger und Georg Maurer.

25.-27.5. V. Deutscher Schriftstellerkongress in Berlin (Ost); Beratung der Beschlüsse des V. Parteitages und der Bitterfelder Konferenz, Wiederwahl von Anna Seghers zur Vorsitzenden.

30.5. Abschluss der Verhandlungen über die Erweiterung der wirtschaftlichen Beziehungen zwischen der DDR und UdSSR für 1962 bis 1965 in Moskau; verstärkter Warenaustausch, Spezialisierung und engere Kooperation; UdSSR gewährt der DDR Kredit über 2 Mrd. Mark.

3.-5.6. VI. Pädagogischer Kongress in Berlin. Referat von Alfred Lemmnitz (Für

1961

die Verbesserung des Lernens und der sozialistischen Erziehung an den Oberschulen). Ansprache von Walter Ulbricht (Unsere Schule prägt das Gesicht der Menschen von morgen) sowie Rede von Kurt Hager (Neues Kapitel der Bildungsgeschichte).

10.-18.6. 3. Arbeiterfestspiele der DDR im Bezirk Magdeburg. Sie werden gestaltet von 20 000 Laien- und 5 000 Berufskünstlern. Insgesamt finden 1431 Veranstaltungen statt, unter anderen ein Sinfoniekonzert des Gewandhausorchesters Leipzig sowie die Aufführung des Balletts „Schwanensee" durch die Staatsoper Dresden. Elf Laientheateraufführungen stehen ebenfalls auf dem Programm. Ein Fest des Tanzes wird von 2000 Volkstänzern gestaltet. Das 1. Festival des Amateurfilms findet im Rahmen der Arbeiterfestspiele 1961 statt. Für die Arbeiter- und Bauerntheater der DDR wird in Magdeburg ein Erfahrungsaustausch durchgeführt. Erstmals wird auch die Bezirksmesse der Neuerer zu den Arbeiterfestspielen durchgeführt. Neu ist die Konsultationsstelle für Kulturarbeit.

7.3. DEFA-Filmpremiere. Heinz-Dieter Knaup, Wsewolod Safonow, Wsewolod Sanajew und Marga Legal in „Fünf Tage – fünf Nächte".

„Dem Sozialismus gehört die Zukunft – Werktätige Einzelbauern, werdet Mitglied der LPG". Kommission für Agitation und Propaganda bei der Bezirksleitung der SED. Plakat 1961.

14.6. Preis für künstlerisches Volksschaffen unter anderen verliehen an das Dorftheater Ebersdorf, das Ensemble des VEB Maxhütte Unterwellenborn und das Lehrersinfonieorchester der Gewerkschaft Unterricht und Erziehung, Leipzig.

16.6. Literaturpreis des FDGB verliehen an Walter Baumert, Marianne Bruns, Herbert Nachbar, Erik Neutsch, Siegfried Pietschmann, Helmut Preißler, Brigitte Reimann, Karl-Heinz Schleinitz, Paul Schmidt-Elgers, J.C. Schwarz und den Zirkel schreibender Arbeiter des Braunkohlenwerkes Deuben.

16.6. Kunstpreis des FDGB verliehen an Wolfgang Brockel, Fritz Cremer, Lea Grundig, Walter Howard, Karl Heinz Jakob, Paul Michaelis, Willi Neubert, Wilhelm Rudolph, Hans Ticha, Kurt Zimmermann und die Zirkel für bildnerisches Volksschaffen im VEB Filmfabrik Wolfen und in Wilhelmshorst.

23.6.-2.7. Theodor-Körner-Festspiele in Gadebusch unter Beteiligung von über 1000 Laienkünstlern.

24.-26.6. 1000-Jahr-Feier der Stadt Halle.

28.6. Staatsrat verabschiedet 2 Erlasse über die territoriale Gliederung und zu den Ordnungen über die Aufgaben und Arbeitsweisen der Bezirkstage, Kreistage und örtlichen Volksvertretungen sowie ihrer Organe; danach dürfen territoriale Zuständigkeitsbereiche nur zum Zwecke der Verbesserung der staatlichen Leitung geändert werden. Die „sozialistische Staatsmacht" wird zum „Hauptinstrument" beim Aufbau des Sozialismus erklärt.

3./4.7. 13. Tagung des ZK der SED: Bestätigung des Entwurfs eines „Deutschen Friedensplans", Empfehlung zur Bildung einer Staatlichen Plankommission und eines Volkswirtschaftsrats; am 5.7. beschließt der Ministerrat die Bildung des Volkswirtschaftsrats (VWR), am 6.7. verabschiedet die Volkskammer den Deutschen Friedensplan.

12./13.7. Konferenz des ZK der SED zu Fragen der Propaganda; Überwindung „dogmatischer Tendenzen" und der „Ignoranz gegenüber neuen gesellschaftlichen Erscheinungen" als Hauptprobleme.

19.7. Evangelischer Kirchentag kann aufgrund eines Verbots der Ost-Berliner Behörden vom 9.7. nur in Berlin (West) durchgeführt werden.

3.-5.8. Beratung der Ersten Sekretäre der ZK der kommunistischen und Arbeiterparteien der Warschauer-Pakt- Staaten in Moskau über Abschluss eines Friedensvertrags mit Deutschland und „Regelung der West- Berlin-Frage".

4.8. Verordnung des Magistrats von Berlin (Ost), wonach Bewohner Berlins

---

Ein Volkspolizist fällt von der Brücke und schreit um Hilfe. „Kannste Russisch?", fragt ein Passant. „Ja!" „Kannste schießen?" „Ja!" „Kennste Marxismus-Leninismus?" „Ja, doch!" ruft der Ertrinkende. „Siehste! Schwimmen hätteste lernen sollen!"

1961

(Ost), die in Berlin (West) arbeiten (Grenzgänger), ab 1.8. Miete, Pacht bzw. öffentliche Gebühren z.T. in DM West zu zahlen haben; außerdem Registrierung aller Grenzgänger.

11.8. Volkskammer beauftragt Ministerrat, „alle Maßnahmen (Grenzsicherungen) vorzubereiten und durchzuführen", die auf der Beratung der Warschauer-Pakt- Staaten vom 5.8. beschlossen wurden.

13.8. Errichtung der Mauer an der Grenze zu Berlin (West); am 16.8. folgt Sperrung der Grenze zur Bundesrepublik für alle Einwohner Berlins (Ost) und der DDR; am 24.8. wird das Ersuchen des Magistrats von Berlin (Ost) vom 23.8., in Berlin (West) Passierscheinbüros zu eröffnen, vom Berliner Senat und den 3 Westmächten abgelehnt, dennoch illegal eröffnete Büros auf dem Gelände der Reichsbahn in Berlin (West) werden am 26.8. geschlossen.

23.8. Landesverband Berlin der Sozialdemokratischen Partei Deutschlands (SPD) schließt Kreisbüros der Partei in Berlin (Ost), nachdem es zu massiven Behinderungen der Parteiarbeit gekommen war; nach vorübergehender behördlicher Schließung der Büros der SED in Berlin (West) kann diese dort ihre Tätigkeit fortsetzen.

Treffen sich 2 Hausfrauen im Treppenhaus und kommen ins Gespräch. Prahlt die eine: „Mein Mann ist nämlich Generaldirektor im Chemiebetrieb und kriegt 4000 Mark. Wo ist denn Ihr Mann?" Die andere: „Der ist bei der Staatssicherheit." Fragt die eine: „Und was kriegt er da so?" Die andere darauf: „Weiß ich noch nicht, die haben ihn gestern erst geholt."

24.8. Der Ministerrat der DDR erlässt die Verordnung zur Verbesserung der Arbeitskräftelenkung und Berufsberatung.

26.8. Außerordentliche Plenartagung der Deutschen Akademie der Künste zu den Sicherheitsmaßnahmen der Regierung der DDR vom 13. August. Die Maßnahmen finden die volle Zustimmung der Mitglieder.

28.8. Der Dokumentarfilm „So macht man Kanzler" (Buch: Joachim Hellwig, Wolfgang Weiß; Regie: Joachim Hellwig) läuft in den Filmtheatern an.

1.9. Uraufführung des DEFA-Films „Der Traum des Hauptmann Loy" nach dem gleichnamigen Roman von Wolfgang Schreyer in Berlin (Regie: Kurt Maetzig; Hauptdarsteller: Jana Brejchová, Horst Drinda, Christine Laszar, Günther Simon, Ulrich Thein).

5.-14.9. Erstmalige Sendung des 5teiligen Fernsehfilms „Gewissen in Aufruhr" nach dem autobiographischen Bericht von Rudolf Petershagen (Regie: Hans-Joachim Kasprzik, Günter Reisch; Hauptdarsteller: Erwin Geschonneck, Inge Keller).

17.9. Wahlen zu den Kreistagen, Stadtverordnetenversammlungen und Stadtbezirksversammlungen nach den Einheitslisten der Nationalen Front.

20.9. Volkskammer beschließt Gesetz zur Verteidigung der DDR, Regelung des militärischen und zivilen Dienstes und Einsatzes im Verteidigungsfall.

28.9. Verordnung über die Pflege und den Schutz der Denkmale erlassen.

29.9. Beratung des Präsidialrates des Deutschen Kulturbundes zu grundsätzlichen Fragen der Intelligenz nach dem 13. August. Kurt Hager spricht zur Rolle der Intelligenz in der gegenwärtigen Entwicklungsetappe.

„Sicherung der Staatsgrenze der DDR zu Westberlin und zur BRD am 13. August 1961. Angehörige der Kampfgruppen vor dem Brandenburger Tor in Berlin." (Originalunterschrift)

29.9. Der Dokumentarfilm „Frans Masereel" (Regie: Joop Huisken) läuft in den Filmtheatern an.

30.9.-15.10. V. Berliner Festtage. Gastspiele geben unter anderen der sowjetische Violinist Leonid Kogan, der USA-Dirigent George Byrd, das Ballett der Finnischen Nationaloper Helsinki und die Rumänische Philharmonie „George Enescu". Das Staatstheater Dresden kommt mit der DDR-Erstaufführung von Bertolt Brechts „Die heilige Johanna der Schlachthöfe". Zu den Premieren der Berliner Theater gehören die „Ravensbrücker Ballade" von Hedda Zinner an der Volksbühne und „Kirschgarten" von Anton Tschechow im Deutschen Theater. Zum Programm der Festtage gehören auch eine Woche des sowjetischen Films der 30er Jahre (8. bis 15. Oktober) sowie die „Woche des Kabaretts".

5.10. Umbenennung der Technischen Hochschule Dresden in Technische Universität Dresden.

6.10. Nationalpreisträger für Kunst und Literatur 1961: I Ludwig Renn, Kollektiv des Fernsehfilms „Gewissen in Aufruhr" (Erwin Geschonneck, Hans-Joachim Kasprzik, Inge Keller, Hans Oli-

1961

„6.5.1961. Erdöl fließt von der Wolga bis zur Oder. Kollegen des Betriebes Industriebau Ost schütten die Erdumwallung für die ersten fünf Tanks auf, die ab 1. Juli 1961 mit Öl gefüllt werden." (Originalunterschrift)

va-Hagen, Günter Reisch); II Walter Gorrish, Hans Lorbeer, Dieter Zechlin, Kollektiv des Bühnenstücks „Frau Flinz" (Helmut Baierl, Raimund Scheicher, Manfred Wekwerth), Kollektiv des Städtischen Theaters Leipzig (Joachim Herz, Helmut Seydelmann); III Rudolf Asmus, Hannes Fischer, Albert Kapr, Herbert Kegel, Gerd Natschinski, Hans Pischner, Wilhelm Rudolph, Walther Victor, Kollektiv des Kabaretts „Die Distel" (Erich Brehm, Rudolf von Hradezky-Hilberg, Gustav Müller, Gerd E. Schäfer, Helmut Schneller, Ellen Tiedtke), Kollektiv des Kinderfernsehens der DDR (Heinz und Ingeburg Fülfe, Wolfgang Richter).

6.10. Uraufführung von Hedda Zinners Schauspiel „Ravensbrücker Ballade" an der Berliner Volksbühne (Regie: Fritz Wisten).

8.10. DDR-Erstaufführung der Oper „Krieg und Frieden" von Sergej Prokofjew im Leipziger Opernhaus (Regie: Joachim Herz).

10./11.10. Wirtschaftskonferenz des ZK der SED und des Ministerrats mit Funktionären der Partei-, Staats- und Wirtschaftsorgane sowie gesellschaftlicher Organisationen in Berlin (Ost); Beratung

„13.8.1961. Sicherung der Staatsgrenze. FDJler des Berliner Stadtbezirks Mitte besuchten am 15.8.1961 Soldaten einer Panzereinheit, die in der Mittelstraße auf Friedenswacht stehen. Sie überreichten ihnen Blumen und kleine Geschenke." (Originalunterschrift)

über Erfüllung des Volkswirtschaftsplans 1961 und über Sicherung der ökonomischen Unabhängigkeit von der Bundesrepublik Deutschland (Störfreimachung).

13.11. Entstalinisierungs-Maßnahmen in der DDR, u. a. werden Stalinstadt in Eisenhüttenstadt und die Stalinallee in Berlin (Ost) in Karl-Marx-Allee bzw. Frankfurter Allee umbenannt.

23.-26.11. 14. Tagung des ZK der SED: Konzentration auf Lösung wirtschaftlicher Probleme, u. a. Verstärkung der Zusammenarbeit im RGW. Empfehlung an die Regierung, Schritte zur Normalisierung der Beziehungen zur Bundesrepublik Deutschland einzuleiten; entsprechende Vorschläge (gegenseitige Achtung der Souveränität. Anerkennung der Reisepässe, Markierung der Staatsgrenzen u.a.) enthält ein Brief Otto Grotewohls an Bundeskanzler Konrad Adenauer vom 30.11.

15.12. Gründung der Liga für Völkerfreundschaft der DDR als Zusammenschluss aller Freundschaftsgesellschaften in Berlin (Ost).

1962

5./6.1. Frauenkonferenz des ZK der SED in Berlin (Ost); zur Rolle der Frauen im gesellschaftlichen Leben der DDR: 1961 waren 46 v. H. aller Beschäftigten Frauen, also über 70 v. H. aller Frauen und Mädchen im Alter von 15 bis 60 Jahren berufstätig, es gab ca. 20.000 Frauenausschüsse (in Betrieben und Verwaltungen) mit ca. 130.000 Mitarbeiterinnen.

24.1. Volkskammer verabschiedet Gesetz über die allgemeine Wehrpflicht, das auch in Berlin (Ost) in Kraft tritt.

21.-23.3. 15. Tagung des ZK der SED: Beratung des „Nationalen Dokuments"; am 25.3. berät der Nationalrat der Nationalen Front den Entwurf.

24.5. Brief des ZK der SED anlässlich des bevorstehenden Kölner Parteitages der SPD an alle Parteimitglieder mit der Aufforderung zur politischen Alternative in der SPD und in der Bundesrepublik Deutschland.

24.5. Ministerrat erlässt Verordnungen über die Statuten des Volkswirtschaftsrates (VWR) und der Staatlichen Plankommission und fasst Beschluss über die weitere Entwicklung der sozialistischen Rechtspflege (zunehmende Bedeutung der Konfliktkommissionen).

30.5. Zentralvorstand der Gesellschaft für Sport und Technik (GST) beschließt im Zusammenhang mit Wehrpflichtgesetz Verbesserung der vormilitärischen Ausbildung und Intensivierung des Wehrsports.

30.5. Deutsche Akademie der Künste (AdK) in Berlin (Ost) versteht sich nach neuem Statut als sozialistische Akademie der DDR; Wahl des Schriftstellers Willi Bredel zum Präsidenten.

9.6. Preis für künstlerisches Volksschaffen unter anderen verliehen an das Arbeitertheater des Textilkombinates Zittau, das Betriebsfilmstudio des Eisenhüttenkombinates Ost, das Kabarett der Hochschule des FDGB, das Kammerorchester des Berliner Hauses für Kulturarbeit.

9.-11.6. 4. Arbeiterfestspiele im Bezirk Erfurt. 5000 Laien- und 3000 Berufskünstler wirken in 250 Veranstaltungen mit. Neben Theater- und Konzertaufführungen prägt auch die Arbeit der Kabaretts und Arbeitervarietes den Charakter der Festspiele. Zu den acht Ausstellungen gehören „Künstlerisches Volksschaffen", „Der arbeitende Mensch in der bildenden Kunst des 19. Jahrhunderts" sowie „Das deutsche Arbeiterlied".

10.6. Literaturpreis des FDGB verliehen an Franz Fühmann, Regina Hastedt, Heinz Kahlau, Ralf Kirsten, Erik Neutsch, Brigitte Reimann, Bernhard Seeger, Gisela Steineckert, Reinhard Wenzel, an das Kollektiv Betriebsgeschichte im Steinkohlenwerk Zwickau

und an den Zirkel schreibender Arbeiter im Steinkohlenwerk Oelsnitz.

14.6. Beschluss des Präsidiums des Ministerrates der DDR „Über die weitere Verbesserung des geistig-kulturellen Lebens in den Klubs und Kulturhäusern".

16./17.6. Nationalkongress der Nationalen Front verabschiedet „Nationales Dokument" (Die geschichtliche Aufgabe der Deutschen Demokratischen Republik und die Zukunft Deutschlands); Forderung nach Friedensvertrag im Sinne des sowjetischen Entwurfs von 1959, Koexistenz und Konföderation beider deutscher Staaten.

26.-28.6. 16. Tagung des ZK der SED; Beschluss über Maßnahmen zur Verbesserung der Arbeit des Ministerrats und über den Entwurf einer mehrbändigen „Geschichte der deutschen Arbeiterbewegung".

4.7. Ministerrat stellt Entwicklung und Leitung der Volkswirtschaft und Qualifizierung der Staatsfunktionäre in den Mittelpunkt seiner Arbeit; Wahl von W. Stoph zum 1. Stellvertreter des Vorsitzenden.

12.7. Ankündigung, dass die Arbeiter- und-Bauern-Fakultäten (ABF) an den Universitäten bis zum Studienjahr 1963 ihre Tätigkeit einstellen werden.

13.-14.7. 1. Schlagerfestival der Ostseeländer in Rostock. Fred Frohberg und

„18.8.1962. Die Genossenschaftsbauern der LPG ‚Einigkeit' im Landkreis Potsdam, nutzten auch am Sonntag das günstige Erntewetter. Nach Erfüllung des Staatsplanes in Getreide wurde am Sonntag Saatgetreide gedroschen und die Getreidefläche geräumt. Bei hochsommerlichen Temperaturen ist eine Erfrischung nötig." (Originalunterschrift)

Ein Flugzeug kommt aus Paris und ist kurz vor dem Landeanflug auf den Zentralflughafen Berlin-Schönefeld. Da ertönt die Stimme des Flugkapitäns: „Sehr geehrte Damen und Herren, wir überfliegen gerade die DDR-Zonengrenze. Bitte stellen Sie ihre Uhren um 20 Jahre zurück."

1962

Bärbel Wachholz gewinnen den Wettbewerb. Das Festival findet jährlich statt. Nach 15 Jahren wird aus dem Schlagerfestival ein Liederfest „Menschen und Meer".

1.7.-31.8. Hans-Grundig-Ausstellung präsentiert das Gesamtwerk in der Nationalgalerie in Berlin.

23.8. Ernennung eines Generals der NVA zum Stadtkommandanten von Berlin (Ost), nachdem am 22.8. die sowjetische Stadtkommandantur aufgelöst wurde.

7.9. DDR-Uraufführung des auf den XIII. Filmfestspielen in Karlovy Vary mit einer Medaille ausgezeichneten DEFA-Films „Königskinder" (Buch: Edith und Walter Gorrish; Regie: Frank Beyer; Hauptdarsteller: Annekathrin Bürger, Armin Mueller-Stahl).

14.9.-11.11. Ausstellung „Revolutionäre Berliner Kunst 1848 bis 1962" in Berlin.

22.9.1962-3.6.1963 V. Deutsche Kunstausstellung im Dresdner Albertinum. Sie zeigt 280 Gemälde, 262 grafische Arbeiten, 98 Plastiken, 34 Arbeiten des Kunsthandwerks, 79 Werke der Industrieformgestaltung, 703 Arbeiten der Gebrauchsgrafik von insgesamt 611 Künstlern. In einer Sonderausstellung

Model P50/1 Kombi „Universal" der Baureihe AWZ Trabant von dem zwischen 1960 und 1962 rund 14000 Exemplare gebaut werden.

werden 629 Werke des bildnerischen Volksschaffens gezeigt. Die Ausstellung hat 210000 Besucher.

29.9.-1.10. Internationale Konsultativ-Beratung der Gewerkschaften für Kunst und Kultur der sozialistischen Länder in Berlin.

29.9.-14.10. VI. Berliner Festtage mit 35 Veranstaltungen ausländischer Gäste. 600 Künstler aus 14 Nationen wirken mit, so das Ballett des Leningrader Kirow-Theaters mit „Dornröschen" von Peter Tschaikowski, Igor Oistrach, die

8.6. DEFA-Filmpremiere. Armin Mueller-Stahl in „Königskinder".

Ein Parteisekretär kommt nach seinem Tod in die Hölle und trifft dort einen alten Genossen. „Hier ist es ja ganz gemütlich, seit der Sozialismus Einzug gehalten hat", erklärt der ihm. „Mal gibt es kein Pech, mal keinen Schwefel, dann kein Holz und keine Kohlen. Und wenn alles da ist, muss der Heizer zum Parteilehrjahr."

Tschechische Philharmonie Prag. Solisten und Ensembles aus anderen Bezirken der DDR geben 25 Gastspiele. Zu den Berliner Premieren gehört „Die Tage der Commune" von Bertolt Brecht am Berliner Ensemble. Mehrere Filme gehören zum Festtagsprogramm, ebenso der Republik-Wettbewerb der Laienkabaretts.

3.-5.10. 17. Tagung des ZK der SED: Einberufung des VI. Parteitages (15.-19.1.1963), Entwurf eines neuen Programms und eines neuen Statuts.

8.-17.10. Besuch einer Militärdelegation der NVA unter Leitung von Armeegeneral Heinz Hoffmann in der UdSSR.

17.10. Frederic-Chopin-Gesellschaft (Sitz in Leipzig) gegründet. Zum Präsidenten wird Werner Felix ernannt.

31.10. Käthe-Kollwitz-Preis der Deutschen Akademie der Künste an Sella Hasse verliehen.

3.-5.11. Erstmals Telemann-Festtage in Magdeburg veranstaltet. Sie werden in wechselndem Turnus fortgeführt.

8.11. Der Ministerrat der DDR beschließt die Bildung des Staatsverlages der DDR.

9.11. Uraufführung des Schauspiels „Der Millionenschmidt", geschrieben von dem Zimmermann Horst Kleineidam, in Leipzig.

9.-18.11. V. Internationale Dokumentar- und Kurzfilmwoche in Leipzig. Vorgeführt werden 97 Filme aus 32 Ländern. Den Großen Preis erhält der kubanische Film „Geschichte eines Balletts".

23.11. Veröffentlichung des Entwurfs für ein neues Parteiprogramm der Sozialistischen Einheitspartei Deutschlands (SED).

1963

12.1. DDR und Kuba beschließen Umwandlung ihrer Missionen in Botschaften; damit unterhält die DDR mit 13 Staaten Diplomatische Beziehungen.

15.-21.1. VI. Parteitag der Sozialistischen Einheitspartei Deutschlands (SED) in Berlin (Ost); Verabschiedung des Parteiprogramms und des Parteistatuts.

21.1. 1. Tagung des ZK der SED: Wahl des Ersten Sekretärs des ZK, Walter Ulbricht, sowie des Politbüros, des Sekretariats des ZK und der ZPKK.

30.1. Bildung von Wissenschaftlichen Räten an allen Instituten der Deutschen Akademie der Landwirtschaftswissenschaften in Berlin (Ost) zwecks schnellerer Umsetzung von Forschungsergebnissen in landwirtschaftliche Praxis.

4.2. Tagung des Präsidiums des Nationalrats der Nationalen Front erklärt das neue Programm der SED zum Gesetz des gemeinsamen Handelns aller Parteien und Massenorganisationen.

7.2. Bildung von Landwirtschaftsräten mit Produktionsleitungen beim Ministerrat, in den Bezirken und Kreisen sowie Bildung der Staatlichen Komitees für Erfassung und Aufkauf landwirtschaftlicher Erzeugnisse und für Landtechnik und materiell-technische Versorgung; Auflösung des Landwirtschaftsministeriums.

26.2. Beschluss des Politbüros des ZK der SED über Organisierung der Leitung der Parteiarbeit nach dem Produktionsprinzip.

3./4.3. Empfang französischer und englischer Parlamentarier-Delegation durch Volkskammer-Präsident Johannes Dieckmann.

25./26.3. Beratung des Politbüros des ZK der SED und des Präsidiums des Ministerrats mit Schriftstellern und Künstlern über Parteilichkeit und Volksverbundenheit in Literatur und Kunst.

10.-12.4. 2. Tagung des ZK der SED: Beschluss über den „Grundriss der Geschichte der deutschen Arbeiterbewegung" und Beratung der Herausgabe der mehrbändigen „Geschichte der deutschen Arbeiterbewegung".

11.4.-30.6. Ausstellung „Sowjetische Künstler". Erste Gastausstellung der Akademie der Künste der UdSSR in Berlin.

17.4. Volkskammer beschließt den Erlass des Staatsrates über die grundsätzlichen Aufgaben und die Arbeitsweise der Rechtspflegeorgane vom 4.4. sowie das Gerichtsverfassungsgesetz und das Gesetz über die Staatsanwaltschaft, ferner das Gesetz zur Änderung und Ergänzung des Gesetzbuches der Arbeit (GBA) und das Gesetz über den Ministerrat.

3.5. Bericht von Staatssekretär Otto Winzer (stellv. Außenminister) über fünfwöchige Afrikareise durch Ghana, Mali, Guinea und Algerien sowie über eine Mitarbeiterkonferenz der Vertretungen der DDR in Afrika in Accra (Ghana) (4. bis 6.4.).

14.5. ZK der SED und Ministerrat beschließen Bildung einer Arbeiter- und-Bauern-Inspektion (ABI) als „gesellschaftliches Kontrollorgan".

28.5.-1.6. VII. Parlament der Freien Deutschen Jugend (FDJ) in Berlin (Ost):

Anfrage an den Sender Eriwan: „Was wäre eigentlich passiert, wenn statt Kennedy Ulbricht erschossen worden wäre?"
Antwort: „Eine etwas abwegige Frage. Aber eines ist gewiss: Onassis hätte die Witwe nicht geheiratet."

Beratung über die Rolle der Jugend beim umfassenden Aufbau des Sozialismus. Wiederwahl von H. Schumann zum 1. Sekretär.

20.6. Regierung der DDR veröffentlicht „Appell an die Bevölkerung Westdeutschlands" zur Schaffung sachlicher und normaler Beziehungen zwischen beiden deutschen Staaten.

21.6. Ministerrat erlässt Verordnung über Maßnahmen zum Schutze der „Staatsgrenze" zwischen der DDR und Berlin (West) sowie Anordnungen über Errichtung eines besonderen Grenzgebietes und über die Ordnung in diesem Grenzgebiet (zu Berlin [West]).

„24.7.1963. Im Juli 1963 besuchte Richard Nixon, ehemaliger Vizepräsident der USA, die Hauptstadt der DDR, Berlin. Nixon zeigt einem Offizier der Nationalen Volksarmee der DDR am Grenzübergang Friedrichstraße seine Ausweispapiere." (Originalunterschrift)

1963

24./25.6. Wirtschaftskonferenz des ZK der SED und des Ministerrats über das Neue Ökonomische System der Planung und Leitung der Volkswirtschaft (NÖSPL); am 15.7. wird die Richtlinie über NÖSPL vom Staatsrat bestätigt.

28.6.-4.7. Besuch von Chruschtschow in der DDR aus Anlass des 70. Geburtstages von Walter Ulbricht (30.6.).

3.7. Gemeinsamer Beschluss des Politbüros des ZK der SED und des Ministerrats „Über die Grundsätze der weiteren Systematisierung des polytechnischen Unterrichts, der schrittweisen Einführung der politischen Grundausbildung und der Entwicklung von Spezialschulen und -klassen".

25.7. Paraphierung des Abkommens über das Verbot von Kernwaffenversuchen in der Atmosphäre, unter Wasser und im Weltraum durch die Sowjetunion, USA und Großbritannien in Moskau; die DDR tritt dem Abkommen am 8.8. in Moskau bei, die Bundesrepublik Deutschland lässt es am 19.8. durch ihre Botschafter in Washington, London und Moskau unterzeichnen und erklären, dass der Beitritt der DDR zum Teststopp-Abkommen keine Anerkennung der Eigenstaatlichkeit der DDR bedeute.

1.-4.8. IV. Deutsches Turn- und Sportfest in Leipzig. Ausstellung „Sport in der bildenden Kunst". Stiftung des Kunstpreises des Deutschen Turn- und Sportbundes in drei Stufen. Er wird erstmals am 3. Februar 1965 verliehen (künftig alle vier Jahre im vorolympischen Jahr überreicht).

2.8. Erste offizielle Vorführung einer Stereo-Rundfunksendung vor Pressevertretern im Funkhaus Berlin (Nalepastraße). - Uraufführung des DEFA-Films „For eyes only" (Buch: Harry Thürk; Regie: János Veiczi; Hauptdarsteller: Hans Lücke, Alfred Müller, Helmut Schreiber).

9.-15.9. Gemeinsames Manöver der Nationalen Volksarmee (NVA), der Sowjetarmee sowie polnischer und tschechoslowakischer Streitkräfte unter Leitung von Armeegeneral Heinz Hoffmann im Süden der DDR.

20.9. Politbüro des ZK der SED veröffentlicht Kommuniqué über Jugendfragen; am 19.9. hatte der Staatsrat den Entwurf eines Jugendgesetzes beraten und an den Ministerrat mit der Empfehlung der Veröffentlichung weitergeleitet.

20.10. Wahlen zur Volkskammer, den Bezirkstagen sowie zur Stadtverordnetenversammlung von Berlin (Ost) nach den Einheitslisten der Nationalen Front.

26.10. Unterzeichnung eines Abkommens über den Warenaustausch zwischen der DDR und der UdSSR.

29.10. Beschluss des Politbüros des ZK der SED über die Aufgaben und Arbeitsweise der Produktionskomitees in den VEB.

13./14.11. Konstituierende Sitzung der Volkskammer, Wiederwahl von J. Dieckmann zum Präsidenten; Wiederwahl von W. Ulbricht zum Vorsitzenden des Staatsrates und Bestätigung der neuen Regierung unter O. Grotewohl als Vorsitzendem des Ministerrates und W. Stoph als dessen 1. Stellvertreter.

8.12. Walter Ulbricht erklärt im Rundfunk und Fernsehen der DDR seine Bereitschaft zu Verhandlungen mit der Regierung Bundeskanzler Ludwig Erhards.

17.12. Unterzeichnung des 1. Passierschein-Abkommens zwischen der Regierung der DDR und dem Senat von Berlin über die Möglichkeit von Verwandtenbesuchen für Westberliner in Berlin (Ost) vom 19.12.1963 bis 5.1.1964.

18.12. Einweihung der Erdölleitung „Freundschaft" zur Versorgung des Chemiekombinats in Schwedt/Oder mit sowjetischem Erdöl.

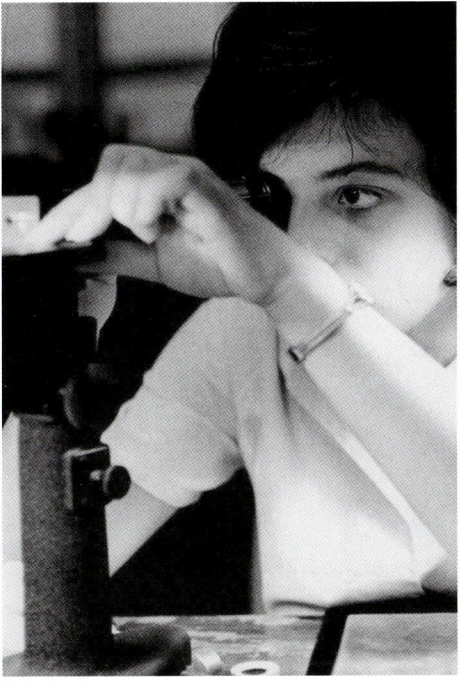

„10.12.1963. Sechs Frauen aus der Brigade ‚Rosa Thälmann' in der Optik-Endfertigung des VEB Carl Zeiss Jena haben sich mit Hilfe erfahrener Kolleginnen soweit qualifiziert, daß sie an drei verschiedenen Arbeitsplätzen ihrer Abteilung mit voller Arbeitsleistung eingesetzt werden können. Früher waren oft Stauungen im kontinuierlichen Arbeitsablauf aufgetreten, wenn ein Mitglied der Brigade vorübergehend an einem anderen Arbeitsplatz eingesetzt werden mußte, da lange Einarbeitungszeiten erforderlich waren. Optikerin Inge Harndt beim Prüfen von Baulupen. Auch sie hat sich für die Arbeit an drei verschiedenen Plätzen qualifiziert." (Originalunterschrift)

10.4. DEFA-Filmpremiere „Nackt unter Wölfen".

Eine Frau geht durchs Kaufhaus.
Sie fragt eine Verkäuferin: „Sagen Sie mal, haben Sie hier keine Schuhe?"
Die Verkäuferin antwortet: „Keine Schuhe gibt es eine Etage tiefer, hier haben wir keine Hosen."

1964

2.1. Beginn der Ausgabe neuer Personalausweise, die den Vermerk „Bürger der Deutschen Demokratischen Republik" tragen.

6.1. Brief Walter Ulbrichts an Bundeskanzler Erhard mit dem Entwurf eines Vertrages zwischen der Bundesrepublik Deutschland und der DDR über Verzicht von Kernwaffen; der Brief wird von der Bundesregierung ungeöffnet zurückgewiesen; am 26.5. folgt ein zweiter Brief Ulbrichts an Bundeskanzler Erhard mit dem Vorschlag, Kernwaffenproduktion, -versuche, -lagerung in beiden deutschen Staaten zu unterbinden.

28.1. Museumsrat der DDR in Leipzig gebildet. Zum Präsidenten wird Johannes Jahn gewählt.

31.1. Eröffnung des Johannes-R.-Becher-Museums im ehemaligen Wohnhaus des Dichters in Berlin-Niederschönhausen. Uraufführung des DEFA-Films „Karbid und Sauerampfer" (Buch: Hans Oliva-Hagen, Frank Beyer; Regie: Frank Beyer; Hauptdarsteller: Rudolf Asmus, Manja Behrens, Marita Böhme, Bruno Carstens, Fred Delmare, Erwin Geschonneck, Hans-Dieter Schlegel).

1.2. Kunstpreis der DDR verliehen an Helga Göring, Günter Grabbert, Leo Haas, Harald Hakenbeck, Sigrid Kehl, Emmy Köhler-Richter, Gottfried Kolditz, Nora Mank, Alfred Müller, Rudolf Neuhaus, Rolf Ortmann, Carlernst Ortwein, Manfred Scherzer, Willi Sitte und Gerhard Wohlgemuth.

29.1.-9.2. Olympisch Winterspiele in Innsbruck. In der letzten gesamtdeutschen Mannschaft gewinnen die Rennrodler Ortrun Enderlein und Thomas Köhler jeweils eine Goldmedaille.

3.-7.2. 5. Tagung des ZK der SED: Zur Durchführung der ökonomischen Politik im Planjahr 1964 unter besonderer Berücksichtigung der chemischen Industrie, Entschließung zur Anwendung des NÖSPL im Handel; Direktive zu den Parteiwahlen und für eine Wahlordnung. Bildung einer Kommission für Partei- und Organisationsfragen; Kritik an Prof. R. Havemann (SED).

28.2.-1.3. VIII. Deutscher Bauernkongress in Schwerin; Beratung über Anwendung des NÖSPL in der Landwirtschaft und Einführung der industriemäßigen Produktion in den LPG.

13.3. Prof. Robert Havemann verliert seinen Lehrstuhl für Physikalische Chemie an der Ost-Berliner Humboldt-Universität.

19.3. Gründung des Deutschen Bibliotheksverbandes in Berlin. Horst Kunze wird zum Präsidenten gewählt.

19.-20.3. Konferenz der Ideologischen Kommission beim Politbüro des ZK der SED über die Aufgaben der Gesellschaftswissenschaften. Es referiert Kurt Hager (Partei und Wissenschaft).

24.-26.3. 5. Kongress des Verbandes Bildender Künstler Deutschlands in Berlin. Es referiert Lea Grundig (Die bildende Kunst beim umfassenden Aufbau des Sozialismus in der DDR und die Aufgaben des Verbandes). Wahl von Lea Grundig zur Präsidentin des Verbandes.

25.3. Heinrich-Mann-Preis der Deutschen Akademie der Künste an Günter de Bruyn verliehen.

1.4. Inkrafttreten der ersten Etappe der Industriepreisreform.

9.-11.4. III. Kongress der Gesellschaft für Sport und Technik (GST) in Görlitz; Beschlussfassung über neues Statut.

14.4. ZK der SED veröffentlicht Stellungnahme gegen die Spaltungspolitik der chinesischen Führer und für Festigung der Einheit und Geschlossenheit der kommunistischen Weltbewegung.

16.4. Der Ministerrat der DDR bestätigt den Entwurf der „Grundsätze für die Gestaltung des einheitlichen sozialistischen Bildungssystems". Er beschließt, das Dokument der Bevölkerung zur Diskussion zu unterbreiten.

19.-27.4. Shakespeare-Ehrung aus Anlass des 400. Geburtstages des Dichters in Weimar. Rede Alexander Abuschs auf dem Festakt des Ministerrates der DDR und des Shakespeare-Komitees am 22. April (Shakespeare – Genius der Weltliteratur).

„25.9.1964. Objektive für Fotoapparate und Ferngläser verlangen eine hochqualizierte Arbeit. Insgesamt arbeiten im VEB Carl Zeiss Jena und im VEB Jenaer Glaswerke Schott und Gen., der als Zulieferbetrieb die optischen Rohgläser herstellt, 21 000 Arbeiter, Ingenieure und Wissenschaftler. Unser Bild zeigt eine Optikschleiferin bei der Linsenprüfung." (Originalunterschrift)

21.-23.4. Internationale wissenschaftliche Konferenz in der Berliner Humboldt-Universität über das Werk Michelangelos aus Anlass des 400. Todestages des Künstlers.

24.-25.4. Zweite Bitterfelder Konferenz, veranstaltet von der Ideologischen

1964

Drei Jäger, einer davon ein Stasi-Mitarbeiter, gehen in den Wald. Jeder soll ein Wildschwein schießen. Der erste kommt nach kurzer Zeit zum Treffpunkt zurück: Auf dem Rücken eine große Wildsau. Kurz danach kommt der zweite und bringt auch ein Schwein mit. Auf den Stasimann warten sie und warten sie, bis sie ihn suchen und vor einem Baum wiederfinden. Er hat einen Hasen an den Baum gefesselt, prügelt auf ihn ein und schreit: „Gib zu, dass du ein Wildschwein bist – wir wissen alles!"

„5.3.1964. Als Weiterentwicklung der Infanterie sind die Truppenteile und Verbände der Mot.-Schützen durch ihre waffentechnische Ausrüstung und Taktik in der Lage, unter allen Bedingungen ihre Aufgaben im modernen Gefecht zu lösen. Die 40-mm-Pz.-Büchse ist die wichtigste Panzerabwehrwaffe in der Mot.-Schützengruppe." (Originalunterschrift)

Kommission beim Politbüro des ZK der SED und vom Ministerium für Kultur. Es referiert Hans Bentzien (Die Ergebnisse und weiteren Aufgaben der sozialistischen Nationalkultur in der DDR). Diskussionsrede von Walter Ulbricht (Über die Entwicklung einer volksverbundenen sozialistischen Nationalkultur).

24./25.4. 2. Bitterfelder Konferenz des ZK der SED und des Ministeriums für Kultur über die Entwicklung einer „sozialistischen Nationalkultur" in der DDR.

2.5. Auszugsweise Veröffentlichung des Entwurfs der Grundsätze für die Gestaltung des Einheitlichen sozialistischen Bildungssystems durch eine im Auftrage des VI. Parteitages der SED eingesetzte Kommission.

4.5. Volkskammer beschließt ein neues Jugendgesetz.

4.5. Gesetz über die Teilnahme der Jugend der DDR am Kampf um den umfassenden Aufbau des Sozialismus und die allseitige Förderung ihrer Initi-

25.7. DEFA-Filmpremiere. Manfred Krug in „Mir nach, Canaillen!".

ative bei der Leitung der Volkswirtschaft und des Staates, in Beruf und Schule, bei Kultur und Sport von der Volkskammer beschlossen (2. Jugendgesetz der DDR).

8.-10.5. Musikfest der Laienorchester der DDR in Weißenfels, an dem mehr als 1000 Laienmusiker teilnehmen.

16.5. Uraufführung des DEFA-Films „Geliebte weiße Maus" (Buch: Maurycy Janowski, Gottfried Kolditz; Regie: Gottfried Kolditz; Hauptdarsteller: Rolf Herricht, Karin Schröder).

16.-18.5. Treffen der Jugend aus der DDR, der BRD und Westberlin in der Hauptstadt der DDR, an dem insgesamt 560000 Jugendliche teilnehmen. Aus diesem Anlass findet eine Ausstellung „Frieden, Leben, Freude" mit Werken junger bildender Künstler in Berlin statt („Deutschlandtreffen der Jugend").

24.5.-6.6. II. Internationaler Johann Sebastian Bach Wettbewerb in Leipzig. 130 Musiker aus 22 Ländern nehmen teil. I. Preise erhalten der Sänger Bruce Abel (USA), die Pianistin Ilse Graubin (UdSSR) und der Organist Petr Sovadina (ČSSR). Der Wettbewerb findet künftig alle vier Jahre statt.

25.5. Nationales Zentrum für Kinderfilm und -fernsehen der DDR in Berlin gegründet.

26.5. Dem sowjetischen Schriftsteller Michail Scholochow wird der Orden „Großer Stern der Völkerfreundschaft" in Gold verliehen.

29.5.-13.6. Staatsbesuch einer Regierungsdelegation der DDR unter Leitung von W. Ulbricht in der UdSSR; Abschluss des Vertrages über Freundschaft, gegenseitigen Beistand und Zusammenarbeit zwischen der DDR und der UdSSR am 12.6. in Moskau.

11.6. Uraufführung des Schauspiels „Katzengold" von Horst Salomon in Gera.

12.6. Vertrag über Freundschaft, gegenseitigen Beistand und Zusammenarbeit zwischen der UdSSR und der DDR in Moskau abgeschlossen. Umfassende Maßnahmen zur Entwicklung der wirtschaftlichen, wissenschaftlich-technischen, kulturellen, gesellschaftlichen und sportlichen Beziehungen werden geplant.

18.6. Gründung des „buchklub 65", der ab Januar 1965 seine Tätigkeit beginnt. Er vereinigt die 1950 vom Verlag Kultur und Fortschritt gegründete Buchgemeinschaft „Buch des Monats" und die 1959 auf Initiative der FDJ gegründete Buchgemeinschaft „Buch der Jugend".

19.6. Preis für künstlerisches Volksschaffen an 11 Persönlichkeiten und 6 Kollektive verliehen, unter anderen an

1964

die Inszenierungsgemeinschaft des Arbeitertheaters des VEB Sternradio Berlin und des Dorftheaters Wartenberg sowie an das Künstlerkollektiv „Deutschlandtreffen".

19.-21.6. 6. Arbeiterfestspiele im Bezirk Gera. Zu den 400 Veranstaltungen, die von 7250 Laien- und 1750 Berufskünstlern gestaltet werden, gehören die Programme von 12 Amateurkabaretts. Das Tanzfest in Rudolstadt widerspiegelt die Leistungen der letzten Jahre auf diesem Gebiet. Das Amateurfilmfestival wird erstmals als Wettbewerb durchgeführt. Zum ersten Mal werden Goldmedaillen „In Anerkennung hervorragender Leistungen" an Ensembles verschiedenster Art sowie an Filmstudios verliehen.

25.-27.6. Kongress des Demokratischen Frauenbundes Deutschlands (DFD) über die Rolle der Frauen beim umfassenden Aufbau des Sozialismus; Änderung des Statuts des DFD und Wahl seines Bundesvorstandes.

2.7. Beratung der Kommission des Politbüros des ZK der SED und des Ministerrats zur Ausarbeitung des Perspektivplans 1964-1970 unter Leitung von W. Ulbricht; Erörterung der Probleme der Planausarbeitung in Verbindung mit NÖSPL, Beauftragung der Staatlichen Plankommission zur Fortsetzung der Arbeit am Perspektivplan mit anderen Staats- und Wirtschaftsorganen.

1.8. Beginn der Ausgabe neuer Banknoten mit der neuen Währungsbezeichnung „Mark der Deutschen Notenbank" (MDN).

18.8. Abschluss eines Abkommens über den Aufbau der Autobahnbrücke über die Saale im Grenzgebiet bei Hirschberg zwischen der Bundesrepublik Deutschland und der DDR.

1.9. Volkskammer beschließt Gesetz über die Nichtverjährung von Nazi- und Kriegsverbrechen und bestätigt Erlass des Staatsrates über Straffreiheit für „Republikflucht" vor dem 13.8.1961.

9.9. Beschluss des Ministerrates über Genehmigung von Besuchsreisen von DDR-Bürgern im Rentenalter in die Bundesrepublik Deutschland und nach Berlin (West).

10.9. Gemeinsame Beratung des Politbüros des ZK der SED und des Ministerrats über Probleme der Perspektivplanung (1964-1970) und des NÖSPL.

19.9. Zusammentreffen von Walter Ulbricht mit Josip Broz Tito in Belgrad im Anschluss an den Besuch einer Partei- und Regierungsdelegation der DDR in Bulgarien (11.-18.9.).

24.9. Volkskammer benennt nach dem Tod von Otto Grotewohl (21.9.) Willi Stoph zum Vorsitzenden des Ministerrates und wählt ihn gleichzeitig zum Stellvertretenden Vorsitzenden des Staatsrates.

24.9. Abschluss eines neuen Passierschein-Abkommens zwischen den Beauftragten des Ministerrats der DDR und des Senats von Berlin.

6.10. Verkündung einer Amnestie für 10.000 Strafgefangene durch W. Ulbricht auf dem Staatsakt zum 15. Jahrestag der DDR.

10.10-24.10. Olympische Sommerspiele in Tokio. Hinter den USA und der UdSSR kommt die gesamtdeutsche Mannschaft mit 45 Medaillen auf den dritten Platz. Von den insgesamt 19 Medaillen für die DDR holen Karin Balzer über 80 m Hürden, Jürgen Eschert im Einer-Kanadier 1000 m und Ingrid Engel-Krämer im Kunstspringen drei Goldmedaillen für die DDR.

„Dederon". Plakat, 1964.

Frage: Warum ist die Banane krumm?
Antwort: Damit sie um die DDR einen Bogen machen kann!

„Eine Neueinstudierung von ‚Frau Flinz', einer Komödie von Helmut Baierl mit der Musik von H.D. Hosalla mit Helene Weigel als Martha Flinz (Mitte), Horst Schulze als Friedrich Weiler (r. sitzend) und Manfred Karge als Frantischek (2. v.r.) bringt das Berliner Ensemble am 20.1.1964, Regie führen Peter Palitzsch und Manfred Wekwerth." (Originalunterschrift)

1964

10.-24.10. Teilnahme einer gesamtdeutschen Mannschaft an der Olympiade in Tokio.

14./15.10. Wahl von Leonid Breshnew zum Ersten Sekretär der KPdSU und Alexej Kossygin zum Vorsitzenden des Ministerrats der UdSSR; Nikita Chruschtschow wird seiner Ämter in der Partei- und Staatsführung enthoben.

5.-11.11. Besuch einer Partei- und Regierungsdelegation der DDR unter Ulbricht und Stoph anlässlich der Feierlichkeiten zum 47. Jahrestag der Oktoberrevolution; Zusammentreffen mit der neuen Partei- und Staatsführung der UdSSR.

14.-22.11. VII. Internationale Dokumentar- und Kurzfilmwoche in Leipzig. Vorgeführt werden Filme aus 38 Ländern. Den Sonderpreis der Jury erhält „Men in Silence" (Großbritannien); die Goldene Taube erhalten „Bagnolo - Dorf zwischen Rot und Schwarz" (BRD), „Katjuscha" (UdSSR), „Waska" (Bulgarien), „Zyklon" (Kuba), „Corps Profond" (Frankreich) und „Das Problem" (CSSR).

18.-19.11. Beratung des Bundesvorstandes des FDGB mit Kulturfunktionären der Gewerkschaften. Referat Wolfgang Beyreuthers „Die Aufgaben der Gewerkschaften auf dem Gebiet der Kulturarbeit".

18.-19.11. Verleihung des Literaturpreises des FDGB an Franz Fühmann, Helmut Hauptmann, Rainer Kerndl, Erich Köhler und die Zirkel schreibender Arbeiter im Haus der Deutsch-Sowjetischen Freundschaft (Berlin), in der SDAG Wismut, Schacht Aue/Alberoda, und im VEB Braunkohlenwerk „Erich Weinert" (Deuben).

18.-19.11. Den Kunstpreis des FDGB für Musik erhalten Paul Dessau und das Kollektiv des Eröffnungsprogramms der 6. Arbeiterfestspiele. Den Kunstpreis für Bildende Kunst erhalten Günther Brendel, Sieghard Dittner, Wieland Förster, Walter Howard, Karl Heinz Jakob, Heinz Wagner, die Laienkünstler Heinrich Beischer und Horst Frömmelt sowie der Zirkel Braun- und Kunsttöpferei Bischofswerda.

„Auferstanden aus Ruinen und der Zukunft zugewandt…"

Briefmarken propagieren die Erfolgsbilanz der DDR zu ihrem 15-jährigen Gründungsjubiläum. Plakat, 1964.

25.11. Regierung der DDR verfügt ab 1.12. für alle Reisenden aus der Bundesrepublik und Berlin (West) sowie dem westlichen Ausland den Mindestumtausch von DM-Beträgen in Währung der DDR (MDN).

2.-5.12. 7. Tagung des ZK der SED: Beschluss über den Volkswirtschaftsplan und Staatshaushaltsplan für 1965 sowie über die Parteiwahlen 1965.

18.12. Vorzeitige Haftentlassung des im März 1957 zu 10 Jahren Zuchthaus verurteilten Wolfgang Harich aufgrund der Amnestie vom 6.10.

28.-31.12. Volkszählung in der DDR, danach betrug am 31.12. die Wohnbevölkerung 17.003.632; bei der letzten Volkszählung im Jahre 1950 hatte sie 18.388.172 betragen.

1965

13.1. Gründung der „Gesellschaft für Völkerrecht in der Deutschen Demokratischen Republik" in Berlin (Ost), Wahl des Leipziger Völkerrechtlers Prof. Rudolf Arzinger zum Präsidenten.

5.2. Festlegung der Besuchszeiträume für West-Berliner für Ostern und Pfingsten 1965 im Rahmen des Passierscheinabkommens vom 24.9.1964.

19.2. Eröffnung eines Generalkonsulats der DDR in Tansania; die DDR unterhält damit 9 Generalkonsulate in asiatischen und afrikanischen Staaten, 12 Botschaften in sozialistischen Staaten einschließlich Kuba, eine Gesandtschaft in Jugoslawien, 13 Handelsvertretungen mit teilweise konsularischen Befugnissen in Afrika, Asien und Lateinamerika sowie in Finnland und 12 Filialen der Kammer für Außenhandel in Nato- Staaten sowie in Schweden.

24.2.-2.3. Staatsbesuch einer Delegation der DDR unter Leitung von Walter Ulbricht in der VAR Ägypten.

25.2. Volkskammer verabschiedet das Gesetz über das Einheitliche sozialistische Bildungssystem und das Gesetz über das Vertragssystem in der sozialistischen Wirtschaft.

1.-5.3. Konsultativtreffen von Vertretern von 19 kommunistischen und Arbeiterparteien unter Teilnahme einer SED-Delegation in Moskau.

5.3. Uraufführung des Konzerts für Violine und Orchester von Ernst Hermann Meyer durch David Oistrach und die Berliner Staatskapelle.

10.-12.3. IV. Forum der sozialistischen Dramatik in Berlin. Etwa 250 Intendanten, Dramaturgen, Regisseure und Schauspieler von 51 Bühnen der DDR

> Ein Kunde fragt im Fleischerladen zuerst nach Rouladen, dann nach Schweinelende, dann nach Kalbsschnitzel! ... Immer „Ham wa nich!" Der Kunde geht, und der Verkäufer sagt: „Der Mann hat aber ein tolles Gedächtnis!"

sowie zahlreiche Dramatiker beraten über die Zusammenarbeit zwischen den Theatern und den Autoren sowie über die künstlerische Gestaltung der neuen, sozialistischen Thematik.

13.3. Kunstpreis der DDR verliehen an Theo Bälden, Ralph Borgwardt, Martin Eckermann, Heinz Fricke, Ewald Koch, Siegfried Kurz, Heinz Matloch, Goetz Oelschlägel, Hans-Georg Ponesky, Fred Schönfeld, Horst Smiszek, Friedo Solter, Siegfried Völkel, Jürgen von Woyski, Ruth Zechlin.

17.3. Sekretariat des ZK der SED fasst den Beschluss „Stand und weitere Entwicklung des künstlerischen Volksschaffens".

19.-23.3. Gastspiel Louis Armstrongs mit seiner All-Star-Band in der DDR im Rahmen einer Europa-Tournee.

26.3. Personelle Umbesetzungen im Ministerrat; am 24.6. wird Otto Winzer (SED) Nachfolger des bisherigen Außenministers Lothar Bolz (NDPD), der aus Gesundheitsgründen zurücktritt.

5.5. Auf einer Sitzung der Volkskammer proklamieren der Staatsrat, der Ministerrat und der Nationalrat der Nationalen Front ein „Manifest an das deutsche Volk und die Völker und Regierungen der Welt", und Walter Ulbricht gibt eine Erklärung „Die nationale Mission der Deutschen Demokratischen Republik und der Friedenskräfte Westdeutschlands" ab; darin wird – wie schon auf den Beratungen der 8. Tagung des ZK der SED am 11./12.2. – ein wiedervereinigtes Deutschland nur noch als ein sozialistisches Deutschland für möglich erklärt.

8.-13.6. Staatsbesuch einer jugoslawischen Regierungsdelegation unter Leitung von Tito in der DDR.

17.6. Empfang des Politbüros der SED für Wirtschaftsexperten aus den sozialistischen Ländern, die sich auf Einladung des ZK der SED zum Studium des NÖSPL in der DDR aufhalten.

25.2. DEFA-Filmpremiere. Angelica Dombröse und Ulrich Thein in „Chronik eines Mordes".

23.-25.6. 10. Tagung des ZK der SED: Direktiven für die Wahlen zu den Kreistagen und örtlichen Volksvertretungen; Beratung über Aufgaben und Arbeitsweise der örtlichen Vertretungen und ihrer Organe im NÖSPL; Beauftragung des Instituts für Marxismus-Leninismus beim ZK der SED zur Herausgabe der achtbändigen Geschichte der deutschen Arbeiterbewegung auf Grundlage eines genehmigten Entwurfs.

14.7. Abschluss eines Abkommens über Zusammenarbeit zwischen der DDR und der UdSSR beim Bau von Atomkraftwerken in der DDR.

1965

1.8. Ulbricht erklärt in Rundfunk und Fernsehen der DDR seine Bereitschaft, mit einem neuen Bundeskanzler über die Wiedervereinigung zu verhandeln, und schlägt die Bildung einer gemeinsamen Wirtschaftskommission vor.

30.8. Ausschuss für Deutsche Einheit in der DDR veröffentlicht auf seiner Tagung das Dokument „Vorschläge für demokratische Veränderungen in Westdeutschland".

17.-28.9. Aufenthalt einer Partei- und Regierungsdelegation unter Leitung von Ulbricht in der UdSSR; Kommuniqué über Bildung eines paritätischen Regierungsausschusses für ökonomische und wissenschaftlich-technische Zusammenarbeit.

8.10. Beschluss des IOC über Zulassung zweier deutscher Mannschaften zur Olympiade 1968. Das Nationale Olympische Komitee (NOK) der DDR wird Vollmitglied des IOC.

10.10. Wahlen zu den örtlichen Volksvertretungen nach Einheitslisten der Nationalen Front.

10.10. Rat der Evangelischen Kirche in Deutschland veröffentlicht Studie über „Die Lage der Vertriebenen und das Ver-

10.9. DEFA-Filmpremiere. Horst Schulze als Karl Liebknecht in „Solange Leben in mir ist".

hältnis des deutschen Volkes zu seinen östlichen Nachbarn"; darin werden Grundfragen der Ostpolitik und der deutschen Ostgrenze behandelt.

16.-24.10. Gemeinsames Manöver „Oktobersturm" der Nationalen Volksarmee (NVA) und der Streitkräfte der UdSSR, Polens und der CSSR in Thüringen.

30.10. Hauptausschuss des Deutschen Sportbundes (DSB) hebt in Köln seinen Beschluss vom 16.8.1961 über Einstellung des Sportverkehrs mit der DDR auf.

3.-6.11. Theoretische Konferenz über „Technische Revolution und Gewerkschaften" in der Hochschule des Freien Deutschen Gewerkschaftsbundes (FDGB) „Fritz Heckert" in Bernau.

25.11. Abschluss eines neuen Passierschein-Abkommens über Besuchsmöglichkeiten von West-Berlinern in Berlin (Ost) vom 18.12.1965 bis 2.2.1966.

27.-29.11. Besuch des Ersten Sekretärs des ZK der KPdSU, Breshnew, in der DDR.

3.12. Abschluss eines langfristigen Handelsabkommens (1966-1970) zwischen der DDR und der UdSSR in Berlin (Ost).

15.-8.12. 11. Tagung des ZK der SED: Beratung der Probleme des Perspektivplans bis 1970. Beschluss über den Volkswirtschaftsplan und den Staatshaushaltsplan 1966, Bestätigung der Maßnahmen über die zweite Etappe des NÖSPL; im Bericht des Politbüros kündigt sich ein schärferer Kurs in der Kulturpolitik an, u. a. werden Stefan Heym und Wolf Biermann, aber auch verantwortliche Funktionäre angegriffen.

18.12. Ministerrat beschließt Errichtung des Staatssekretariats für gesamtdeutsche Fragen, Leiter wird Joachim Herrmann.

20.12. Volkskammer verabschiedet Familiengesetzbuch der DDR.

22.12. Ministerrat beschließt Bildung von 9 neuen Industrieministerien und gleichzeitige Auflösung des Volkswirtschaftsrates (VWR); Beschluss über Einführung der 5-Tage-Arbeitswoche in jeder zweiten Woche und Verkürzung der wöchentlichen Arbeitszeit mit Lohnausgleich für weitere 3 Mill. Werktätige ab April 1966.

4.2. DEFA-Filmpremiere. Helmut Schreiber und Arno Wyzniewski in „Die Abenteuer des Werner Holt".

Eine Katze hat eine Maus gefangen. „Ach, bitte liebe Katze, erfüll mir einen letzten Wunsch, bevor du mich frisst. Lass mich noch einmal tanzen!" Die Katze ist einverstanden, die Maus tanzt. Die Katze sieht ihr zu – und schläft ein. Als sie wieder aufwacht, ist die Maus verschwunden. „Scheiß-Volkskunst", maunzt die Katze.

1966

12.1. Ministerrat beruft Klaus Gysi zum neuen Minister für Kultur und setzt H. Bentzien ab; Vorstand des Deutschen Schriftstellerverbandes der DDR billigt die kulturpolitische Linie der SED nach der 11. ZK-Tagung.

13.1. Konstituierung eines Rates für gesamtdeutsche Fragen in Berlin (Ost): der Staatssekretär für gesamtdeutsche Fragen, Joachim Herrmann, erklärt Bereitschaft der DDR-Regierung zu Verhandlungen mit der Bundesrepublik Deutschland auf der Grundlage völliger Gleichberechtigung.

25.1. Hoch- und Fachschulrat als beratendes Gremium beim Staatssekretariat für das Hoch- und Fachschulwesen konstituiert. Er verabschiedet „Prinzipien zur weiteren Entwicklung der Lehre und Forschung an den Hochschulen der DDR".

25.-26.1. IV. Kongress der Gesellschaft zur Verbreitung wissenschaftlicher Kenntnisse in Berlin. Die Gesellschaft wird in URANIA umbenannt; Herbert Dalimann zum Präsidenten gewählt.

26.1. Zum neuen Vorsteher des Börsenvereins der Deutschen Buchhändler zu Leipzig wird Heinz Köhler gewählt.

2.2. Beschluss des Sekretariats des ZK der SED „Aufgabenstellung zur weiteren Entwicklung der staatsbürgerlichen Erziehung der Schuljugend".

9.2. Erstsendung des Fernsehdokumentarfilms „Der lachende Mann" (Buch und Regie: Walter Heynowski, Gerhard Scheumann).

11.2. ZK der SED richtet „Offenen Brief an die Delegierten des Dortmunder Parteitages der SPD und alle Mitglieder und Freunde der Sozialdemokratie in West- Deutschland" mit dem Vorschlag des Gedankenaustauschs zur deutschen Frage; am 19.3. antwortet der Vorstand der SPD mit 7 Fragen und nennt Voraussetzungen für das Zustandekommen eines Dialogs zwischen beiden Parteien.

14.2. Premiere der Komödie „Purpurstaub" von Sean O'Casey am Berliner Ensemble (Regie: Hans-Georg Simmgen; Hauptdarsteller: Carl Heinz Choynski, Martin Flörchinger, Hermann Hiesgen, Peter Kaiisch, Heinz-Dieter Knaup, Stefan Lisewski, Gisela May, Günter Naumann, Renate Richter, Willi Schwabe).

15.2. Gründung des Oktoberklubs in Berlin, zunächst als Hootenanny-Klub. Umbenennung ein Jahr später. Erster Auftritt am 4. März 1967. Damit Aufschwung der Singebewegung der Jugend der DDR unter Führung der FDJ.

18.2. Uraufführung des DEFA-Films „Die Söhne der Großen Bärin" nach dem gleichnamigen Roman von Liselotte Welskopf-Henrich (Regie: Josef Mach; Hauptdarsteller: Gojko Miti_, Ji_i Vr_tala). Erster Indianerfilm der DEFA.

19.-27.2. Internationales Festival des Kinder- und Jugendtheaters in Berlin mit der Aufführung des Stückes „La Farola" von Hanu_ Burger am Theater der Freundschaft. Kindertheater aus Dresden, Moskau, Nürnberg, Paris und Prag treten auf. Am Kolloquium (21.-23. Februar) über grundsätzliche und praktische Fragen des Kinder- und Jugendtheaters nehmen Autoren, Regisseure, Wissenschaftler, Pädagogen und Dramaturgen aus 26 Ländern teil.

28.2. Staatsrat beantragt beim UN-Generalsekretär Mitgliedschaft der DDR in den Vereinten Nationen.

7.3. Abschluss eines Passierschein-Abkommens für den Zeitraum Ostern/Pfingsten 1966.

10./11.3. Wissenschaftliche Konferenz über Fragen des NÖSPL in Berlin (Ost), veranstaltet durch das Institut für Gesellschaftswissenschaften beim ZK der SED und von der Zeitschrift „Wirtschaftswissenschaft" aus Anlass des 20. Jahrestages der Gründung der SED.

25.3. ZK der SED antwortet auf den Brief des Parteivorstands der SPD vom 19.3. mit dem Vorschlag des Redneraustauschs;

„2.6.1966. In der Pionierrepublik ‚Wilhelm Pieck' in Altenhof am Werbellinsee findet auch in diesem Jahr das traditionelle Pionierlager von Mitte Juli bis Mitte August statt. Gäste des Sommerlagers, das unter der Losung ‚Für Frieden, Freundschaft und Solidarität' steht, sind 42 Kinderdelegationen mit rund 500 Mädchen und Jungen aus 36 Ländern Europas, Asiens, Afrikas, Nord- und Mittelamerikas. Hier versuchen sich Amidou Diakits (l.) und Adamo Komate (r.) aus Mali mit Monika Appis (ganz l.) und Karin Appis aus der DDR zu verständigen." (Originalunterschrift)

hierzu macht der Parteivorstand der SPD am 14.4. konkrete Vorschläge über Personen, Orte und Termine solcher Treffen.

29.3.-8.4. XXIII. Parteitag der KPdSU in Moskau; Teilnahme einer Delegation

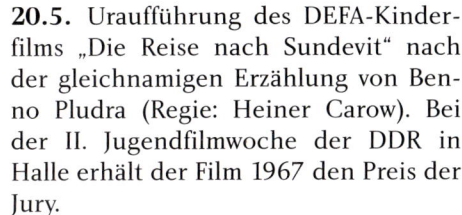

des ZK der SED unter Leitung von Walter Ulbricht.

1.4. Deutsche Akademie der Wissenschaften in Berlin (Ost) gibt Ausschluss von Prof. Robert Havemann bekannt.

21.4. Feier zum 20. Jahrestag der Gründung der SED in Berlin (Ost); Walter Ulbricht unterstreicht in seiner Festrede „Der Weg zum künftigen Vaterland der Deutschen" die Bereitschaft der SED zur Normalisierung der Beziehungen zwischen beiden deutschen Staaten auf dem Hintergrund des Gedankenaustauschs mit der SPD.

27./28.4. 12. Tagung des ZK der SED: Stellungnahme zu den Beschlüssen des XXIII. Parteitages der KPdSU, Bestätigung der programmatischen Rede Ulbrichts vom 21.4.; Beratung über den Redneraustausch. Ulbricht schlägt Vertagung von Mai (so der Vorschlag der SPD vom 14.4.) auf Juli vor.

29.4. Erstes Sondierungsgespräch zwischen Beauftragten des Parteivorstands der SPD und des ZK der SED über den

„8.7.1966. 9. Ostseewoche 1966. In Lütten-Klein bei Rostock entsteht gegenwärtig ein großes Neubauwohngebiet, das in Zukunft bis zu 60 000 Einwohner zählen wird. Der erste Block wurde am 29. April 1966 bezugsfertig übergeben. Familie Weite fühlt sich wohl in ihrer neuen Wohnung, die mit allem Komfort wir Fernheizung und Einbauküche ausgestattet ist. Regina Weite (Mitte), von Beruf Friseuse, zur Zeit Hausfrau, wird demnächst ihren Beruf wieder aufnehmen, jetzt aber wird sie noch viel Zeit finden, mit ihrem Sohn Jens (l.) und seinem Freund Ralf (r.) zu spielen." (Originalunterschrift)

geplanten Redneraustausch in Berlin (Ost); am 2.5. erklärt der Parteivorstand der SPD, dass er mit einem Aufschub des Redneraustauschs nicht einverstanden ist.

9.5. Inbetriebnahme des ersten Atomkraftwerks der DDR in Rheinsberg.

20.5. Uraufführung des DEFA-Kinderfilms „Die Reise nach Sundevit" nach der gleichnamigen Erzählung von Benno Pludra (Regie: Heiner Carow). Bei der II. Jugendfilmwoche der DDR in Halle erhält der Film 1967 den Preis der Jury.

21.5. Johannes-R.-Becher-Preis an Erich Arendt verliehen.

26.5. Beauftragte der SPD und der SED einigen sich in Berlin (Ost) bezüglich des Redneraustauschs auf eine Veranstaltung in Karl-Marx-Stadt am 14.7. und auf eine in Hannover am 21.7.

28.5.-4.6. I. Internationales Bach-Fest der Stadt Leipzig und 41. Bachfest der Neuen Bachgesellschaft. 35 Veranstaltungen mit 1000 Ausführenden und 3 000 Gästen aus 24 Ländern finden statt. Das Fest ist zugleich dem 50. Todestag Max Regers gewidmet.

9.-10.6. V. Kongress des Bundes Deutscher Architekten in Halle. Das Hauptreferat hält Edmund Collein, der auch zum neuen Präsidenten des Bundes gewählt wird.

11.-13.6. 8. Kongress der Gesellschaft für Deutsch-Sowjetische Freundschaft in Berlin. Es referiert Johannes Dieckmann (UdSSR – stärkste Friedensmacht). Er wird erneut zum Präsidenten der Gesellschaft gewählt.

13.-17.6. Besuch einer ungarischen Partei- und Regierungsdelegation unter Leitung von Janos Kádár in der DDR.

15.6. Uraufführung des DEFA-Films „Spur der Steine" nach dem gleichnamigen Roman von Erik Neutsch in Potsdam-Babelsberg (Buch: Karl Georg Egel; Regie: Frank Beyer; Hauptdarsteller: Eberhard Esche, Manfred Krug, Krystyna Stypulkowska).

17.6. Preis für künstlerisches Volksschaffen an 6 Kollektive und 12 Persönlichkeiten verliehen, unter anderen an Edith Bergner, Günter Fredrich, den Chor des Kreiskulturhauses Hildburghausen und das Laientanzorchester des VEB Magdeburger Armaturenwerke.

17.-19.6. 8. Arbeiterfestspiele im Bezirk Potsdam. 4900 Volks- und 1100 Berufskünstler wirken mit. 300 Veranstaltun-

Elekrorasierer „Komet TR11" des Volkseigenen Betriebs Elektrogerätewerke Suhl aus den 60er Jahren.

Der Lehrer fragt die Schüler nach ihren Berufswünschen. „Ich will Parteisekretär werden", sagt Horst. „Und ich Gewerkschaftsvorsitzender", ruft Peter. „Und du Fritz?" „Keine Ahnung. Ich weiß nur, dass ich auch nicht arbeiten will!"

1966

gen finden statt, darunter die Aufführung der IX. Sinfonie von Ludwig van Beethoven. Die Ausstellung „Aufbruch und Sieg. Die deutsche Arbeiterklasse in der Darstellung der bildenden Kunst 1890-1965" wird vom 3. Juni bis 10. Juli gezeigt. Weitere Ausstellungen sind unter anderen „Plastik im Freien" und eine Farbfotoschau.

18.6. Aufnahme des Musikrates der DDR in den Internationalen Musikrat (IMC), eine mit der UNESCO zusammenarbeitende Organisation.

22.6. Brief Walter Ulbrichts an Willy Brandt mit dem Vorschlag. Sondierungsverhandlungen noch vor dem Redneraustausch vorzunehmen; mit der Frage, ob die SED den Redneraustausch wirklich wolle, geht Brandt am 27.6. auf den Brief öffentlich ein.

23.6. Deutscher Bundestag verabschiedet Gesetz über befristete Freistellung von der deutschen Gerichtsbarkeit (freies Geleit für die SED-Funktionäre in Hannover); unter Hinweis auf dieses Gesetz sagt A. Norden am 29.6. auf einer internationalen Pressekonferenz in Berlin (Ost) für die SED den Redneraustausch ab.

23./24.6. Konferenz über Rationalisierung und Standardisierung mit leitenden Funktionären von Partei, Staat und Wirtschaft in Leipzig.

In seiner erfolgreichen Laufbahn erreicht der Marinesoldat Frank Wiegand bei den Europameisterschaften 1966 in Utrecht seinen Höhepunkt, als er über 400 m Freistil mit 4:11,6 Minuten Don Schollanders Weltrekord um eine halbe Sekunde unterbietet und anschließend zum „DDR-Sportler des Jahres" gewählt wird.

„1.5.1966. Berlin. Die Intendantin des Berliner Ensembles, Prof. Helene Weigel, grüßt herzlich zu Ehrentribüne hinauf." (Originalunterschrift)

2.7. ZK der SED richtet ein „Offenes Wort" an die Mitglieder und Freunde der SPD und der Gewerkschaften und alle Bürger der Bundesrepublik Deutschland, „denen die Sicherung des Friedens in Deutschland und für Deutschland am Herzen liegt".

4.-6.7. Tagung des Politischen Beratenden Ausschusses des Warschauer Pakts in Bukarest; Teilnahme einer Delegation der DDR unter Leitung von Walter Ulbricht; Erklärung über europäische Sicherheit mit Vorschlag zur Auflösung ausländischer Militärstützpunkte, Abzug ausländischer Truppen von fremden Territorien und Verminderung der Streitkräfte in beiden deutschen Staaten sowie nach Abhaltung einer europäischen Sicherheitskonferenz; am 19.7. bestätigen Politbüro der SED und Ministerrat diese Vorschläge.

24.-31.7. 1. Kinder- und Jugendspartakiade der DDR in Berlin (Ost).

13.8. Parade der Grenztruppen und der Kampfgruppen zum 5. Jahrestag des Mauerbaus in Berlin (Ost).

15.-17.9. 13. Tagung des ZK der SED: Einberufung des VII. Parteitages für April 1967, Festlegung des Beginns der dritten Etappe der Industriepreisreform für den 1.1.1967.

Ulbricht und Mao Tse-tung unterhalten sich. „Wie viele Feinde haben Sie in der Volksrepublik China?", fragt Ulbricht. „Es werden so etwa siebzehn Millionen sein." „Ja, das ist ungefähr so wie bei uns."

26.9.-2.10. Staatsbesuch einer Delegation der DDR unter Leitung von Walter Ulbricht in Jugoslawien; die Gesandtschaften der DDR und Jugoslawiens werden zu Botschaften erhoben.

1.-5.10. Erstsendung des 4teiligen Fernsehfilms „Columbus 64" von Ulrich Thein (Regie: Ulrich Thein; Hauptdarsteller: Armin Mueller-Stahl).

5.10. Wiedereröffnung des restaurierten Alten Museums in Berlin mit der Ausstellung „Deutsche Kunst im 19. und 20. Jahrhundert".

6.10. Unterzeichnung der Übereinkunft über die Arbeit der Passierscheinstelle für dringende Familienangelegenheiten (Härtestelle) in Berlin (West).

13.10. Volkskammer verabschiedet Gesetz zum Schutze der Staatsbürger- und Menschenrechte der Bürger der DDR (das Gesetz richtet sich gegen „Rechts-

15.6. DEFA-Filmpremiere „Spur der Steine".

1966

„7.9.1966. Leipziger Herbstmesse 1965. Das Ringmessehaus besuchte die Gattin des Vorsitzenden des Staatsrates der DDR, Frau Lotte Ulbricht, mit den Mitgliedern der Frauenkommission beim Politbüro des ZK der SED. Auf unserem Bild sieht sich Frau Lotte Ulbricht (3.v.l.) die Modenschau an. Rechts neben ihr der Generaldirektor von der VVB Trikotagen und Strümpfe. (2.v.l.): Frau Inge Lange, Vorsitzende der Frauenkommission beim Politbüro des ZK der SED." (Originalunterschrift)

„Das Alltägliche ist schön
Mach auf deine Augen,
Laß durch die Welt uns gehn
Und schauen alles Große,
Das es gibt:
Erfolg und Trauer und
Ein Lächeln, wenn man liebt.
Schneeglöckchen
Und des Herbstes Wirbelwinde.
Sag,
Kannst du nicht verstehn,
Daß ich in jedem Tag das Schöne such
Und finde?
(Monika Herrmann, 11.2.1966)."
(Originalunterschrift)

verfolgung" von Bürgern der DDR durch Behörden in der Bundesrepublik Deutschland).

17.-22.10. Treffen von Partei- und Regierungsdelegationen der UdSSR, DDR, Polens, CSSR, Ungarns, Rumäniens, Bulgariens, der Mongolei und Kubas in Moskau; u. a. werden den Verteidigungsministern der Delegationen neue sowjetische Waffensysteme sowie Raumfahrt- und Militärtechnik vorgestellt.

22.10. „Neues Deutschland" veröffentlicht sechs Fragen zur deutschlandpolitischen Situation, über die die SED mit der SPD-Führung verhandeln will; am selben Tag stellt Herbert Wehner auf einer Kundgebung der SPD in Berlin (West) vier Gegenfragen an die SED.

2.-4.11. 1. Jahreskonferenz des Deutschen Schriftstellerverbandes der DDR in Berlin (Ost); Annahme einer Erklärung über die Stellung des Schriftstellers in der DDR.

23.11. Volkskammer beschließt zweites Gesetz zur Änderung und Ergänzung des Gesetzbuches der Arbeit (GBA).

1.12. Aufruf des Ministeriums für Kultur, des Bundesvorstandes des FDGB, des Zentralrates der FDJ und des Präsidialrates des Deutschen Kulturbundes zur großen Volkskunstinitiative „Unsere Liebe, unsere Kunst der DDR - unserem sozialistischen Vaterland".

4.12. Wiedereröffnung der restaurierten Komischen Oper Berlin mit Wolfgang Amadeus Mozarts „Don Giovanni" (Regie: Walter Felsenstein; Sänger: Eva-Maria Baum, Herbert Rößler).

10.-11.12. Gründung des Verbandes der Theaterschaffenden der DDR in Berlin. Wolfgang Heinz wird zum Präsidenten, Walter Felsenstein, Karl Kayser, Hans Dieter Mäde zu Vizepräsidenten und Walter Vogt zum 1. Sekretär des Verbandes gewählt.

13.12. Heinrich-Heine-Preis an Helmut Preißler und Bruno Frei verliehen.

15.-17.12. 14. Tagung des ZK der SED: Stellungnahme zur Bildung der Großen Koalition in Bonn und zur Regierungserklärung Bundeskanzler Kiesingers vom 13.12., scharfe Ablehnung der Ostpolitik der Bundesregierung.

1967

6.1. Plenartagung der Deutschen Akademie der Künste zum Thema „Bilanz und Ausblick". Es referiert Klaus Gysi zum Thema der Tagung.

8.-13.1. Gastspiel der Dresdner Philharmonie in der Vereinigten Arabischen Republik und in der Republik Libanon.

13.1. Briefwechsel zwischen dem Senat von Berlin und der Regierung der DDR über Fortführung der Arbeit der Passierscheinstelle für Härtefälle über den 31.3.1967 hinaus.

14.1.-5.2. Festwochen anlässlich des 300jährigen Bestehens der Dresdner Staatstheater, unter anderem mit der DDR-Erstaufführung (14. Januar) von Hans Werner Henzes Oper „Der junge Lord" (Regie: Dieter Bülter-Marell). Festakt mit Festansprache von Klaus Gysi.

21.-22.1. Gründungskongress des Verbandes der Film- und Fernsehschaffenden der DDR in Berlin. 300 Delegierte nehmen teil. Eröffnungsansprache von Konrad Wolf. Es referieren Lothar Beilag (Wirkung in belebender Breite), Günter Reisch (Miteinander – nicht nebeneinander), Andrew Thorndike (Filmkunst hilft Menschen verändern). Rede Kurt Hagers (Unser Blickpunkt – unsere Republik). Zum Präsidenten wird Andrew Thorndike, zu Vizepräsidenten werden Lothar Bellag, Erwin Geschonneck, Günter Reisch, Gerhard Scheumann und Michael Tschesno-Hell gewählt.

22.1. Premiere von Johann Wolfgang Goethes „Faust. Zweiter Teil" am Nationaltheater Weimar (Regie: Fritz Bennewitz; Hauptdarsteller: Wolfgang Dehler, Fred Disko, Elke Sommer, Gudrun Volkmar).

31.1. Aufnahme diplomatischer Beziehungen zwischen der Bundesrepublik Deutschland und Rumänien (als erstem Warschauer-Pakt-Staat); der Schritt führt zu einer heftigen öffentlichen Kontroverse zwischen SED und KPR.

2.2. Umbenennung des Staatssekretariats für gesamtdeutsche Fragen in Staatssekretariat für westdeutsche Fragen; entsprechend wird der bisherige Rat für gesamtdeutsche Fragen umbenannt.

2./3.2. 4. Hochschulkonferenz in Berlin (Ost) beschließt Dokument „Prinzipien zur weiteren Entwicklung der Lehre und Forschung an den Hochschulen der DDR".

20.2. Volkskammer beschließt Gesetz über die Staatsbürgerschaft der DDR.

15.3. Abschluss des Vertrags über Freundschaft, Zusammenarbeit und gegenseitigen Beistand zwischen der DDR und Polen in Warschau.

17.3. Abschluss des Vertrags über Freundschaft, Zusammenarbeit und gegenseitigen Beistand zwischen der DDR und der CSSR in Prag.

31.3. Staatsrat beschließt Dokument „Jugend und Sozialismus", worin zehn Grundsätze zur sozialistischen Jugendpolitik festgelegt werden.

12.4. Bundeskanzler Kiesinger weist in einer Regierungserklärung aus Anlass des VII. Parteitages der SED (17.-22.4.) auf 16 Möglichkeiten zur Entspannung des innerdeutschen Verhältnisses hin; hierzu erklärt das Präsidium des VII. Parteitags der SED am 20.4., dass die Regierung der DDR zu gleichberechtigten Verhandlungen und zur Normalisierung der Beziehungen bereit sei.

17.-22.4. VII. Parteitag der Sozialistischen Einheitspartei Deutschlands (SED) in Berlin (Ost).

24.-26.4. Konferenz von 24 europäischen kommunistischen und Arbeiterparteien zu Fragen der Sicherheit in Europa in Karlóvy Váry (Karlsbad/ČSSR), Teilnahme einer Delegation des ZK der SED unter Walter Ulbricht.

3.5. Ministerrat beschließt Einführung der 5-Tage-Arbeitswoche mit 43 3/4 Stunden wöchentlicher Arbeitszeit ab 28.8.1967.

10.-15.5. VIII. Parlament der Freien Deutschen Jugend (FDJ) und Pfingsttreffen der FDJ in Karl-Marx-Stadt, Wahl

„19.4.1967. VII. Parteitag der SED. Erhebende Manifestation der Verbundenheit zwischen der SED und der KPdSU – die Umarmung zwischen dem Ersten Sekretär des ZK der SED, Walter Ulbricht, und dem Generalsekretär des ZK der KPdSU, Leonid Breshnew (l.)." (Originalunterschrift)

von Dr. G. Jahn (SED) zum 1. Sekretär des Zentralrates.

10./11.5. Brief des Vorsitzenden des Ministerrates, Willi Stoph, an Bundeskanzler Kiesinger mit dem Vorschlag zu Verhandlungen über die Normalisierung der Beziehungen zwischen beiden deutschen Staaten; in seinem Antwortschreiben vom 13.6. erklärt sich Bundeskanzler Kiesinger zur Behandlung von Sachfragen durch Beauftragte beider deutscher Regierungen bereit.

1967

10.-13.5. VIII. Parlament der FDJ in Karl-Marx-Stadt. Es referiert Horst Schumann (Die Verantwortung der Jugend in der sozialistischen Gesellschaft und die Aufgaben der FDJ). Zum 1. Sekretär wird Günther Jahn gewählt.

13.-14.5. Pfingsttreffen der FDJ in Karl-Marx-Stadt.

13.-15.5. Sängertreffen in Eisenach und auf der Wartburg. 60 Chöre mit insgesamt 4 000 Mitwirkenden nehmen teil.

18.5. Abschluss des Vertrags über Freundschaft, Zusammenarbeit und gegenseitigen Beistand zwischen der DDR und Ungarn in Budapest.

26.5. Volkskammer beschließt Gesetz über den Perspektivplan zur Entwicklung der Volkswirtschaft bis 1970.

27.6. Offener Brief des ZK der SED an die Mitglieder und Anhänger der CDU/CSU mit dem Vorschlag zur Aufnahme von Verhandlungen über innerdeutsche Probleme ohne Vorbedingungen und der Aufnahme normaler Beziehungen zwischen beiden deutschen Staaten.

2.7. Volkskammerwahlen mit über 99 v. H. für die Einheitslisten der Nationalen Front.

13./14.7. Konstituierende Sitzung der Volkskammer, Wiederwahl von Walter Ulbricht zum Vorsitzenden des Staatsrats und des Nationalen Verteidigungsrats, Wiederwahl von Willi Stoph zum Vorsitzenden des Ministerrats.

19.7. Anordnung des Ministers für Hoch- und Fachschulwesen über Einrichtung von Sonderklassen für berufstätige Frauen und Mütter für das Direkt- oder Abendstudium an Fachschulen.

21.7. Regierung der DDR veröffentlicht Memorandum an die Regierungen und Völker über ihre jüngsten Bemühungen zur Herstellung normaler Beziehungen zwischen beiden deutschen Staaten.

7.9. Abschluss des Vertrags über Freundschaft, Zusammenarbeit und gegenseitigen Beistand zwischen der DDR und Bulgarien in Sofia.

12./13.9. Wissenschaftliche Session des ZK der SED anlässlich des 100. Jahrestages der Veröffentlichung des ersten Bandes von Karl Marx' Hauptwerk „Das Kapital" in Berlin (Ost); am 14.9. geben die Institute für Marxismus-Leninismus beim ZK der KPdSU und der SED ihre Absicht bekannt, gemeinsam die Herausgabe einer historisch-kritischen Marx-Engels-Gesamtausgabe (MEGA) vorzubereiten.

18.9. Brief Willi Stophs an Bundeskanzler Kiesinger mit erneutem Vorschlag zur Herstellung normaler Beziehungen; in seiner Antwort vom 29.9. erinnert Bundeskanzler Kiesinger an seine Vorschläge vom 12.4. und 13.6.1967.

18./19.9. Internationales Kolloquium der Deutschen Akademie für Staats- und Rechtswissenschaft „Walter Ulbricht" und der Gesellschaft für Völkerrecht in der DDR zum Thema: „Der internationale Status beider deutscher Staaten und seine Bedeutung für die europäische Sicherheit" im Cecilienhof in Potsdam.

25.-29.9. Seminar des ZK der SED und des Ministerrats für leitende Kader der

„16.7.1967. Eröffnung des Internationalen Pionierlagers 1967 in der Pionierrepublik ‚Wilhelm Pieck'. Vietnamesische Kinder, die als Gäste an der Eröffnung teilnahmen." (Originalunterschrift)

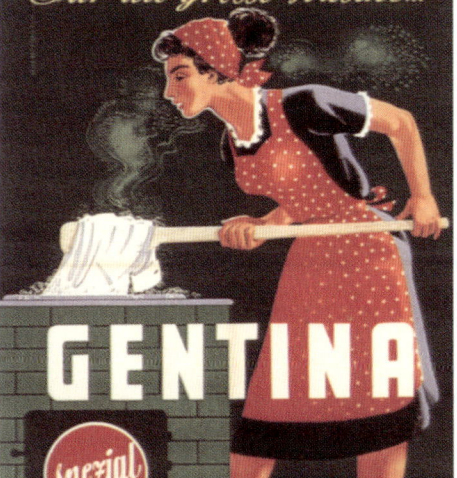

„Für die große Wäsche... Gentina spezial". Plakat, 1967.

Eine Frau ist verzweifelt, weil ihr Trabi kaputt ist. Sie fleht den Automechaniker an, das Fahrzeug schnell zu reparieren. – „Nur, wenn Sie mir eine Nacht schenken.", lautet dessen Forderung. Nach langem Überlegen willigt die Frau ein. – „Gut, gehen Sie sofort zur HO-Gärtnerei und stellen Sie sich dort an, Morgen ab 8 Uhr werden dort Tomaten verkauft. Ich hole sie mir um 9 ab."

1967

Partei, des Staates und der Wirtschaft über Fragen der wissenschaftlichen Arbeitsweise der staatlichen Organe in Berlin (Ost).

1.-14.10. XL Berliner Festtage. 169 Veranstaltungen haben insgesamt 100 000 Besucher. Ausländische Gäste sind unter anderen das Prager Nationaltheater, die Nationalphilharmonie Warschau, das Tanz- und Gesangsensemble der Befreiungsarmee Südvietnams. Das Nationaltheater Weimar gastiert mit Johann Wolfgang Goethes „Faust" (I und II). Berliner Premieren sind unter anderen „Ein Lorbaß" von Horst Salomon und die Uraufführung von „Mysterium Buffo" von Helmut Baierl an der Volksbühne.

1.10.-4.2. VI. Deutsche Kunstausstellung im Dresdner Albertinum. Sie zeigt 296 Gemälde, 372 grafische Arbeiten, 111 Plastiken, 188 Arbeiten des Kunsthandwerks sowie 177 Werke der Industrieformgestaltung und 798 Arbeiten der Gebrauchsgrafik von insgesamt 689 Künstlern. Sie hat mehr als 250000 Besucher.

2.10. Uraufführung von „Einleitung und Ode" für Orchester von Rudolf Wagner-Régeny in Berlin.

2.10. Uraufführung des Balletts „Ballade vom Glück" von Kurt Schwaen an der Deutschen Staatsoper Berlin.

6.10. Johannes Tralow übereignet seinen gesamten literarischen Nachlaß, seine Bibliothek sowie zahlreiche persönliche Fotos und Bilder der Deutschen Staatsbibliothek zu Berlin.

12.10. Premiere des Lustspiels „Lorbass" von Horst Salomon am Deutschen Theater in Berlin (Regie: Benno Besson; Hauptdarsteller: Mathilde Danegger, Eberhard Esche, Jutta Hoffmann, Ursula Karusseit, Rolf Ludwig).

13.-15.10. Zentrales Fest der Freundschaft zum 50. Jahrestag der Großen Sozialistischen Oktoberrevolution in Leipzig.

14.10. Uraufführung der Orchestermusik Nr. 2 „Meer der Stürme" von Paul Dessau in Berlin.

20.10. Der Ministerrat der DDR beschließt die Verordnung über die Bildung und Verwendung des Kultur- und Sozialfonds, die im Januar 1968 in Kraft tritt.

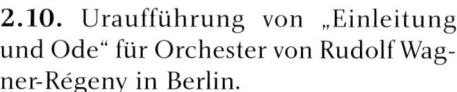

„*19.1.1967. Als Ergebnis der Kooperationsbeziehung der LPG in Netzow, Söllenthin und Klein Leppin entsteht in Söllenthin eine modernste Schweinemastanlage. Sogar die beiden Genossenschaftsbauern, der 76jährige Ernst Tietz (l.) und der 70jährige Willi Leppin aus Söllenthin, helfen begeistert mit, während die Anlage von der Baubrigade der LPG errichtet wird. Wenn am 1.3.1967 die Schweine, die zur Zeit noch in engen, dunklen Ställen der ehemaligen individuellen Wirtschaften untergebracht sind, in den Neubau einziehen, wird nur noch eine Arbeitskraft die neue Anlage betreuen, die mit Schleppschaufeleinrichtung zur Mistbeseitigung, Trestrosten, dadurch wird das Strohstreuen überflüssig, und Futterschächten ausgerüstet ist. Hier wird dann jährlich 1 500 dt Schweinefleisch erzeugt, das ist das Doppelte der bisherigen Jahresproduktion in Netzow und Söllenthin zusammen.*" (Originalunterschrift)

1967

Mitgliedskarte für Jungpioniere. o.J.

25.10. Premiere des DEFA-Films „Die Fahne von Kriwoj Rog" nach dem Roman von Otto Gotsche in Eisleben (Buch: Hans-Albert Pederzani; Regie: Kurt Maetzig; Hauptdarsteller: Erwin Geschonneck, Marga Legal).

31.10. Uraufführung von Wolfgang Lessers Kantate „Ein Tag in unserer Stadt" (Text: Manfred Streubel) in Berlin.

31.10.-6.12. Welt-Fotoausstellung „Vom Glück des Menschen" von Rita Maahs und Karl-Eduard von Schnitzler in Berlin, veranstaltet von der Liga für Völkerfreundschaft und der Gesellschaft für Deutsch-Sowjetische Freundschaft. Sie enthält 770 Bilder von Fotografen aus 71 Staaten.

2.-13.11. Tage der sowjetischen Kultur in der DDR im Zeichen des 50. Jahrestages der Großen Sozialistischen Oktoberrevolution. Buch- und Kunstausstellungen, Gastspiele des Staatlichen Gesangs- und Tanzensembles der Kasachischen SSR, Michail Waimanns, Swjatoslaw Richters, Bella Rudenkos und anderer Künstler.

5.11. Uraufführung der Oper „Der letzte Schuss" von Siegfried Matthus (nach einer Erzählung von Boris Lawrenjow) an der Komischen Oper Berlin (Libretto: Siegfried Matthus nach der Erzählung „Der Einundvierzigste" von Boris Lawrenjow; Regie: Götz Friedrich; Sänger: Fritz Hübner, Jaroslav Kachel, Lydia Sacharenko).

7.11. Volksbuchhandlungen „Das sowjetische Buch" in Berlin und Leipzig eröffnet.

19.-25.11. 1. Internationales Kolloquium der Kinder- und Jugendbuchautoren des Schriftstellerverbandes der DDR in Weimar. Vor Teilnehmern aus 13 Ländern referiert Hans Koch zum Konferenzthema (Geschichte und Zeitgeschichte im Kinderbuch).

30.11. Staatsratsbeschluss „Die Aufgaben der Kultur bei der Entwicklung der sozialistischen Menschengemeinschaft".

1.12. Volkskammer bildet unter Vorsitz von Walter Ulbricht Kommission zur Ausarbeitung einer neuen sozialistischen Verfassung.

7.12. 100. Jahrestag der Gründung von Reclams Universal-Bibliothek. Auf einer Festveranstaltung des Reclam-Verlages in Leipzig sprechen Anna Seghers und Claus Träger.

11.12. Eröffnung des DDR-Kulturzentrums in Stockholm.

17.12. Premiere des DEFA-Films „Der tapfere Schulschwänzer" in Berlin (Buch: Claus und Wera Küchenmeister, Winfried Junge; Regie: Winfried Junge; Hauptdarsteller: Andre Kallenbach, Günter Ott, Jessy Rameik, Hartmut Tietz, Ilse Voigt). Bei der II. Jugendfilmwoche der DDR in Halle erhält der Film 1967 den Preis des Ministers für Volksbildung der DDR.

19.-20.12. VIII. Kongress des Verbandes der Deutschen Journalisten in Berlin. Harri Czepuck wird zum Vorsitzenden gewählt.

20.12. Heinrich-Heine-Preis an Jens Gerlach und Günther Cwojdrak verliehen.

Ein Volkspolizist ist nach Bautzen versetzt worden und soll politische Häftlinge bewachen. „Denken Sie denn, dass Sie das können?", fragt der Gefängnisdirektor. „Na selbstverständlich. Wer nicht spurt, fliegt raus."

1968

10.1. Präsidialrat des Deutschen Kulturbundes berät über „Aufgaben der Kultur bei der Entwicklung der sozialistischen Menschengemeinschaft" auf Grundlage der Beschlüsse des Staatsrats vom 30.11.1967.

12.1. Volkskammer beschließt fünf Gesetze zur Änderung des Strafrechts, u. a. neues Strafgesetzbuch und neue Straf-Prozessordnung.

15./16.1. Inoffizieller Besuch von Leonid Breshnew, Alexej Kossygin und Nikolai Podgorny auf Einladung des ZK der SED, des Staatsrats und Ministerrats in Berlin (Ost).

31.1. Volkskammer stellt Entwurf der neuen Verfassung zur Diskussion.

2.2. Beschluss des Präsidiums des Bundesvorstandes des FDGB „Grundsätze der Tätigkeit und Leitung der gewerkschaftlichen Kulturhäuser".

6.2. DDR-Kulturzentrum in Bagdad eröffnet.

6.2.-18.2. Olympische Winterspiele in Grenoble. Für die DDR holen die Rennrodler Bonsack/Köhler im Doppelsitzer die einzige Goldmedaille.

7.2. Plenartagung der Deutschen Akademie der Künste zum Thema „Die Entwicklung der sozialistischen Kunst in der DDR und die Aufgaben der Akademie der Künste". Es referiert Alexander Abusch zum Thema der Tagung.

10.-16.2. Brecht-Dialog zum Thema „Politik auf dem Theater", veranstaltet anlässlich des 70. Geburtstages des Dichters vom Berliner Ensemble, dem Zentrum DDR des ITI und der Deutschen Akademie der Künste. Über 200 Theaterleute, Wissenschaftler und Kritiker, unter ihnen Gäste aus 40 Ländern, nehmen teil. Die Eröffnungsrede hält Alexander Abusch (Im Dienste der Menschlichkeit), die Fachreferate halten Werner Mittenzwei und Manfred Wekwerth.

26.2.-5.3. Konsultativtreffen von 64 kommunistischen und Arbeiterparteien in Budapest, Teilnahme einer SED-Delegation unter Leitung von Erich Honecker.

13.3. Walter Ulbricht weist in einer Fernsehrede die Vorstellungen von Bundeskanzler Kiesinger (Bericht zur Lage der Nation vom 11.3.) über Verständigung in Sachfragen zurück und verweist auf den Standpunkt der DDR zur Aufnahme gegenseitiger normaler Beziehungen.

15.3. Staatsrat beschließt Rentenerhöhungen zum 1.7.1968.

21.3. 5. Tagung des ZK der SED: Bericht und Entschließung zum Konsultativtreffen der kommunistischen und Arbeiterparteien, Bericht über die Tätigkeit der SED-Vertreter in der Verfassungskommission.

23.3. Treffen führender Vertreter der DDR, der UdSSR, der CSSR, Polens, Ungarns und Bulgariens in Dresden, Diskussion der innenpolitischen Entwicklung in der CSSR.

26.3. Volkskammer billigt Entwurf der neuen sozialistischen Verfassung der DDR und beschließt die Durchführung eines Volksentscheids zur Annahme der Verfassung für den 6.4.; im Volksent-

„31.7.1970. Was wird's denn heute geben? Ein letzter prüfender Blick, bevor der große Appetit des kleinen Jens aus Dresden gestillt wird. Am Weißen See bei Wesenberg, Kreis Neustrelitz, stehen den Urlaubern über hundert Plätze zur Verfügung." (Originalunterschrift)

Ein Amerikaner und ein Russe unterhalten sich. Der Amerikaner gibt an: „Die Einkäufe macht meine Frau mit dem Ford, in die Oper fahren wir mit dem Cadillac, und wenn wir unsere Freunde besuchen, nehmen wir das Flugzeug." Daraufhin der Russe: „Die Einkäufe macht meine Frau zu Fuß, in die Oper fahren wir mit dem Traktor, und unsere Freunde besuchen wir mit dem Panzer!"

28.2. DEFA-Filmpremiere „Das siebte Jahr".

1968

scheid sprechen sich über 94 v. H. für die Annahme der Verfassung aus, sie tritt am 8.4.1968 in Kraft.

2.-4.5. Internationale wissenschaftliche Session zum 150. Geburtstag von Karl Marx in Berlin (Ost).

6.-8.6. 6. Tagung des ZK der SED: Beratung über neue Probleme des Planungssystems und der Bilanzierung sowie der Eigenverantwortung der Betriebe, Bericht über die Ergebnisse der Einführung neuer Lehrpläne und Lehrmethoden in der zehnklassigen allgemeinen polytechnischen Oberschule und über die Berufsausbildung im Rahmen des Einheitlichen sozialistischen Bildungssystems.

10./11.6. Volkskammer beschließt Einführung der Pass- und Visapflicht im Reise- und Transitverkehr zwischen der Bundesrepublik Deutschland und Berlin

Manfred Wolke.

Thomas Köhler und Klaus-Michael Bonsack.

(West); Beratung von Problemen der Schul- und Berufsausbildung.

13.-15.6. X. Deutscher Bauernkongress in Leipzig; Beratung über Probleme des schrittweisen Übergangs zur industriemäßigen Leitung und Organisation in der Landwirtschaft und Nahrungsgüterwirtschaft.

1.7. Außenminister Otto Winzer unterzeichnet Vertrag über Nichtverbreitung von Atomwaffen in Moskau.

14./15.7. Treffen führender Partei- und Regierungsvertreter der UdSSR, DDR, Polens, Ungarns und Bulgariens über den neuen Kurs der Partei- und Staatsführung der CSSR (Prager Frühling) in Warschau, Brief der Teilnehmerstaaten an das ZK der KPC.

3.8. Verhandlung der kommunistischen und Arbeiterparteien der UdSSR, DDR, Polens, Ungarns, Bulgariens und der CSSR zur Lage in der Tschechoslowakei (Cierna nad Tisou); Herausgabe eines gemeinsamen Kommuniqués.

9.8. Walter Ulbricht unterbreitet in der Volkskammer sieben Vorschläge zur europäischen Sicherheit und friedlichen Koexistenz auf der Basis des Status quo und der bestehenden Grenzen in Europa.

12.8. Treffen zwischen einer Delegation des ZK der SED unter Ulbricht und des ZK der KPC unter Dubcek in Karlóvy Váry (Karlsbad).

20./21.8. Beteiligung von Einheiten der NVA an der militärischen Besetzung der CSSR durch fünf Warschauer-Pakt-Staaten, die am 21.8. in einem gemeinsamen „Aufruf an alle Bürger der DDR" des ZK der SED, des Staatsrats und Ministerrats gerechtfertigt wird; am 23.8. beschäftigt sich das ZK der SED auf seiner 8. Tagung mit der Lage in der CSSR.

12.9. Abschluss des Vertrages über Freundschaft und Zusammenarbeit zwischen der DDR und der Mongolischen Volksrepublik in Ulan Bator.

26./27.9. Perspektivplankommission des Politbüros des ZK der SED und des Ministerrats berät über Aufgaben des Perspektivplans 1971-1975 für die Gestaltung des gesellschaftlichen Systems des Sozialismus.

„Liebe Omi im Westen! Vielen Dank für Dein schönes Paket mit den vielen Büchsen. Habe alles im Garten vergraben, auch die Munition ..."
Zwei Wochen später: „Liebe Omi, nun hat die Stasi den ganzen Garten umgegraben. Jetzt schick mir bitte die Blumenzwiebeln!"

12.10. Grundsatzreferat Walter Ulbrichts zur Rolle des sozialistischen Staates bei der Gestaltung des entwickelten gesellschaftlichen Systems des Sozialismus in der Deutschen Akademie für Staats und Rechtswissenschaft „Walter Ulbricht", Potsdam-Babelsberg.

12.10.-27.10. Olympische Sommerspiele in Mexiko. Die erstmals getrennten deutschen Teams sind sich medaillenmässig fast ebenbürtig (26:25 für „West") aber die DDR (9) gewinnt fünf Goldmedaillen mehr. Darunter der Boxer Manfred Wolke, der sich im Weltergewicht den Sieg nicht nehmen lässt.

12.-27.10. Zum ersten Mal Teilnahme getrennter Mannschaften der Bundesrepublik Deutschland und der DDR an der Olympiade in Mexiko; Aufnahme des Nationalen Olympischen Komitees (NOK) der DDR als gleichberechtigtes Mitglied in das IOC.

22.-25.10. 9. Tagung des ZK der SED: Stellungnahme zu den Ergebnissen der Vorbereitungskonferenz (27.9.-1. 10 in Budapest) für eine geplante Konferenz der kommunistischen und Arbeiterparteien; Stellungnahme zu den Ereignissen in der CSSR und der internationalen Reaktion darauf; Bilanz der wirtschaftlichen Entwicklung der DDR im Jahre 1968.

18.-21.11. Konferenz der Vorbereitungskommission der internationalen Beratung der kommunistischen und Arbeiterparteien in Budapest, Teilnahme einer SED-Delegation unter Hermann Matern

6.12. Neue Vereinbarungen im Interzonenhandel sehen langfristige Lieferkontingente für Investitionsgüter, Ausgleichszahlungen der Bundesrepublik Deutschland für frühere Treibstofflieferungen aus der DDR, Erhöhung des Handelskredits und Aussetzung des Saldierungstermins (30. Juni jeden Jahres) vor.

1969

Januar-März Fritz-Dähn-Ausstellung in der Neuen Galerie Berlin.

5.-14.1. Erstsendung des 5teiligen Fernsehfilms „Krupp und Krause / Krause und Krupp" (Buch: Gerhard Bengsch; Regie: Horst E. Brandt; Hauptdarsteller: Fred Delmare, Günther Simon, Lissy Tempelhof, Rudolf Ulrich, Arno Wyzniewski).

15.1. Ausstellung mit Werken des italienischen Bildhauers Giacomo Manzù in der Deutschen Akademie der Künste zu Berlin eröffnet.

22./23.1. „Schrittmacherkonferenz" sozialistischer Brigaden und Kollektive sowie leitender Partei-, Wirtschafts- und Gewerkschaftsfunktionäre berät auf Initiative des Ministerrats und Bundesvorstands des FDGB Wettbewerb zum 20. Jahrestag der DDR in Halle.

4.2. Theoretische Konferenz des Staatlichen Komitees für Fernsehen über die Entwicklung sozialistischer Fernsehdramatik. Es referiert Heinz Nahke (Sozialistische Volksgestalten als Träger unserer Macht).

6.2. Protest der DDR-Regierung bei der Bundesregierung wegen beabsichtigter Durchführung der Bundesversammlung zur Wahl des Bundespräsidenten in Berlin (West); Protestnoten gehen auch an die drei Westmächte.

14.2. Beschluss des Präsidiums des Bundesvorstandes des FDGB „Maßnahmen zur Förderung der Volkskunstbewegung durch die Gewerkschaft".

14.-16.2. VII. Bundeskongress der Domowina in Bautzen. Zum Vorsitzenden wird Kurt Krenz wiedergewählt.

15.2. In Helsinki konstituiert sich ein Ständiges Internationales Komitee für die Anerkennung der DDR.

21.2. Brief von Walter Ulbricht an Willy Brandt, worin bei Verzicht auf Abhaltung der Bundesversammlung in Berlin (West) für die West-Berliner zu Ostern 1969 Besuchsmöglichkeiten in Berlin (Ost) in Aussicht gestellt werden; im Antwortschreiben vom 26.2. weist Brandt das Ansinnen zurück.

25./26.2. Briefwechsel zwischen dem Regierenden Bürgermeister von Berlin, Klaus Schütz, und Willi Stoph über die Aufnahme von Gesprächen und die Möglichkeit von Verwandtenbesuchen.

28.2. Uraufführung der „Sinfonie in B" von Ernst Hermann Meyer in Berlin.

„28.4.1969. Frankfurt/Oder. Vorbereitung des V. Deutschen Turn- und Sportfestes. Mit den Stützpunkt- und Bezirksproben begann in diesem Monat in allen Bezirken die letzte Etappe der Vorbereitungen auf die Festübungen. Blick auf die Teilnehmerinnen der Massenübung der Frauen." (Originalunterschrift)

6.3. Literaturpreis des DFD an Helmut Sakowski verliehen.

22.3. Premiere des DEFA-Films „Mohr und die Raben von London" während der III. Jugendfilmwoche in Halle nach dem gleichnamigen Roman von Ilse und Vilmos Korn (Buch und Regie: Helmut Dziuba; Hauptdarsteller: Alfred Müller). Der Film wird als bester Kinderfilm gewürdigt.

28.3. Heinrich-Mann-Preis der Deutschen Akademie der Künste an Werner Heiduczek, Wolfgang Joho und Alfred Wellm verliehen.

1.4. Uraufführung des Schauspiels „Johanna von Döbeln" von Helmut Baierl am Berliner Ensemble (Regie: Manfred Wekwerth; Hauptdarsteller: Renate Richter).

3.4. Staatsrat der DDR fasst den Beschluss „Die Weiterführung der 3. Hochschulreform und die Entwicklung des Hochschulwesens bis 1975".

17.-18.4. 5. Baukonferenz des ZK der SED und des Ministerrats der DDR in Berlin.

Bei den Europameisterschaften 1969 im schwedischen Landskrona tritt die 17-jährige Schülerin Karin Janz die Nachfolge der abgetretenen Tschechoslowakin Vera Caslavska an, die jahrelang die internationale Szene dominiert hatte. Sie gewinnt überlegen den Kür-Vierkampf, sichert sich drei Einzelmannschaften und erkämpft sich damit vier Goldmedaillen.

1969

19.4. Philatelistenverband der DDR im Deutschen Kulturbund auf einer Tagung in Leipzig gegründet. Zum Vorsitzenden wird Kurt Sämisch gewählt. Der Verband wird am 10. Juni 1969 auf dem Weltkongreß in Sofia in die Internationale Philatelistenvereinigung (FIP) aufgenommen.

28./29.4. 10. Tagung des ZK der SED: Beratung über Grundfragen des geistigen Lebens im Sozialismus, Forderung nach Ausbau der Operationsforschung und Prognostik, Beschluss zur Vorbereitung des 100. Geburtstags von Lenin.

8.5. Als erstes nicht-kommunistisches Land nimmt Kambodscha volle Diplomatische Beziehungen zur DDR auf. Bis Ende 1970 folgen diesem Schritt 12 weitere Staaten der Dritten Welt.

12.5. Volkskammer wählt Gerald Götting (Stellv. des Vorsitzenden des Staatsrats und Vorsitzender der CDU) anstelle des verstorbenen Johannes Dieckmann zu ihrem Präsidenten.

22./23.5. Industriezweigkonferenzen des ZK der SED und des Ministerrats über Entwicklung der Energiewirtschaft und zur Rationalisierung des Binnenhandels in Leipzig.

28.-30.5. VI. Deutscher Schriftstellerkongress in Berlin (Ost); Wiederwahl von Anna Seghers als Präsidentin, Annahme eines neuen Statuts gemäß den Anforderungen des „entwickelten gesellschaftlichen Systems des Sozialismus"; bereits am 22.5. hatte die Deutsche Akademie der Künste in Berlin (Ost) ihr Statut entsprechend verändert.

5.-17.6. Internationale Beratung der kommunistischen und Arbeiterparteien in Moskau, Teilnahme einer Delegation des ZK der SED unter Ulbricht.

11.-13.6. 2. Frauenkongress der DDR in Berlin (Ost).

13.6. Preis für künstlerisches Volksschaffen an 13 Persönlichkeiten und 9 Kollektive verliehen, unter anderen an Wolfgang Berger, Jürgen Morgenstern sowie an das Amateurfilmstudio des VEB Carl Zeiss Jena, an das Arbeitertheater des VEB Plattenwerk in Meißen, an den Bergsteigerchor „Kurt Schlosser" in Dresden.

13.-15.6. 11. Arbeiterfestspiele im Bezirk Karl-Marx-Stadt mit 300 Veranstaltungen. 8 500 Volks- und 1500 Berufskünstler nehmen teil. Zum Festspielprogramm gehört unter anderem auch ein festliches Barockkonzert im Freiberger Dom. Eine Ausstellung zeigt „Sozialistische Arbeitskultur", eine weitere ist dem Thema „Sozialistische Wohnkultur" gewidmet.

14.6. Kunstpreis des FDGB für Literatur und Musik an 10 Persönlichkeiten und 4 Kollektive verliehen, unter anderen an Gerhard Bengsch, Fritz Bohne, Werner Bräunig, Paul Kurzbach, Helmut Sakowski, Anna Seghers, Martin Viertel, Gerhard Winterlich, Benito Wogatzki, Ruth Zechlin, Amateurfilmstudio „Aktuell" der IG Wismut Aue, Autorenkollektiv der Sendereihe „Bezeugt und protokolliert", Zirkel Schreibender Arbeiter des VEB Esda Feinstrumpfwerke Thalheim und des VEB Starkstromanlagenbau Rostock.

29.6. Konstituierung eines Wissenschaftlichen Rats für soziologische Forschung am Institut für Gesellschaftswissenschaften beim ZK der SED unter der Leitung von Prof. Rudi Weidig; bereits am 30.5. war an diesem Institut der Wissenschaftliche Rat für marxistisch-leninistische Philosophie (Leitung: Erich Hahn) und am 24.6. der Wissenschaftliche Rat für Imperialismusforschung unter der Leitung von Prof. Werner Paff gebildet worden.

24.-27.7. V. Deutsches Turn- und Sportfest in Leipzig. Ausstellung „Kunst und Sport". Das „Ehrenzeichen für Körperkultur und Sport der DDR" wird erstmalig verliehen.

29./30.7. 11. Tagung des ZK der SED: Beschluss über Vertiefung der wissenschaftlich-technischen und ökonomischen Zusammenarbeit der DDR mit der UdSSR und zur Moskauer Beratung der kommunistischen und Arbeiterparteien.

„26.7.1969. V. Deutsches Turn- und Sportfest der DDR in Leipzig. Sportschau des DTSB im Zentralstadion. Während der Eröffnung fliegen 30 000 Tauben zum Himmel empor und verkünden den Beginn der imposanten Sportschau." (Originalunterschrift)

Was ist, wenn der Berliner Fernsehturm umfällt? – Dann kann man mit dem Fahrstuhl direkt in den Westen fahren!

1970

14.1. Bundeskanzler Brandt lehnt im Bericht zur Lage der Nation Vertragsentwurf Ulbrichts vom 18.12.1969 ab und schlägt Austausch von Gewaltverzichtserklärungen zwischen beiden deutschen Staaten vor; am 19.1. fordert W. Ulbricht in einer internationalen Pressekonferenz in Berlin (Ost) als Voraussetzung für ein Abkommen über Gewaltverzicht die völkerrechtliche Anerkennung der DDR durch die Bundesrepublik.

15.1. Beginn einer zweiwöchigen Arbeitstagung leitender Funktionäre des Partei-, Staats- und Wirtschaftsapparats und gesellschaftlicher Organisationen sowie von Wissenschaftlern und Propagandisten zum 1969 veröffentlichten Werk „Politische Ökonomie des Sozialismus und ihre Anwendung in der DDR" in Berlin (Ost).

22.1.-18.2. Briefwechsel zwischen Bundeskanzler Brandt und dem Vorsitzenden des Ministerrats, Stoph, zur Vorbereitung eines Treffens beider Regierungschefs.

24.1. DDR-Erstaufführung der Oper „Porgy and Bess" von George Gershwin an der Komischen Oper Berlin (Regie: Götz Friedrich; Sänger: Cullen Maiden, Carolyn Smith-Mayer).

26.1. Ausstellung mit Werken des sowjetischen Bildhauers Nikolai Tomski in der Neuen Berliner Galerie eröffnet.

27.1.-3.2. I. Leistungsschau der Unterhaltungskunst der DDR in Leipzig mit Programmen der 15 bezirklichen Konzert- und Gastspieldirektionen. Die Leistungsschau findet in der Folge ab 1971 alle zwei Jahre statt (bis 1983).

7.-28.2. 5. Berliner Internationale Fotoausstellung (bifota), auf der 550 Arbeiten von 300 Fotografen aus 39 Ländern gezeigt werden.

15.-21.2. 1. Festival des politischen Liedes in der Berliner Kongresshalle, an dem 12 Singeklubs und Solisten aus 7 Ländern teilnehmen.

23.2. Plenartagung der Deutschen Akademie der Künste zum Thema „Die Aufgaben der Akademie der Künste bei der Verwirklichung der Kulturpolitik der DDR im Jahre 1970. Es referiert Klaus Gysi.

24.2.-3.3. Erstsendung des gesamten 5teiligen Fernsehfilms „Ich – Axel Cäsar Springer" von Karl Georg Egel und Harri Czepuck (Regie: Achim Hübner, Helmut Krätzig; Hauptdarsteller: Horst Drinda). Ausstrahlung des I. Teils am 18. März 1968.

25.2. Der Ministerrat der DDR beschließt die Verordnung über die Aufgaben der Universitäten, wissenschaftlichen Hochschulen und wissenschaftlichen Einrichtungen mit Hochschulcharakter.

2.3. Erstmalig findet eine DDR-Filmwoche in Indien statt. Aufgeführt werden unter anderem „Die besten Jahre", „Ich war neunzehn", „Das siebente Jahr", „Spur des Falken" sowie mehrere Kurzfilme.

2.-12.3. Vorgespräche von Beauftragten beider deutscher Regierungen zum geplanten Treffen von Brandt und Stoph.

12.3. Staatsrat berät Akademiereform unter besonderer Berücksichtigung der sozialistischen Wissenschaftsorganisation auf Grundlage eines Berichts des Präsidenten der Deutschen Akademie der Wissenschaften.

19.3. Treffen zwischen Bundeskanzler Brandt und dem Vorsitzenden des Ministerrats, Stoph, in Erfurt.

22.3. Kommunalwahlen in der DDR mit über 99 v. H. für die Einheitslisten der Nationalen Front.

24.3. Konstituierung eines Komitees für europäische Sicherheit unter Vorsitz von Prof. Max Steinbeck in Berlin (Ost).

„15.3.1970. Auf einem Empfang am 27. Februar im Berliner Hotel Johannishof wurden die durch eine Umfrage der Berliner Zeitung ermittelten Fernsehlieblinge ausgezeichnet. Der Kommentator des Deutschen Fernsehfunks Karl-Eduard von Schnitzler im Gespräch mit dem Schauspieler Manfred Krug." (Originalunterschrift)

26.3. Beginn der Viermächte-Verhandlungen über Berlin am Sitz des ehemaligen Alliierten Kontrollrats in Berlin (West).

26.3. Auflösung des Alliierten Reiseamtes (für Reisegenehmigungen in Nato-Staaten für DDR-Bürger) in Berlin (West).

1969

19.4. Philatelistenverband der DDR im Deutschen Kulturbund auf einer Tagung in Leipzig gegründet. Zum Vorsitzenden wird Kurt Sämisch gewählt. Der Verband wird am 10. Juni 1969 auf dem Weltkongreß in Sofia in die Internationale Philatelistenvereinigung (FIP) aufgenommen.

28./29.4. 10. Tagung des ZK der SED: Beratung über Grundfragen des geistigen Lebens im Sozialismus, Forderung nach Ausbau der Operationsforschung und Prognostik, Beschluss zur Vorbereitung des 100. Geburtstags von Lenin.

8.5. Als erstes nicht-kommunistisches Land nimmt Kambodscha volle diplomatische Beziehungen zur DDR auf. Bis Ende 1970 folgen diesem Schritt 12 weitere Staaten der Dritten Welt.

12.5. Volkskammer wählt Gerald Götting (Stellv. des Vorsitzenden des Staatsrats und Vorsitzender der CDU) anstelle des verstorbenen Johannes Dieckmann zu ihrem Präsidenten.

22./23.5. Industriezweigkonferenzen des ZK der SED und des Ministerrats über Entwicklung der Energiewirtschaft und zur Rationalisierung des Binnenhandels in Leipzig.

28.-30.5. VI. Deutscher Schriftstellerkongress in Berlin (Ost); Wiederwahl von Anna Seghers als Präsidentin, Annahme eines neuen Statuts gemäß den Anforderungen des „entwickelten gesellschaftlichen Systems des Sozialismus"; bereits am 22.5. hatte die Deutsche Akademie der Künste in Berlin (Ost) ihr Statut entsprechend verändert.

5.-17.6. Internationale Beratung der kommunistischen und Arbeiterparteien in Moskau, Teilnahme einer Delegation des ZK der SED unter Ulbricht.

11.-13.6. 2. Frauenkongress der DDR in Berlin (Ost).

13.6. Preis für künstlerisches Volksschaffen an 13 Persönlichkeiten und 9 Kollektive verliehen, unter anderen an Wolfgang Berger, Jürgen Morgenstern sowie an das Amateurfilmstudio des VEB Carl Zeiss Jena, an das Arbeitertheater des VEB Plattenwerk in Meißen, an den Bergsteigerchor „Kurt Schlosser" in Dresden.

13.-15.6. 11. Arbeiterfestspiele im Bezirk Karl-Marx-Stadt mit 300 Veranstaltungen. 8 500 Volks- und 1500 Berufskünstler nehmen teil. Zum Festspielprogramm gehört unter anderem auch ein festliches Barockkonzert im Freiberger Dom. Eine Ausstellung zeigt „Sozialistische Arbeitskultur", eine weitere ist dem Thema „Sozialistische Wohnkultur" gewidmet.

14.6. Kunstpreis des FDGB für Literatur und Musik an 10 Persönlichkeiten und 4 Kollektive verliehen, unter anderen an Gerhard Bengsch, Fritz Bohne, Werner Bräunig, Paul Kurzbach, Helmut Sakowski, Anna Seghers, Martin Viertel, Gerhard Winterlich, Benito Wogatzki, Ruth Zechlin, Amateurfilmstudio „Aktuell" der IG Wismut Aue, Autorenkollektiv der Sendereihe „Bezeugt und protokolliert", Zirkel Schreibender Arbeiter des VEB Esda Feinstrumpfwerke Thalheim und des VEB Starkstromanlagenbau Rostock.

29.6. Konstituierung eines Wissenschaftlichen Rats für soziologische Forschung am Institut für Gesellschaftswissenschaften beim ZK der SED unter der Leitung von Prof. Rudi Weidig; bereits am 30.5. war an diesem Institut der Wissenschaftliche Rat für marxistisch-leninistische Philosophie (Leitung: Erich Hahn) und am 24.6. der Wissenschaftliche Rat für Imperialismusforschung unter der Leitung von Prof. Werner Paff gebildet worden.

24.-27.7. V. Deutsches Turn- und Sportfest in Leipzig. Ausstellung „Kunst und Sport". Das „Ehrenzeichen für Körperkultur und Sport der DDR" wird erstmalig verliehen.

29./30.7. 11. Tagung des ZK der SED: Beschluss über Vertiefung der wissenschaftlich-technischen und ökonomischen Zusammenarbeit der DDR mit der UdSSR und zur Moskauer Beratung der kommunistischen und Arbeiterparteien.

„*26.7.1969. V. Deutsches Turn- und Sportfest der DDR in Leipzig. Sportschau des DTSB im Zentralstadion. Während der Eröffnung fliegen 30 000 Tauben zum Himmel empor und verkünden den Beginn der imposanten Sportschau.*" (Originalunterschrift)

Was ist, wenn der Berliner Fernsehturm umfällt? – Dann kann man mit dem Fahrstuhl direkt in den Westen fahren!

1969

26.8. Herausgabe eines Weißbuches „Die Deutsche Demokratische Republik und die Organisation der Vereinten Nationen".

27.8. Der Ministerrat der DDR beschließt die Verordnung über die weitere Erhöhung des staatlichen Kindergeldes. Familien mit drei und mehr dem Haushalt angehörenden und noch nicht selbständigen Kindern erhalten ab 1. Oktober für das dritte Kind ein staatliches Kindergeld in Höhe von monatlich 50 Mark.

28.-31.8. 1. Zentrales Fest junger Talente in Magdeburg (findet alle zwei Jahre statt, später vor allem als Leistungsvergleich junger Instrumentalisten und Vokalisten geführt).

31.8.-7.9. Erstsendung des 4teiligen Fernsehfilms „Hans Beimler – Kamerad" (Buch und Regie: Rudi Kurz; Hauptdarsteller: Horst Schulze).

10.-14.9. 1. Synode des Bundes der evangelischen Kirchen in der DDR in Potsdam; der Kirchenbund war am 10.6.1969 mit der Annahme einer Ordnung durch Vertreter der 8 Landeskirchen gegründet worden.

16.9. Verhandlungen zwischen Vertretern der Verkehrsministerien der Bundesrepublik Deutschland und der DDR in Berlin (Ost).

19.9. Verhandlungen zwischen Vertretern des Bundespostministeriums und des Ministeriums für Post- und Fernmeldewesen der DDR in Berlin (Ost).

29.9. Staatsrat ratifiziert Vertrag über Nichtweiterverbreitung von Kernwaffen.

30.9. Eröffnung der Akademie der marxistisch-leninistischen Organisationswissenschaft zur Aus- und Weiterbildung führender Partei-, Staats- und Wirtschaftsfunktionäre in Berlin (Ost).

2.10. Lessing-Preis an Gerhard Scholz verliehen. Kunstpreis der DDR verliehen an Thomas Billhardt, Kurt Böwe, Fred Dittrich, Angelica Domröse, Fritz Ehlers, Rosemarie Ehm-Schulz, Eduard Fischer, Bernhard Günther, Hermann Hähnel, Heinz Hofmann, Otto Holub, Johannes Knittel, Karl-Heinz Möbius, Helmut Müller-Lankow, Horst Neumann, Dieter Nowka, Aubrey Pankey, Hermann Rodigast, Gerhard Rommel, Wolfgang Schonendorf, Kollektiv des Dokumentarfilms „Towarisch Berlin" (Henrick Gurkow, Roman Karmen, Ada Kritschcwski), Kollektiv des Fernsehfilms „Unbekannte Bürger" (Erika Dunkelmann, Ulrich Thein).

2.10.-31.1. 1970 Ausstellung „Architektur und bildende Kunst", eine zentrale Leistungsschau der Architekten und bildenden Künstler der DDR zum 20. Jahrestag der DDR im Alten Museum und in der Nationalgalerie Berlin.

3.10. Eröffnung des II. Fernsehprogramms des Deutschen Fernsehfunks mit mehrstündigen Farbsendungen an den Wochenenden.

28.10. Regierungserklärung von Bundeskanzler Brandt; die sozial-liberale Koalition erklärt ihre Bereitschaft zu

„20 Jahre Deutsche Demokratische Republik". Briefmarkenblock zum 20. Jahrestag 1969.

> Auf einem Gerüst stehen ein paar Maurer und machen heimlich eine Flasche leer. Da stürzt einer runter und bricht sich das Genick. „Scheiß-Trinkerei, was machen wir jetzt?" – „Wisst ihr was? Wir stecken ihm die Hände in die Taschen. Dann sieht's wie'n Arbeitsunfall aus."

1969

"Die Ausstellung ‚Kämpfer und Sieger. XX. Jahre DDR' wurde am 19.9.1969 in der Hauptstadt eröffnet. Beim Premierenrundgang besichtigen hier der Erste Sekretär des ZK der SED und Vorsitzende des Staatsrates der DDR, Walter Ulbricht (1. Reihe, 3.v.r.), und seine Begleitung das Modell des Stadtzentrums von Berlin. Links hinter W. Ulbricht das Mitglied des Politbüros des ZK der SED Willi Stoph, (2. v.r. hinter W. Ulbricht): das Mitglied des Politbüros Erich Honecker, (vorn r.): das Mitglied des Politbüros Paul Verner, der Stellvertreter des Vorsitzenden des Staatsrates Dr. Manfred Gerlach, vorn neben E. Honecker Lotte Ulbricht, rechts hinter W. Ulbricht der Sekretär des ZK der SED Werner Lamberz, rechts neben W. Ulbricht der Minister für Bauwesen Wolfgang Junker, das Mitglied des Politbüros Günter Mittag, der Kandidat des Politbüros Günter Kleiber, das Mitglied des Politbüros Friedrich Ebert, der Stellvertreter des Vorsitzenden des Ministerrates Dr. Kurt Fichtner, der Kandidat des Politbüros Werner Jarowinski und die Stellvertreter des Vorsitzenden des Ministerrates der DDR Gerhard Schürer und Wolfgang Rauchfuß." (Originalunterschrift)

gleichberechtigten Verhandlungen mit der DDR („Zwei Staaten – eine Nation").

28.11. Abschluss eines Abkommens über gegenseitigen visafreien Reiseverkehr zwischen der DDR und UdSSR in Berlin (Ost).

11.12. Beschluss des Zentralrats der FDJ „Kämpft und singt mit uns" zur weiteren Entwicklung der Singebewegung.

12./13.12. 12. Tagung des ZK der SED: Stellungnahme zum Regierungswechsel in der Bundesrepublik Deutschland und zur Beziehung der beiden deutschen Staaten zueinander.

17.12. Heinrich-Heine-Preis an Helmut Hauptmann und Jo Schulz verliehen.

18.12. Käthe-Kollwitz-Preis der Deutschen Akademie der Künste an Theo Bälden verliehen.

18.12. Brief des Staatsratsvorsitzenden Ulbricht an Bundespräsident Heinemann mit Entwurf eines Vertrages über Aufnahme gleichberechtigter Beziehungen zwischen der DDR und der Bundesrepublik Deutschland; ein entsprechender Beschluss war am 17.12. von der Volkskammer gefasst worden; der Brief Ulbrichts wird am 20.12. von Bundespräsident Heinemann mit dem Hinweis, dass das Schreiben und der Vertragsentwurf zuständigkeitshalber an die Bundesregierung weitergeleitet wurden, beantwortet.

19.12. Uraufführung der Oper „Lanzelot" von Paul Dessau (Libretto: Heiner Müller, nach dem Schauspiel „Der Drache" von Jewgeni Schwarz) an der Deutschen Staatsoper Berlin.

19.12. Kunstpreis des FDGB für Werke der bildenden Kunst an 8 Persönlichkeiten und 4 Kollektive verliehen: Friderun Bondzin, Günther Brendel, Bernhard Franke, Hans Kies, Karl Erich Müller, Willi Neubert, Gerhard Thieme, Heinz Wagner, an die Förderklasse für Malerei und Grafik des Bezirkskabinetts für Kulturarbeit Gera, an das Kollektiv des Wandbildes „Der Weg der roten Fahne" (Gerhard Bondzin, Alfred Hesse, Gerhard Stengel), an die Zirkel für bildnerisches Volksschaffen des VEB Chemiekombinat Bitterfeld (Wölfen) und des Wohnungsbaukombinates Neubrandenburg.

Bei einem Sportfest in Berlin im Sommer 1969 läuft Karin Balzer (rechts) mit 12,9 sec. als erste Frau die 100 m Hürden unter 11 sec.

1970

14.1. Bundeskanzler Brandt lehnt im Bericht zur Lage der Nation Vertragsentwurf Ulbrichts vom 18.12.1969 ab und schlägt Austausch von Gewaltverzichtserklärungen zwischen beiden deutschen Staaten vor; am 19.1. fordert W. Ulbricht in einer internationalen Pressekonferenz in Berlin (Ost) als Voraussetzung für ein Abkommen über Gewaltverzicht die völkerrechtliche Anerkennung der DDR durch die Bundesrepublik.

15.1. Beginn einer zweiwöchigen Arbeitstagung leitender Funktionäre des Partei-, Staats- und Wirtschaftsapparats und gesellschaftlicher Organisationen sowie von Wissenschaftlern und Propagandisten zum 1969 veröffentlichten Werk „Politische Ökonomie des Sozialismus und ihre Anwendung in der DDR" in Berlin (Ost).

22.1.-18.2. Briefwechsel zwischen Bundeskanzler Brandt und dem Vorsitzenden des Ministerrats, Stoph, zur Vorbereitung eines Treffens beider Regierungschefs.

24.1. DDR-Erstaufführung der Oper „Porgy and Bess" von George Gershwin an der Komischen Oper Berlin (Regie: Götz Friedrich; Sänger: Cullen Maiden, Carolyn Smith-Mayer).

26.1. Ausstellung mit Werken des sowjetischen Bildhauers Nikolai Tomski in der Neuen Berliner Galerie eröffnet.

27.1.-3.2. I. Leistungsschau der Unterhaltungskunst der DDR in Leipzig mit Programmen der 15 bezirklichen Konzert- und Gastspieldirektionen. Die Leistungsschau findet in der Folge ab 1971 alle zwei Jahre statt (bis 1983).

7.-28.2. 5. Berliner Internationale Fotoausstellung (bifota), auf der 550 Arbeiten von 300 Fotografen aus 39 Ländern gezeigt werden.

15.-21.2. 1. Festival des politischen Liedes in der Berliner Kongresshalle, an dem 12 Singeklubs und Solisten aus 7 Ländern teilnehmen.

23.2. Plenartagung der Deutschen Akademie der Künste zum Thema „Die Aufgaben der Akademie der Künste bei der Verwirklichung der Kulturpolitik der DDR im Jahre 1970. Es referiert Klaus Gysi.

24.2.-3.3. Erstsendung des gesamten 5teiligen Fernsehfilms „Ich – Axel Cäsar Springer" von Karl Georg Egel und Harri Czepuck (Regie: Achim Hübner, Helmut Krätzig; Hauptdarsteller: Horst Drinda). Ausstrahlung des I. Teils am 18. März 1968.

25.2. Der Ministerrat der DDR beschließt die Verordnung über die Aufgaben der Universitäten, wissenschaftlichen Hochschulen und wissenschaftlichen Einrichtungen mit Hochschulcharakter.

2.3. Erstmalig findet eine DDR-Filmwoche in Indien statt. Aufgeführt werden unter anderem „Die besten Jahre", „Ich war neunzehn", „Das siebente Jahr", „Spur des Falken" sowie mehrere Kurzfilme.

2.-12.3. Vorgespräche von Beauftragten beider deutscher Regierungen zum geplanten Treffen von Brandt und Stoph.

12.3. Staatsrat berät Akademiereform unter besonderer Berücksichtigung der sozialistischen Wissenschaftsorganisation auf Grundlage eines Berichts des Präsidenten der Deutschen Akademie der Wissenschaften.

19.3. Treffen zwischen Bundeskanzler Brandt und dem Vorsitzenden des Ministerrats, Stoph, in Erfurt.

22.3. Kommunalwahlen in der DDR mit über 99 v. H. für die Einheitslisten der Nationalen Front.

24.3. Konstituierung eines Komitees für europäische Sicherheit unter Vorsitz von Prof. Max Steinbeck in Berlin (Ost).

„15.3.1970. Auf einem Empfang am 27. Februar im Berliner Hotel Johannishof wurden die durch eine Umfrage der Berliner Zeitung ermittelten Fernsehlieblinge ausgezeichnet. Der Kommentator des Deutschen Fernsehfunks Karl-Eduard von Schnitzler im Gespräch mit dem Schauspieler Manfred Krug." (Originalunterschrift)

26.3. Beginn der Viermächte-Verhandlungen über Berlin am Sitz des ehemaligen Alliierten Kontrollrats in Berlin (West).

26.3. Auflösung des Alliierten Reiseamtes (für Reisegenehmigungen in Nato-Staaten für DDR-Bürger) in Berlin (West).

1970

15.4. Der Ministerrat der DDR beschließt die Verordnung über die Berufsberatung.

16.-23.4. Anlässlich des 100. Geburtstages W.I. Lenins finden zahlreiche Festsitzungen, Kulturveranstaltungen und wissenschaftliche Tagungen statt, unter anderen: Eröffnung der Kunstausstellung „Im Geiste Lenins – mit der Sowjetunion in Freundschaft unlösbar verbunden" im Berliner Alten Museum (16. April), Enthüllung des Lenin-Denkmals von Nikolai Tomski auf dem Berliner Leninplatz (19. April); Eröffnung der Gemeinschaftsausstellung der Akademie der Künste der UdSSR und der Deutschen Akademie der Künste „Ein neuer Mensch – Herr einer neuen Welt" (23.April).

17.4. Beschluss des ZK der SED über Umtausch der Parteidokumente für alle Mitglieder und Kandidaten der Sozialistischen Einheitspartei Deutschlands (SED) vom 1.9.1970 bis 31.10.1971.

29.4. Einigung über Kostenausgleich und Schaltung neuer Fernsprech- und Fernschreibleitungen bei den Postverhandlungen zwischen der Bundesrepublik Deutschland und der DDR.

7.5. Eröffnung eines Außenhandelszentrums der DDR in Paris; bereits am 29.1. war in Paris ein Abkommen über gegenseitigen Warenaustausch zwischen Frankreich und der DDR mit fünfjähriger Laufzeit abgeschlossen worden; am 15.2. wurde ein Wirtschaftsbüro der französischen Industrie in Berlin (Ost) eröffnet.

15.5. Partei- und Regierungsdelegation der DDR unter Leitung von Ulbricht und Stoph konferiert mit der sowjetischen Partei- und Staatsführung (Breshnew, Podgorny, Kossygin) in Moskau.

21.5. Treffen zwischen Bundeskanzler Brandt und dem Vorsitzenden des Ministerrats, Stoph, in Kassel; 20-Punkte-Vorschlag der Bundesregierung zur vertraglichen Regelung der Beziehungen zwischen der Bundesrepublik Deutschland und der DDR.

3.6. Ministerrat beschließt Aufgaben zur Entwicklung der sozialistischen

FDJ-Urkunde für hervorragende Leistungen, 1970.

„19.6.1970. Der Staatsrat der DDR bereit in seiner 25. Sitzung in Berlin Grundsatzdokumentation zur Aus- und Weiterbildung und zur Berufsausbildung. Unter den Gästen, die an dieser bedeutsamen Tagung teilnahmen, waren auch der Rinderzuchtlehrling Gisela Schneider Aus Welitsch und der Lehrling im VEB Carl Zeiss Jena, Dagmar Strack. Beide sprachen in der Diskussion." (Originalunterschrift)

Als Willy Brandt und Willi Stoph in Erfurt zusammentreffen, unterhalten sie sich über ihre Hobbys. Brandt: „Ich sammele Witze, die man über mich macht." Darauf Stoph: „Und ich sammele die, die Witze über mich gemacht haben."

1970

Was sind die vier Hautpschwierigkeiten beim Aufbau des Sozialismus? Antwort: Der Frühling, der Sommer, der Herbst und der Winter.

Kommunalpolitik, die eng mit der Erfüllung und Vorbereitung der Volkswirtschaftspläne und mit der Ausarbeitung des Perspektivplans 1971-1975 verbunden sein soll.

16.-18.6. Wissenschaftliche Konferenz des ZK der SED zum Thema „Die wachsende Rolle der kommunistischen Parteien im revolutionären Prozess des Aufbaus des Sozialismus und Kommunismus" unter Teilnahme von Vertretern von 33 kommunistischen und Arbeiterparteien in Berlin (Ost).

18./19.6. Seminar des Ministerrats zur rationellen Energieanwendung in Halle unter Teilnahme leitender Mitarbeiter der Staats- und Wirtschaftsorgane der energieerzeugenden und -verbrauchenden Industrie sowie von Wissenschaftlern und Mitarbeitern der Arbeiter- und Bauern-Inspektion.

19.6. Staatsrat beschließt Grundsätze für die Aus- und Weiterbildung der Werktätigen und Grundsätze für die Weiterentwicklung der Berufsausbildung als Bestandteil des Einheitlichen sozialistischen Bildungssystems im entwickelten gesellschaftlichen System des Sozialismus.

1.7. Exportwaren aus der DDR werden mit „Made in GDR" oder „Hergestellt in der DDR" anstelle von „Made in Germany" gekennzeichnet.

6.7. Hanns-Eisler-Preis von Radio DDR an Gerhard Rosenfeld verliehen.

8.7. Kuratorium für sozialistische Kinderliteratur in der DDR und DDR-Zentrum für Kinderliteratur gegründet. Zum Ehrenpräsidenten wird Ludwig Renn, zum Präsidenten Bruno Haid und zum Generalsekretär Gerhard Holtz-Baumert berufen. Richtlinie für die Planung und Finanzierung gemeinsamer Maßnahmen zwischen den Räten der Städte und Gemeinden sowie den Betrieben und Kombinaten für die Entwicklung sozialistischer Arbeits- und Lebensbedingungen im Territorium (gemeinsame Maßnahmen im Territorium) vom Ministerrat der DDR beschlossen.

31.7. Beschluss des Präsidiums des Bundesvorstandes des FDGB „Die gesellschaftliche Verantwortung der Arbeiterklasse und ihrer Gewerkschaften bei der sozialistischen Bildung und Erziehung der Schuljugend".

5.8. Die Regierung der DDR beantragt offiziell die Aufnahme der DDR als Mitglied in die Organisation der Vereinten Nationen für Erziehung, Wissenschaft und Kultur (UNESCO).

9.8. Laut „Neues Deutschland" hat der Vorsitzende des Staatsrats, Ulbricht, an die Staatsoberhäupter nicht paktgebundener und der Nato angehörender Staaten Botschaften übersandt, in denen diesen Staaten die Aufnahme Diplomatischer Beziehungen zur DDR nahegelegt wird.

12.8. Unterzeichnung des Vertrages über Gewaltverzicht und Normalisierung der Beziehungen zwischen der Bundesrepublik Deutschland und der UdSSR in Moskau; ein entsprechender Vertrag zwischen der Bundesrepublik und der VR Polen wird am 7.12. in Warschau unterzeichnet.

13.8. Unterzeichnung eines Protokolls zur Koordinierung der Pläne zur Entwicklung der Volkswirtschaft der DDR und der UdSSR 1971-1975 in Moskau.

5.9. Gespräch zwischen den Staatssekretären im Bundeswirtschaftsministe-

„10.10.1970. Manöver ‚Waffenbrüderschaft'. Herzliches Gespräch während einer Inspektion zwischen dem Marschall der Sowjetunion I.I. Jakubowski und Armeegeneral Heinz Hoffmann." (Originalunterschrift)

rium, Dr. Klaus Dieter Arndt und Dr. Carsten Detlef Rohwedder, und DDR-Außenwirtschaftsminister Horst Sölle über Fragen des Handels zwischen beiden deutschen Staaten auf der Leipziger Messe; im Jahre 1969 hatte sich der Handel zwischen der Bundesrepublik und der DDR um über 25 v. H. auf 3,65 Mrd. DM ausgeweitet.

16.9. Volkskammer beschließt die Grundsätze für die Aus- und Weiterbildung der Werktätigen bei der Gestaltung des entwickelten gesellschaftlichen Systems des Sozialismus und verabschiedet das Gesetz über die Zivilverteidigung.

17.-21.9. II. Internationales Bach-Fest in Leipzig mit wissenschaftlicher Konferenz.

27.9.-11.10. XIV. Berliner Festtage mit mehr als 200 Veranstaltungen. Ensembles und Solisten aus 17 Ländern nehmen teil, darunter das Marionettentheater „Hurvinek und Spejbl" Prag, der Sweschnikow-Chor, das Ungarische Nationaltheater Budapest sowie der Pantomime Marcel Marceau. Zu den 12 Berliner Premieren gehören die Welt-Uraufführung der Oper „Joe Hill" von Alan Bush, die Uraufführung des Stückes „Warten auf Godeau" von Claus Hammel sowie

1970

„26.5.1970. Hinter den Kulissen der Abendgruß-Sendung des DFF arbeiten Friedgard Kurze (Schnatterinchen) und Heinz Schröder (Pittiplatsch). Die Lieblinge der kleinen Fernsehzuschauer ‚Pitt' und ‚Schnatterchen' sagten mehr als tausendmal ‚Gut Nacht'. Friedgard Kurze spielte außerdem den Igel Borstel und die Reni, Heinz Schröder den Brummel." (Originalunterschrift)

Bei den Weltmeisterschaften 1970 in Leningrad erhält Gaby Seyfert viermal die Höchstnote 6,0 und holt sich damit ganz überlegen die Goldmedaille im Eiskunstlaufen.

die Premiere „Avantgarde" von Walentin Katajew. In der Volksbühne wird eine Eisenstein-Ausstellung gezeigt.

27.9.-31.12. Ausstellung „Dialoge - Kopie, Variation und Metamorphose alter Kunst in Graphik und Zeichnung vom 15. Jahrhundert bis zur Gegenwart" im Dresdner Albertinum.

28.9. Eine erweiterte Tagung des Präsidiums des Nationalrates der Nationalen Front berät über die weitere ideenreiche Entfaltung des geistig-kulturellen Lebens in den Wohngebieten.

29.9. Welt-Uraufführung der Oper „Joe Hill" von Alan Bush an der Deutschen Staatsoper Berlin (Regie: Erhard Fischer; Sänger: Erich Siebenschuh) in Anwesenheit des Komponisten. Die Oper ist ein Auftragswerk der Deutschen Staatsoper.

1.10. Paraphierung des Vertrages über Freundschaft, Zusammenarbeit und gegenseitigen Beistand zwischen der DDR und Rumänien in Bukarest.

12.11. Unterzeichnung des Abkommens über Warenaustausch und Zahlungen zwischen der DDR und der UdSSR für die Jahre 1971-1975 in Berlin (Ost).

12.-13.11. Internationale wissenschaftliche Konferenz des ZK der SED in Berlin anlässlich des 150. Geburtstages von Friedrich Engels zum Thema „Friedrich Engels – Mitbegründer des wissenschaftlichen Sozialismus", an der Vertreter von 40 kommunistischen und Arbeiterparteien teilnehmen. Referate halten Friedrich Ebert (Mitbegründer des wissenschaftlichen Sozialismus) und A. M. Rumjanzew (Engels und die Probleme des Marxismus-Leninismus in der Gegenwart).

22.-29.11. Festwoche anlässlich des 100jährigen Bestehens der Dresdner Philharmonie.

23.-28.11. 2. Internationales Kolloquium der Kinder- und Jugendbuchautoren des Schriftstellerverbandes der DDR in Weimar. Vor Teilnehmern aus 12 Ländern referiert Joachim Nowotny zum Konferenzthema „Internationalismus in der Kinder- und Jugendliteratur".

27.11. Beginn des ca. zweijährigen offiziellen Meinungsaustauschs zwischen dem Staatssekretär im Bundeskanzleramt, Egon Bahr, und dem Staatssekretär beim Ministerrat, Dr. Michael Kohl, der zum Abschluss des Grundlagenvertrages, des Transitabkommens und des Verkehrsvertrages zwischen beiden deutschen Staaten führt.

9.-11.12. 14. Tagung des ZK der SED: Beschlüsse über starke Modifizierung des Ökonomischen Systems des Sozialismus (ÖSS); anstelle vorrangig betriebener strukturpolitischer Maßnahmen, die zu Disproportionen und Versorgungsschwierigkeiten bei Rohstoffen und Material sowie zu Planrückständen geführt hatten, sollen Kontinuität und Stabilität den Vorrang erhalten.

15.12. Ministerrat beschließt wirtschafts- und sozialpolitische Maßnahmen, u. a. Neuregelung des Sozialversicherungswesens, Neuregelungen bei Krediten und Zinsen, Aufhebung von Vergünstigungen beim Bau von Eigenheimen, Erhöhung von Mindestlöhnen und niedrigen Einkommen.

17.12. In einer Kommissionssitzung zur Vorbereitung des 25. Jahrestages der SED referiert Ulbricht zur nationalen Frage und führt aus, dass die einheitliche bürgerliche deutsche Nation nicht mehr fortbestehe, sondern dass sich in der DDR ein „sozialistischer deutscher Nationalstaat" entwickelt habe, in dem sich der „Prozess der Herausbildung einer sozialistischen Nation" vollziehe; die Bundesrepublik hingegen sei ein imperialistischer Staat.

1971

1.1. Bei der 3. Volkszählung seit 1945 werden in der DDR 17053699 Einwohner gezählt.

8.1. Institut für Museumswesen der DDR gegründet. Zum Leiter wird Rolf Kiau berufen.

8.1. Beschluss des Präsidiums des Bundesvorstandes des FDGB „Die Aufgaben der Gewerkschaften bei der Entwicklung eines engen Verhältnisses der Werktätigen zur Theaterkunst".

14.1. Ideenberatung im Staatsrat der DDR mit Schriftstellern und bildenden Künstlern zum Thema „Neues im Leben – Neues in der Kunst".

28.1. 15. Tagung des ZK der SED: Einberufung des VIII. Parteitages zum 14. – 19.6.1971, Bericht zu den Parteiwahlen 1971, Richtlinien für die Wahl der Parteitagsdelegierten; Berichte und Diskussionen zum Volkswirtschaftsplan 1971.

29.1. Ministerrat beschließt in Abstimmung mit dem ZK der SED und dem Bundesvorstand des FDGB sozialpolitische Maßnahmen, u.a. Preissenkungen für verschiedene Textilien und andere Industriewaren, Verbesserungen im Sozialversicherungswesen und Anhebung der unteren Rentengruppen.

31.1. Wiederaufnahme eines begrenzten Telefonverkehrs zwischen beiden Teilen Berlins nach 19-jähriger Unterbrechung.

24./25.2. Briefwechsel zwischen dem Vorsitzenden des Ministerrats, Willi Stoph, und dem Regierenden Bürgermeister von Berlin, Klaus Schütz, über die Aufnahme von Verhandlungen.

6.3. Beginn der Verhandlungen über beiderseitig interessierende Fragen zwischen Senatsdirektor U. Müller und Staatssekretär G. Kohrt.

16.3. Aufnahme Diplomatischer Beziehungen zwischen der DDR und Chile; damit haben 28 Staaten die DDR diplomatisch anerkannt.

17.3. Wissenschaftliche Konferenz „Kulturwissenschaft und Arbeiterklasse" des Instituts für Gesellschaftswissenschaften beim ZK der SED in Berlin.

18.3.-4.4. Gastspiel des Berliner Ensembles in Paris anlässlich des 100. Jahrestages der Pariser Kommune mit Bertolt Brechts Stücken „Die Tage der Commune", „Die Mutter" und „Der Brotladen".

19.-23.3. Erstsendung des Fernsehfilms „Artur Becker" (Buch und Regie: Rudi Kurz; Hauptdarsteller: Jürgen Zartmann).

24.3. Heinrich-Mann-Preis der Deutschen Akademie der Künste an Jurek Becker, Erik Neutsch und Herbert Otto verliehen.

„25.8.1971. In Helmut Sakowskis vierteiligem Fernsehfilm ‚Die Verschworenen' spielt Armin Mueller-Stahl die Rolle des Kommunisten Kurt Lindow. Unter der Regie von Martin Eckermann soll der Fernseh-Roman im September Premiere haben." (Originalunterschrift)

25.3. Premiere des DEFA-Films „KLK an PTX – Die Rote Kapelle" in Berlin (Buch: Wera und Claus Küchenmeister, Horst E. Brandt; Regie: Horst E. Brandt; Hauptdarsteller: Barbara Adolph, Horst Drinda, Irma Münch, Klaus Piontek, Horst Schulze, Jutta Wachowiak).

25.-26.3. Wissenschaftliche Konferenz der Deutschen Akademie der Künste „Heinrich Mann am Wendepunkt der deutschen Geschichte". Es referieren Alexander Abusch, Sigrid Bock, Alexander Dymschiz und Wilhelm Girnus. 150 Gäste aus dem In- und Ausland nehmen teil.

25.-26.3. VI. Kongress des Bundes der Architekten der DDR in Berlin. Den Rechenschaftsbericht gibt Edmund Collein, der erneut zum Präsidenten des Bundes gewählt wird.

30.3.-9.4. XXIV. Parteitag der KPdSU in Moskau, Teilnahme einer Delegation des ZK der SED unter Leitung von Walter Ulbricht.

20./21.4. Feiern und Festveranstaltung des Zentralkomitees zum 25. Jahrestag der Gründung der SED.

3.5. 16. Tagung des ZK der SED; Wahl von Erich Honecker zum Ersten Sekretär des ZK der SED anstelle des aus Altersgründen zurückgetretenen Walter Ulbricht; letzterer erhält das eigens für ihn geschaffene Amt des „Vorsitzenden der SED".

5.5. Veröffentlichung des Entwurfs der Direktiven zum Fünfjahrplan 1971-1975.

12.5. Ministerrat bestätigt Horst Sindermann, Mitglied des Politbüros des ZK der SED, als Ersten Stellvertreter des Vorsitzenden des Ministerrats.

18.5. Freundschaftsbesuch einer Partei- und Regierungsdelegation der DDR unter Leitung von Erich Honecker in Moskau.

15.-19.6. VIII. Parteitag der Sozialistischen Einheitspartei Deutschlands (SED) in Berlin (Ost); die Verlegung des Beginns vom 14. auf den 15.6. war am 11.6. durch Erich Honecker bekannt gegeben worden.

23.6. Veröffentlichung der Direktive des VIII. Parteitages für den Fünfjahrplan 1971-1975.

> Erich Honecker ist zu Besuch bei Leonid Breschnew in Moskau. Der schenkt ihm einen Anzug, der wie angegossen passt. Als Honecker den Anzug in Berlin anzieht, sind Ärmel und Hosenbeine zu kurz. – „Da kannst du mal sehen", sagt Margot, „wie klein du dich immer in Moskau machst."

1971

24.6. Volkskammer wählt Erich Honecker zum Vorsitzenden des Nationalen Verteidigungsrates der DDR (NVR) und setzt Wahlen zur Volkskammer und zu den Bezirkstagen für den 14.11.1971 fest.

1.7. Einführung von Auslandstarifen für Postsendungen und Ferngespräche in die Bundesrepublik Deutschland und nach Berlin (West).

7.7. Ministerrat beschließt die Auflösung des Staatssekretariats für westdeutsche Fragen.

5.8. Meinungsaustausch zwischen Erich Honecker und Leonid Breshnew und Nikolai Podgorny über die Vervollkommnung und Vertiefung, der Zusammenarbeit zwischen beiden Parteien und Staaten in Moskau; bereits am 2.8. war es auf der Krim zu einem Treffen zwischen der sowjetischen Partei- und Staatsführung und den Parteiführern der DDR, Bulgariens, Ungarns, der Mongolei und der CSSR gekommen.

12.8. Politbüro des ZK der SED und Ministerrat nehmen das auf der XXV. Tagung des Rats für Gegenseitige Wirtschaftshilfe vom 27. bis 29.7.1971 in Bukarest beschlossene Komplexprogramm des Rats für Gegenseitige Wirtschaftshilfe (RGW) an.

3.9. Unterzeichnung des Viermächte-Abkommens über Berlin durch die 3 Westalliierten und die UdSSR.

3.9. Premiere des DEFA-Films „Zeit der Störche" nach der gleichnamigen Erzählung von Herbert Otto in Leipzig (Regie: Siegfried Kühn; Hauptdarsteller: Winfried Glatzeder, Heidemarie Wenzel).

9.-17.9. „Tage der Kultur der _SSR – Slowakische Kultur und Kunst" in der DDR. Es gastieren unter anderen die Slowakische Philharmonie, das Nationaltheater Bratislava und das Volkskunstensemble „Sluk".

14.9. Auf der 4. Generalversammlung des Musikrates der DDR wird Dieter Zechlin zum neuen Präsidenten gewählt.

16.9. Uraufführung des Schauspiels „Franziska Lesser" von Armin Müller in Weimar (Regie: Ekkehard Kiesewetter).

16./17.9. 2. Tagung des ZK. der SED: Entschließung zum „Vierseitigen Abkommen über Westberlin".

18.-20.9. Freundschaftsbesuch einer Partei- und Regierungsdelegation der DDR unter Leitung von Erich Honecker

„15.6.1971. VIII. Parteitag der SED. Unser Foto zeigt während des Eröffnungstages des VIII. Parteitages der SED in der ersten Reihe des Präsidiums in der Berliner Werner-Seelenbinder-Halle den Generalsekretär des ZK der KPdSU, Leonid Breshnew (l.), und den Ersten Sekretär des ZK der SED, Erich Honecker; in der zweiten Reihe die Kandidaten des Politbüros des ZK der SED (v.l.n.r.) Günther Kleiber, Werner Lamberz und Margarete Müller." (Originalunterschrift)

Etikett des koffeinhaltigen Erfrischungsgetränks „Club-Cola".

Warum kostet eine S-Bahn-Fahrkarte bei uns zwanzig Pfennig und im Westen zwei Mark?
Bei uns musst du zehnmal fahren, um was zu kriegen.

---

in Polen; Beschluss über visafreien Reiseverkehr zwischen beiden Staaten.

30.9. Unterzeichnung des Protokolls über die Postverhandlungen zwischen der Bundesrepublik und der DDR.

21.10. Ministerratsbeschluss über Förderung des privaten Wohnungsbaus ab 1972.

30.10.-1.11. Freundschaftsbesuch von Breshnew in der DDR.

11./12.11. Freundschaftsbesuch einer Partei- und Regierungsdelegation der DDR unter Leitung von Erich Honecker in der CSSR.

14.11. Wahlen zur Volkskammer, zu den Bezirkstagen und zur Stadtverordnetenversammlung von Berlin (Ost) nach den Einheitslisten der Nationalen Front.

15.11. Rundfunksender „Stimme der DDR" nimmt seine Tätigkeit anstelle des am 14.11. eingestellten Deutschlandsenders und der Berliner Welle auf.

18.11. Politbüro des ZK der SED und Ministerrat beschließen Preisstopp für Konsumgüter und Dienstleistungen bis 1975.

26.11. Konstituierende Sitzung der Volkskammer und des Staatsrats; Wiederwahl von Ulbricht zum Vorsitzenden des Staatsrates, Stophs zum Vorsitzenden des Ministerrates, Honeckers zum Vorsitzenden des Nationalen Verteidigungsrates und Göttings zum Präsidenten der Volkskammer.

17.12. Unterzeichnung des Transitabkommens zwischen der Bundesrepublik Deutschland und der DDR, das am 3.6.1972 in Kraft tritt.

20.12. Unterzeichnung der Vereinbarung zwischen dem Senat von Berlin und der DDR über Reise- und Besuchsverkehr sowie über Gebietsaustausch

20.12. Volkskammer beschließt Gesetz über Fünfjahrplan 1971-1975 sowie über Volkswirtschaftsplan und Staatshaushaltsplan 1972.

22.12. Bekanntgabe über den pass- und visafreien Reiseverkehr zwischen der DDR und Polen ab 1.1.1972.

1972

6.1. Erich Honecker bezeichnet in einer Rede vor NVA- Soldaten auf Rügen die Bundesrepublik Deutschland als „imperialistisches Ausland".

15.1. Einführung des pass- und visafreien Reiseverkehrs zwischen der DDR und der CSSR.

3.2-13.2. Olympische Winterspiele in Sapporo. Mit insgesamt 14 Medaillen belegt die DDR hinter der UdSSR den 2. Platz im Medaillenspiegel. Zu den herausragenden Sportlern gehört der Sieger in der Nordischen Kombination Ulrich Wehling.

11.2. Umbenennung des „Deutschen Fernsehfunks" in „Fernsehen der DDR".

13.-19.2. 3. Festival des politischen Liedes in Berlin, an dem 43 Gruppen und Solisten aus 23 Ländern teilnehmen.

15.2. Ausstellung mit Werken Willi Sittes im Berliner Alten Museum eröffnet.

17.2. Beginn der Sendereihe „Guten Abend, Freunde!" im II. Programm des Fernsehens der DDR. Wöchentlich einmal werden sowjetische Film- und Fernsehbeiträge in Originalfassung gesendet.

23.2. Zentralkomitee der SED und Ministerrat geben bekannt, dass für Ostern und Pfingsten 1972 der Transitverkehr zwischen der Bundesrepublik und Berlin (West) gemäß dem Transitabkommen abgewickelt werden soll und dass Besuche in der DDR und Berlin (Ost) für West-Berliner in diesen Zeiträumen möglich sein werden.

1.3. Eröffnung der Buchhandlung „Das internationale Buch" in Berlin durch Kurt Hager.

3.3. Der Dokumentarfilm „Die Prüfung. Chronik einer Schulklasse" (Buch und Regie: Winfried Junge) läuft in den Filmtheatern an.

3.3. Literaturpreis des DFD an Helga Bobach verliehen.

3.3. Der Dokumentarfilm „Wer – wenn nicht wir?" (Regie: Kurt Tetzlaff) läuft in den Filmtheatern an. Auf der XIV. Internationalen Leipziger Dokumentar- und Kurzfilmwoche für Kino und Fernsehen erhält der Film 1971 die Goldene Taube.

7.3. Gemeinsamer Beschluss des Politbüros des ZK der SED, des Präsidiums des Bundesvorstandes des FDGB und des Ministerrates der DDR zur Entwicklung des Feriendienstes der Gewerkschaften sowie zu Fragen der Kuren.

9.3. Plenartagung der Deutschen Akademie der Künste zum Thema „Probleme und Aufgaben der schöpferischen Partnerschaft zwischen Arbeiterklasse und Künsten". Es referiert Kurt Hager (Arbeiterklasse und Künstler).

22.3. Premiere des Schauspiels „Leben und Tod König Richard III." von William Shakespeare am Deutschen Theater Berlin (Regie: Manfred Wekwerth; Hauptdarsteller: Hilmar Thate).

24.3. Eröffnung des Armee-Museums der DDR in Dresden.

2.4. Aufnahme des visafreien Reiseverkehrs zwischen der DDR und Rumänien.

6.4. Gründung einer gemeinsamen wissenschaftlichen Kommission der DDR und der UdSSR zur Erforschung der Geschichte und Theorie der internationalen Arbeiterbewegung in Berlin (Ost); bereits am 4.4. hatte sich in Ber-

„28.4.1972. Erste Bekanntschaft mit der neuen Wohnung und der neuen Gegend macht die Arbeiterfamilie Dietrich im Köpenicker Amtsfeld. Horst Dietrich, Emailierer im Kabelwerk Adlershof, seine Frau Marion und die Kinder Diana (4) und Kay (2) sind seit dem 25. April 1972 glückliche Besitzer einer 3-Raum-AWG-Wohnung. 120 Wohnungen gehören zu diesem AWG-Objekt – im nächsten Jahr werden es 1 200 sein. Familie Dietrich wohnte bisher in einem Hinterhaus in der Schnellerstraße (Oberschöneweide). Stube und Küche wurden zu eng, als sich die Familie vergrößerte. Beide Eheleute arbeiten in drei Schichten. Frau Dietrich ist als Bildröhrenprüferin im Werk für Fernsehelektronik tätig. Ihr Mann hat sich als Lehrfacharbeiter an der Lackiermaschine qualifiziert. Er weiß, daß er mit seiner Arbeit zur Schaffung der Voraussetzung für die neuen Sozialleistungen beiträgt." (Originalunterschrift)

lin (Ost) eine gemeinsame Kommission von Philosophen der UdSSR und der DDR konstituiert.

11.4. DDR-Außenminister Otto Winzer unterzeichnet in Moskau die internationale Konvention über das Verbot der Entwicklung, Herstellung und Lagerung

1972

bakteriologischer und toxischer Waffen sowie über deren Vernichtung.

27./28.4. 5. Tagung des ZK der SED: Gemeinsamer Beschluss des ZK, des Bundesvorstands des FDGB und des Ministerrats über sozialpolitische Maßnahmen, u. a. Erhöhung der Mindestrenten und partielle Mietpreissenkungen für Neubauwohnungen, die zum 1.7. bzw. 1.9.1972 in Kraft treten sollen.

11./12.5. Besuch einer Partei- und Regierungsdelegation der DDR unter Leitung von Erich Honecker und Willi Stoph in Rumänien; Unterzeichnung des Vertrages über Freundschaft, Zusammenarbeit und gegenseitigen Beistand zwischen der DDR und Rumänien.

18.5. Beratung des ZK-Sekretariats unter Leitung von Erich Honecker mit den 1. Sekretären der SED-Bezirks- und Kreisleitungen über Aufgaben der SED bei der weiteren Durchführung der Beschlüsse des VIII. Parteitages in der Parteihochschule „Karl Marx".

25.5. Beratung über Grundfragen der Wissenschaftspolitik nach dem VIII. Parteitag zwischen Erich Honecker und dem Präsidium der Akademie der Wissenschaften.

26.5. Unterzeichnung des Verkehrsvertrages zwischen der Bundesrepublik Deutschland und der DDR.

3.6. Unterzeichnung des Viermächte-Schlussprotokolls zum Berlin-Abkommen vom 3.9.1971; damit treten das Viermächte-Abkommen, das Transitabkommen sowie die Vereinbarungen zwischen dem Senat von Berlin und der DDR in Kraft.

6.6. Ausgabe von Visa an Bürger der Bundesrepublik Deutschland anstelle der bisherigen Tagesaufenthaltsgenehmigungen beim Besuch Berlins (Ost).

6.6. Lessing-Preis an Heinz Kahlau und Horst Seeger verliehen.

6.6. Kunstpreis der DDR an 16 Persönlichkeiten und 4 Kollektive verliehen: Peter Damm, Peter Friede, Horst Hawemann, Karl Heinz Jakob, Joachim Jastram, Rainer Kunad, Monika Lubitz, Karl-Heinz Maetzkes, Harald Neukirch, Gerhard Pflüger, Louis Rauwolf, Franz Reiss, Renate Richter, Peter Rösel, Werner Scholz, Willi Schwabe, das Artistenkollektiv „Die Baitos", Chris Doerk und Frank Schöbel, das Rostocker Nonett und die Tanzmusikkomponisten Arndt Bause, Günther Fischer, Thomas Natschinski, Hans-Georg Schmiedecke, Gerhard Siebholz.

14.-15.6. 1. Zentraler Leistungsvergleich der Amateur-Kabaretts in Güstrow (findet in Vorbereitung der Arbeiterfestspiele alle zwei Jahre statt).

16.6. Preis für künstlerisches Volksschaffen an 6 Kollektive und 12 Persönlichkeiten verliehen, unter anderen an das Arbeitersinfonieorchester des VEB Carl Zeiss Jena und das Arbeitervariete des VEB Magdeburger Armaturenwerke.

16.-18.6. 14. Arbeiterfestspiele im Bezirk Schwerin mit 340 Veranstaltungen, gestaltet von 15000 Volks- und 850 Berufskünstlern. Es findet ein Leistungsvergleich der Amateurtanzorchester statt. Zu den Ausstellungen gehören „Plastik im Freien" sowie „Lucas Cranach. Das grafische Werk", die dem 500. Geburtstag des Künstlers gewidmet ist. Im Rahmen der zentralen Veranstaltungen der FDJ wird das 1. Bezirkspoetenseminar durchgeführt.

Anfrage an den Sender Eriwan: „Darf ein kleiner Funktionär einen großen kritisieren?" Antwort: „Im Prinzip ja, aber es wäre schade um den kleinen."

„20.7.1972. Berliner Urlauber auf dem Zeltplatz in Zernsdorf. Zu einem gemütlichen Kaffeeplausch im Schatten der Bäume treffen sich täglich diese sechs Berliner Familien – Erdmann, Diekow, Schroeder, Markosch, Kucharski und Schuster." (Originalunterschrift)

Ulrich Wehling.

1972

1.9. DEFA-Filmpremiere „Lützower".

21.6.-4.10. Cranach-Ehrung der DDR anlässlich des 500. Geburtstages des Malers. Festveranstaltung des Ministeriums für Kultur und des Lucas-Cranach-Komitees in Weimar mit einer Ansprache von Peter H. Feist (21. Juni). Cranach-Haus in Weimar nach vollständiger Restaurierung eröffnet (22. Juni). Größere Ausstellungen finden in Berlin, Weimar und Wittenberg statt. Internationales Kolloquium zum Thema „Künstler und Gesellschaft - Frühbürgerliche Revolution und sozialistische Kultur der DDR" in Wittenberg, an dem 130 Wissenschaftler aus 8 Ländern teilnehmen.

22.-23.6. IX. Kongress des Verbandes der Journalisten der DDR in Berlin. Den Bericht gibt Harri Czepuck, der erneut zum Vorsitzenden des Verbandes gewählt wird.

23.6. Sekretariat des ZK der SED und Ministerrat beschließen Maßnahmen zur Förderung des Wohnungsbaus.

24.-29.6. 2. Festival der Freundschaft zwischen der Jugend der UdSSR und der DDR in Leningrad.

26.-30.6. 8. FDGB-Kongress in Berlin. Die Grundsätze der weiteren Entwicklung der Bewegung „Sozialistisch arbeiten, lernen und leben" im sozialistischen Wettbewerb werden beschlossen. Zum Vorsitzenden des Bundesvorstandes des FDGB wird Herbert Warnke wiedergewählt.

6./7.7. 6. Tagung des ZK der SED: Beratungen über die Kulturpolitik, Einsetzung einer Kommission zur Überarbeitung des Parteiprogramms unter E. Honecker und einer Kommission zur Überarbeitung des Statuts unter Paul Verner, Beschluss über Verstaatlichungsmaßnahmen in der privaten und halbprivaten Industrie.

24.7. Aufnahme des Selbstwählfernsprechdienstes zwischen Berlin (West) und 32 Ortsnetzen in der DDR.

16.8. Beginn der Verhandlungen zwischen den Staatssekretären Egon Bahr und Dr. Michael Kohl über einen Vertrag über die Grundlagen der Beziehungen zwischen der Bundesrepublik und der DDR, worüber bereits seit dem 15.6. ein Meinungsaustausch geführt worden war.

26.8.-10.9. Olympische Sommerspiele in München. Das nun endlich vom IOC anerkannte Team der DDR holt sich 20 Goldmedaillen und plaziert sich im Medaillenspiegel nach der UdSSR und den USA mit insgesamt 66 Medaillen noch vor der BRD (40). Nach seinen Goldmedaillen in beiden Rückenstrecken in Mexiko kann Ausnahmeschwimmer Roland Matthes diesen Doppelerfolg wiederholen.

14.-16.9. V. Kongress der Gesellschaft für Sport und Technik (GST) über die weiteren Aufgaben der sozialistischen Wehrorganisation in Dresden.

19.-23.9. Besuch einer Partei- und Regierungsdelegation der CSSR unter Leitung von Gustav Husak und Lubomir Stroúgal in der DDR; im Abschlusskommuniqué wird die Normalisierung der Beziehungen zwischen der BRD und der DDR „entsprechend den Normen des Völkerrechts" und die „Anerkennung der Ungültigkeit des Münchener Abkommens von Anfang an" gefordert.

„30.3.1972. Neue Einkaufszentren auf dem Lande. Seit Ende 1971 macht das Einkaufen in der Gemeinde Bad Kleinen am Nordufer des Schweriner Sees mehr Spaß. Auf 325 Quadratmetern bietet der Konsum in dieser modernen Kaufhalle Lebensmittel und Waren des täglichen Bedarfs an." (Originalunterschrift)

Anfrage an den Sender Eriwan: Stimmt es, dass der Genosse Iwan Iwanowitsch einen „Moskwitsch" gewonnen hat? Antwort: Im Prinzip ja. Allerdings ist es nicht der Genosse Iwanowitsch, sondern Genosse Antonowitsch. Zweitens ist es kein Auto, sondern ein Fahrrad. Und drittens hat er es nicht gewonnen, sondern es wurde ihm gestohlen."

1972

28.9. Premiere des DEFA-Films „Reife Kirschen" in Berlin (Buch und Regie: Horst Seemann; Hauptdarsteller: Traudl Kulikowsky, Helga Raumer, Günther Simon, Martin Trettau).

29.9. Plenartagung der Akademie der Künste der DDR zum Thema „Unsere Aufgaben nach dem VIII. Parteitag der SED". Zum Tagungsthema referiert Horst Sindermann. Als neue Mitglieder werden gewählt: Ruth Berghaus, Ludwig Engelhardt, Peter H. Feist, Fritz Geißler, Peter Hacks, Bernhard Heisig, Walter Heynowski, Wolfgang Kohlhaase, Gisela

„Vertrauensleute des VEB Schwermaschinenbau ‚Ernst Thälmann' Magdeburg beschlossen am 3.1.1972 die Weiterführung des Wettbewerbs im Jahre 1972. Meister Rolf Rhode vom Walzerwerkbau wurde auf der Vollversammlung der Vertrauensleute mit der ‚Medaille für ausgezeichnete Leistungen im sozialistischen Wettbewerb' geehrt." (Originalunterschrift)

May, Arno Mohr, Günther Rücker, Gerhard Scheumann, Ernst Schumacher, Friedo Solter, Joachim Werzlau, Ruth Zechlin.

3.10. Ausstellung „Interartes 72" im Alten Museum und im Pergamonmuseum Berlin eröffnet. Sie zeigt 70000 Briefmarken aus 14 Ländern mit Motiven der bildenden Kunst, Architektur, Musik, darstellenden Kunst und Literatur.

3.10. DDR-Erstaufführung von Peter Hacks' „Omphale" am Berliner Ensemble (Regie: Ruth Berghaus; Hauptdarsteller: Barbara Dittus, Heinz-Dieter Knaup, Hans-Peter Reinecke, Ekkehard Schall).

5.10.-25.3. VII. Kunstausstellung der DDR in Dresden. Gezeigt werden etwa 2 000 Werke von annähernd 1000 Künstlern. Die Ausstellung hat 655 000 Besucher.

6.10. Staatsrat beschließt eine umfassende Amnestie für politische und kriminelle Straftäter; eine größere Anzahl von Häftlingen wird in die Bundesrepublik Deutschland entlassen.

16.10. Volkskammer verabschiedet u. a. das Gesetz über den Ministerrat der DDR und das Gesetz zur Regelung von Fragen der Staatsbürgerschaft, wonach die Strafverfolgung von Personen, die vor dem 1.1.1972 aus der DDR geflohen sind, nicht mehr stattfindet.

17.10. Inkrafttreten des Verkehrsvertrages zwischen der Bundesrepublik Deutschland und der DDR sowie der damit von der DDR verfügten Reiseerleichterungen.

18./19.10. Offizieller Meinungsaustausch zwischen Vertretern des Bundesvorstands des FDGB unter Leitung von Herbert Warnke und einer Delegation des Bundesvorstands des DGB unter Leitung von H. O. Vetter in Berlin (Ost).

26.-28.10. 8. Kongress des Deutschen Kulturbundes in Berlin (Ost), Umbenennung in Kulturbund der DDR (KB), Wiederwahl von Prof. Max Burghardt zum Präsidenten.

9.11. Viermächteerklärung über die Unterstützung des UNO-Beitritts beider deutscher Staaten; bis zu ihrer Vollmitgliedschaft am 18.9.1973 wird die DDR bereits Mitglied in mehreren UN-Spezial- und Unterorganisationen, ab 4.12.1972 ist sie durch einen Ständigen Beobachter am Sitz der Vereinten Nationen vertreten.

21.11. Aufnahme der DDR in die UN-Organisation für Erziehung, Wissenschaft und Kultur (UNESCO).

27./28.11. Symposium der Parteihochschule „Karl Marx" beim ZK der SED und des Instituts für Marxismus-Leninismus beim ZK der KPdSU über die Bedeutung des Demokratischen Zentralismus für den Aufbau und die Tätigkeit der kommunistischen Partei in Berlin (Ost).

6./7.12. 8. Tagung des ZK der SED: Verabschiedung der Entwürfe für den Volkswirtschaftsplan und Staatshaushaltsplan 1973, Beratung über die Steigerung der Konsumgüterproduktion und der Arbeitsproduktivität.

20.12. Die Schweiz nimmt als 40. Staat Diplomatische Beziehungen zur DDR auf.

21.12. Unterzeichnung des Vertrages über die Grundlagen der Beziehungen zwischen der Bundesrepublik Deutschland und der DDR.

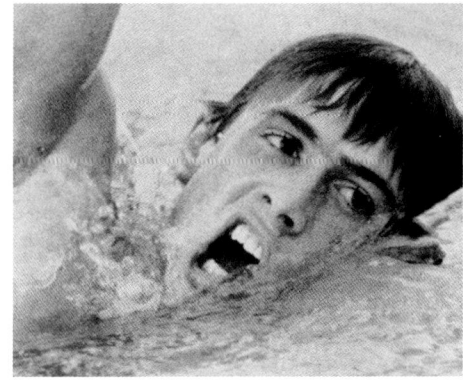

Roland Mathes.

1973

23.1. Regierung der DDR erklärt sich in gleichlautenden Noten an die Bundesrepublik Deutschland und weitere europäische NATO-Mitgliedsstaaten zur Teilnahme an den vorbereitenden Konsultationen über die Reduzierung von Streitkräften und Rüstungen in Europa bereit.

26.1. Gemeinsame Tagung des Präsidialrates des Kulturbunds der DDR mit den Präsidien der Künstlerverbände und der Akademie der Künste; Kurt Hager, Mitglied des Politbüros und Sekretär des ZK der SED, unterstreicht die These der SED von der Herausbildung der sozialistischen Kultur in der DDR und dem Fortbestehen der bürgerlich-kapitalistischen Kultur in der Bundesrepublik und wendet sich gleichzeitig gegen die These vom Fortbestand einer einheitlichen deutschen Kulturnation.

2.2. DDR tritt der Wiener Konvention über Diplomatische Beziehungen vom 18.2.1961 bei.

9.2. Großbritannien und Frankreich nehmen als 70. bzw. 71. Staat Diplomatische Beziehungen zur DDR auf.

14./15.2. Wissenschaftliches Kolloquium zu ideologischen Fragen, veranstaltet vom Institut für Internationale Politik und Wirtschaft (IPW) in Zusammenarbeit mit dem Institut für Gesellschaftswissenschaften beim ZK der SED, der Akademie der Wissenschaften der DDR (AdW) und der Sektion Philosophie/Geschichte/Staatsbürgerkunde der Universität Halle in Berlin (Ost)

1.3. Veröffentlichung der Verordnung des Ministerrats über die Tätigkeit von Publikationsorganen anderer Staaten und deren Korrespondenten in der DDR vom 21.2.1973.

5.-7.3. Akkreditierung von Korrespondenten der ARD und des ZDF sowie weiterer Zeitungen und Zeitschriften aus der Bundesrepublik Deutschland.

12.3. ZK der SED errichtet in Woltersdorf bei Berlin eine Sonderschule für marxistisch-leninistische Lehrkader zur

Aus- und Weiterbildung leitender Kulturkader; die Leitung übernimmt Gerd Rossow, bisheriger stellvertretender Leiter der Abteilung Kultur beim ZK der SED.

13.3. Staatssekretär Carsten Detlef Rohwedder vom Bundeswirtschaftsministerium übergibt dem Minister für Außenwirtschaft der DDR, Horst Sölle, auf der Leipziger Messe eine Liste von Vorschlägen zur praktischen Ausweitung des Handels zwischen der Bundesrepublik Deutschland und der DDR; im Jahre 1972 hatte der Umsatz im Innerdeutschen Handel (IDH) eine Höhe von über 5,3 Mrd. Verrechnungseinheiten erreicht.

14./15.3. Treffen zwischen einer Delegation des FDGB unter Leitung von Herbert Warnke und Vertretern des DGB in Düsseldorf.

15./16.3. Internationale Konferenz des ZK der SED zum 125. Jahrestag des Manifestes der kommunistischen Partei; vor den 45 Delegationen unterstreicht Kurt Hager, Mitglied des Politbüros und Sekretär des ZK der SED, die These vom unüberbrückbaren Gegensatz zwischen der sozialistischen Nation in der DDR und der fortbestehenden kapitalistischen Nation in der Bundesrepublik Deutschland.

15.-16.3. Internationale Wissenschaftliche Konferenz des ZK der SED anlässlich des 125. Jahrestages des Erscheinens des „Manifest der Kommunistischen Partei". An ihr nehmen Delegationen von 45 Bruderparteien teil. Das

„30.6.1973. Die umfassende Betreuung von 500 Rentnern in der Bergarbeitergemeinde Lobstädt, Bezirk Leipzig, zählt zu den ständigen Aufgaben der Gemeindevertretung und der Bürger des Ortes. Der Rat der Gemeinde befaßt sich regelmäßig mit Problemen der materiellen und kulturellen Betreuung der im Rentenalter stehenden Bürger. Dabei wird der Rat unterstützt von Betrieben, der Volkssolidarität, gesellschaftlichen Organisationen und von Arbeitern der Brigade ‚Ernst Thälmann' des Braunkohlenkombinats Borna. Zu den Aufgaben, die die Kumpel übernommen haben, gehört die Versorgung der Rentner mit zusätzlichem, kostenlosem Heizmaterial, das hier für das Ehepaar Waldhoff abgeladen wird. Das Heizmaterial stammt aus dem Deputat der Kumpel." (Originalunterschrift)

29.4. DEFA-Filmpremiere „Die Legende von Paul und Paula".

1973

Hauptreferat hält Kurt Hager (Das „Manifest der Kommunistischen Partei" und der revolutionäre Weltprozess).

18.-22.3. Erstsendung des Fernsehfilms „Die Brüder Lautensack" nach dem Roman von Lion Feuchtwanger (Regie: Hans-Joachim Kasprzik; Hauptdarsteller: Ctibor Fil_ik, Klaus Piontek).

18.-24.3. Max-Reger-Festtage anlässlich des 100. Geburtstages des Komponisten in Meiningen.

19.3. Festveranstaltung des Nationalrates der Nationalen Front der DDR anlässlich des 125. Jahrestages der Revolution von 1848/1849. Es referiert Albert Norden (Die geschichtlichen Lehren aus der bürgerlich-demokratischen Revolution von 1848/49 und ihre Verwirklichung in der DDR).

23.-24.3. VIII. Bundeskongress der Domowina in Bautzen. Zum 1. Sekretär des Bundesvorstandes wird Jurij Gros gewählt.

23.3. Käthe-Kollwitz-Preis der Akademie der Künste der DDR an René Graetz verliehen.

27.3. Uraufführung der Oper „Levins Mühle" von Udo Zimmermann (Regie: Harry Kupfer; Sänger: Günter Dressler, Wolfgang Hellmich, Hajo Müller, Karl-Heinz Stryczek, Helga Terner; Libretto: Ingo Zimmermann, nach dem Roman von Johannes Bobrowski).

29.3. Uraufführung der Oper „Das alltägliche Wunder" von Gerhard Rosenfeld (nach Jewgeni Schwarz) in Stralsund (Regie: Matthias Otto; Sänger: Ingeborg Otto, Walter Waehr, Erich Zdecklikiewitz).

4.4. Heinrich-Mann-Preis der Akademie der Künste der DDR an Ulrich Plenzdorf und Helga Schütz verliehen.

5.4. Komitee für Unterhaltungskunst durch den Minister für Kultur konstituiert. Zum Generaldirektor des Komitees wird Peter Czerny berufen.

23./24.4. Konferenz über das kulturelle Lebensniveau der Arbeiterklasse in der entwickelten sozialistischen Gesellschaft in Berlin (Ost), veranstaltet vom Institut für Gesellschaftswissenschaften beim ZK der SED, der Parteihochschule „Karl Marx" beim ZK der SED (PHS) in Zusammenarbeit mit der Humboldt-Universität in Berlin (Ost) und der Karl-Marx-Universität in Leipzig.

29.4. Premiere des DEFA-Films „Die Legende von Paul und Paula" in Berlin (Buch: Ulrich Plenzdorf; Regie: Heiner Carow; Hauptdarsteller: Angelica Domröse, Winfried Glatzeder).

4.5. Beschlüsse des Präsidiums des Bundesvorstandes des FDGB „Die gewerkschaftlichen Kulturhäuser zu Zentren des geistig-kulturellen Lebens entwickeln" und „Die Literaturpropaganda der Gewerkschaften verbessern und die Wirksamkeit der Gewerkschaftsbibliotheken erhöhen" angenommen.

4.5. Uraufführung von Volker Brauns Schauspiel „Hinze und Kunze" im Schauspielhaus Karl-Marx-Stadt (Regie: Piet Drescher; Hauptdarsteller: Jörg Gudzuhn, Gabriele Heinz, Horst Krause, Holger Mahlich).

5.-9.5. FDJ-Werkstatt der jungen Talente in Magdeburg.

5.5.-5.8. Bernhard-Heisig-Ausstellung in Dresden.

9.5. I. Triennale realistischer Malerei in Sofia eröffnet. Gerhard Kurt Müller aus der DDR erhält einen Preis für sein Bild „Die Interbrigadisten vor Teruel".

12./13.5. Freundschaftsbesuch von Breshnew in Berlin (Ost); Breshnew überreicht E. Honecker den Lenin-Orden, der ihm anlässlich seines 60. Geburtstages am 25.8.1972 verliehen worden war.

14.5. Ministerrat verabschiedet Verordnungen über sozialpolitische Maßnahmen (Frauen- und Übergangsrenten, Versicherungsschutz bei Unfällen, Leistungen in der Sozialfürsorge), die am 1.7.1973 in Kraft treten.

28./29.5. 9. Tagung des ZK der SED: Positive Bewertung des Grundlagenvertrages, Begründung für den Ausbau der NVA, Beratungen zur ideologischen Arbeit der SED.

„13.5.1973. Der Generalsekretär des ZK der KPdSU, Leonid Iljitsch Breshnew (l.) überreichte in der DDR-Hauptstadt den Lenin-Orden an Erich Honecker (2.v.l.), Erster Sekretär des ZK der SED. Die höchste Auszeichnung der UdSSR war Erich Honecker anläßlich seines 60. Geburtstages durch Erlaß des Präsidiums des Obersten Sowjets verliehen worden." (Originalunterschrift)

Ein Amerikaner sieht zur Messezeit in Leipzig eine lange Schlange vor einem Lebensmittelladen. „Bei uns kann man ohne weiteres alles kaufen", sagt er. – „Das war früher bei uns auch so. Da sehen Sie mal, wie weit die USA zurückgeblieben sind."

89

1973

30./31.5. Besuch des Vorsitzenden der SPD-Bundestagsfraktion, Herbert Wehner, und des Vorsitzenden der FDP-Bundestagsfraktion, Wolfgang Mischnick, in Berlin (Ost); gemeinsames Zusammentreffen beider Fraktionsvorsitzender mit Erich Honecker.

6.6. Festakt zur Ehrung Hanns Eislers anläßlich des 75. Geburtstages des Komponisten. Fernsehdokumentarfilm „Ändere die Welt, sie braucht es" ausgestrahlt.

6.6. Hanns-Eisler-Preis von Radio DDR an Friedrich Goldmann, Rainer Kunad, Hans-Joachim Schulze und Udo Zimmermann verliehen.

12.6. DDR beantragt Aufnahme in die UNO; die Bundesrepublik Deutschland stellt den entsprechenden Antrag am 15.6..

14.6. Zentralrat der FDJ berät Entwurf eines neuen Jugendgesetzes.

18.6. Die USA, die UdSSR, Großbritannien und Frankreich überreichen dem UN-Generalsekretär, Dr. Kurt Waldheim, den Text ihrer Viermächteerklärung über Berlin und Deutschland vom 9.11.1972, worin sie darauf verweisen, dass durch eine UNO-Mitgliedschaft beider deutscher Staaten ihre Rechte, Verantwortlichkeiten und Pflichten gegenüber Berlin und Deutschland als Ganzem nicht berührt werden.

18.-20.6. Offizieller Besuch einer polnischen Partei- und Regierungsdelega-

„19.4.1973. Der CSSR-Chefmonteur Bedrich Sep (l.) wurde anläßlich der Übergabe der Fließstrecke für Außenwandbauelemente im Betonwerk Grünau durch Konrad Naumann (2.v.r), Mitglied des ZK und 1. Sekretär der Bezirksleitung Berlin der SED, als ‚Aktivist der sozialistischen Arbeit' ausgezeichnet. Konrad Naumann charakterisierte die neue Anlage als ein Beispiel sozialistischer ökonomischer Integration zwischen der DDR und der CSSR. Die gesamte Ausrüstung der Fließstrecke stammt aus er befreundeten CSSR." (Originalunterschrift)

Nach ihren Siegen bei den Olympischen Spielen in München über 100 und 200 m durchbricht Renate Stecher als erste Frau die Schallmauer von 11 Sekunden. Am 7. 6. 1973 läuft sie in Ostrava über die 100 m in 10,9 sec.

tion unter Leitung von Edward Gierek und Piotr Jaroszewicz in der DDR, Veröffentlichung einer Deklaration zur Festigung der Freundschaft und zur Vertiefung der Zusammenarbeit zwischen der DDR und Polen am 21.6.

21.6. Vertrag über die Grundlagen der Beziehungen zwischen der Bundesrepublik Deutschland und der DDR tritt in beiden deutschen Staaten in Kraft; gleichzeitig werden mehrere Rechtsvorschriften zum Reiseverkehr zwischen der DDR und der Bundesrepublik, die vom Innenministerium der DDR am 14.6. erlassen wurden, rechtswirksam; sie betreffen u. a. Reisen von Bundesbürgern in die DDR (kleiner Grenzverkehr), Reisen von DDR-Bürgern in die Bundesrepublik bei dringenden Familienangelegenheiten und den grenzüberschreitenden Geschenkpaket- und -päckchenverkehr.

3.-7.7. Beginn der Konferenz über Sicherheit und Zusammenarbeit in Europa in Helsinki (1. Phase); zweimaliges Gespräch zwischen den Außenministern der Bundesrepublik Deutschland, Walter Scheel, und der DDR, Otto Winzer.

12.7. Otto-Nagel-Haus in Berlin eröffnet. Ab Juni 1982 ist es eine Abteilung der Nationalgalerie in Berlin und dient der Pflege proletarisch-revolutionärer und antifaschistischer Kunst.

23.7. Vatikan ernennt drei der vier in der DDR amtierenden bischöflichen Kommissare zu apostolischen Administratoren, die die Rechte und Pflichten von residierenden Bischöfen haben und direkt dem Heiligen Stuhl unterstellt sind; der jeweilige Sitz ist in Erfurt, Magdeburg und Schwerin; diese Gebiete gehörten bisher zu den Diözesen Fulda, Paderborn und Osnabrück.

28.7.-5.8. X. Weltfestspiele der Jugend und Studenten in Berlin. Es nehmen über 25 000 Delegierte und Gäste aus 140 Ländern aller Kontinente teil. Während der Weltfestspiele findet das Festival „PLX. Politische Lieder zu den X." statt, an dem sich 104 Solisten und Singegruppen aus 45 Ländern beteiligen.

28.7.-7.10. „Intergrafik 73" im Berliner Alten Museum. Die Ausstellung mit Werken bildender Künstler aus 48 Ländern hat 50 000 Besucher.

1973

31.7. Urteil des Bundesverfassungsgerichts zum Grundlagenvertrag.

1.8. Der Staatsratsvorsitzende der DDR, Walter Ulbricht, stirbt im Alter von 80 Jahren.

9.8. Beschluss des Ministerrates der DDR „Konzeption für die Entwicklung des geistig-kulturellen Lebens auf dem Lande, unter Berücksichtigung der weiteren sozialistischen Intensivierung der landwirtschaftlichen Produktion und des schrittweisen Übergangs zu industriemäßigen Produktionsmethoden".

24.8. Uraufführung von Armin Stolpers Schauspiel „Klara und der Gänserich" im Landestheater Halle (Regie: Ekkehard Kiesewetter).

Frage: Warum gibt es in der DDR immer noch keine staatlich geregelte Familienplanung? Antwort: Die Produktionsmittel liegen leider immer noch in privater Hand.

4.9. Die am 31.1. aus Beauftragten beider deutscher Staaten gebildete gemeinsame Grenzkommission beginnt bei Lübeck mit der Markierung der Grenze zwischen der Bundesrepublik Deutschland und der DDR; am 20.9. werden die Grundsätze zur Schadensbekämpfung an der Grenze sowie zur Instandhaltung und zum Ausbau der Grenzgewässer vereinbart.

18.9. DDR und Bundesrepublik Deutschland werden als 133. bzw. 134. Staat in die UNO aufgenommen.

21.9. DDR unterbricht als Reaktion auf den Militärputsch vom 11.9. ihre diplomatischen Beziehungen zu Chile.

2.10. 10. Tagung des ZK der SED: Beschluss über personelle Veränderungen im Politbüro, im Zentralkomitee, im Staatsrat und Ministerrat; Beratung eines Wohnungsbauprogramms für die Jahre 1976-1990.

3.10. Volkskammer wählt Willi Stoph zum Vorsitzenden des Staatsrats und H. Sindermann zum Vorsitzenden des Ministerrats und beschließt weitere personelle Veränderungen.

5.11. Finanzministerium ordnet mit Wirkung vom 15.11. die Verdoppelung der Mindestumtauschsätze pro Person und Tag für Bürger nichtsozialistischer Staaten beim Aufenthalt in der DDR einschließlich Berlins (Ost) an (von 10,- auf 20,- und von 5,- auf 10,- DM).

14.-16.11. VII. Kongress des Deutschen Schriftstellerverbandes in Berlin (Ost); Umbenennung in Schriftstellerverband der DDR, Wiederwahl von Anna Seghers zur Präsidentin.

11.12. Abschluss des Vertrages über die gegenseitigen Beziehungen zwischen der Bundesrepublik Deutschland und der CSSR.

Centrum Versandhaus, Katalog Frühjahr/Sommer 1973.

24.11.-1.12. XVI. Internationale Leipziger Dokumentär- und Kurzfilmwoche für Kino und Fernsehen. 183 Filme aus 47 Ländern werden gezeigt. Goldene Tauben erhalten „Madonna aus Romensk" (UdSSR), „Tay Ho – Das Dorf in der 4. Zone" (DDR), „Erzählung über den ersten Frühling" (UdSSR), „Südvietnam – a question of fortune" (Großbritannien), „Der Klang der Schultrommel" (DR Vietnam), „Die Erde von morgen" (UdSSR).

1974

1.1. Auf Anordnung des Innenministeriums müssen alle Kraftfahrzeuge im internationalen Verkehr das Kennzeichen „DDR" anstelle des bisherigen „D" tragen.

28.1. Volkskammer verabschiedet 3. Jugendgesetz.

14.2. Ministerrat beschließt Maßnahmen zur weiteren Verwirklichung des Gesetzes über den Ministerrat; in diesem Zusammenhang findet eine Regierungsumbildung statt.

16.2. Uraufführung der Oper „Einstein" von Paul Dessau (Libretto: Karl Mickel) an der Deutschen Staatsoper Berlin (Regie: Ruth Berghaus; Sänger: Theo Adam).

4.3. Uraufführung des Chile-Dokumentarfilms „Der Krieg der Mumien" (Buch und Regie: Walter Heynowski, Gerhard Scheumann) in Berlin und Havanna.

5.3. Literaturpreis des DFD an Gerhard Bengsch verliehen.

8.3. Premiere des DEFA-Films „Leben mit Uwe" in Leipzig (Buch und Regie: Lothar Warneke; Hauptdarsteller: Carl Heinz Choynski, Eberhard Esche, Karin Gregorek, Cox Habbema, Rolf Hoppe, Dieter Mann, Friedo Solter).

11.-12.3. 10. Kongress der Gesellschaft für Deutsch Sowjetische Freundschaft in Dresden. Zum Präsidenten der Gesellschaft wird Lothar Bolz wiedergewählt.

12.3. Konstituierung eines Wissenschaftlichen Rats für Jugendforschung unter Vorsitz des Direktors des Instituts für Jugendforschung in Leipzig, Prof. Dr. Walter Friedrich, in Berlin (Ost).

20.3.-30.6. Ausstellung „Realismus und Sachlichkeit -Aspekte deutscher Kunst 1919 bis 1933" in der Berliner Nationalgalerie.

26.3. Heinrich-Mann-Preis der Akademie der Künste der DDR an Kurt Batt und Gerhard Wolf verliehen.

4.4. Premiere des DEFA-Films „Der nackte Mann auf dem Sportplatz" (Buch: Wolfgang Kohlhaase, Konrad Wolf; Regie: Konrad Wolf; Hauptdarsteller: Kurt Böwe, Ursula Karusseit, Martin Trettau).

5.4.-2.5. 6. Berliner Internationale Fotoausstellung (bifota). An ihr beteiligen sich 482 Fotografen aus 40 Ländern.

10.4. Käthe-Kollwitz-Preis der Akademie der Künste der DDR an Wieland Förster verliehen.

18.4. „Kuratorium des Kulturfonds der DDR" konstituiert. Zu Mitgliedern des Kuratoriums werden die Präsidenten der Künstlerverbände, der Akademie der Künste der DDR, der Vorsitzende der Gewerkschaft Kunst, der 1. Bundessekretär des Kulturbundes der DDR und andere Persönlichkeiten des kulturellen Lebens berufen.

19.4. Uraufführung des Musicals „Eine Frau nach Maß" von Siegfried Schäfer am Metropol-Theater Berlin innerhalb der Woche des DDR-Musicals (13. bis 20. April).

25.4. Abschluss des Abkommens über den nichtkommerziellen Zahlungs- und Verrechnungsverkehr und des Gesundheitsabkommens (Anspruch auf kostenfreie ambulante und stationäre Behandlung für Reisende aus dem jeweils anderen deutschen Staat) zwischen der Bundesrepublik Deutschland und der DDR.

26.4. Gründung eines Wissenschaftlichen Rats für Umweltfragen unter Leitung von Prof. Dr. Heinz Mottek an der Akademie der Wissenschaften der DDR in Berlin (Ost).

30.4. Veröffentlichung des gemeinsamen Beschlusses des Politbüros des ZK der SED, des Ministerrats und des Bundesvorstands des FDGB über weitere Maßnahmen zur Durchführung des sozialpolitischen Programms des VIII. Parteitages der SED (u. a. wird der jährliche Mindesturlaub von 15 auf 18 Tage erhöht); außerdem wird der Beschluss des Ministerrats über Preissenkungen für verschiedene Textilien bekannt gegeben.

„28.7.1974. Moskauer Eis schmeckt auch den Berlinern gut. Trotz mäßigen Sommerwetters sind die Bänke am Fuße des Fernsehturm beliebter Aufenthaltsort für die Einwohner und Gäste der Hauptstadt." (Originalunterschrift)

2.5. Die „Ständigen Vertretungen" in Bonn und Berlin (Ost) nehmen gemäß dem Protokoll über die Errichtung der Ständigen Vertretungen vom 14.3.1974 offiziell ihre Tätigkeit auf; am 20.6. überreichen die Leiter der jeweiligen Ständigen Vertretungen der Bundesrepublik Deutschland, G. Gaus, und der DDR, Dr. M. Kohl, ihre Beglaubigungsschreiben.

8.5. Unterzeichnung des Protokolls über die Sportverhandlungen zwischen dem DSB der Bundesrepublik Deutschland und dem DTSB der DDR vom 20.3.1974 wonach gemeinsame Sportveranstaltun-

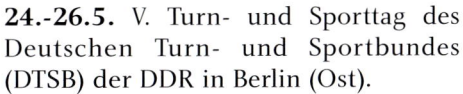

gen entsprechend den Bestimmungen und Gepflogenheiten des IOC und der internationalen Sportorganisation durchgeführt werden sollen und die Frage der Einbeziehung Berlins (West) in Übereinstimmung mit dem Viermächte-Abkommen vom 3.9.1971 geregelt werden soll.

15.-17.5. II. Soziologie-Kongress der DDR über den Beitrag der marxistisch-leninistischen Soziologie zur Leitung und Planung sozialer Prozesse bei der Gestaltung der DDR an der Humboldt-Universität in Berlin (Ost).

19.5. Kommunalwahlen auf der Kreis- und Gemeindeebene nach den Einheitslisten der Nationalen Front.

24.-26.5. V. Turn- und Sporttag des Deutschen Turn- und Sportbundes (DTSB) der DDR in Berlin (Ost).

27./28.5. Tagung des Anti-Apartheid-Sonderausschusses der UNO in Berlin (Ost).

31.5.-3.6. 9. Tanzfest der DDR in Rudolstadt, an dem 4 500 Volks- und Berufskünstler sowie Ensembles aus der UdSSR, der CSSR und der Ungarischen Volksrepublik teilnehmen.

7.6. Preis für künstlerisches Volksschaffen an 7 Kollektive und 9 Kunstschaffende verliehen, unter anderen an das Volkskunstensemble des Bandstahlkombinats „Hermann Matern" in Eisenhüttenstadt.

7.-9.6. 15. Arbeiterfestspiele im Bezirk Erfurt. 15000 Volks und 3000 Berufskünstler treten in 840 Veranstaltungen auf. Die Ausstellung „Arbeitskultur im sozialistischen Betrieb" hat ein breites thematisches Spektrum. Einschließlich der zugehörigen Veranstaltungen hat sie über 200 000 Besucher. Innerhalb der Konsultationsstelle für Kulturarbeit wird erstmalig ein Zentrum der Brigadetagebuchschreiber eingerichtet. 196 Goldmedaillen werden vergeben.

19.6. Kunstpreis der DDR an 19 Künstler und 2 Kollektive verliehen: Manja Behrens, Ursula Böttcher, Fritz Duda, Ludwig Engelhardt, Erich Gerlach, Manfred Heine, Helmut Hellstorf, Günther Herbig, Anita Hütter, Ernst Kahler, Siegfried Köhler, Kurt Robbel, Albin Schaedel, Ingeborg Springer, Hansgeorg Stengel, Helmut Straßburger, Wolfgang Strauß, Karl Thewalt, Lothar Warneke, Kollektiv des Films „Wer die Erde liebt", Kollektiv der Fernsehreihe „Klock 8, achtern Strom".

20.6. Protest des DDR-Außenministeriums gegen das vom Deutschen Bundestag am 19.6. verabschiedete Gesetz über die Errichtung eines Bundesamtes für Umweltschutz in Berlin (West).

26./27.6. Wirtschaftswissenschaftliche Konferenz des Instituts für Gesellschaftswissenschaften und des Zentralinstituts für Sozialistische Wirtschaftsführung beim ZK der SED (ZSW) zum Thema „Zur Wirkungsweise der ökonomischen Gesetze des Sozialismus und ihrer Ausnutzung durch die Leitung und Planung der Volkswirtschaft" in Berlin (Ost).

29.6. Grenzkommission der Bundesrepublik Deutschland und der DDR schließt Vereinbarung über den Grenzverlauf und den Fischfang in der Lübecker Bucht.

1.-4.7. Anlässlich des 250. Geburtstages von Friedrich Gottlieb Klopstock finden in Halle und Quedlinburg Festveranstaltungen sowie eine wissenschaftliche Konferenz an der Universität Halle-Wittenberg statt. Eröffnung des Klopstockhauses in Quedlinburg (2. Juli).

5.7.-11.8. I. Quadriennale des Kunsthandwerks sozialistischer Länder in

„5.7.1974. ‚Ich hab die kleinste Arbeit' jubelt Christina John und ist dabei keineswegs faul. Die Elektronikfacharbeiterin aus dem Frankfurter Halbleiterwerk benötigt zum Bearbeiten der Transistoranschlüsse ein Mikroskop. Alle Mitglieder der Abteilung Transtorenmontage haben Grund zur Freude. Mehr als eine Millionen der dringend benötigen Transistoren, die für den Bau von Rundfunk- und Fernsehgeräten sowie Datenverarbeitungsmaschinen gebraucht werden, wollen sie in diesem Jahr zusätzlich produzieren." (Originalunterschrift)

Bei den nordischen Weltmeisterschaften in Falun triumphiert Hans Georg Aschenbach sowohl auf der 70-Meter- als auch auf der 90-Meter-Schanze.

Eine amerikanische Delegation besucht das Ernst-Thälmann-Werk in Magdeburg. Vor der Fabrik steht ein großes Auto. Die Amerikaner fragen: „Wem gehört das Auto?" „Nun, dem Direktor." „Seltsam, bei uns ist das genau umgekehrt."

1974

Ein NVA-Offizier und ein sowjetischer Offizier finden bei einer Übung im Wald einen großen Goldklumpen. Der Russe: „Towarisch, teilen wir briederlich!" – „Nee, nee!", entgegnet der NVA-Offizier, „machen wir lieber halbe-halbe!"

Erfurt. Die Ausstellung umfasst 1500 Arbeiten von 370 Künstlern und hat etwa 300000 Besucher.

5.7.-25.8. Josef-Hegenbarth-Ausstellung anlässlich seines 90. Geburtstages in Schwerin.

12.7. Festveranstaltung zu Ehren des 100. Todestages von Fritz Reuter in seiner Geburtsstadt Stavenhagen.

18.-25.8. 4. Poetenseminar der FDJ in Schwerin.

27.8. Premiere des DEFA-Films „Die Wahlverwandtschaften" in Weimar nach dem Roman von Johann Wolfgang Goethe anlässlich des 225. Geburtstages des Dichters (Buch und Regie: Siegfried Kühn; Hauptdarsteller: Volkmar Kleinert, Christine Schorn, Horst Schulze, Hilmar Thate, Nico Turoff, Beata Tyszkiewicz, Magda Vasary, Gerry Wolff).

29.8.-8.9. Tage der Kultur der Sozialistischen Republik Rumänien in der DDR unter anderem mit einem Gastspiel des Folklore-Ensembles „Rapsodia Româna".

1.9. Wiedereröffnung des neugestalteten Grünen Gewölbes in Dresden.

2.-9.9. XXVI. Generalversammlung der Internationalen Vereinigung der Kunstkritiker (AICA) in Dresden und Berlin, an der 250 Wissenschaftler aus 26 Ländern teilnehmen.

3.9. Gründung des Instituts für Schauspielregie in Berlin, zu dessen Direktor Manfred Wekwerth berufen wird.

4.9. Aufnahme Diplomatischer Beziehungen zwischen den USA und der DDR.

14.9. Staatsbank der DDR beginnt mit der Ausgabe neuer Banknoten mit der Währungsbezeichnung „Mark der DDR" anstelle von „Mark der Deutschen Notenbank".

„Neues Deutschland – Dein bester Helfer bei der Planerfüllung. Die schärfste Waffe im Kampf um den Frieden". Plakat, 1974.

27.9. Volkskammer beschließt „Gesetz zur Ergänzung und Änderung der Verfassung der Deutschen Demokratischen Republik vom 7. Oktober 1974", wodurch u.a. der Begriff der deutschen Nation aus der Verfassung eliminiert wird; außerdem werden ein neues Gerichtsverfassungsgesetz, das am 1.11.1974 in Kraft tritt, verabschiedet und personelle Umbesetzungen im Ministerrat beschlossen.

5.-8.10. Feiern zum 25. Jahrestag der Gründung der DDR, zu denen u. a. eine sowjetische Partei- und Regierungsdele-

„*3.4.1974.* Anlagenfahrerin Brigitta Ebersbach arbeitet im Kollektiv der A-Schicht im Abschnitt ‚Band' der Adjustage des Eisenhüttenkombinats Ost. Während sich Brigitte am Tage beruflich mit dem Längsteilen von Stahlbändern beschäftigt, gehört ihre Freizeit dem Tanz. Die 18jährige Facharbeiterin tanzt in der Ballettgruppe des Kombinates, die sich auf ein Estradenprogramm zum 25. Jahrestag der DDR vorbereitet. Die junge Metallurgin für Formgebung wird sich ihrem Publikum an diesem Festtag mit modernen und klassischen Tänzen vorstelle." Der Traum vom allseitig gebildete, künstlerisch tätigen Menschen gehörte zur DDR-Wirklichkeit. Was manchmal etwas komisch wirken mochte, verdient, von heute her gesehen, noch immer Hochachtung." (Originalunterschrift)

1974

gation unter Leitung von L. Breshnew in der DDR weilt.

16.10. Ministerrat erlässt Verordnungen über Erhöhung des Mindesturlaubs von 15 auf 18 Tage ab 1975 sowie über Gewährung von Prämien für Schichtarbeit.

16.-18.10. Konsultativtreffen von Vertretern europäischer kommunistischer und Arbeiterparteien in Warschau zur Vorbereitung einer gemeinsamen Konferenz; Teilnahme einer Delegation der SED unter Leitung von H. Axen.

26.10. Anordnung des Finanzministeriums der DDR über Senkung der am 5.11.1973 verdoppelten Mindestumtauschsätze für Besucher der DDR und Berlins (Ost) mit Wirkung von 15.11. 1974 (13,-/6,50 DM).

6.-8.11. Wissenschaftliche Konferenz der Akademie der Wissenschaften der DDR zum 450. Jahrestag des deutschen Bauernkrieges in Erfurt.

12.-15.11. Offizieller Freundschaftsbesuch einer jugoslawischen Delegation unter Leitung von Tito in der DDR.

17.11. Hirtenbrief der katholischen Bischöfe in der DDR gegen das staatliche Erziehungsmonopol.

22.11. Abschluss eines Vertrags über den Austausch von Nachrichten zwischen dem Allgemeinen Deutschen Nachrichtendienst (ADN) und der Deutschen Presse-Agentur GmbH (dpa).

24.11.-16.2. 1975 Ausstellung „Caspar David Friedrich und sein Kreis" findet in der Dresdner Galerie Neue Meister statt.

„23.6.74 BRD/Hamburg: X Fußballweltmeisterschaft / 1. Finalrunde; Gruppe 1. Spiel DDR-BRD 1:0. So fiel der siegbringende Treffer für die DDR. Jürgen Sparwasser überwindet BRD-Torwart Maier (rechts am Boden), auch Verteidiger Vogts ist geschlagen. Jubelnd wirft Sparwasser die Arme hoch" (Originalunterschrift).

27.11. Beschluss des Sekretariats des ZK der SED „Aufgaben der Bezirks- und Kreisleitungen zur weiteren Entwicklung des gesellschaftlichen Lebens in den städtischen Wohngebieten" verabschiedet.

29.11.-2.2. 1975 Ausstellung „Junge Künstler '74" in Frankfurt (Oder) mit einem Forum über den Beitrag der jungen Künstlergeneration zum Kunstschaffen der DDR (später in Gera).

2.12. Vereinbarung über die Entwicklung von Beziehungen zwischen der Freien Deutschen Jugend (FDJ) und dem Verband der Jungdemokraten in der Bundesrepublik Deutschland.

9.12. Regierung der DDR unterbreitet der Bundesregierung Vorschläge „zur Förderung der internationalen Entspannung und zur weiteren Normalisierung der Beziehungen DDR-BRD", die u. a. Verbesserungen im Reiseverkehr beinhalten; am gleichen Tag überreicht die DDR-Regierung dem Senat von Berlin ein Aide-mémoire mit Vorschlägen für Verbesserungen im Berlin-Verkehr.

10.12. Durch eine Anordnung im Gesetzblatt der DDR werden Personen unter 16 Jahren und Personen im Rentenalter mit Wirkung vom 20.12.1974 vom Mindestumtausch beim Besuch der DDR und Berlins (Ost) wieder ausgenommen.

11./12.12. Unterzeichnung des Abkommens über Verbringung von Abfallstoffen von Berlin (West) in die DDR durch die West-Berliner Firma Consult GmbH und einen Außenhandelsbetrieb der DDR; Abschluss des Vertrages über Verbringung von Abwässern aus Berlin (West) in die DDR zwischen dem Senat von Berlin und der Regierung der DDR.

12.12. Unterzeichnung des Abkommens über Fortführung der Swing-Regelung im Handel zwischen der Bundesrepublik Deutschland und der DDR für 1976 bis 1981; die Höchstgrenze für den Swing (Überziehungskredit) wird auf 850 Millionen Verrechnungseinheiten festgelegt.

12./13.12. IV. Philosophie-Kongress der DDR zum Thema: „Objektive Gesetzmäßigkeit und bewusstes Handeln in der sozialistischen Gesellschaft" in Berlin (Ost).

19.-21.12. Vorbereitungstreffen für die geplante Konferenz der europäischen kommunistischen und Arbeiterparteien in Budapest; Teilnahme einer Delegation der SED unter Leitung von Paul Markowski.

22.12. Erstsendung des DEFA- und Fernsehfilms „Jakob der Lügner" nach dem Roman von Jurek Becker (Buch und Regie: Frank Beyer; Hauptdarsteller: Vlastimil Brodsky, Erwin Geschonneck, Henry Hübchen, Blanche Kommerell, Manuela Simon). Auf dem XXV. Internationalen Filmfestival in Westberlin erhält Vlastimil Brodsky 1975 den Preis für den besten Schauspieler.

1975

1.1. Vereinbarung zwischen dem Ministerium für Kultur und dem Bundesvorstand des FDGB über die Zusammenarbeit auf dem Gebiet der Literaturpropaganda und Literaturverbreitung sowie bei der Entwicklung des Bibliothekswesens.

13.-15.1. Konferenz des Ministeriums für Kultur mit den Ratsmitgliedern für Kultur der Räte der Bezirke, Kreise, Städte und Stadtbezirke in Karl-Marx-Stadt. Zu Grundfragen der Kulturpolitik referiert Hans-Joachim Hoffmann.

20.1. Ernennung von Otto Fischer zum Außenminister der DDR anstelle des zurückgetretenen Otto Winzer.

23.1. Übermittlung einer Protestnote der Regierung der DDR an die Bundesregierung in bezug auf die „Aktivitäten der BRD, die darauf gerichtet sind, die Beziehungen der DDR zu dritten Staaten zu stören" (Vorbereitung eines Konsularvertrages zwischen Österreich und der DDR, in dem von einer eigenen DDR- Staatsbürgerschaft ausgegangen wird).

23.1. Beginn von Verhandlungen über die Ausbeutung eines Erdgasvorkommens im Gebiet Wustrow (Bundesrepublik)/Salzwedel (DDR).

24.1. Unterzeichnung eines Abkommens über Zusammenarbeit auf dem Gebiet des Gesundheitswesens zwischen Österreich und der DDR in Wien.

9.-15.2. 5. Festival des politischen Liedes in Berlin. Als Gäste nehmen Sänger und Gruppen aus 25 Ländern, darunter aus Chile, Finnland, Griechenland, Dänemark und Japan, teil.

21.2. Zurückweisung der Protestnote der DDR-Regierung zur Frage der konsularischen Betreuung von Deutschen im Ausland vom 23.1.

13.-15.3. Einweihung einer Gedenkstätte und Festakt (Festansprache von Politbüromitglied Kurt Hager) anlässlich des 450. Jahrestages des deutschen Bauernkrieges in Mühlhausen/Thüringen.

20.3. DDR-Staatsrat beschließt, der Volkskammer eine Verlängerung der Legislaturperiode der Bezirkstage von 4 auf 5 Jahre zwecks Angleichung an die der Volkskammer vorzuschlagen.

21.-23.3. Beratung der Liga für Völkerfreundschaft der DDR mit den Präsidenten von 25 Freundschaftsgesellschaften in Berlin (Ost).

26.3. Unterzeichnung des Konsularvertrages zwischen der DDR und Österreich in Berlin (Ost).

5.4. Beginn des einwöchigen Besuchs einer Delegation der IG Metall im FDGB auf Einladung der IG Metall des DGB in der Bundesrepublik Deutschland.

„30.7. bis 1.8.1975. Helsinki. Konferenz für Sicherheit und Zusammenarbeit in Europa. Unterzeichnung des Schlußdokuments. (v.l.n.r.): Helmut Schmidt, Bundeskanzler der Bundesrepublik Deutschland; Erich Honecker, Erster Sekretär des ZK der SED und Vorsitzender des Staatsrates der DDR; Gerald Ford, Präsident der Vereinigten Staaten von Amerika; Bruno Kreisky, Bundeskanzler der Republik Österreich." (Originalunterschrift)

22.4. Gemeinsamer Beschluss des ZK der SED, des Staatsrats und Ministerrats, aus Anlass des 30. Jahrestages der Befreiung den 9. Mai 1975 als Staatsfeiertag festlich zu begehen; zwischen März und Mai 1975 finden in der DDR aus gleichem Anlass zahlreiche Tagungen und Festveranstaltungen statt.

23.-25.4. 6. Baukonferenz des ZK der SED und des Ministerrates der DDR in Berlin. Es nehmen 2 000 Bauschaffende teil. Erich Honecker hält das Schlußwort (Unsere ganze Politik dient dem Wohle der Arbeiterklasse und aller Werktätigen).

23.-29.4. Tage der Freundschaft und Kultur der CSSR in der DDR.

26.4. DDR-Erstaufführung von Arnold Schönbergs Oper „Moses und Aron" in der Dresdner Staatsoper (Regie: Harry Kupfer; Sänger: Reiner Goldberg, Werner Haseleu).

28.4. Wahl von Harry Tisch, Kandidat des Politbüros der SED, zum Vorsitzen-

22.12. DEFA-Filmpremiere „Jakob der Lügner".

1975

den des Bundesvorstands des Freien Deutschen Gewerkschaftsbundes (FDGB) anstelle des am 26.3. verstorbenen Herbert Warnke.

1.5. Als erstes regionales Folklorezentrum in der DDR wird beim Bezirkskabinett für Kulturarbeit Magdeburg das Zentrum Harzer Volkskunst (ab 1979 in Zentrum Harzer Folklore umbenannt) gegründet.

5.-10.5. I. Festival des künstlerischen Volksschaffens sozialistischer Länder in 14 Städten der DDR aus Anlass des 30. Jahrestages der Befreiung vom Faschismus. Ensembles aus neun Ländern führen ihre Programme vor.

6.-10.5. Anlässlich des 30. Jahrestages der Befreiung vom Hitlerfaschismus durch die Sowjetarmee finden zahlreiche Kulturveranstaltungen und Festaufführungen statt, unter anderem das Gastspiel des Alexandrow-Ensembles.

9.-23.5. I. Vogtländische Musiktage in Markneukirchen, Klingenthal und Plauen mit verschiedenen Wettbewerben der Volksmusik. Sie finden in der Folge jährlich statt.

„22.8.1975. Ein Besuch der Krämerbrücke im historischen Stadtkern von Erfurt wird mit Sicherheit zum Programm vieler Besucher der vom 23.8. bis 21.9.1975 stattfindenden ‚iga 745' gehören. Die Internationale Gartenausstellung wird auch in diesem Jahr wieder Zehntausende in ihren Bann ziehen. Als Bildungs- und Informationsstätte des sozialistischen Gartenbau wird sie Fachleuten und Hobbygärtnern gleichermaßen als Studienstätte dienen." (Originalunterschrift)

Ein Esel und ein Trabant treffen sich.
„Guten Tag, Auto!", sagt der Esel.
„Guten Tag, Pferd!", sagt der Trabant.
„Nanu!", staunt der Esel,
„Warum sagst du Pferd zu mir?"
„Du sagst ja auch Auto zu mir."

13.-17.5. Erstsendung des Fernsehfilms „Broddi" von Benito Wogatzki (Buch und Regie: Ulrich Thein; Hauptdarsteller: Kurt Böwe, Christian Grashof, Jenny Gröllmann, Klaus Manchen, Jochen Thomas).

16.-25.5. Tage der Freundschaft und Kultur der UdSSR in der DDR aus Anlass des 30. Jahrestages der Befreiung vom Faschismus. Zahlreiche Veranstaltungen finden in Berlin sowie in allen Bezirken statt. In Halle findet das 3. Festival der Freundschaft zwischen der Jugend der UdSSR und der DDR statt (14. bis 19. Mai).

21./22.5. Offizieller Besuch von Gaston Thorn, Präsident der Regierung und Außenminister von Luxemburg, in der DDR.

30.5.-2.02. Kohle- und Energiekonferenz des ZK der SED und des Ministerrats in Leipzig eröffnet. Beratung von Intensivierungsmaßnahmen in der Energiewirtschaft und beim Energieverbrauch.

5.6. 14. Tagung des ZK der SED: Einberufung des IX. Parteitags der Sozialistischen Einheitspartei Deutschlands (SED) zum 18.-22.5.1976, Festlegung der Parteiwahlen für den 1.12.1975-4.4.1976.

5.6. Uraufführung der Komödie „Rom oder Die zweite Erschaffung der Welt" von Claus Hammel am Rostocker Volkstheater (Regie: Hanns Anselm Perten; Hauptdarsteller: Jürgen Reimer, Christine van Santen, Manfred Schlosser, Karin Seybert, Thomas Weisgerber).

6.6.-17.8. Ausstellung „Farbige Grafik in der DDR" im Staatlichen Museum Schwerin.

12.6. Kunstpreis des FDGB an 16 Kunstschaffende und 5 Kollektive verliehen: Helmut Baierl, Horst Bastian, Henry R. Berg, Siegfried Besser, Günther Brendel, Eberhard Hückstädt, Günter Kochan, Eva Lippold, Rudolf Lukowsky, Armin Münch, Dieter Rex, Wolfram Schubert, Willi Sitte, Werner Steinberg, Siegfried Stolte, Walter Womacka, das Betriebsfilmstudio des VEB Braunkohlenbohrungen und Schachtbau Welzow, Keramikzirkel in Waren-Klink, Kollektiv des DEFA-Studios für Kurzfilme, Kollektiv des Films „Zum Beispiel Josef", Zirkel schreibender Arbeiter der Leuna-Werke „Walter Ulbricht".

19.6. Volkskammer verabschiedet neues Zivilgesetzbuch und das Einführungsgesetz dazu sowie die neue Zivil-Prozessordnung, die am 1.1.1976 in Kraft treten; außerdem wird die Verlängerung der laufenden Wahlperiode der Bezirkstage um ein Jahr beschlossen.

26.7. Unterzeichnung der Abmachung über die Koordinierung der Volkswirtschaftspläne der UdSSR und DDR von 1976 bis 1980 in Moskau; entsprechende Abkommen wurden bzw. werden zwischen der DDR und den anderen RGW-Staaten abgeschlossen.

30.7.-1.8. KSZE-Gipfeltreffen in Helsinki; Unterzeichnung der Schlussakte

1975

durch die Bundesrepublik Deutschland und die DDR; zwei Gespräche zwischen Bundeskanzler Helmut Schmidt und dem Vorsitzenden des Staatsrats der DDR, Erich Honecker.

31.7.-21.9. Arno-Mohr-Ausstellung in der Akademie der Künste der DDR in Berlin mit mehr als 300 Grafiken und Gemälden des Künstlers.

1.8. Unterzeichnung der Schlussakte der Konferenz über Sicherheit und Zusammenarbeit in Europa (KSZE) in Helsinki.

1.8.-30.9. Erstes Internationales Bildhauersymposium Hoyerswerda. Vertreter aus acht europäischen sozialistischen Ländern und Kuba nehmen teil. Es findet künftig alle zwei Jahre statt.

18.-24.8. 5. Poetenseminar der FDJ in Schwerin.

29.8.-9.11. Ausstellung „Bauerndarstellungen. Aus fünf Jahrhunderten" in Schwerin.

31.8. Uraufführung der Oper „Der Schatten" von Fritz Geißler nach Jewgeni Schwarz in Leipzig (Libretto: Günther Lohse).

2.9. Preis für künstlerisches Volksschaffen an 7 Kollektive und 5 Kunstschaffende verliehen, unter anderen an den FDGB-Chor Strausberg und den Zirkel für bildnerisches Volksschaffen der NVA Neubrandenburg.

12.-14.9. 4. Schlagerfestival sozialistischer Länder „Dresden 75". Erste Preise erhalten Veronika Fischer (DDR) und Irina Ponarowskaja (UdSSR).

16.-23.9. III. Internationales Bach-Fest der DDR in Verbindung mit dem 50. Bach-Fest der Neuen Bachgesellschaft in Leipzig. Die zahlreichen Konzerte in- und ausländischer Künstler sind dem 225. Todestag Johann Sebastian Bachs gewidmet. Auf einer wissenschaftlichen Konferenz beraten Teilnehmer aus 13 Ländern über Werk und Wirkung Johann Sebastian Bachs. Es referiert Werner Felix.

19.9. Der Dokumentarfilm „Mädchen in Wittstock" (Buch: Richard Ritterbursch; Regie: Volker Koepp) läuft in den Filmtheatern an.

„Zu den Berliner Festtagen 1975 hat ‚Das Jahrmarktsfest zu Plundersweilerny' von Peter Hacks nach Goethe am 11.10.1975 in den Kammerspielen des Deutschen Theaters Premiere. Szene mit Dieter Franke, Eberhrad Esche und Cox Habbema." (Originalunterschrift)

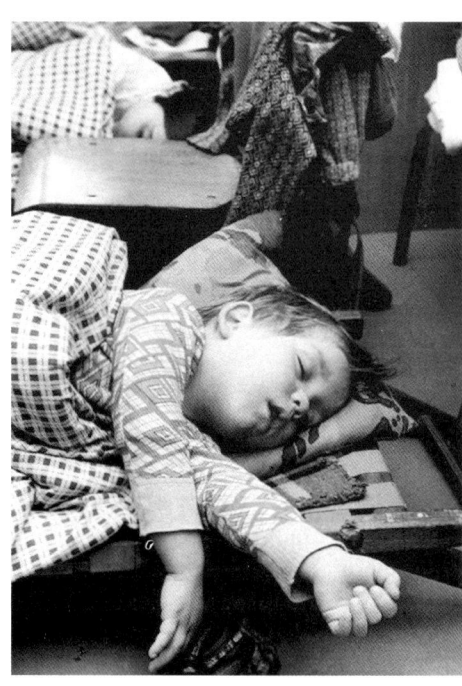

„20.3.1975. Daß heute der kleine Mirko Bessert im neuerbauten Kindergarten mit seinen 72 Plätzen ruhig schlafen und leben kann, dafür sorgten am 23.3.1945 die Soldaten der Sowjetarmee, die den Ort Kietz nach opferreichen Kämpfen vom Faschismus befreiten. Inzwischen hat sich die Gemeinde zu einem modernen sozialistischen Dorf entwickelt." (Originalunterschrift)

19.9. Der Dokumentarfilm „Meiers Nachlass" (Buch und Regie: Walter Heynowski, Gerhard Scheumann) läuft in den Filmtheatern an. Auf dem X. Internationalen Filmfestival in Moskau erhält der Film 1977 den Goldenen Preis (21. Juli).

19.-26.9. 3. Tage des sozialistischen Films im Bezirk Karl-Marx-Stadt unter anderem mit Aufführungen des DEFA-Films „Ikarus" (Buch und Regie: Heiner Carow; Hauptdarsteller: Peter Aust, Karin Gregorek, Rolf Hoppe, Peter Welz) und des sowjetischen Films „Kaiina Krasnaja".

21.9.-31.12. Ausstellung zum Thema „Der Bauer und seine Befreiung – Kunst vom 15. Jahrhundert bis zur Gegenwart" im Dresdner Albertinum.

23.-25.9. VII. Konferenz der Kulturminister sozialistischer Länder in Bukarest.

24.9. Auf der UNO-Vollversammlung in New York bringen die Außenminister der Bundesrepublik Deutschland, H.-D. Genscher, und der DDR, O. Fischer, die unterschiedlichen Standpunkte ihrer Regierungen zur deutschen Frage zum Ausdruck

27.9. Uraufführung des Balletts „Schwarze Vögel" von Georg Katzer an der Komischen Oper Berlin (Libretto: Bernd Köllinger; Choreographie: Tom Schilling; Tänzer: Hannelore Bey, Roland Gawlik).

29.9. Lessing-Preis an Hermann Kahler und Heiner Müller verliehen.

3.10. DDR beschließt wegen der Vollstreckung von Todesurteilen an Regimekritikern in Spanien, die Diplomatischen Beziehungen zu Spanien mit sofortiger Wirkung zu unterbrechen; am 25.9. hatten das Zentralkomitee der SED, der Staatsrat und der Ministerrat in einem Schreiben an Staatspräsident Franco und Ministerpräsident Navarro die Aufhebung der Todesurteile und die Freilassung der Regimegegner gefordert.

6.-13.10. Offizieller Freundschaftsbesuch einer Partei- und Staatsdelegation der DDR unter Leitung von E. Honecker in der UdSSR, am 7.10. unterzeichnen L. Breshnew und E. Honecker einen neuen Vertrag über Freundschaft, Zusammen-

1975

arbeit und gegenseitigen Beistand zwischen der DDR und der UdSSR.

7.10. Der 26. Gründungstag der DDR wird erstmals als Nationalfeiertag begangen.

8.-10.10. Wissenschaftliche Konferenz „Grundlagen der sozialistischen Persönlichkeitsentwicklung junger Arbeiter und Studenten", an der Wissenschaftler und Repräsentanten von Jugendverbänden aus mehreren sozialistischen Ländern teilnehmen, in Leipzig.

12.10. Kongress der Arbeiterjugend der DDR, veranstaltet von FDJ und FDGB, in Berlin (Ost). Beschlüsse zur Vorbereitung des IX. Parteitags der SED. Aufforderung zur Planerfüllung und Wettbewerb.

12.10. Gespräch zwischen dem ÖTV-Vorsitzenden Heinz Klunker und dem Vorsitzenden der DDR-Gewerkschaft der Mitarbeiter der Staatsorgane und der Kommunalwirtschaft, Heinz Bartsch, in Berlin (Ost).

13.-17.10. Besuch einer Delegation des Deutschen Sportbundes der Bundesrepublik unter Leitung seines Präsidenten Willi Weyer in der DDR.

20.-25.10. Weltkongress im „Internationalen Jahr der Frau" mit ca. 2000 Delegierten aus 135 Ländern in Berlin (Ost). Thema: Gleichberechtigung – Entwicklung – Frieden.

26.10. VII. Kongress der Internationalen Demokratischen Frauenföderation (IDFF) mit über 500 Delegierten aus 95 Ländern in Berlin (Ost): Verabschiedung eines Perspektivplans über künftige Aktionen der IDFF. Wahl der Leitungsgremien.

Bei den Weltmeisterschaften in Cali 1975 holt sich die 17jährige Schülerin Cornelia Ender bereits vier Goldmedaillen, bevor sie 1976 bei den Olympischen Spielen in Montreal mit viermal Gold und einmal Silber die erfolgreichste Teilnehmerin wird.

29.10. Übereinkunft zwischen der Regierung der DDR und dem Senat von Berlin über gegenseitige Hilfeleistung bei Unglücksfällen in den Gewässern an der Berliner Sektorengrenze.

29.10. Politbüro des ZK der SED und Ministerrat beschließen, als staatliche Auszeichnung den Ehrentitel „Held der Deutschen Demokratischen Republik" für „Heldentaten bei der Gewährleistung des militärischen Schutzes und der staatlichen Sicherheit" zu stiften.

30.10. Eröffnung des IV. Festivals des sowjetischen Kino- und Fernsehfilms in der DDR. Gezeigt werden unter anderem „Töchter und Mütter", „Die Prämie" und „Sie kämpften für die Heimat". – Uraufführung der Szenenfolge „Die Schlacht" von Heiner Müller an der Volksbühne Berlin (Regie: Manfred Karge und Matthias Langhoff; Hauptdarsteller: Hermann Beyer, Ursula Karusseit).

5.11. Kunstpreis der Gesellschaft für Deutsch-Sowjetische Freundschaft erstmalig an Kollektive und Künstler verliehen. Zu den Preisträgern gehören unter anderem das Maxim Gorki Theater Berlin und das Zentrale Gesangs- und Tanzensemble der Gruppe der sowjetischen Streitkräfte in Deutschland.

7.11. Monika Hauff und Klaus-Dieter Henkler erhalten beim Internationalen Chansonwettbewerb in Paris den „Grand prix de Paris" für ausländische Teilnehmer.

13.-14.11. VII. Kongress des Bundes der Architekten der DDR in Berlin. Das Hauptreferat hält Wolfgang Urbanski, der auch zum neuen Präsidenten des Bundes gewählt wird.

Das DDR-Fernsehen sendet drei Arten von Nachrichten: wahre, wahrscheinliche und unwahrscheinliche. Zur ersten Kategorie gehört die Zeitansage, zur zweiten die Wettervorhersage. Der Rest gehört zur dritten Kategorie.

14.-20.11. Festtage der DDR-Dramatik in der UdSSR. 120 Theater stellen Neuinszenierungen von Stücken der Gegenwart und des Erbes vor, unter anderen Werke von Bertolt Brecht, Rainer Kerndl, Alfred Matusche, Rudi Strahl und Erwin Strittmatter.

26.11. Anna Seghers erhält anlässlich ihres 75. Geburtstages den Kulturpreis des Weltfriedensrates.

16.12. Ausweisung des in Berlin (Ost) akkreditierten „Spiegel"-Korrespondenten Jörg Mettke wegen Verstoßes gegen die Korrespondenten-Verordnung der DDR sowie wegen „grober Verleumdung" der DDR im Zusammenhang mit „Spiegel"-Berichten über Zwangsadoptionen.

19.12. Vereinbarung zwischen der Bundesrepublik Deutschland und der DDR über Verbesserungen im Berlin-Verkehr, u. a. wird die Grunderneuerung der Autobahn Berlin-Marienborn vereinbart.

1976

Januar Ausstellung mit Werken von Max Schwimmer im Leipziger Museum der Bildenden Künste. Gezeigt werden mehr als 300 Arbeiten des Malers und Grafikers.

1.1. Inkrafttreten des neuen Zivilgesetzbuches (ZGB) der DDR, das das bisher auch in der DDR partiell noch geltende BGB ersetzt.

14.-16.1. Veröffentlichung der am 26.11. auf der 16. Tagung des ZK der SED verabschiedeten Dokumente, des Entwurfs des neuen Programms der SED, des Entwurfs der Direktive des IX. Parteitags der SED zur Entwicklung der Volkswirtschaft der DDR 1976-1980, des Entwurfs eines neuen Statuts der Sozialistischen Einheitspartei Deutschlands (SED).

19.1. Ausstellung mit Arbeiten von Lea Grundig im Berliner Ausstellungszentrum am Fernsehturm eröffnet. Gezeigt werden 550 Grafiken der Künstlerin.

21.1. Ehrung E. T. A. Hoffmanns anlässlich des 200. Geburtstages des Dichters mit einer Gedenkveranstaltung der Akademie der Künste der DDR. Vortrag Franz Fühmanns.

29.1.-29.2. 1. Zentraler Leistungsvergleich der Arbeitertheater in mehreren Städten. Weitere Leistungsvergleiche alle zwei Jahre anlässlich der Arbeiterfestspiele.

1.2. Ausstellung „Progressive Kunst – Künstler der BRD stellen aus" im Karl-Marx-Städter Museum eröffnet. Gezeigt werden 200 Werke von 107 Künstlern.

3.2. Beschluss des Politbüros des ZK der SED „Aufgaben zur Entwicklung der Hauptstadt der DDR, Berlin, bis 1990".

4.-15.2. Olympische Winterspiele in Innsbruck. Mit insgesamt 19 Medaillen belegt die DDR hinter der UdSSR den 2. Platz im Medaillenspiegel. Im Zweierbob

---

Auf dem Alexanderplatz gibt es jetzt Bananenautomaten. Wenn man oben eine Banane reinsteckt, kommen unten zwei Mark raus.

---

gewinnen Nehmer/Germeshausen überlegen die Goldmedaille.

7.-14.2. 6. Festival des politischen Liedes in Berlin. Es nehmen 40 Gruppen aus 30 Ländern teil, unter anderem aus der UdSSR, aus Chile, Finnland, Angola, Irak und Kuba.

13.2. Der Dokumentarfilm „Ich sprach mit einem Mädchen" (Buch/Regie: Winfried Junge) läuft in den Filmtheatern an.

13.2. Uraufführung der Szenen „Handbetrieb" von Paul Gratzik an der Volks-

bühne Berlin (Regie: Ernstgeorg Hering, Helmut Straßburger; Hauptdarsteller: Peter Dommisch, Günter Junghans, Ursula Karusseit, Hans Teuscher).

17.2. DDR-Erstaufführung des Stückes „Protokoll einer Sitzung" von Alexander Gelman am Landestheater Halle (Regie: Michael Fincke, Peter Handke).

20.-22.2. 1. Zentraler Leistungsvergleich der Blasorchester in Magdeburg. Weitere Leistungsvergleiche alle zwei Jahre anlässlich der Arbeiterfestspiele.

20.-24.2. 2. DDR-Musiktage in Berlin. Es finden 16 Konzerte und Theateraufführungen statt, unter anderen mit Uraufführungen von Werken von Reiner Bredemeyer, Paul Dessau, Paul-Heinz Dittrich und Wolfgang Strauß.

14.3. Auf der in Leipzig eröffneten Frühjahrsmesse ist die Bundesrepublik Deutschland nach der DDR größter Aussteller; die DDR-Behörden verweigern drei Korrespondenten des Deutschlandfunks und der Deutschen Welle am 12.3. die Akkreditierung als Messe-Berichterstatter, woraufhin Bundeswirtschaftsminister Hans Friderichs, Staatssekretär Carsten Detlef Rohwedder und der niedersächsische Finanzminister Walter Leisler Kiep ihren Messe-Besuch am 15.3. vorzeitig abbrechen; am 18.3. trifft der Präsident des Deutschen Industrie- und Handelstages, O. Wolff von Amerongen, mit DDR-Außenhandelsminister H. Sölle zusammen.

„*10.6.1976. Die 100millionste Tonne sowjetisches Erdöl aus der Erdölleitung ‚Freundschaft' wird am 10.6.1976 in Schwedt eintreffen. Die 1. Anlagenfahrerin im Kollektiv ‚Leninaufgebot 70', hier mit ihrem Schichtleiter, hat große Anteile an den guten Wettbewerbserfolgen ihrer Kollegen an der Aromatenanlage. Neben ihrer Tätigkeit als stellvertretender FDJ-Sekretär spielt die 25jährige Ursula in der ‚Retorte', dem Kabarett des Stammbetriebs des PCK Schwedt."* (Originalunterschrift)

26.3. Käthe-Kollwitz-Preis der Akademie der Künste der DDR an Harald Metzkes verliehen.

26.3. Heinrich-Mann-Preis der Akademie der Künste der DDR an Annemarie Auer und Siegfried Pitschmann verliehen.

27.3. (Welttag des Theaters) „Entdeckungen" im Mecklenburgischen Staats-

1976

theater Schwerin mit acht Stücken und Programmen, unter anderen von Alexander Gelman, Regina Weickert und Franz Xaver Kroetz.

30.3. Unterzeichnung des Post- und Fernmelde-Abkommens zwischen der Bundesrepublik Deutschland und der DDR einschließlich dazugehöriger Verwaltungsabkommen; das Abkommen tritt am 1.7.1976 in Kraft.

1.4. Mitteilung des Bundesministers für innerdeutsche Beziehungen, Egon Franke, dass die Bundesregierung im Jahre 1975 durch Verhandlungen mit der DDR die Ausreise von 5499 Personen, darunter mehr als 1000 Kinder, in die Bundesrepublik sowie die Freilassung und Ausreise von 1200 politischen Gefangenen aus der DDR erwirkt hat.

8.4. Gespräch über Fragen des Entspannungsprozesses und der Abrüstung zwischen Mitgliedern des Vorstandes und des Präsidiums der Synode des Bundes der evangelischen Kirchen in der DDR und dem DDR-Staatssekretär für Kirchenfragen, Hans Seigewasser.

15.4. Erweiterungen der Befugnisse des Ministerrats auf Kosten des Staatsrats sind nach Veröffentlichung im Gesetzblatt der DDR mit Wirkung vom 1.4.1976 in Kraft getreten.

23.4. Eröffnung des Palastes der Republik am Marx-Engels-Platz in Berlin (Ost).

„13.3.1976. In der Berliner Stadtbibliothek kann man im Lesesaal häufig solche typischen ‚Bücherwürmer' antreffen. In der größten staatlichen Allgemeinbibliothek der DDR-Hauptstadt werden zur Zeit fast 40 000 Leser im Hauptgebäude gezählt. Das Haus in der Breiten Straße verfügt neben der Buchausleihe und dem Lesesaal auch über eine Musikbibliothek, eine Phonothek und eine Artothek. In der zentralen Zeitschriftenauswertung der Stadtbibliothek werden rund 20 000 Artikel aus mehr als 300 Zeitungen und Zeitschriften der DDR ausgewertet und ausgewiesen." (Originalunterschrift)

4.5. Unterzeichnung eines Konsularabkommens zwischen der DDR und Großbritannien in Berlin (Ost); zwischen der Bundesrepublik und der britischen Regierung wurde in diesem Zusammenhang festgestellt, dass jeder Deutsche im Sinne von Art. 116 GG auch weiterhin den konsularischen Schutz der Bundesrepublik Deutschland in Anspruch nehmen kann.

9.5.-30.6. II. Triennale der realistischen Malerei in Sofia. 241 Künstler aus 19 Ländern zeigen 371 Werke der bildenden Kunst. Einen der Hauptpreise erhält Werner Tübke für das Bild „Chilenisches Requiem".

10.5. Erster Fünf-Jahres-Plan für kulturelle und wissenschaftliche Zusammenarbeit zwischen der DDR und der Mongolischen Volksrepublik unterzeichnet.

14.-31.5. V. Internationaler Johann-Sebastian-Bach-Wettbewerb in Leipzig. Es beteiligen sich 176 junge Instrumentalisten und Sänger aus 27 Ländern. Goldmedaillen erhalten Michail Woltschok (UdSSR), Elisabeth Ullmann (Österreich), Carola Nossek (DDR), Waldemar Wild (DDR), Nilla Pierrou (Schweden) und Alexander Rudin (UdSSR).

18.-22.5. IX. Parteitag der SED im Palast der Republik in Berlin. Erich Honecker erstattet den Bericht des ZK der SED an den IX. Parteitag. Der Parteitag beschließt ein neues Programm und ein neues Statut der SED. Zum Generalsekretär des ZK der SED wird Erich Honecker wiedergewählt. Der Parteitag orientiert auf eine weitere planmäßige Verbesserung der Arbeits- und Lebensbedingungen der Werktätigen, so auf die Verlängerung des bezahlten Wochen- und Schwangerschaftsurlaubs von 18 auf 26 Wochen, auf Festlegungen zur schrittweisen Einführung der 40-Stunden-Ar-beitswoche, zur Verlänge-

„31.1.1976. Sein 25jähriges Betriebsjubiläum begeht am 1.2.1976 Willi Arlt, 1. Schmelzer und Gewerkschaftsvertrauensmann in der C-Schicht der Hochofengruppe de Eisenhüttenkombinats Ost in der Eisenhüttenstadt. Von seinen Kollegen wird er wegen seines hohen fachlichen Könnens und seiner Ausgeglichenheit sehr geschätzt. Seit 1962 gehört er der SED an und ist auch Mitglied der Kampfgruppe der Arbeiterklasse. Zusammen mit seinem Kollektiv hat sich Willi Arlt zu Ehren des IX. Parteitages der SED vorgenommen, den Kampf um die Qualitätsmedaille in Bronze erfolgreich zu führen." (Originalunterschrift)

1976

rung des Erholungsurlaubs sowie zur Erhöhung des Mindestlohnes.

19.5. Unterzeichnung der Vereinbarung über den Abbau eines grenzüberschreitenden Braunkohlevorkommens im Raum Helmstedt (Bundesrepublik)/Harbke (DDR).

27.5. Gemeinsamer Beschluss des ZK der SED, des Bundesvorstands des FDGB und des Ministerrats über weitere planmäßige Verbesserungen der Arbeits- und Lebensbedingungen der Werktätigen im Zeitraum 1976-1980; als wichtigste sozialpolitische Maßnahmen werden u. a. die Erhöhung der Mindestlöhne und Mindestrenten sowie Maßnahmen zur Förderung berufstätiger Mütter beschlossen.

27.-30.5. IV. Festival der sorbischen Kultur in Bautzen. 6 000 Mitwirkende aus 122 Volkskunstkollektiven zeigen vor etwa 120000 Besuchern 135 Veranstaltungen.

29.5. Uraufführung des Schauspiels „Tinka" von Volker Braun im Städtischen Theater Karl-Marx-Stadt (Regie: Hartwig Albiro).

30.5. Uraufführung des Stückes „Die Bauern" von Heiner Müller an der Volksbühne Berlin (Regie: Fritz Marquardt; Hauptdarsteller: Hermann Beyer, Winfried Glatzeder, Jürgen Holtz, Günter Junghans, Werner Tietze).

30.5. Ausstellung „Junge Künstler der DDR 1976" mit Malerei, Grafik, Plastik, Kunsthandwerk, Formgestaltung und Gebrauchsgrafik in Berlin eröffnet. Anschließend wird die Ausstellung in Rostock gezeigt (18. August-26. September).

3.-6.6. Anlässlich des 150. Todestages von Carl Maria von Weber am 5. Juni finden Festtage in Dresden statt mit 18 Konzerten und Opernveranstaltungen, der Wiedereröffnung der Weber-Gedenkstätte in Dresden-Hosterwitz (gegründet 1948) und einer Ausstellung „Weber in Dresden".

4.6. Gespräch des FDP-Fraktionsvorsitzenden im Deutschen Bundestag. Wolfgang Mischnik, mit Hermann Axen, Mitglied des Politbüros der SED und Vorsitzender des außenpolitischen Ausschusses der Volkskammer, in Berlin (Ost); Mischnick trifft außerdem mit dem Präsidenten des DTSB, Manfred Ewald, zusammen.

13.-27.6. Internationales Kolloquium über „Theater und gesellschaftliche Wirklichkeit" mit 17 Theaterschaffenden aus zehn Ländern Asiens, Afrikas und Lateinamerikas in Schildow bei Berlin. Veranstalter sind das DDR-Zentrum des Internationalen Theaterinstituts (ITI) und das Komitee III. Welt.

23.-26.6. Vereinbarung über kulturelle und wissenschaftliche Zusammenarbeit zwischen der SED und der MPLA Angolas unterzeichnet.

24.6. Volkskammer beschließt Gesetz über die Wahlen zu den Volksvertretungen (Wahlgesetz): hiernach werden die Volkskammer und die Volksvertretungen in den Bezirken, Kreisen, Stadtbezirken und Gemeinden künftig einheitlich für 5 Jahre gewählt; alle Bürger erhalten künftig statt mit 21 mit 18 Jahren das aktive und passive Wahlrecht; die nächsten Wahlen zur Volkskammer und zu den Bezirkstagen wurden am 14.6. für den 17.10.1976 ausgeschrieben.

29./30.6. Konferenz der kommunistischen und Arbeiterparteien Europas unter Teilnahme von 29 Parteidelegationen in Berlin (Ost); Veröffentlichung einzelner Diskussionsbeiträge und des Abschlussdokuments „Für Frieden, Sicherheit, Zusammenarbeit und sozialen Fortschritt in Europa" sowie der Reden der Delegationsleiter in „Neues Deutschland".

7.-9.7. XXX. Tagung des Rates für Gegenseitige Wirtschaftshilfe (RGW) in Berlin (Ost), an der außer den Mitgliedsländern auch Jugoslawien, Angola, Vietnam, Nord-Korea und Laos als Beobachter teilnehmen.

19.7.-3.8. Olympische Sommerspiele in Montreal. Nach der UdSSR (125) und USA (94) kann sich die DDR (90) aber-

„Die Karl-Marx-Städter Vierlinge Birgit, Carsten, Jürgen und Holger Seidel empfingen am 25.8.1976 ihre sozialistische Namensweihe. Das Quartett mit Eltern, Paten, Verwandten und Bekannten vor dem Rathaus." (Originalunterschrift)

Jemand fragt einen guten Freund: „Sag mal ehrlich, was hältst du von dem Honecker?"
Der Gefragte sieht sich um, führt den anderen aus der Kneipe durch mehrere dunkle Gassen in eine leere Straße. Dort sieht er sich noch einmal um und antwortet schließlich leise, in das Ohr des Freundes flüsternd: „Find' ihn gar nicht so schlecht."

1976

mals vor der BRD (49) auf dem dritten Platz des Medaillenspiegel plazieren. Bei den starken Männern der Leichtathletik kann sich Udo Bayer im Kugelstoßen die Goldmedaille sichern.

24.7. Zwei schwere Grenzzwischenfälle – in einem Fall mit Schusswaffengebrauch durch DDR-Grenzsoldaten – führen zu erheblichen Belastungen des Verhältnisses zwischen der Bundesrepublik Deutschland und der DDR; der Leiter der Ständigen Vertretung der Bundesrepublik in Berlin (Ost) protestiert am 25.7. gegen das Verhalten der Grenzsoldaten.

13.8. DDR-Behörden verweigern Gruppen der Jungen Union in 13 von insgesamt 20 Omnibussen, die sich zum Jahrestag des Mauerbaus auf einer Sternfahrt nach Berlin (West) befanden, unter Berufung auf Art. 16 des Transitabkommens (Verdacht auf Missbrauch der Transitwege) die Durchreise; der anschließende Protest der Westalliierten und der Bundesrepublik Deutschland wird von den Behörden der DDR und der UdSSR zurückgewiesen.

20.-26.9. 1. Puppentheaterfestival der DDR in Magdeburg, an dem 350 Puppenspieler aus der DDR sowie Gäste aus der UdSSR, der Volksrepublik Bulgarien und der Volksrepublik Polen teilnehmen. Gezeigt werden 27 Inszenierungen.

23.9. Abkommen zwischen der DDR und der Volksrepublik Mo9ambique über kulturelle und wissenschaftliche Zusammenarbeit unterzeichnet.

23.-24.9. Internationale wissenschaftliche Konferenz zum Thema „Kultur und entwickelte sozialistische Gesellschaft" in Berlin. Bildung einer multilateralen Kommission sozialistischer Länder für Probleme der Kulturtheorie, der Literatur- und Kunstwissenschaften, zu deren Vorsitzenden Hans Koch gewählt wird.

1.10. Erhöhung der Mindestlöhne von 350 auf 400 Mark sowie Anhebung der Einkommen zwischen 400 und 500 Mark treten gemäß den sozialpolitischen Beschlüssen vom 27.5. in Kraft; am 14.10. wird die Verordnung des Ministerrats veröffentlicht, wonach Schichtarbeiter und Mütter mit schwerbehinderten Kindern vom 1.1.1977 an zusätzliche Urlaubstage erhalten.

11.10. Erstaufführung des Stückes „Die Insel" von Athol Fugard am Deutschen Theater Berlin (Regie: Klaus Erforth, Alexander Stillmark; Hauptdarsteller: Christian Grashof, Alexander Lang).

13.10. Abkommen über kulturelle Zusammenarbeit zwischen der DDR und Dänemark unterzeichnet.

13.-17.10. 1. Internationales Seminar des Nationalen Zentrums DDR der Internationalen Vereinigung der Kinder- und Jugendtheater (ASSITEJ) in Berlin beschäftigt sich mit dem Kindertheater als ein System vielfälti-

Meinhard Nehmer und Bernhard Germeshausen.

Udo Bayer.

ger Inhalte, Formen und Methoden im Hinblick auf die Erlebniswelt des Kindes. Vertreter aus sieben Ländern nehmen teil.

14.10. Premiere des DEFA-Films „Beethoven – Tage aus einem Leben" (Buch: Günter Kunert; Regie: Horst Seemann; Hauptdarsteller: Donatas Banionis, Fred Delmare, Eberhard Esche, Stefan Lisewski, Renate Richter).

15.-17.10. Generalversammlung der Internationalen Vereinigung der Filmklubs (FICC) in Potsdam.

17.10. Volkskammerwahlen nach den Einheitslisten der Nationalen Front.

26.10. Durch Dekret des Vatikans wird die bisherige Berliner Ordinarienkonferenz der katholischen Bischöfe in der DDR zu einer von der Fuldaer Bischofskonferenz unabhängigen Berliner Bischofskonferenz für das Kirchengebiet der DDR umgewandelt.

28.10. 3. Tagung des ZK der SED: Beratung über die Konstituierung der leitenden Organe des Staates.

29.10. Konstituierende Sitzung der Volkskammer. Wahl von Erich Honecker, Generalsekretär des ZK der SED, zum Vorsitzenden des Staatsrats und des Nationalen Verteidigungsrats der DDR (NVR), von Willi Stoph zum Vorsitzenden des Ministerrats und von Horst Sindermann zum Präsidenten der Volkskammer.

16.11. Ausbürgerung des Ost-Berliner Liedermachers Wolf Biermann während einer Tournee in der Bundesrepublik Deutschland; am 3.11. wurde der Schriftsteller Reiner Kunze aus dem Schriftstellerverband der DDR ausgeschlossen, am 26.11. Prof. Robert Havemann unter Hausarrest gestellt.

25./26.11. Konferenz des ZK der SED mit Gesellschaftswissenschaftlern, Propagandisten sowie Vertretern der Massenorganisationen und Blockparteien mit dem Thema „Hohes theoretisches Niveau und gesellschaftliche Wirksamkeit – Beitrag der Gesellschaftswissenschaften zur Erfüllung der Beschlüsse des IX. Parteitags der SED".

15.12. Volkskammer beschließt Gesetz über den Fünfjahrplan 1976-1980 sowie über den Volkswirtschaftsplan und Staatshaushaltsplan für 1977.

22.12. Entzug der Akkreditierung und Ausweisung des Fernsehkorrespondenten der ARD in Berlin (Ost), Lothar Loewe.

1977

1.1. Inkrafttreten mehrerer Verordnungen und Regelungen, die den Berlin-Status berühren; Einführung der Visapflicht für Ausländer bei Tageseinreisen von Berlin (West) nach Berlin (Ost); Aufhebung der Kontrollstellen an den Ausfallstraßen Berlins (Ost) zur DDR; Beendigung der besonderen Verkündung von Gesetzen und Verordnungen der Regierung der DDR im Verordnungsblatt für Berlin (Ost).

11.1. Beginn ca. 14tägiger Behinderungen von DDR-Bürgern, die die Ständige Vertretung der Bundesrepublik in Berlin (Ost) aufsuchen wollen, durch Angehörige der Volkspolizei; die Behinderungen werden nach energischen Protesten der Bundesregierung eingestellt.

12.-15.1. Offizieller Freundschaftsbesuch einer Partei- und Staatsdelegation der DDR unter Leitung von Erich Honecker in Jugoslawien. Ausbau der bilateralen Beziehungen vereinbart.

14.1. Kolloquium „Sozialistische Streitkräfte und sozialistisch-realistische Kunst und Kultur" in Berlin.

16.1. Wiedereröffnung des rekonstruierten Großen Hauses des Volkstheaters Rostock.

18.1. Beratung des Präsidiums des Verbandes der Theaterschaffenden der DDR zum Programm „Zur weiteren Verbesserung der ideologischen Arbeit unter den Theaterschaffenden" in Berlin.

20.1. Veröffentlichung des Entwurfs für ein neues Arbeitsgesetzbuch (AGB) der DDR.

22.1. Anschlag auf die Ständige Vertretung der DDR in Bonn.

4.-6.2. Freundschaftsbesuch von Erich Honecker in Rumänien. Treffen endet ohne neue bilaterale Vereinbarungen. Statt eines Kommuniqués wird lediglich eine „Mitteilung" im „Neuen Deutschland" veröffentlicht.

17.2. Interview von Erich Honecker für die „Saarbrücker Zeitung", das am 22.2. auch im „Neuen Deutschland" veröffentlicht wird. Stellungnahme zur Entwicklung der Beziehungen zwischen beiden deutschen Staaten.

25.2. Mitteilung des Verkehrsministeriums der DDR über Erhebung von Straßenbenutzungsgebühren für Kraftfahrzeuge, die von Berlin (West) nach Berlin (Ost) einfahren, mit Wirkung vom 1.3.1977.

2./3.3. Beratung der Sekretäre für internationale und ideologische Fragen der Zentralkomitees der kommunistischen und Arbeiterparteien der sozialistischen Staaten in Sofia; die SED-Delegation wird von Kurt Hager, Mitglied des Politbüros und Sekretär des ZK für Kultur und Wissenschaft, geleitet.

2.-4.3.12. Parteitag der Liberal-Demokratischen Partei Deutschlands (LDPD) in Weimar.

10.3. Arbeitsgruppe des Staatsrats unter Vorsitz von Horst Sindermann, Stellvertreter des Staatsratsvorsitzenden und Präsident der Volkskammer, beginnt in der Bezirkshauptstadt Frankfurt/Oder mit der Erforschung der Erfahrungen der örtlichen Volksvertretungen bei der Bearbeitung von Eingaben von Bürgern.

11.3. Tagung des Vorstandes des Schriftstellerverbandes in Berlin. Kurt Hager spricht über wesentliche Aspekte der gegenwärtigen internationalen Situation, die erfolgreiche Verwirklichung der Beschlüsse des IX. Parteitages der SED und über aktuelle Aufgaben der Kulturpolitik der SED.

14.-19.3. Erste Werkstattwoche schreibender Arbeiter in Hennigsdorf. Auf Einladung des FDGB-Bundesvorstandes beteiligen sich etwa 50 der aktivsten schreibenden Arbeiter der Republik.

14./15.3. Protest von Staatsminister Hans-Jürgen Wischnewski beim Leiter der Ständigen Vertretung der DDR in

In der Leichtathletik fällt am 26. August 1977 eine weitere „Traumgrenze": Die 25-jährige Rosemarie Ackermann überspringt bei einem Sportfest in Berlin als erste Frau der Welt die 2-Meter-Grenze.

Bonn, Dr. Michael Kohl, wegen der Zurückweisung einer größeren Anzahl von Bundesbürgern, die zur Leipziger Messe reisen wollten; bei den Betroffenen handelt es sich überwiegend um legal aus der DDR Ausgereiste bzw. um Personen, deren Verwandte in der DDR Ausreiseanträge gestellt hatten; am 15.3. legt der Senat von Berlin beim Treffen der Besuchsbeauftragten der Regierung der DDR und des Senats, Mitdank und Kunze, einen entsprechenden Protest ein.

17./18.3. 5. Tagung des ZK der SED: Wirtschaftspolitische Beratungen, Beschluss „Zur weiteren Verwirklichung der Beschlüsse des IX. Parteitages der SED im Bauwesen".

Was ist dort, wo ein Genosse ist? – Ein Weg. – Was ist dort, wo zwei Genossen sind? – Eine Straße. – Was ist dort, wo viele Genossen sind? – Der Intershop.

1977

21.-23.3. Beratung der Sekretäre für ideologische Arbeit der Jugendverbände der kommunistisch regierten Staaten in Berlin (Ost).

22.-25.3. Besuch einer ungarischen Partei- und Regierungsdelegation in Berlin (Ost) unter Leitung von J. Kadar. Unterzeichnung eines neuen Vertrags über Freundschaft, Zusammenarbeit und gegenseitigen Beistand zwischen beiden Staaten.

2./3.4. Offizieller Freundschaftsbesuch einer kubanischen Partei- und Staatsdelegation unter Leitung von Fidel Castro in der DDR.

„1. Mai 1977. Zum stimmungsvollen Bild der Maidemonstration in der DDR-Hauptstadt gehören die zahlreichen Jugendlichen - FDJler, die mit hohen Produktionsleistungen und vielen Beweisen der internationalen Solidarität ihren sozialistischen Klassenstandpunkt zum Ausdruck bringen." (Originalunterschrift)

4.4. DDR nimmt die im Herbst 1975 zu Spanien unterbrochenen Diplomatischen Beziehungen wieder auf.

14.4. Übersiedlung des im Oktober 1976 aus dem DDR-Schriftstellerverband ausgeschlossenen Schriftstellers R. Kunze in die Bundesrepublik Deutschland; ihm folgen bis Ende 1977 weitere Schriftsteller und Künstler sowie sonstige oppositionelle Personen.

19.4. Gründung des Wissenschaftlichen Rats für gesellschaftliche und ökonomische Fragen des volkswirtschaftlichen Agrar-Industrie-Komplexes (AIK) in Berlin (Ost).

22.4. Kolloquium des Rates für Kultur beim Minister für Kultur über die Aufgaben der Kultur bei der Entwicklung einer sozialistischen Lebensweise in den Neubaugebieten.

27.4. Preis für künstlerisches Volksschaffen erhalten 17 Ensembles, Kollektive und Einzelpersönlichkeiten, unter anderen Erwin Bruse, Dietrich Knothe, Gerd Schlotter, das Amateurfilmzentrum des VEB Schichtpreßstoffwerk Bernau, das Telemann-Kammerorchester, Sitz Blankenburg.

29.4. Unterzeichnung eines Abkommens zwischen der DDR und Kuweit über kulturelle und wissenschaftliche Zusammenarbeit in Berlin.

28.4. Heinrich-Mann-Preis der Akademie der Künste der DDR an Erich Köhler und Joachim Nowotny verliehen.

28.4. Käthe-Kollwitz-Preis der Akademie der Künste der DDR an Horst Zickelbein verliehen.

30.4.-3.5. 1. Internationales Folklorefestival in Karl-Marx-Stadt mit Gästen aus sechs Ländern (UdSSR, Volksrepublik Bulgarien, Volksrepublik Polen, Ungarische Volksrepublik, Sozialistische Republik Rumänien, CSSR).

1.-16.5. Gastspiel des Volkstheaters Rostock, Gruppe „Neue Horizonte", in Mexiko. Teilnahme am 5. Internationalen Cervantes-Festival mit „El Cimarron" von Hans Werner Henze.

3.-5.5. III. Kongress des Verbandes der Film- und Fernsehschaffenden der DDR in Berlin. 239 Delegierte und etwa 150 Gäste nehmen teil. Es referiert Andrew Thorndike (Für hohen Ideengehalt und künstlerische Meisterschaft), der erneut zum Präsidenten gewählt wird.

3.-7.5. Freundschaftsbesuch einer Partei- und Regierungsdelegation der Mongolischen Volksrepublik unter Leitung von Jumshagin Zedenbal in der DDR. Abschluss eines Vertrages über Freundschaft und Zusammenarbeit zwischen beiden Staaten.

5.5.-5.6. Internationale Buchkunst-Ausstellung (iba) in Leipzig unter dem Motto „Alles Gute in mir verdanke ich den Büchern" (Gorki). Mehr als 400 der annähernd 10000 Exponate werden mit Preisen, Medaillen gewürdigt, darunter mit „Goldener Letter" die Bände I/l und III/l der Marx-Engels-Gesamtausgabe (MEGA) des Dietz Verlages Berlin.

6.5. Abkommen zwischen der Regierung der DDR und der Volksrepublik Benin über kulturelle und wissenschaftliche Zusammenarbeit unterzeichnet.

„Ehre dem blauen Halstuch". Schmuckblatt der FDJ, 1977.

1977

8.5.-28.6. Gastspiel des Kammerorchesters „Camerata musica" (das aus Musikern verschiedener Orchester Berlins besteht) in Kuba, Mexiko, Peru, Brasilien und Venezuela.

11.-12.5. Delegiertenkonferenz des Verbandes der Komponisten und Musikwissenschaftler der DDR in Berlin. 202 Delegierte nehmen teil. Es referiert Ernst Hermann Meyer (Musikkultur in der entwickelten sozialistischen Gesellschaft), der wieder zum Präsidenten gewählt wird. Wolfgang Lesser wird zum 1. Sekretär wiedergewählt.

11.-16.5. Abkommen zwischen der Regierung der DDR und der Volksdemokratischen Republik Laos über kulturelle und wissenschaftliche Zusammenarbeit unterzeichnet.

11.5.-31.7. Werner-Stötzer-Ausstellung in Berlin.

15.5.-11.9. Ausstellung „Der deutsche Bauernkrieg in der Kunst der DDR" mit 128 Werken der Malerei, Grafik und Plastik in Bad Frankenhausen.

16.-19.5. 9. FDGB-Kongress in Berlin. Den Bericht des Bundesvorstandes hält Harry Tisch, der auch als Vorsitzender gewählt wird.

19.-20.5. Gastkonzerte des Thomanerchors unter Leitung von Hans Joachim Rotzsch beim Internationalen Bach-Fest in der Schweiz.

21.5. Der erste Bauabschnitt der Bauernkriegs-Gedenkstätte „Panorama" in Bad Frankenhausen wird abgeschlossen und übergeben.

25./26.5. Konferenz des ZK der SED über die weiteren Aufgaben der politischen Massenarbeit, an der neben den 1. Sekretären der SED-Bezirksleitungen ca. 900 Parteifunktionäre, Agitatoren und Propagandisten sowie Gesellschaftswissenschaftler und Funktionäre der Massenorganisationen teilnehmen.

28./29.5. Offizieller Freundschaftsbesuch einer Partei- und Regierungsdelegation der Volksrepublik Polen unter Leitung von Gierek in der DDR; Unterzeichnung eines neuen Vertrags über Freundschaft, Zusammenarbeit und

---

Honecker hat eine Regierungsdelegation zu Gast. „Ist ja nicht so übel in der DDR. Aber was uns nicht gefällt, ist die Mauer." Honecker: „Mauer? Wo denn?" – „Na, Sie wissen doch, der Betonstreifen durch Berlin." – „Das ist doch nicht die Mauer. Das ist die Autobahn nach Rostock, die ham wir hochkant gestellt zum Trocknen."

---

gegenseitigen Beistand zwischen beiden Staaten.

8.-10.6. Offizieller Freundschaftsbesuch einer Partei- und Staatsdelegation Rumäniens unter Leitung von Partei- und Staatschef Nicolae Ceausescu in der DDR; Unterzeichnung einer Deklaration über die Vertiefung der Freundschaft und Zusammenarbeit zwischen beiden Staaten und Parteien.

11.-23.6. Reise einer Partei- und Regierungsdelegation der DDR unter Leitung von Werner Lamberz, Mitglied des Politbüros und Sekretär des ZK der SED, in 6 arabische und afrikanische Staaten.

16.6. Volkskammer verabschiedet das neue Arbeitsgesetzbuch (AGB) der DDR, das am 1.1.1978 in Kraft tritt.

„Mit vielen Tips für die Jugendmode". Plakat 1977.

23./24.6. 6. Tagung des ZK der SED: Beschluss zur Durchführung der Beschlüsse des IX. Parteitages auf dem Gebiet der Elektrotechnik und Elektronik.

14.-16.7. 1. Internationales Liederfestival „Menschen und Meer" in Rostock. Unterhaltungskünstler aus 17 Ländern stellen sich dem Wettbewerb, der jährlich stattfinden soll.

19.-21.7. Friedrich-Fröbel-Ehrungen anlässlich des 125. Todestages und des 200. Geburtstages des bürgerlichen Pädagogen in den Bezirken Gera und Suhl von der Akademie der Pädagogischen Wissenschaften und der UNESCO-Kommission der DDR veranstaltet. Auftakt der von der UNESCO geplanten Feierlichkeiten ist das Kolloquium „Lebendiges Erbe" in Rudolstadt am 24. März.

1.-5.8. 5. Internationale Deutschlehrertagung zu Problemen des modernen Sprachunterrichts und der Lehrerausbildung im Fach Deutsch als Fremdsprache unter Teilnahme von ca. 900 Pädagogen aus 48 Staaten in Dresden.

9.8. Politbüro des ZK der SED und Ministerrat bestätigen die neuen Musterstatuten und Musterbetriebsordnungen für die LPG Pflanzenproduktion und Tierproduktion.

23.8. Festnahme von Rudolf Bahro, Abteilungsleiter für wissenschaftliche Arbeitsorganisation beim VEB Gummikombinat in Berlin (Ost), wegen Verdachts nachrichtendienstlicher Tätigkeit, nachdem am 22.8. im „Spiegel" Auszüge aus seinem Buch „Die Alternative" erschienen waren; am 26.8. werden 5 Regimekritiker aus der Haft entlassen und nach Berlin (West) abgeschoben.

26.8. Für die CDU/CSU-Fraktion wird eine für den 6.9. im Anschluss an eine Fraktionssitzung in Berlin (West) geplante Reise nach Potsdam, die bereits genehmigt war, auf Anweisung des Außenministeriums der DDR untersagt.

13./14.9. Offizieller Freundschaftsbesuch einer Partei- und Staatsdelegation der DDR unter Leitung von Erich Honecker in Bulgarien; Unterzeichnung

1977

„28.3.1977. Atlantik: Wettbewerb/Schwimmender Umschlagplatz sorgt für effektive Fangzeiten. Mit Kurz zu den Fangplätzen im West-Atlantik bahnt sich das Kühl- und Transportschiff ‚Evershagen' vom Rostocker Fischkombinat seinen Weg durch die Wellen .Zusammen mit der ‚Lütten Klein', beide schwimmende Umschlagplätze wurden in der UdSSR gebaut, sorgt die ‚Evershagen' für einen schnellen Abtransport des Fisches von den weit entfernten Fangplätzen." (Originalunterschrift)

eines neuen Vertrags über Freundschaft, Zusammenarbeit und gegenseitigen Beistand zwischen beiden Staaten.

22.-24.9. Bundeskongress des Kulturbundes der DDR (KB) in Berlin (Ost); in der Diskussion über das Verhältnis von Kulturschaffenden und der Partei- und Staatsführung der DDR nimmt u. a. K. Hager, Mitglied des Politbüros und Sekretär des ZK der SED, Stellung.

1.-4.10. Besuch einer Partei- und Regierungsdelegation der DDR unter Leitung von H. Axen in Libyen; Unterzeichnung einer Vereinbarung über die Weiterentwicklung der freundschaftlichen Beziehungen zwischen beiden Staaten.

3.-5.10. Besuch einer Partei- und Staatsdelegation der CSSR unter Leitung von G. Husak in der DDR; Unterzeichnung eines neuen Vertrags über Freundschaft, Zusammenarbeit und gegenseitigen Beistand zwischen beiden Staaten.

7.10. Nationalfeiertag der DDR wird mit einer Festveranstaltung im Palast der Republik sowie mit einer Parade der NVA begangen; am Abend kommt es bei einem Konzert auf dem Alexanderplatz in Berlin (Ost) zu schweren Zusammenstößen zwischen der Volkspolizei und Jugendlichen.

13.10. Kurt Nier, stellvertretender Außenminister der DDR, legt beim Leiter der Ständigen Vertretung der Bundesrepublik Deutschland in Berlin (Ost), Günther Gaus, Verwahrung gegen das Urteil des Bundesverfassungsgerichts vom 29.9.1977 ein, worin Verträge mit Fluchthelferorganisationen für rechtswirksam erklärt wurden.

9.-12.11. Offizieller Besuch des Außenministers der DDR, Otto Fischer, im Iran; Fischer wird vom Schah empfangen, der eine Einladung in die DDR annimmt.

9.11. Veröffentlichung des Urteils des Präsidiums des Obersten Gerichts der DDR, wonach die Grenze zwischen der DDR und der Bundesrepublik Deutschland „in der Mitte des Talweges" der Elbe verläuft; hingegen hatte der Bundesgerichtshof im Februar 1977 festgestellt, dass die Innerdeutsche Grenze zwischen Lauenburg und Schnackenburg dem Ostufer der Elbe folgt.

1.-6.12. Offizieller Freundschaftsbesuch einer Partei- und Staatsdelegation der DDR unter Leitung von Erich Honecker in Vietnam, Unterzeichnung eines Vertrags über Freundschaft und Zusammenarbeit; 6.-8.12. Staatsbesuch der gleichen Delegation auf den Philippinen, Unterzeichnung eines Wirtschaftsabkommens; 8.-11.12. Offizieller Freundschaftsbesuch der gleichen Delegation in Nord-Korea.

5.-11.12. Reise des Sonderbotschafters Werner Lamberz in die Volksdemokratische Republik Jemen, nach Äthiopien und nach Libyen.

12.-16.12. Offizieller Besuch des Außenministers der DDR, Otto Fischer, in Japan; am 27.12. gewährt ein japanisches Bankenkonsortium der DDR einen Kredit über 140 Millionen Dollar.

16.-20.12. Besuch einer Delegation der südwestafrikanischen Volksorganisation (SWAPO) in der DDR; Abschluss einer Vereinbarung über Zusammenarbeit zwischen der SED und der SWAPO für die Jahre 1978 und 1979.

20.12. Bundesrepublik Deutschland und DDR erzielen Einigung über den Ausbau der Autobahn zwischen den Grenzkontrollstellen Helmstedt (Bundesrepublik Deutschland) und Marienborn (DDR).

Am 1. Juli 1977 läuft Marlies Göhr in Dresden als erste Frau der Welt bei vollelektronischer Zeitmessung über 100 m unter 11 sec.: Ihre 10,88 sec. werden erst 1983 von ihr selbst mit 10,81 sec. unterboten. Die „sichere" Goldmedaille bei den Olympischen Spielen 1984 in Los Angeles ist ihr durch den Olympia-Boykott verwehrt geblieben.

1978

5.1. Gründung eines Instituts für Soziologie und Sozialpolitik zur Analyse sozialer Grundprozesse der sozialistischen Gesellschaft an der Akademie der Wissenschaft der DDR in Berlin (Ost); Berufung von Prof. Dr. Gunnar Winkler zum Direktor.

10.1. Schließung des Büros des Hamburger Wochenmagazins „Der Spiegel" in Berlin (Ost) durch die DDR-Behörden im Zusammenhang mit der Veröffentlichung eines „Manifests" von einem angeblich in der DDR ansässigen „Bund Demokratischer Kommunisten Deutschlands"; der Protest der Bundesregierung dagegen bleibt erfolglos.

15./16.1. Mehreren Abgeordneten der CDU/CSU-Bundestagsfraktion, darunter dem Vorsitzenden der CDU, Helmut Kohl, die sich anlässlich einer Fraktionssitzung in Berlin (West) aufhalten, verweigern die DDR-Behörden die Einreise nach Berlin (Ost).

24./25.1. Wissenschaftliche Beratung leitender Parteifunktionäre und Gesellschaftswissenschaftler aus den sozialistischen Staaten zum Thema „Politische Macht und Demokratie" in Potsdam.

27.1. Unterzeichnung eines Protokolls über regelmäßigen Meinungs- und Informationsaustausch sowie über den gegenseitigen Besuch von Delegationen und die gemeinsame Abhaltung von Seminaren zwischen dem Deutschen Bundesjugendring und der Freien Deutschen Jugend (FDJ) in Bonn.

28.1. Offizieller Meinungsaustausch über die Innerdeutschen Beziehungen zwischen dem Staatsminister im Bundeskanzleramt, H. Wischnewski, und dem Mitglied des Politbüros und Sekretärs des ZK der SED, H. Axen, sowie dem Außenminister der DDR, O. Fischer, und dem Leiter der Abteilung West im ZK der SED, H. Häber, in Berlin (Ost).

9.-15.2. Eröffnung des Brecht-Haus-Berlin als Forschungs- und Gedenkstätte sowie Abhaltung eines Internationalen Brecht-Dialogs „Kunst und Politik" anlässlich des 80. Geburtstags von Bertolt Brecht in Berlin (Ost).

19./20.2. Freundschaftsbesuch einer Partei- und Regierungsdelegation der DDR unter Leitung von Erich Honecker in Polen. Meinungsaustausch zu aktuellen internationalen Fragen.

21.2.-1.3. X. Generalversammlung des Weltbundes der Demokratischen Jugend (WBDJ) in Berlin (Ost). Vorbereitung der XI. Weltjugendfestspiele in Havanna.

27.2. Beginn einer Beratung der für außenpolitische und ideologische Fragen zuständigen Sekretäre der kommunistischen und Arbeiterparteien von 10

sozialistischen Ländern in Budapest; der Delegation der SED gehören u. a. die Mitglieder des Politbüros Hermann Axen, Kurt Hager und Werner Lamberz an.

6.3. Gespräche des Vorsitzenden des Ministerrats, Willi Stoph, mit Leonid Breshnew und Alexej Kossygin in Moskau.

6.3. Gespräch zwischen Angehörigen der Partei- und Staatsführung unter Leitung von E. Honecker mit dem Vorstand der Konferenz der Evangelischen Kirchenleitungen in der DDR unter Leitung seines Vorsitzenden, Bischof Albrecht Schönherr; Presseveröffentlichung einer gemeinsamen Erklärung.

7.3. Bei einem Flugzeugunglück werden die seit dem 5.3. sich in Libyen aufhaltenden Angehörigen einer DDR-Delegation Werner Lamberz, Mitglied des Politbüros und Sekretär des ZK, Paul Markowski, Leiter der ZK-Abteilung für internationale Verbindungen, sowie zwei weitere Personen aus der DDR getötet.

20.3. II. Gemeinsame Tagung der im Juni 1977 gegründeten Handels- und Wirtschaftsräte DDR – USA und USA – DDR in Berlin (Ost); die US-Delegation wird vom Politbüromitglied und ZK-Sekretär Günter Mittag empfangen.

30.3.-1.4. Offizieller Besuch einer österreichischen Regierungsdelegation

„12.5.1978. Als Modelle für die Marzipanschweinproduktion gut geeignet, erfüllen diese Mini-Schweine die Anforderung an Qualitätsschinken und Schnitzel sicher nicht zufriedenstellend. Aber als ‚Forschungsschwein' hat man schließlich auch eine andere Perspektive. Die Miniaturschweinrasse ‚Mini-Löwe' wurde vom Bereich Tierzüchtung und Hautiergegentik der Sektion Tierproduktion und Veterinärmedizin der Humboldt-Universität speziell für medizinische Forschungszwecke gezüchtet. Die zwei Minis links und rechts sind gerade fünf Stunden alt und mit einem Gewicht von nur 500 Gramm dem gleichaltrigen Hausschweinferkel deutlich unterlegen. Die bedeutende Verringerung von Masse und Größe gegenüber den Hausrassen (etwa 1:4) wirkt sich bei Tierversuchen günstiger aus und ermöglicht eine ökonomischere Haltung und Fütterung." (Originalunterschrift)

1978

unter Leitung von Bundeskanzler Bruno Kreisky in der DDR; Abschluss eines Abkommens über wissenschaftlich-technische Zusammenarbeit, eines Kulturabkommens und eines Veterinärabkommens sowie mehrerer Handelsverträge und Vereinbarungen.

11.-13.4. Konferenz der Direktoren der Institute für Philosophie der Akademien der Wissenschaften sozialistischer Länder über Probleme der marxistisch-leninistischen Philosophie in Berlin (Ost).

12.-14.4. Besuch des Außenministers der DDR, Otto Fischer, im Iran; am 13.4. überreicht Fischer dem Schah des Iran eine persönliche Botschaft des Staatsratsvorsitzenden Erich Honecker, worin der Zwischenfall vom 27.2., bei dem es zu einem vorübergehenden Eindringen iranischer Studenten in die Botschaft des Iran in Berlin (Ost) gekommen war, bedauert wird; am 3.5. übergibt der Botschafter des Iran in Berlin (Ost) eine persönliche Botschaft des Schah an den Staatsratsvorsitzenden Erich Honecker, womit der Zwischenfall diplomatisch bereinigt wird.

3./4.5. Freundschaftsbesuch des ungarischen Außenministers Frigyes Puja in

„*Als erster deutscher Kosmonaut nimmt Sigmund Jähn, Oberstleutnant der Nationalen Volksarmee der DDR, an einem bemannten Raumflug teil. Zusammen mit dem Obersten der Sowjetarmee und erfahrenen Kosmos-Veteranen Waleri Bykowski startete er am 26.8.78 an Bord des Raumschiffes Sojus 31 in den Kosmos*" (Originalunterschrift).

„*31.5.1978. Besitzer des 5 000. Eigenheims, das im Bezirk Leipzig seit dem VIII. Parteitag der SED errichtet wurde, ist die Familie Trinks mit ihren fünf Kindern. Die Textiltechnikerin aus dem VEB Leipziger Baumwollspinnerei und der Werkstattleiter aus dem VEB Straßen- und Tiefbau Schkeuditz konnten sich ihr Eigenheim dank der Bereitstellung von Krediten und mit Unterstützung des Betriebes von Rainer Trinks errichten.*" (Originalunterschrift)

der DDR; Unterzeichnung eines Abkommens über kulturelle und wissenschaftliche Zusammenarbeit.

3.-5.5. Wissenschaftliche Konferenz über aktuelle Fragen der Revolutionstheorie anlässlich des 160. Geburtstages von Karl Marx an der Parteihochschule „Karl Marx" beim ZK der SED; am 5.5. findet in Karl-Marx-Stadt eine

---

Ein Funktionär der französischen Bruderpartei besucht die DDR, wird von seinen Gastgebern durch Fabriken und über Baustellen geführt und erklärt zum Abschied: „Tröstet euch, Genossen – bei uns arbeitet die herrschende Klasse auch nicht!"

Großkundgebung aus dem gleichen Anlass statt.

11./12.5. Offizieller Freundschaftsbesuch des sowjetischen Außenministers A. Gromyko in der DDR; Unterzeichnung eines neuen Abkommens über kulturelle und wissenschaftliche Zusammenarbeit zwischen beiden Staaten und Bericht über den Besuch von L. Breshnew in der Bundesrepublik.

16.-19.5. Offizielle Besuche des Außenministers der DDR, O. Fischer, in Belgien und Luxemburg.

17.-19.5. Internationale wissenschaftliche Konferenz über die aktuelle Bedeutung der ökonomischen Lehre von Karl Marx für die Gestaltung der entwickelten sozialistischen Gesellschaft in der DDR, veranstaltet von der Akademie für Gesellschaftswissenschaften beim ZK der SED (AfG), dem Institut für Marxismus-Leninismus, dem Zentralinstitut für Sozialistische Wirtschaftsführung und der Parteihochschule „Karl Marx" beim ZK der SED.

21.5. Teilnahme einer Gastdelegation des FDGB unter Leitung von Harry Tisch am 11. Ordentlichen Kongress des DGB in Hamburg; den 9. Kongress des FDGB im Mai 1977 in Berlin (Ost) hatte eine Delegation des DGB besucht.

29.-31.5. VIII. Schriftstellerkongress der DDR unter dem Motto „Der Schriftsteller in den Kämpfen unserer Zeit"; Wahl von H. Kant anstelle der aus Altersgründen zurückgetretenen Anna Seghers zum Präsidenten.

5.-8.6. Besuch einer Staatsdelegation der DDR unter Leitung von Günter Mittag, Mitglied des Politbüros und Sekretär des ZK der SED, in Paris; Wirtschaftsverhandlungen mit Vertretern der französischen Regierung und Industrie, Abschluss entsprechender Vereinbarungen und Verträge, u. a. mit dem Automobilkonzern Citroën.

1979

1.1. Inkrafttreten der neuen Urlaubsordnung, wonach sich der Jahresurlaub aller Werktätigen in der DDR um mindestens 3 Tage erhöht.

3.1. Unterzeichnung des Protokolls über Warenlieferungen und Leistungen zwischen der DDR und der CSSR in Berlin (Ost). Danach sind 26 v. H. des gegenseitigen Warenaustauschs die Folge von Kooperations- und Spezialisierungsvereinbarungen.

8.-12.1. Offizieller Besuch einer Partei- und Staatsdelegation der DDR unter Leitung des Staatsratsvorsitzenden E. Honecker in Indien. Der Delegation gehören auch Ministerpräsident W. Stoph, Außenminister O. Fischer sowie die ZK-Sekretäre Dr. G. Mittag (Wirtschaft) und H. Axen (Internationale Verbindungen) an. Unterzeichnung von Abkommen über wirtschaftliche und wissenschaftlich-technische Zusammenarbeit sowie eines Schifffahrtsabkommens.

12./13.1. Besuch von Staatsminister Hans-Jürgen Wischnewski in Berlin (Ost). Wischnewski und der Leiter der Ständigen Vertretung der Bundesrepublik Deutschland bei der DDR, Günter Gaus, machen mit dem DDR-Außenminister O. Fischer und dessen Stellvertreter, Dr. M. Kohl, eine Bestandsaufnahme der innerdeutschen Verhandlungen des Jahres 1978 und legen als zukünftige Verhandlungsschwerpunkte u. a. Fragen des Gewässerschutzes und der Zusammenarbeit auf dem Energiesektor fest.

13.2. Am 13.2. trifft Seigewasser mit dem Vorsitzenden der katholischen Berliner Bischofskonferenz, Kardinal Bengsch, zusammen

15.-24.2. Offizielle Freundschaftsbesuche einer Partei- und Staatsdelegation der DDR unter Leitung des Staatsratsvorsitzenden E. Honecker in Libyen, Angola, Sambia und Moçambique. Der Delegation gehören auch Ministerpräsident W. Stoph, Außenminister O. Fischer sowie die ZK-Sekretäre Dr. G. Mittag (Wirtschaft) und H. Axen (Internationale Verbindungen) an. Am 16.2. gemeinsame Erklärung zum Verhältnis DDR-Libyen sowie Unterzeichnung einer Vereinbarung über wirtschaftliche und wissenschaftlich-technische Zusammenarbeit. Am 19.2. gemeinsames Kommuniqué DDR-Angola sowie Unterzeichnung eines Vertrages über Freundschaft und Zusammenarbeit. Am 21.2. gemeinsame Deklaration DDR-Sambia sowie Unterzeichnung eines Abkommens über wirtschaftliche und wissenschaftlich-technische Zusammenarbeit; außerdem werden ein Rundfunkabkommen und ein Arbeitsplan über kulturelle und wissenschaftliche Zusammenarbeit abgeschlossen. Am 24.2. gemeinsames Kommuniqué DDR-Moçambique und Unterzeichnung eines Vertrages über Freundschaft und Zusammenarbeit.

24.2. Konstituierung einer Gesellschaft für Weltraumforschung und Raumfahrt (GWR) der DDR in Berlin (Ost) als Nachfolgerin der bisherigen Astronautischen Gesellschaft; Präsident der GWR wird Prof. H.-J. Fischer.

26.2. Demonstrativer Empfang des vietnamesischen Botschafters in der

„Bekenntnis und Tat zum Schutz des Sozialismus". FDJ-Plakat zum 30. Jahrestag der DDR 1979.

„26.9.1979. Zu den erfahrenen und stets zuverlässigen Hochöffnern des Eisenhüttenkombinates Ost gehört Horst Lukowski, 1. Schmelzer der C-Schicht am Hochofen III des EKO: Das 20. Jahr der Republik ist auch für ihn persönlich ein erfolgreiches Jahr, denn im August 1979 hat er seine zweijährige Qualifizierung zum ‚Meister für Metallerzeugung' mit Erfolg abgeschlossen. Er und seine Kollegen an den sechs Hochöfen des EKO unternehmen gegenwärtig große Anstrengungen, um die Zielstellung zu realisieren, in diesem Jahr 10 000 Tonnen Stahlroheisen zusätzlich aus eingespartem Koks und mit dem Einsatz eisenhaltiger Rückstände zu gewinnen." (Originalunterschrift)

Anfrage an den Sender Eriwan: „Ist es wahr, dass sich die Liebe der DDR zur Sowjetunion ständig vertieft?" Antwort: „Ja, sie hat soeben einen Tiefpunkt erreicht."

1978

unter Leitung von Bundeskanzler Bruno Kreisky in der DDR; Abschluss eines Abkommens über wissenschaftlich-technische Zusammenarbeit, eines Kulturabkommens und eines Veterinärabkommens sowie mehrerer Handelsverträge und Vereinbarungen.

11.-13.4. Konferenz der Direktoren der Institute für Philosophie der Akademien der Wissenschaften sozialistischer Länder über Probleme der marxistisch-leninistischen Philosophie in Berlin (Ost).

12.-14.4. Besuch des Außenministers der DDR, Otto Fischer, im Iran; am 13.4. überreicht Fischer dem Schah des Iran eine persönliche Botschaft des Staatsratsvorsitzenden Erich Honecker, worin der Zwischenfall vom 27.2., bei dem es zu einem vorübergehenden Eindringen iranischer Studenten in die Botschaft des Iran in Berlin (Ost) gekommen war, bedauert wird; am 3.5. übergibt der Botschafter des Iran in Berlin (Ost) eine persönliche Botschaft des Schah an den Staatsratsvorsitzenden Erich Honecker, womit der Zwischenfall diplomatisch bereinigt wird.

3./4.5. Freundschaftsbesuch des ungarischen Außenministers Frigyes Puja in

„Als erster deutscher Kosmonaut nimmt Sigmund Jähn, Oberstleutnant der Nationalen Volksarmee der DDR, an einem bemannten Raumflug teil. Zusammen mit dem Obersten der Sowjetarmee und erfahrenen Kosmos-Veteranen Waleri Bykowski startete er am 26.8.78 an Bord des Raumschiffes Sojus 31 in den Kosmos" (Originalunterschrift).

„31.5.1978. Besitzer des 5 000. Eigenheims, das im Bezirk Leipzig seit dem VIII. Parteitag der SED errichtet wurde, ist die Familie Trinks mit ihren fünf Kindern. Die Textiltechnikerin aus dem VEB Leipziger Baumwollspinnerei und der Werkstattleiter aus dem VEB Straßen- und Tiefbau Schkeuditz konnten sich ihr Eigenheim dank der Bereitstellung von Krediten und mit Unterstützung des Betriebes von Rainer Trinks errichten." (Originalunterschrift)

der DDR; Unterzeichnung eines Abkommens über kulturelle und wissenschaftliche Zusammenarbeit.

3.-5.5. Wissenschaftliche Konferenz über aktuelle Fragen der Revolutionstheorie anlässlich des 160. Geburtstages von Karl Marx an der Parteihochschule „Karl Marx" beim ZK der SED; am 5.5. findet in Karl-Marx-Stadt eine

> Ein Funktionär der französischen Bruderpartei besucht die DDR, wird von seinen Gastgebern durch Fabriken und über Baustellen geführt und erklärt zum Abschied: „Tröstet euch, Genossen – bei uns arbeitet die herrschende Klasse auch nicht!"

Großkundgebung aus dem gleichen Anlass statt.

11./12.5. Offizieller Freundschaftsbesuch des sowjetischen Außenministers A. Gromyko in der DDR; Unterzeichnung eines neuen Abkommens über kulturelle und wissenschaftliche Zusammenarbeit zwischen beiden Staaten und Bericht über den Besuch von L. Breshnew in der Bundesrepublik.

16.-19.5. Offizielle Besuche des Außenministers der DDR, O. Fischer, in Belgien und Luxemburg.

17.-19.5. Internationale wissenschaftliche Konferenz über die aktuelle Bedeutung der ökonomischen Lehre von Karl Marx für die Gestaltung der entwickelten sozialistischen Gesellschaft in der DDR, veranstaltet von der Akademie für Gesellschaftswissenschaften beim ZK der SED (AfG), dem Institut für Marxismus-Leninismus, dem Zentralinstitut für Sozialistische Wirtschaftsführung und der Parteihochschule „Karl Marx" beim ZK der SED.

21.5. Teilnahme einer Gastdelegation des FDGB unter Leitung von Harry Tisch am 11. Ordentlichen Kongress des DGB in Hamburg; den 9. Kongress des FDGB im Mai 1977 in Berlin (Ost) hatte eine Delegation des DGB besucht.

29.-31.5. VIII. Schriftstellerkongress der DDR unter dem Motto „Der Schriftsteller in den Kämpfen unserer Zeit"; Wahl von H. Kant anstelle der aus Altersgründen zurückgetretenen Anna Seghers zum Präsidenten.

5.-8.6. Besuch einer Staatsdelegation der DDR unter Leitung von Günter Mittag, Mitglied des Politbüros und Sekretär des ZK der SED, in Paris; Wirtschaftsverhandlungen mit Vertretern der französischen Regierung und Industrie, Abschluss entsprechender Vereinbarungen und Verträge, u. a. mit dem Automobilkonzern Citroën.

1978

7.6. Empfang einer Delegation der PLO unter Leitung des Vorsitzenden ihres Exekutivkomitees, Yasser Arafat, anlässlich der in Berlin (Ost) veranstalteten „Woche der Solidarität" mit dem Kampf der antiimperialistischen Kräfte im Nahen Osten durch E. Honecker.

14.6. Empfang des Leiters der Ständigen Vertretung der DDR in der Bundesrepublik Deutschland, Dr. Michael Kohl, durch Bundeskanzler Schmidt; Kohl übergibt einen Brief des Staatsratsvorsitzenden E. Honecker.

16.6. Besuch des Staatssekretärs für Kirchenfragen der DDR, H. Seigewasser, im Paul-Gerhardt-Stift in Wittenberg, wobei dieser die Arbeit der Kirche im Gesundheits- und Sozialwesen der DDR würdigt; am 19.6. empfängt der Vorsitzende des Ministerrates, W. Stoph, führende Vertreter des Bundes der evangelischen Kirchen in der DDR unter Leitung von Bischof Albrecht Schönherr zu einem Meinungsaustausch.

21.6. Beginn der Verhandlungen zwischen der Bundesregierung und der Regierung der DDR über den Bau einer Autobahn von Berlin nach Hamburg.

25.6. Verlesung eines bischöflichen Rundschreibens an die Gemeinden in den evangelischen Kirchen der DDR, worin kritisch zu dem geplanten Wehrkundeunterricht an den Schulen der DDR Stellung genommen wird.

26.-28.6. Offizieller Besuch einer libyschen Regierungsdelegation unter Leitung von Oberst M. el Ghaddafi in der DDR; Abschluss eines Abkommens über politische, wirtschaftliche und wissenschaftlich-technische Zusammenarbeit sowie eines Gesundheitsabkommens.

30.6. Verurteilung des Systemkritikers Rudolf Bahro zu 8 Jahren Freiheitsentzug wegen angeblichen Geheimnisverrats und nachrichtendienstlicher Tätigkeit; am 7.7. wird der 22-jährige Nico Hübner aus Berlin (Ost) wegen Wehrdienstverweigerung (unter Berufung auf den entmilitarisierten Zustand von Groß-Berlin) zu 5 Jahren Freiheitsentzug verurteilt.

13.7. Abschluss eines Handelsabkommens für die Jahre 1979-1984 zwischen der Koreanischen Demokratischen Volksrepublik und der DDR in Pjöngjang; am 4.7. waren mehrere Abkommen und Vereinbarungen zur Vertiefung der wirtschaftlichen und wissenschaftlich-technischen Zusammenarbeit zwischen Vietnam und der DDR in Berlin (Ost) unterzeichnet worden.

15.7. Protest des Leiters der Ständigen Vertretung der Bundesrepublik Deutschland bei der DDR, Günther Gaus, gegen Behinderungen im Transitverkehr im Zusammenhang mit dem Besuch des US-Präsidenten Carter in Begleitung von Bundeskanzler Schmidt und Bundesaußenminister Genscher in Berlin (West) bei der Regierung der DDR; am 18.7. tragen die Vertreter der drei Westmächte in der Botschaft der UdSSR in Berlin (Ost) einen entsprechenden Protest vor.

18.8. Außenministerium der DDR untersagt dem in Berlin (Ost) akkreditierten Fernsehkorrespondenten der ARD, Lutz Lehmann, einen Film über die Situation der Schriftsteller in der DDR zu drehen.

24./25.8. Beratung des ZK der SED mit leitenden Partei- und Wirtschaftsfunktionären über die Entwicklung vorhandener und Bildung neuer Kombinate zur Vervollkommnung der Leitung und Planung.

26.8. An Bord des sowjetischen Raumschiffes „Sojus 31" startet zusammen mit dem sowjetischen Raumfahrer Valerij Bykowski der NVA-Oberstleutnant Sigmund Jähn als erster Deutscher in den Weltraum. Das Raumschiff wird an die sowjetische Raumfahrtstation „Saljut 6" angekoppelt, die seit September 1977 um die Erde kreist; am 21.9. werden die Kosmonauten Jähn und Bykowski von der Partei- und Staatsführung der DDR in Berlin (Ost) empfangen und hoch dekoriert.

1.9. Tagung der Wirtschaftsausschüsse DDR-Japan im von japanischen Firmen neuerrichteten Internationalen Handelszentrum in Berlin (Ost); Empfang der japanischen Delegation durch den Staatsratsvorsitzenden E. Honecker.

2./3.9. Teilnahme einer Delegation der DDR unter Leitung des stellvertretenden Staatsratsvorsitzenden und Vorsitzenden der CDU, G. Götting, an der Amtseinführung von Papst Johannes Paul I. in Rom.

3.-6.9. Auf der Leipziger Herbstmesse werden in Gesprächen und Abschlüssen (u. a. in der chemischen Industrie) die Wirtschaftsbeziehungen zwischen beiden deutschen Staaten intensiviert; der Warenaustausch nähert sich im laufenden Jahr der 9-Mrd.-Mark-Grenze.

5.9. Offizielle Ankündigung eines Staatsbesuchs des Schah von Persien in der DDR für die Zeit vom 14. bis 17.9.1978; Veröffentlichung eines Interviews mit dem Schah im „Neuen Deutschland"; am 9.9. wird der Besuch wegen der innenpolitischen Situation im Iran abgesagt.

11.-14.9. Besuch des Bundesministers für Raumordnung, Bauwesen und Städtebau, D. Haack, auf Einladung des DDR-Ministers für Bauwesen, W. Junker,

„28.6.1978. Zum Abschluß seines Besuches in der DDR überreichte der Generalsekretär des Allgemeinen Volkskongresses der Sozialistischen Libyschen arabischen Volksjamahiriya, Oberst Muammar al-Gaddhafi (r.), dem Generalsekretär des ZK der SED und Vorsitzenden des Staatsrates der DDR, Erich Honecker, einen Mantel der libyschen Nationaltracht als Abschiedsgeschenk." (Originalunterschrift)

Die DDR ist eine ausgesprochene Gebirgsrepublik. Sie besteht nur aus Engpässen.

1978

in der DDR; Besichtigung von Wohnungsbauprojekten in Berlin (Ost), Karl-Marx-Stadt und Erfurt; am 12.9. wird Haack von G. Mittag, Mitglied des Politbüros der SED, zu einem Gespräch empfangen.

11.9. Erneute Ablehnung einer Touristenreise der CDU-CSU-Bundestagsfraktion nach Potsdam durch die DDR-Behörden; am 14.9. wird eine für den 25.9. bereits erteilte Reisegenehmigung nach Potsdam für die CDU-Fraktion des Kieler Landtags widerrufen; beide Reisen waren im Rahmen von Tagungen in Berlin (West) geplant.

20.-22.9. Besuch einer Delegation unter Leitung von G. Mittag, Mitglied des Politbüros der SED, in Wien; neue Vereinbarung über Ausbau der Wirtschaftsbeziehungen und Verlängerung eines Handels- und Zahlungsabkommens zwischen der DDR und Österreich.

28.9. Entgegennahme des Beglaubigungsschreibens des neuen Leiters der Ständigen Vertretung der DDR in der Bundesrepublik Deutschland, E. Moldt, durch Bundespräsident Scheel; am 7.9. war der bisherige Leiter der DDR-Vertretung, M. Kohl, von Staatsminister Wischnewski im Bundeskanzleramt verabschiedet worden.

10.11. Erfolgreicher Abschluss der Verhandlungen über den Bau der Autobahn Berlin-Hamburg, die Wiedereröffnung des Teltow-Kanals in Berlin und den nichtkommerziellen Zahlungsverkehr zwischen dem Leiter der Ständigen Vertretung der Bundesrepublik Deutschland bei der DDR, G. Gaus, und dem stellvertretenden DDR-Außenminister, K. Nier, in Berlin (Ost); nachdem die Abmachungen am 15.11. von beiden deutschen Regierungen gebilligt wurden, werden sie am 16.11. in Berlin (Ost) unterzeichnet.

16.11. Austausch von Briefen mit Absichtserklärungen und Protokollvermerken zwischen den Beauftragten des Berliner Senats und der Regierung der DDR zum Bau der Nord-Autobahn einschließlich der Einrichtung eines neuen Grenzübergangs im Norden Berlins, zu sonstigen Transitregelungen sowie zum Ausbau des Teltow-Kanals.

26.-29.11. Freundschaftsbesuch des Ministerratsvorsitzenden Äthiopiens, Haile Mariam, in der DDR; am 30.11. Veröffentlichung eines gemeinsamen Kommuniqués und einer Deklaration über die Prinzipien der Freundschaft und Zusammenarbeit zwischen beiden Staaten.

29.11. Unterzeichnung des Protokolls zwischen den Regierungen der Bundesrepublik Deutschland und der DDR über die Überprüfung, Erneuerung und Ergänzung der Markierung der bestehenden rund 1393 km langen Innerdeutschen Grenze, die Grenzdokumentation und die Regelung sonstiger mit dem Grenzverlauf in Zusammenhang stehender Probleme.

8.12. Konstituierung eines Wissenschaftlichen Rates für Jugendforschung unter Vorsitz des Direktors des Zentralinstituts für Jugendforschung in Leipzig, Prof. W. Friedrich, in Berlin (Ost); dem Gremium gehören neben Wissenschaftlern FDJ-Funktionäre, Vertreter von Jugendbrigaden sowie Mitarbeiter staatlicher Organe und gesellschaftlicher Organisationen an.

12.12. Unterzeichnung einer neuen Vereinbarung über die Zusammenarbeit bei der sozialistischen Wehrerziehung zwischen dem Bundesvorstand des FDGB und dem DDR-Verteidigungsministerium.

13./14.12. 9. Tagung des ZK der SED. Berichterstatter J. Herrmann begrüßt die Ende November mit der Bundesrepublik Deutschland getroffenen Vereinbarungen (von „allgemeiner politischer Bedeutung").

28.12. Gespräch zwischen SED-Generalsekretär E. Honecker und dem Generalsekretär der französischen KP, G. Marchais, und dem Leiter der Abteilung Außenpolitik des ZK der KPF, M. Gremetz, in Berlin (Ost).

29.12. Festveranstaltung des ZK der SED zum 60. Jahrestag der Gründung der Kommunistischen Partei Deutschlands (KPD) unter Teilnahme der Vorsitzenden von Deutscher Kommunistischer Partei (DKP) und Sozialistischer Einheitspartei Westberlins (SEW), H. Mies und H. Schmitt, in Berlin (Ost).

„12.4.1978. Ehefrau Margit und Tochter Kerstin (l.) dürfen nicht stören, wenn Hans Läbe, Instrukteur für den Schälschrapper-Strebbau im Bernard-Koenen-Schacht des Mansfelder Kupferreviers, sich mit seiner Enkeltochter Jana beschäftigt. Die Läbes haben fünf Kinder und bewohnen seit 1974 eines der Einfamilienhäuser am Othaler Weg in Sangerhausen .Der junge Großvater (47) ist seit 24 Jahren im Kupferbergbau tätig. Der ‚Verdiente Bergmann' und achtfache Aktivist hat maßgeblich Anteile an der Entwicklung des Schälschrapper-Strebbau-Verfahrens, das 1969 erstmals im Bernard-Koenen-Schacht angewandt wurde und eine außerordentliche Erleichterung der Arbeitsbedingungen mit sich bringt." (Originalunterschrift)

1979

1.1. Inkrafttreten der neuen Urlaubsordnung, wonach sich der Jahresurlaub aller Werktätigen in der DDR um mindestens 3 Tage erhöht.

3.1. Unterzeichnung des Protokolls über Warenlieferungen und Leistungen zwischen der DDR und der CSSR in Berlin (Ost). Danach sind 26 v. H. des gegenseitigen Warenaustauschs die Folge von Kooperations- und Spezialisierungsvereinbarungen.

8.-12.1. Offizieller Besuch einer Partei- und Staatsdelegation der DDR unter Leitung des Staatsratsvorsitzenden E. Honecker in Indien. Der Delegation gehören auch Ministerpräsident W. Stoph, Außenminister O. Fischer sowie die ZK-Sekretäre Dr. G. Mittag (Wirtschaft) und H. Axen (Internationale Verbindungen) an. Unterzeichnung von Abkommen über wirtschaftliche und wissenschaftlich-technische Zusammenarbeit sowie eines Schifffahrtsabkommens.

12./13.1. Besuch von Staatsminister Hans-Jürgen Wischnewski in Berlin (Ost). Wischnewski und der Leiter der Ständigen Vertretung der Bundesrepublik Deutschland bei der DDR, Günter Gaus, machen mit dem DDR-Außenminister O. Fischer und dessen Stellvertreter, Dr. M. Kohl, eine Bestandsaufnahme der innerdeutschen Verhandlungen des Jahres 1978 und legen als zukünftige Verhandlungsschwerpunkte u. a. Fragen des Gewässerschutzes und der Zusammenarbeit auf dem Energiesektor fest.

13.2. Am 13.2. trifft Seigewasser mit dem Vorsitzenden der katholischen Berliner Bischofskonferenz, Kardinal Bengsch, zusammen

15.-24.2. Offizielle Freundschaftsbesuche einer Partei- und Staatsdelegation der DDR unter Leitung des Staatsratsvorsitzenden E. Honecker in Libyen, Angola, Sambia und Moçambique. Der Delegation gehören auch Ministerpräsident W. Stoph, Außenminister O. Fischer sowie die ZK-Sekretäre Dr. G. Mittag (Wirtschaft) und H. Axen (Internationale Verbindungen) an. Am 16.2. gemeinsame Erklärung zum Verhältnis DDR-Libyen sowie Unterzeichnung einer Vereinbarung über wirtschaftliche und wissenschaftlich-technische Zusammenarbeit. Am 19.2. gemeinsames Kommuniqué DDR-Angola sowie Unterzeichnung eines Vertrages über Freundschaft und Zusammenarbeit. Am 21.2. gemeinsame Deklaration DDR-Sambia sowie Unterzeichnung eines Abkommens über wirtschaftliche und wissenschaftlich-technische Zusammenarbeit; außerdem werden ein Rundfunkabkommen und ein Arbeitsplan über kulturelle und wissenschaftliche Zusammenarbeit abgeschlossen. Am 24.2. gemeinsames Kommuniqué DDR-Moçambique und Unterzeichnung eines Vertrages über Freundschaft und Zusammenarbeit.

24.2. Konstituierung einer Gesellschaft für Weltraumforschung und Raumfahrt (GWR) der DDR in Berlin (Ost) als Nachfolgerin der bisherigen Astronautischen Gesellschaft; Präsident der GWR wird Prof. H.-J. Fischer.

26.2. Demonstrativer Empfang des vietnamesischen Botschafters in der

„Bekenntnis und Tat zum Schutz des Sozialismus". FDJ-Plakat zum 30. Jahrestag der DDR 1979.

„*26.9.1979. Zu den erfahrenen und stets zuverlässigen Hochöffnern des Eisenhüttenkombinates Ost gehört Horst Lukowski, 1. Schmelzer der C-Schicht am Hochofen III des EKO: Das 20. Jahr der Republik ist auch für ihn persönlich ein erfolgreiches Jahr, denn im August 1979 hat er seine zweijährige Qualifizierung zum ‚Meister für Metallerzeugung' mit Erfolg abgeschlossen. Er und seine Kollegen an den sechs Hochöfen des EKO unternehmen gegenwärtig große Anstrengungen, um die Zielstellung zu realisieren, in diesem Jahr 10 000 Tonnen Stahlroheisen zusätzlich aus eingespartem Koks und mit dem Einsatz eisenhaltiger Rückstände zu gewinnen.*" (Originalunterschrift)

Anfrage an den Sender Eriwan: „Ist es wahr, dass sich die Liebe der DDR zur Sowjetunion ständig vertieft?" Antwort: „Ja, sie hat soeben einen Tiefpunkt erreicht."

1979

DDR durch den Staatsratsvorsitzenden E. Honecker; am 17.2. hatten das ZK der SED sowie der Staatsrat und Ministerrat der DDR eine Protesterklärung „gegen den ungeheuerlichen Überfall Chinas auf die SRV" (veröffentlicht im ND vom 19.2.1979) abgegeben. Am 25.7. wird in Berlin (Ost) ein Abkommen über weitere Hilfeleistungen der DDR an Vietnam unterzeichnet.

2.3. Bekanntmachung des Ausschusses für Arbeit und Sozialpolitik der DDR-Volkskammer, dass im laufenden Fünfjahrplan durch Maßnahmen der WAO 640.000 Arbeitsplätze neu- bzw. umgestaltet sowie für 130.000 Werktätige die Arbeitsbedingungen verbessert wurden.

6.3. Paraphierung eines Abkommens über die Umgestaltung des Reichsbahn-Südgeländes (u. a. Bau eines zentralen Güterbahnhofs) in Berlin (West) durch Beauftragte des Senators für Bau- und Wohnungswesen und des DDR-Verkehrsministeriums in Berlin (West).

12.3. Bundeswirtschaftsminister Graf Lambsdorff führt beim Besuch der Leipziger Messe Wirtschaftsgespräche mit DDR-Außenhandelsminister H. Sölle. Am 13.3. trifft Lambsdorff in Berlin (Ost) zu einem Gespräch über die gegenseitigen Wirtschaftsbeziehungen mit dem ZK-Sekretär für Wirtschaft, Dr. G. Mittag, zusammen.

13.-16.3. Besuch einer Delegation der IG Metall im DGB unter Leitung ihres Vorsitzenden Eugen Loderer auf Einladung des Zentralvorstands der IG Metall im FDGB in der DDR; die Einladung zu

„Den Bund fürs Leben schlossen Karl-Heinz Rathenow, Student an der Fachschule für Verkehrswirtschaft Gotha, und Sybille Dettmann, Fachgebietsleiterin des sozialistischen Großbetriebs Textilwaren und Abgeordnete der Stadtverordnetensammlung von Berlin. Die erste Eheschließung im Roten Rathaus fand am 28. Juli 1979 statt." (Originalunterschrift)

einem Gegenbesuch wird ausgesprochen.

19.-21.3.24. Tagung der Paritätischen Regierungskommission für ökonomische und wissenschaftlich-technische Zusammenarbeit DDR – UdSSR zur Ausarbeitung eines Programms über Spezialisierung und Kooperation beider Staaten bis 1990 in Moskau.

30.3. Das Neubaugebiet in Berlin-Marzahn erhält den Status eines eigenständigen (9.) Stadtbezirks von Berlin (Ost). Am 6.4. erklären die drei Westmächte, vertreten durch die britische Botschaft in Bonn, dass sie davon ausgehen, dass diese rein verwaltungstechnische Maßnahme keine Veränderung der Stadtgrenze bedeutet, und dass der Vier-Mächte-Status Berlins unverändert bleibt.

8./9.4. Besuch einer Delegation des Bundesjugendringes unter Leitung seines Vorsitzenden Konrad Gilges in der DDR. Auf einer Pressekonferenz in Berlin (Ost) kommt es zwischen Gilges und E. Krenz, 1. Sekretär des Zentralrates der FDJ, zu einer Auseinandersetzung über die Voraussetzungen für die Erweiterung der Jugendkontakte zwischen beiden deutschen Staaten. Gilges wird auch von Margot Honecker, DDR-Volksbildungsministerin, zu einem Gespräch empfangen.

14.4. Veröffentlichung der neuen Durchführungsbestimmung zur Verordnung über die Tätigkeit von Publikationsorganen anderer Staaten und deren Korrespondenten in der DDR vom 21.2.1973, wonach Interviews und Befragungen genehmigungspflichtig sowie Reisen außerhalb von Berlin (Ost) in der DDR meldepflichtig werden. Ein am 17.4. von Staatsminister Hans-Jürgen Wischnewski dem Leiter der Ständigen Vertretung der DDR in Bonn, E. Moldt, vorgetragener Protest wegen der Arbeitsbeschränkungen der Journalisten wird von diesem zurückgewiesen.

16.4. Inkrafttreten einer Anordnung des DDR-Außenhandelsministeriums, wonach DDR-Bürger in Intershops nicht mehr mit Deutscher Mark (Westwährung), sondern nur noch mit entsprechenden Wertschecks der DDR-Banken einkaufen dürfen.

26./27.4. 10. Tagung des ZK der SED. Berichterstatter des Politbüros ist W. Jarowinsky; Generalsekretär E. Honecker charakterisiert im Schlusswort die Gestaltung des Verhältnisses zwischen der DDR und der Bundesrepublik auf der Basis der Politik der friedlichen Koexistenz als unumstößlich.

14.5. In Anwendung der neuen Durchführungsbestimmungen zur Journalistenverordnung wird der ZDF-Korrespondent Peter von Loyen wegen eines Berichts über den DDR-Schriftsteller Stefan Heym aus der DDR ausgewiesen. Hiergegen legt der Leiter der Ständigen Vertretung der Bundesrepublik Deutschland bei der DDR, Günter Gaus, am gleichen Tag im DDR-Außenministerium Protest ein

17.5. Am 17.5. kennzeichnet Bundeskanzler Helmut Schmidt vor dem Bundestag im Rahmen des Berichts zur Lage der Nation die Ausweisung als

1979

einen ernsten Rückschlag im Verhältnis beider deutscher Staaten zueinander.

1.-4.6. „Nationales Jugendfestival" der Freien Deutschen Jugend (FDJ) mit rd. 700.000 Teilnehmern an der Abschlusskundgebung in Berlin (Ost). Am 3.6. wird einer Gruppe von über 100 Angehörigen der sozialistischen Jugendorganisation „Die Falken" die Einreise nach Berlin (Ost) verweigert.

7.6. Ausschluss von neun Mitgliedern des Bezirksverbands Berlin (Ost) wegen angeblicher Verletzung des Statuts aus dem Schriftstellerverband der DDR; hierunter befindet sich auch Stefan Heym, der am 22.5. vom Stadtbezirksgericht Berlin-Köpenick wegen Devisenvergehens zu 9000 Mark Geldstrafe verurteilt worden war.

20.6. Der DDR-Regimekritiker Prof. Havemann wird vom Kreisgericht Fürstenwalde wegen Devisenvergehens zu einer Geldstrafe von 10.000 Mark verurteilt. Das DDR-Justizministerium bestätigt am 23.7. die Rechtskraft des Urteils.

28.6. 9. Tagung der Volkskammer: Änderung des Wahlgesetzes, wonach die Abgeordneten von Berlin (Ost) in der Volkskammer zukünftig direkt gewählt werden; 3. Strafrechtsänderungsgesetz, das u.a. eine Verschärfung des politischen Strafrechts mit sich bringt und am 1.8. in Kraft tritt; Ergänzung bzw. Änderung des Zoll- und des Devisengesetzes. Personalpolitisch werden u.a. folgende Veränderungen beschlossen: Dr. G. Mittag (SED-Politbüromitglied und ZK-Sekretär für Wirtschaft) und W. Seifert (DBD-Bezirksvorsitzender von Karl-Marx-Stadt) werden Mitglieder des Staatsrates; der neuernannte Minister für Kohle und Energie, W. Mitzinger (SED), und der neue stellvertretende Vorsitzende der Staatlichen Plankommission, W. Gress (SED), werden anstelle ihrer Vorgänger K. Siebold und Dr. K. Fichtner Mitglieder des Ministerrats.

15.7. SED-Generalsekretär E. Honecker, der sich seit dem 11.7. zu einem privaten Besuch in Polen aufhält, erörtert mit E. Gierek, 1. Sekretär der PVAP, Fragen der Zusammenarbeit zwischen beiden Parteien.

20.7. Anerkennung der Regierung der nationalen Erneuerung Nikaraguas durch die DDR; Aufnahme Diplomatischer Beziehungen. Am 2.11.1979 wird ein Protokoll über die Entwicklung der gegenseitigen Handelsbeziehungen in Managua unterzeichnet.

23./24.7. Besuch des französischen Außenministers Jean François-Poncet in Berlin (Ost). François-Poncet wird vom DDR-Staatsratsvorsitzenden, E. Honecker, und vom Vorsitzenden des Ministerrats, W. Stoph, zu Gesprächen empfangen.

24.7. Konsultationsgespräch zu Fragen der Abrüstung zwischen Staatssekretär

Guenter van Well vom Auswärtigen Amt und dem Leiter der Ständigen Vertretung der DDR in Bonn, E. Moldt.

3.-5.9. Offizieller Besuch des niederländischen Außenministers Christoph van der Klaauw in der DDR; Abschluss eines Abkommens über Zusammenarbeit in Wissenschaft und Kultur.

4.9. Unterzeichnung eines Konsularvertrages DDR-USA in Berlin (Ost); von amerikanischer Seite wird erklärt, dass sich an der Verantwortung der USA für Berlin als Ganzes und für Deutschland nichts ändert. Die Ratifikationsurkunden zum Konsularvertrag werden am 19.1.1981 in Washington ausgetauscht; 30 Tage danach tritt der Vertrag in Kraft.

14.9. Unterzeichnung eines Schifffahrtsabkommens zwischen der DDR und Belgien/Luxemburg sowie eines Kulturabkommens DDR-Belgien durch den belgischen Außenminister Henri Simonet und DDR-Außenminister O. Fischer in Berlin (Ost).

25.9. Gemeinsamer Beschluss des Zentralkomitees der SED, des Ministerrats der DDR sowie des FDGB-Bundesvorstands über eine Rentenerhöhung, die am 1.12.1979 in Kraft treten soll. U. a. werden die Alters- und Invalidenrenten um 40 Mark sowie die Sozialunterstützungssätze um 30 Mark für

„*4.7.1979. Vorfreude auf die Ferien verspüren nicht nur die Schüler der Hallenser Hermann-Matern-Oberschule, für alle Mädchen und Jungen der DDR im Schulalter beginnen die Sommerferien mit vielfältigen Möglichkeiten der Erholung in Ferienlagern, bei örtlichen Ferienspielen, in Spezialistenlagern und mit den Eltern.*" (Originalunterschrift)

Ledige und 60 Mark für Ehepaare angehoben.

4.-8.10. Offizieller Besuch einer Partei- und Staatsdelegation der UdSSR unter Leitung von L. Breshnew, Generalsekretär der KPdSU, anlässlich der Feiern zum 30. Gründungstag der DDR

1979

12.10. Gespräch über Fragen von beiderseitigem Interesse zwischen dem DDR-Staatsratsvorsitzenden E. Honecker und dem Leiter der Ständigen Vertretung der Bundesrepublik Deutschland, Günter Gaus, in Berlin (Ost). Am gleichen Tag wird E. Moldt, Leiter der Ständigen Vertretung der DDR, in Bonn von Bundeskanzler Helmut Schmidt zu einem entsprechenden Meinungsaustausch empfangen.

31.10. Abschluss eines Abkommens über den gegenseitigen Verzicht auf Straßenbenutzungsgebühren bzw. Kraftfahrzeugsteuern für Lkw und Omnibus-

„27.12.1979. Sehr gut unterhalten sich die Neubrandenburger und ihre Gäste in der Fritz-Reuter-Stube des Hotels ‚Vier Tore', wenn Laienkünstler der Niederdeutschen Bühne Neubrandenburg etwas aus ihrem heiteren Repertoire darbieten." (Originalunterschrift)

se zwischen der DDR und der Bundesrepublik Deutschland einschließlich Berlin (West). Von den Beauftragten beider deutscher Staaten wird außerdem das Protokoll über die Pauschalabgeltung von Straßenbenutzungsgebühren für Pkw unterzeichnet. Die Bundesregierung überweist (anstatt der bisher individuell zu entrichtenden Gebühren) bis 1989 eine jährliche Pauschale von 50 Mill. DM an die DDR

31.10. Am gleichen Tag unterrichtet der Bundesminister für innerdeutsche Beziehungen, Egon Franke, das Bundeskabinett über die Bereitschaft der DDR-Regierung, weitere grenznahe Kreise in die Regelung des sog. Kleinen Grenzverkehrs einzubeziehen, wodurch ca. 1,2 Mill. Bundesbürgern zusätzlich diese Besuchsmöglichkeit ab 15.12. eröffnet wird.

7.11. Klaus Gysi, früherer DDR-Kulturminister und Botschafter der DDR in Italien, übernimmt anstelle des am 18.10.1979 verstorbenen H. Seigewasser das Amt des Staatssekretärs für Kirchenfragen.

10.11. Veröffentlichung eines gemeinsamen Beschlusses des Politbüros der SED und des Ministerrats der DDR über die Erhöhung der Effektivität von Investitionen und die Steigerung der ökonomischen Leistungsfähigkeit.

12.-17.11. Besuch einer Partei- und Staatsdelegation der DDR unter Leitung des Staatsratsvorsitzenden E. Honecker in Äthiopien und in der DVR Jemen. Der Delegation gehören auch der Vorsitzende des Ministerrats, W. Stoph, Außenminister O. Fischer sowie die ZK-Sekretäre H. Axen (Internationale Verbindungen) und Dr. G. Mittag (Wirtschaft) an. Unterzeichnung von Verträgen über Freundschaft und Zusammenarbeit sowie von Programmen über die wirtschaftliche und wissenschaftlich-tech-

nische Zusammenarbeit zwischen der DDR und Äthiopien (15.11.) bzw. dem Jemen (17.11.).

21.-23.11. V. Philosophie-Kongress über die „Dialektik des Geschichtsprozesses in der Epoche des Übergangs vom Kapitalismus zum Sozialismus" in Berlin (Ost).

3./4.12. Offizieller Besuch der DDR-Volksbildungsministerin Margot Honecker in Frankreich. Außer mit dem französischen Erziehungsminister Ch. Beullac trifft Frau Honecker auch mit dem französischen Außenminister Jean François-Poncet in Paris zusammen.

13./14.12. 11. Tagung des ZK der SED. Berichterstatter des Politbüros ist Generalsekretär E. Honecker. Er kündigt eine Erhöhung des Verteidigungshaushaltes unter Hinweis auf den NATO-Nachrüstungsbeschluss an und bestätigt seine Absicht zu einem Treffen mit Bundeskanzler Helmut Schmidt im Jahre 1980. Für das Frühjahr 1980 wird die Kontrolle der Parteidokumente und der Registrierung aller Mitglieder und Kandidaten der SED beschlossen.

14.12. Abschluss der Amnestie, deren Durchführung vom DDR-Staatsrat am 24.9. zum 30. Jahrestag der Staatsgründung beschlossen worden war. Nach offiziellen DDR-Angaben wurden u. a. 21928 Strafgefangene entlassen und 34115 Geld- und sonstige Strafen erlassen. Bereits am 11.10. durften der Systemkritiker Rudolf Bahro und der Wehrdienstverweigerer Nico Hübner in die Bundesrepublik ausreisen.

21.12. Unterzeichnung eines Veterinärabkommens zwischen der Bundesrepublik Deutschland und der DDR, das am 14.8.1980 in Kraft tritt.

„Warum setzen Sie den Kellner nicht an die Luft?", fragt ein Gast den Geschäftsführer eines Restaurants. „Jeder weiß doch, dass er für die Stasi spioniert!" „Warum sollte ich?", erwidert der Restaurantleiter, „Der nächste Spitzel ist möglicherweise kein so guter Kellner!"

1980

1.1. Die DDR wird nichtständiges Mitglied des UNO-Sicherheitsrates für die Jahre 1980/81.

2.1. Abschluss eines Regierungsabkommens zwischen der DDR und der VR Kampuchea in Berlin (Ost) über Wirtschaftshilfe für Kampuchea.

7.-9.1. Offizieller Besuch von DDR-Außenminister O. Fischer in Österreich. Unterzeichnung einer Arbeitsvereinbarung über die weitere politische und ökonomische Zusammenarbeit.

25.1. Beratung des Sekretariats des Zentralkomitees der SED mit den 1. Sekretären der Kreisleitungen. Generalsekretär E. Honecker sagt u. a. in seinem Referat, dass sich der aus den USA nach Europa exportierte Kalte Krieg negativ auf die Beziehungen zwischen der DDR und der Bundesrepublik Deutschland auswirken könne.

5.2. Unterzeichnung des Abkommens über die Plankoordinierung DDR-UdSSR für die Jahre 1981 bis 1985 in Berlin (Ost).

9.2. Unterzeichnung eines Abkommens über technische und wirtschaftliche Zusammenarbeit zwischen der DDR und Afghanistan in Kabul.

13.2.-24.2. Olympische Winterspiele in Lake Placid. Mit insgesamt 23 Medaillen plaziert sich die Mannschaft der DDR erstmals vor der UdSSR (22 Medaillen), wobei sich Ulrich Wehling in der Nordischen Kombination seine dritte Goldmedaille in Folge holen kann.

15.2. Konsultationen zwischen dem Leiter der Ständigen Vertretung der Bundesrepublik Deutschland bei der DDR, Günter Gaus, mit dem Hauptabteilungsleiter im DDR-Außenministerium, E. Krabatsch, über Probleme der geplanten KSZE-Nachfolgekonferenz in Madrid in Berlin (Ost).

19.2. In Bonn wird durch den Bundesminister für innerdeutsche Beziehungen, Egon Franke, erklärt, dass z. Z. die Voraussetzungen für ein Treffen zwischen Bundeskanzler Helmut Schmidt und dem DDR-Staatsratsvorsitzenden E. Honecker nicht gegeben sind. Anlass hierfür war die Verschiebung eines für Februar/März 1980 geplanten Arbeitsbesuchs des Bundeskanzlers in der DDR auf Wunsch der DDR-Regierung vom 31.1.1980.

20.2. Am 20.2. wird der Leiter der Ständigen Vertretung der Bundesrepublik Deutschland, Günter Gaus, in Berlin (Ost) vom DDR-Staatsratsvorsitzenden E. Honecker zu einem Gespräch über die zukünftigen Beziehungen zwischen beiden deutschen Staaten empfangen.

18.3. Beschluss des Politbüros des ZK der SED über die „Aufgaben der Universitäten und Hochschulen in der entwickelten sozialistischen Gesellschaft".

19.-21.3. Beratung des Zentralkomitees der SED unter Leitung von Dr. G. Mittag (ZK-Sekretär für Wirtschaft) mit den Generaldirektoren und ZK-Parteiorganisatoren der Kombinate in Gera; Beratungsthema ist die Arbeit der Kombinate.

21.3. Besuch einer Delegation des FDJ-Zentralrats unter Leitung seines 1. Sekretärs, E. Krenz, beim Bundesvorstand der Jungsozialisten in der SPD in Bonn. Krenz trifft auch zu einer Unterredung mit dem Bundesgeschäftsführer der SPD, Egon Bahr, zusammen.

22.-25.3. Besuch einer Partei- und Regierungsdelegation der DDR unter Leitung von Dr. G. Mittag, ZK-Sekretär für Wirtschaft, in Algerien. Unterzeichnung einer Vereinbarung über wirtschaftliche Zusammenarbeit.

27.3.-1.4. Offizieller Besuch einer Partei- und Regierungsdelegation der Sandinistischen Front und der Regierung der Nationalen Erneuerung Nikaraguas in der Deutschen Demokratischen Republik. Abschluss eines Handelsabkommens, eines Konsularvertrags sowie eines Abkommens über kulturelle und wissenschaftliche Zusammenarbeit.

„16.6.1979. Eine moderne, gut eingerichtet Einraumwohnung besitzt die Veteranin Paula Kuhrt im Rentner-Wohnhochhaus im Suhler Neubaugebiet Aue. Das Zimmer ist mit eigenen Möbeln ausgestattet. Im Bezirk Suhl gibt es drei solcher Wohnhäuser. Dort verbringen die Veteranen nach dem Motto ‚Jeder hat seine vier Wände und ist doch nicht allein' ihren Lebensabend in sozialer Geborgenheit. Umfassend ist die soziale, medizinischer und kulturellen Betreuung in diesen Wohnblocks. So kann das Mittagessen, das von einem Betrieb geliefert wird, gemeinsam eingenommen werden." (Originalunterschrift)

9.4. Unterzeichnung eines Protokolls über die weitere Zusammenarbeit in der Kernenergetik zwischen der DDR und der UdSSR in Berlin (Ost); u. a. wurden Vereinbarungen über die erste Baustufe eines Kernkraftwerks bei Stendal getroffen.

1980

16.-18.4. Besuch von Dr. G. Mittag, ZK-Sekretär für Wirtschaft, und dem Staatssekretär im DDR-Außenhandelsministerium, Dr. G. Beil, in Begleitung von E. Moldt, Leiter der Ständigen Vertretung der DDR in Bonn, in der Bundesrepublik Deutschland. Außer einem Besuch der Messe in Hannover und einem wirtschaftspolitischen Gespräch mit Bundeswirtschaftsminister Graf Lambsdorff kommt es zu einer Unterredung über internationale Fragen und die Beziehungen zwischen beiden deutschen Staaten zwischen Bundeskanzler Helmut Schmidt und Dr. G. Mittag. Mittag führt auch Gespräche mit den Fraktionsvorsitzenden von SPD und FDP, Herbert Wehner und Wolfgang Mischnick; er besucht außerdem die Firmen Krupp (Essen) und Hoechst AG (Frankfurt/Main).

27.4. Als ehemaliger Häftling nimmt der DDR-Regimekritiker Prof. R. Havemann an einer Gedenkveranstaltung zum 35. Jahrestag der Befreiung des nationalsozialistischen Zuchthauses in Brandenburg-Görden teil. Die Gedenkreden halten der sowjetische Botschafter in der DDR, P. Abrassimow, und der SED-Generalsekretär, E. Honecker, der dort ebenfalls inhaftiert war.

30.4. Unterzeichnung der 3. Rahmenvereinbarung über Verkehrsfragen zwischen der Bundesrepublik Deutschland und der DDR in Berlin (Ost). U. a. werden der Ausbau des Autobahnübergangs Wartha/Herleshausen, die teilweise Verbreiterung des Mittellandkanals und der zweigleisige Ausbau der Eisenbahnstrecke Berlin – Helmstedt festgelegt.

8.5. Meinungsaustausch zwischen Bundeskanzler Helmut Schmidt und dem DDR-Staatsratsvorsitzenden E. Honecker am Rande der Trauerfeier für den am 4.5. verstorbenen Präsidenten Jugoslawiens, Josip Broz Tito, in Belgrad. Honecker trifft auch mit dem SPD-Vorsitzenden Willy Brandt und mit Bundespräsident Prof. Karl Carstens zu Gesprächen zusammen.

21./22.5. 12. Tagung des ZK der SED. Berichterstatter des Politbüros ist I. Lange. Rede von Generalsekretär E. Honecker zur Einberufung des X. Parteitages der SED (11.-16.4.1981). Beschlüsse: Richtlinie über die Wahl der Parteitagsdelegierten, Festlegung der Termine für die Parteiwahlen, Wahl des bisherigen Politbürokandidaten und ZK-Sekretärs für Parteiorgane, H. Dohlus, zum Mitglied des Politbüros, wo er die Stelle des am 4.12.1979 verstorbenen F. Ebert einnimmt.

27.-30.5. Besuch des Bundesministers für Forschung und Technologie, Dr. Volker Hauff, in der DDR. Außer zu Gesprächen mit seinem DDR-Amtskollegen Dr. H. Weiz trifft Hauff auch zu einem Meinungsaustausch über die Beziehungen zwischen beiden deutschen Staaten mit Prof. K. Hager (SED-Politbüromitglied und ZK-Sekretär für Wissenschaft) zusammen.

27.5.-1.6. Offizieller Freundschaftsbesuch einer Partei- und Staatsdelegation der DDR unter Leitung des Staatsratsvorsitzenden E. Honecker in Kuba. Am 1.6. unterzeichnen der kubanische Partei- und Staatsratsvorsitzende Fidel Castro und Honecker einen Vertrag über Freundschaft und Zusammenarbeit mit einer Laufzeit von 25 Jahren.

28.5.-1.6. V. Festival der sorbischen Kultur in Bautzen, Cottbus und Kamenz mit 266 Veranstaltungen, gestaltet von 7500 Volkskünstlern sowie Ensembles aus der UdSSR, der Volksrepublik Polen, der ČSSR und der Ungarischen Volksrepublik.

31.5. Unterzeichnung eines Vertrages über Freundschaft und Zusammenarbeit zwischen der DDR und der Republik Kuba.

3.6.-6.7. Ausstellung „Junge Künstler der DDR 1980" in Frankfurt (Oder).

5.6. Uraufführung des DEFA-Films „Der Baulöwe" (Buch: Kurt Belicke; Regie: Georgi Kissimow; Hauptdarsteller: Annekathrin Bürger, Rolf Herricht, Agnes Kraus).

5.-7.6. IV. Kongress des Verbandes der Theaterschaffenden in Berlin mit 350 Delegierten. Es referiert Wolfgang Heinz (Bühnenkunst – parteilich und wirksam für das hohe Ziel des Sozialismus). Diskussion in fünf Arbeitsgruppen. Wolfgang Heinz wird zum Präsidenten wiedergewählt.

5.6.-17.7. Ausstellung „Erben der Fotomontage – zeitgenössische Tendenzen der DDR" in Dresden.

Parteischulung zum Thema „Der Imperialismus – die letzte Phase des sterbenden Kapitalismus." Ein Genosse, der als Rentner gerade in der Bundesrepublik war, soll erzählen: „Ja, liebe Genossen, der Kapitalismus stirbt. Aber wisst ihr – es ist ein schöner Tod!"

6.6. Bildung einer gemeinsamen Regierungskommission für kulturelle Zusammenarbeit zwischen der DDR und der Sozialistischen Republik Rumänien vereinbart.

11.6. Am 11.6. wird ein Abkommen über den gegenseitigen Warenaustausch für die Jahre 1981-1985 unterzeichnet, das zur vorangegangenen Periode eine Steigerungsrate von 45 v. H. vorsieht.

12.6. Unterzeichnung einer Vereinbarung zwischen der DDR und dem König-

Ulrich Wehling.

1980

reich Dänemark zur Übergabe des in der DDR befindlichen literarischen Nachlasses von Martin Andersen Nexö.

13.6. Konstituierung des Martin-Luther-Komitees der DDR zur Vorbereitung des 500. Geburtstages von Martin Luther (10. November 1983). Dem Komitee gehören unter dem Vorsitz Erich Honeckers 100 Vertreter aller Bereiche des gesellschaftlichen Lebens an.

13.6. Konstituierung des staatlichen Martin-Luther-Komitees zur Vorbereitung des 500. Geburtstages des Reformators am 10.11.1983 in Berlin (Ost); den Vorsitz übernimmt der DDR-Staatsratsvorsitzende E. Honecker. An der Tagung nehmen auch Vertreter des kirchlichen Luther-Komitees unter Leitung des thüringischen Landesbischofs W. Leich teil.

13.6-3.8. Olympische Sommerspiele in Moskau. In Abwesenheit der USA und der BRD (Boykott) kommt die DDR mit 126 Medaillen hinter der UdSSR (196) im Medaillenspiegel auf den zweiten Platz. Die Goldmedaille für died Zwillingsbrüder B. Und J. Landvoigt im Zweier ohne Steuermann, die sie schon vier Jahre zuvor gewonnen haben ist ein Novum in der olympischen Rudergeschichte.

16.6. Abschluss eines Konsularvertrags und eines Kulturabkommens zwischen der DDR und Frankreich in Berlin (Ost).

16.6. Kulturabkommen sowie Abkommen über Kulturzentren zwischen der DDR und Frankreich in Berlin unterzeichnet.

19.6. Plenartagung der Akademie der Künste der DDR zum Thema „Zukunftslinien". Es werden Fragen der Zukunft der Menschheit und der Kunst erörtert. Die Diskussion leitet Manfred Wekwerth, Schlussbemerkungen hält Robert Weimann.

19.-20.6. V. Baukonferenz des ZK der SED und des Ministerrates der DDR mit 2 800 Teilnehmern in Berlin. Es referiert Wolfgang Junker (Die Aufgaben des Bauwesens bei der konsequenten Verwirklichung der Beschlüsse des IX. Parteitages der SED und in Vorbereitung des Fünfjahrplanes 1981-1985).

19./20.6. 7. Baukonferenz des Zentralkomitees der SED mit ca. 2800 Bauschaffenden und Gästen in Berlin (Ost). W. Junker, ZK-Mitglied und Minister für Bauwesen, nennt als Ziel der Tagung, zur Stärkung der materiell- technischen Basis für die Durchführung des Wohnungsbauprogramms beizutragen.

25.-27. 6. Offizieller Freundschaftsbesuch einer Partei- und Staatsdelegation der DDR unter Leitung des Staatsratsvorsitzenden E. Honecker in Rumänien. Unterzeichnung von Protokollen über die weitere wissenschaftlich-technische, ökonomische und kulturelle Zusammenarbeit sowie über die Koordinierung der Wirtschaftspläne im Zeitraum von 1981 bis 1985.

17.1. DEFA-Filmpremiere „Solo Sunny".

3.7. 11. Tagung der Volkskammer: Verabschiedung des Gesetzes zum Schutze des Kulturgutes der DDR, worin Kunstgegenstände, die sich im Besitz von Museen der Stiftung Preußischer Kulturbesitz in Berlin (West) befinden, zum Kulturgut der DDR erklärt werden, weil sie früher in Museen auf dem Gebiet der heutigen DDR bzw. von Berlin (Ost) lagerten.

3.7. Bei einem Empfang durch den Staatsratsvorsitzenden E. Honecker berichtet der sowjetische Botschafter in der DDR, P. Abrassimow, über die Gespräche von Bundeskanzler Helmut Schmidt und Bundesaußenminister Genscher mit der sowjetischen Regierung am 30.6. und 1.7. in Moskau.

3.7. Bekanntmachung des Bundesministers für innerdeutsche Beziehungen. Egon Franke, dass durch „besondere Bemühungen" der Bundesregierung zwischen 1964 und 1980 rd. 13.000 politische Häftlinge aus der DDR vorzeitig in die Bundesrepublik entlassen wurden. Im gleichen Zeitraum kamen über 30.000 DDR-Bürger im Rahmen der Familienzusammenführung in die Bundesrepublik.

16./17.7. Konsultationen zwischen Delegierten der Bundesrepublik Deutschland und der DDR für die 9. Session der UNO-Seerechtskonferenz in Bonn.

30.7. Abschluss eines Abkommens zwischen der UdSSR und der DDR über Zusammenarbeit bei der Errichtung von Industriebetrieben und anderen Objekten in der DDR einschließlich sowjetischer Ausrüstungslieferungen für die Jahre 1981 bis 1985 in Moskau.

11.8. Übergabe einer Einladung des DDR-Staatsratsvorsitzenden E. Honecker an Bundeskanzler Helmut Schmidt zu einem Arbeitsbesuch am Werbellinsee für den 28. und 29. August durch den Leiter der Ständigen Vertretung der DDR in Bonn, E. Moldt. Vor dem Hintergrund der Streiks und Unruhen in Polen sagt Bundeskanzler Schmidt in einem Telefongespräch mit dem Staatsratsvorsitzenden Honecker das geplante Treffen am 22.8. ab.

25.8. Der Verleger Robert Maxwell überreicht Erich Honecker ein erstes Exemplar einer Autobiographie „Aus meinem Leben" und macht mit ihm ein Interview, das am 26.8. im „Neuen Deutschland" erscheint

16.9. Eröffnung der 76. Interparlamentarischen Konferenz in Berlin (Ost) durch den DDR-Staatsratsvorsitzenden E. Honecker. An der Tagung, die bis zum 24.9. dauert, nehmen Parlamentarier aus 87 Staaten, darunter auch eine Delegation des Deutschen Bundestages, sowie Vertreter von 15 internationalen Organisationen teil.

17.-25.9. Streik der Bediensteten der Deutschen Reichsbahn der DDR in Berlin

1980

(West) für Lohnerhöhungen und soziale Verbesserungen. Im Verlauf der Auseinandersetzungen entlässt die Reichsbahnverwaltung zahlreiche Westberliner Bedienstete; mehrere hundert Reichsbahner treten wegen der aussichtslosen Situation den Dienst nicht wieder an. Nach Beendigung des Streiks wird der S-Bahn-Betrieb in Berlin (West) erheblich eingeschränkt und ist von da ab bedeutungslos.

20.11. Am 20.11. untersagen die Westalliierten der Reichsbahnverwaltung die Zerstörung, Demontage und Verlagerung von Bahnanlagen in Berlin (West).

9.10. Erlass einer Anordnung des DDR-Finanzministeriums, wonach ab 13.10. der bisherige Mindestumtausch von 13 DM bei Besuchen in der DDR und 6,50 DM in Berlin (Ost) einheitlich auf 25 DM erhöht wird. Die neue Umtauschpflicht gilt auch für Rentner, die zuvor davon befreit waren; für Kinder zwischen 6 und 15 Jahren wird – ebenfalls neu – ein Tagessatz von 7,50 DM festgelegt

10.10. Gegen die Erhöhung des Mindestumtauschs legt der Leiter der Ständigen Vertretung der Bundesrepublik Deutschland bei der DDR, Günter Gaus, am 10.10. im DDR-Außenministerium „schärfste Verwahrung" ein.

13.10. In einer Rede zur Eröffnung des Parteilehrjahrs in Gera bezeichnet SED-Generalsekretär E. Honecker u. a. die Anerkennung der DDR-Staatsbürgerschaft durch die Bundesrepublik Deutschland sowie die Umwandlung der Ständigen Vertretungen in Botschaften und die Auflösung der Zentralen Erfassungsstelle in Salzgitter als Voraussetzungen für die weitere Normalisierung des Verhältnisses der beiden deutschen Staaten.

14.10. Zu den von Honecker erhobenen Forderungen erklärt Regierungssprecher Klaus Bölling am 14.10. in Bonn, dass sie für die Bundesrepublik Deutschland unannehmbar seien.

16.10. Eröffnung der ersten Filmwoche der Bundesrepublik Deutschland in Dresden; die ausgewählten 7 Spielfilme werden außerdem in Frankfurt (Oder) und in Potsdam gezeigt.

23.-30.10. Vom 23.-30.10. findet in Saarbrücken, Duisburg und Bremen die erste Filmwoche der DDR in der Bundesrepublik statt.

21.-24.10. Internationale Wissenschaftliche Konferenz des ZK der SED und der Zeitschrift „Probleme des Friedens und des Sozialismus" zum Thema: „Der gemeinsame Kampf der Arbeiterbewegung und der nationalen Befreiungsbewegungen gegen Imperialismus, für sozialen Fortschritt" in Berlin (Ost), an der 116 Delegationen teilnehmen.

10.-13.11. Staatsbesuch des DDR-Staatsratsvorsitzenden, E. Honecker, in Begleitung von Dr. G. Mittag (ZK-Sekretär für Wirtschaft), Außenminister O.

Von den Journalisten anerkennend „Bob Beaman des Flachlands" genannt, holt sich Lutz Dombrowski bei den Olympischen Sommerspielen in Moskau 1980 mit 8,54 m die Goldmedaille im Weitsprung.

Gott ruft die Staatsführer zu sich und eröffnet ihnen, dass am 30. Mai der Weltuntergang sei. „Ich werde Kaviar und Krim-Sekt an mein Volk verteilen lassen", sagt Breschnew. „Und ich werde Steaks und Whisky an mein Volk verteilen lassen", sagt Ford. „Und ich", sagt Honecker, „werde den 30. Mai rausarbeiten lassen."

Fischer und Dr. G. Beil (Staatssekretär im Außenhandelsministerium) in Österreich. Abschluss eines langfristigen Handels- und Zahlungsabkommens sowie eines Rahmenvertrags zwischen DDR-Betrieben und den Eisen- und Stahlwerken Vöest-Alpine in Linz über die Errichtung eines Stahlzentrums in der DDR. Außerdem werden u. a. ein Luftverkehrsabkommen und ein Vertrag über den Rechtsschutz von Erfindungen, industriellen Mustern, Modellen und Warenzeichen abgeschlossen.

12.11. Protest des stellvertretenden Leiters der Ständigen Vertretung der Bundesrepublik Deutschland bei der DDR, Franz Bertele, gegen die erneuten Behinderungen in der Arbeit von Journalisten aus der Bundesrepublik. Die Demarche wird von der DDR zurückgewiesen. Am 17.10. war den Korrespondenten der Deutschen Presse-Agentur, des Evangelischen Pressedienstes und der „Rheinischen Post" verwehrt worden, über die Synode der Evangelischen Kirche Sachsens direkt aus Dresden zu berichten.

1.12. Als Nachfolger von Staatssekretär Günter Gaus erteilt die DDR Staatssekretär Klaus Bölling das Agrément als Leiter der Ständigen Vertretung der Bundesrepublik Deutschland bei der DDR; Bölling tritt sein Amt am 1.2.1981 an.

5.12. „Treffen führender Repräsentanten" der Warschauer-Pakt-Staaten zur politischen Situation in Polen in Moskau. Der DDR-Delegation gehören die Politbüromitglieder E. Honecker (SED-Generalsekretär), W. Stoph (Ministerratsvorsitzender), H. Axen (ZK-Sekretär für Internationale Verbindungen) sowie Verteidigungsminister H. Hoffmann und Staatssicherheitsminister E. Mielke an

11.12. Am 11.12. berichtet Erich Honecker den Vorsitzenden der 4 Blockparteien und dem Präsidenten des Nationalrats der Nationalen Front über die Ergebnisse des Treffens.

11./12.12. 13. Tagung des ZK der SED. Berichterstatter des Politbüros ist Dr. G. Mittag. G. Schürer (Vorsitzender der Staatlichen Plankommission) begründet den Volkswirtschaftsplan für 1981, der angenommen und am 17.12. von der Volkskammer gemeinsam mit dem Staatshaushaltsplan 1981 verabschiedet wird.

1981

7./8.1. Konsultationen zwischen DDR-Außenminister O. Fischer und seinem dänischen Amtskollegen K. Olesen über die bilateralen Beziehungen; Fischer trifft auch mit Ministerpräsident A. Joergensen und Königin Margarethe II. zusammen. Im Verlauf des Besuchs übergibt Fischer den literarischen Nachlass des dänischen Dichters Martin Andersen Nexö, der in den letzten Jahren vor seinem Tode in der DDR gelebt hatte.

7.1. Unterzeichnung eines Abkommens über die Zusammenarbeit von französischen und DDR-Unternehmen auf Drittmärkten in Paris.

15.1. Antrittsbesuch des katholischen Bischofs von Dresden-Meißen, Gerhard Schaffran, als neuer Vorsitzender der Berliner Bischofskonferenz beim DDR-Staatsratsvorsitzenden E. Honecker und dem Staatssekretär für Kirchenfragen, K. Gysi, in Berlin (Ost). Bischof Schaffran trat am 19.5.1980 als Nachfolger des am 13.12.1979 verstorbenen Kardinal Bengsch sein Amt an.

22.1. Austausch der Ratifikationsurkunden zum Vertrag über den Rechtshilfeverkehr in Zivilsachen zwischen der DDR und Großbritannien in London.

4.2. Beschluss des SED-Politbüros zu den 261 Delegiertenkonferenzen, die in den Kreisen, Städten und Stadtbezirken im Rahmen der Parteiwahlen der SED im Januar 1981 stattgefunden hatten.

9.2. Empfang des neuen Leiters der Ständigen Vertretung der Bundesrepublik Deutschland bei der DDR, Klaus Bölling, zur Entgegennahme des Beglaubigungsschreibens durch den DDR-Staatsratsvorsitzenden, E. Honecker, in Berlin (Ost). Am 29.1. hatte Honecker den bisherigen Leiter, Günter Gaus, der dieses Amt seit 1974 innehatte, zu einem Abschiedsbesuch empfangen.

14./15.2. Delegiertenkonferenzen und Neuwahlen der Bezirksleitungen der SED in 9 Bezirken der DDR und in Berlin (Ost). Auf der Konferenz in Berlin (Ost) führt SED-Generalsekretär E. Honecker zum Verhältnis zwischen beiden deutschen Staaten u. a. aus: „....

wenn der Tag kommt, an dem die Werktätigen der Bundesrepublik an die sozialistische Umgestaltung der Bundesrepublik Deutschland gehen, dann steht die Frage der Vereinigung beider deutscher Staaten vollkommen neu. Wie wir uns dann entscheiden, daran dürfte wohl kein Zweifel bestehen." (ND 16.2.1981)

23.2-2.3. XXVI. Parteitag der KPdSU in Moskau; Teilnahme einer Delegation des ZK der SED unter Leitung seines Generalsekretärs E. Honecker.

9./10.3. Offizieller Besuch von DDR-Außenminister O. Fischer in Polen. Fischer trifft zu Gesprächen mit seinem polnischen Amtskollegen J. Czyrek sowie mit dem 1. Sekretär der PVAP, S. Kania, und Ministerpräsident W. Jaruzelski zusammen. Unterzeichnung eines Abkommens über die kulturelle und wissenschaftliche Zusammenarbeit beider Staaten zwischen 1981 und 1985.

11.3. Eröffnung der Ausstellung „Malerei und Grafik in der Deutschen Demokratischen Republik" im Museum für moderne Kunst in Paris.

26.3. Übergabe von Beweismaterial über ehemalige Richter und Staatsanwälte am NS-Volksgerichtshof durch Bevollmächtigte des DDR-Generalstaatsanwalts an Vertreter des Generalstaatsanwalts beim Kammergericht in Berlin (West). Derartiges Belastungsmaterial war bereits durch die DDR-Behörden auf Antrag des Kammergerichts am

„*11. bis 13.12.1981. Treffen zwischen Erich Honecker, Generalsekretär des ZK der SED und Vorsitzender des Staatsrates der DDR, und Helmut Schmidt, Bundeskanzler der Bundesrepublik Deutschland. Erich Honecker (vorn.r.) verabschiedet am 13.12.1981 Helmut Schmidt (vorn.l), der von Güstrow aus die Heimreise antritt, auf dem dortigen Bahnhof. Zwischen Helmut Schmidt und Erich Honecker der Wirtschaftsminister der Bundesrepublik Deutschland, Otto Graf Lambdorff.*" (Originalunterschrift)

16.2. übergeben worden; weitere Akten folgen am 6.10.

26.3. Premiere des DEFA-Films „Pugowitza" nach dem Roman „Pugowitza oder Die goldene Schlüsseluhr" von Alfred Wellm (Buch: Margot Beichler; Regie: Jürgen Brauer unter Beratung von Heiner Carow; Hauptdarsteller: Kurt Böwe, Axel Griesau, Rolf Hoppe, Jörg Panknin, Käthe Reichel, Viola Schweitzer).

2.4.-24.5. Ausstellung „Fritz Cremer – Aquarelle und Handzeichnungen" in Berlin mit 165 Arbeiten.

3.4. Premiere des DEFA-Kinderfilms „Als Unku Edes Freundin war" nach der Erzählung „Ede und Unku" von Alex Wedding (Buch: Hans-Albert Pederzani; Regie: Helmut Dziuba; Hauptdarsteller: Michael Falkenhagen, Axel Lindner, Lotte Loebinger, Jacqueline Ody, Nina Staritz, Martin Trettau).

1981

3.4. Der Dokumentarfilm „Die Kinder Palästinas" (Regie: Kurt Tetzlaff) läuft in den Filmtheatern an.

6.4. 14. Tagung des ZK der SED. Beratung des Berichtsentwurfs und des Referatsentwurfs zur Direktive zum Fünfjahrplan 1981-1985 für den X. Parteitag.

11.-16.4. X. Parteitag der Sozialistischen Einheitspartei Deutschlands (SED) in Berlin (Ost).

16.4. Konstituierende (1.) Sitzung des ZK der SED. Wahl von Erich Honecker zum Generalsekretär sowie des Politbüros des ZK der SED und des Sekretariats des Zentralkomitees (ZK) der SED; außerdem wird die Zentrale Parteikontrollkommission berufen.

20.-23.4. Konferenz der DDR-Botschafter über die außenpolitischen und außenwirtschaftlichen Beschlüsse des X. Parteitags der SED.

23.4. Sitzung des Zentralen Demokratischen Blocks der Parteien und Massenorganisationen der DDR in Berlin

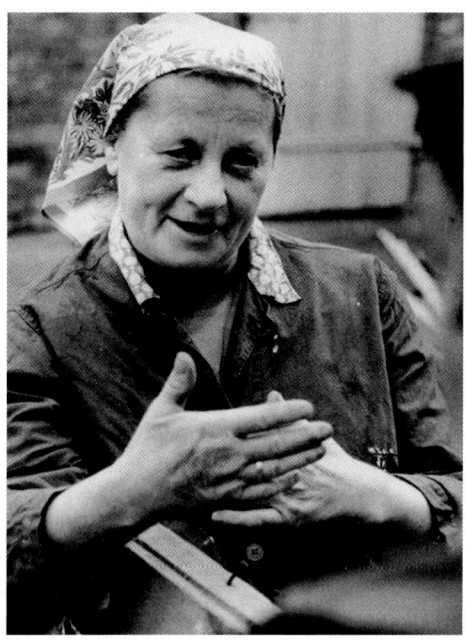

„7.4.1981. Sie ist fleißig, hilfsbereit, kritisch, offen, ehrlich und immer da, wenn sie gebraucht wird: Gisela Zurowski, 57 Jahre, Tierpflegerin in der LPG Tierproduktion Zechin im Kreis Seelow, Delegierte zum X. Parteitag der SED. Sie trägt den Titel ‚Held der Arbeit' eine Auszeichnung, die, wie sie stets betont, nicht nur ihr, sondern dem ganzen Kollektiv gebührt." (Originalunterschrift)

(Ost); Beratung zur Vorbereitung der Wahlen am 14.6.1981. Der Block stimmt den Ergebnissen des X. Parteitags der SED zu.

6.5.-15.7. Picasso-Ausstellung anläßlich des 100. Geburtstages des Künstlers mit den letzten grafischen Blättern von 1970 bis 1972 im Dresdner Albertinum.

7./8.5. Wissenschaftliche Konferenz der SED-Parteihochschule „Karl Marx" zum Thema „Die SED- Garant des siegreichen Sozialismus in der DDR".

13.-14.5. Treffen der Kulturminister sozialistischer Länder in Berlin.

16.5.-28.6. Ausstellung mit Werken Otto Niemeyer-Holsteins zu seinem 85. Geburtstag in Rostock. 150 Ölbilder, 50 Handzeichnungen und 50 Aquarelle aus der Zeit von 1918 bis 1981 werden gezeigt.

20.-27.5. Johannes-R.-Becher-Ehrung der DDR anlässlich des 90. Geburtstages des Dichters und Kulturpolitikers. In Bad Saarow wird während einer Festwoche das ehemalige Sommerhaus Bechers als Gedenkstätte übergeben (21. Mai). In Jena findet ein Kolloquium „Der junge Becher" statt (20.-21. Mai).

21.5. Ernst-Busch-Archiv der Akademie der Künste der DDR als Gedenk- und Lehrstätte im ehemaligen Wohnhaus des Arbeitersängers in Berlin gegründet.

21.5. Eröffnung einer Gedenkstätte für den Dichter und DDR-Kulturpolitiker Johannes R. Becher in Bad Saarow

26.-31.5. Staatsbesuch des DDR-Staatsratsvorsitzenden E. Honecker in Japan; zur Delegation gehören u. a. Außenminister O. Fischer und Dr. G. Mittag (ZK-Sekretär für Wirtschaft). Abkommen über langfristigen Ausbau der Wirtschaftsbeziehungen und gegenseitige Warenlieferungen in Milliardenhöhe; u. a. liefert Japan eine komplette Gießerei und 10.000 Pkw in die DDR. Erich Honecker wird vom japanischen Kaiser empfangen und erhält die Ehrendoktorwürde der Nihon-Universität in Tokio.

2.-5.6. XI. Parlament der Freien Deutschen Jugend(FDJ) in Berlin (Ost).

Die DDR wurde in das Guiness-Buch der Rekorde eingetragen: Sie hatte die meisten Kinder pro Banane.

5.-20.6. VIII. Internationaler Robert-Schumann-Wettbewerb für Klavier und Gesang in Zwickau mit Teilnehmern aus 20 Ländern. 1. Preise erhalten im Fach Klavier Ives Henry (Frankreich), im Fach Gesang Jürgen Kurth (DDR).

10.6. Beim internationalen Festival „Goldener Orpheus" erhält Dagmar Frederic den „Großen Preis" für die beste Interpretation eines bulgarischen Schlagers.

11.6. Eröffnung des Schlosses Berlin-Friedrichsfelde im Tierpark Berlin nach mehrjähriger Restaurierung als Kulturstätte, Museum und Konzertsaal.

11.6. Der Ministerrat der DDR verabschiedet die Verordnung über die Gewährung von Stipendien an Direktstudenten der Universitäten, Hoch- und Fachschulen der DDR (Stipendienverordnung) sowie die Verordnung über die Erhöhung der Entgelte für Lehrlinge.

14.6. Wahlen zur Volkskammer, zu den Bezirkstagen und der Stadtverordnetenversammlung von Berlin (Ost).

15.6.-26.7. Ausstellung „Karigrafie 81" in Berlin mit etwa 300 Arbeiten von 65 Künstlern.

15.-18.6. Besuch von H. Axen (ZK-Sekretär für Internationale Verbindungen) auf Einladung des britischen Außenministers Lord Carrington in Großbritannien, wo er Gespräche mit Premierministerin Margaret Thatcher und Angehörigen des britischen Kabinetts sowie mit Vertretern der Labour-Party und der britischen Wirtschaft führt.

19.6. 2. Tagung des ZK der SED. Bestätigung der ZK-Vorschläge an die Volkskammer zur Konstituierung der leitenden Staatsorgane; außerdem werden die Abteilungsleiter des Zentralkomitees sowie die Redaktionen des SED-Zentralorgans „Neues Deutschland" und der Parteizeitschriften „Neuer Weg" und „Einheit" bestätigt.

1981

25.6. Konstituierende (1.) Tagung der Volkskammer. Wiederwahl von E. Honecker zum Vorsitzenden des Staatsrats und des Nationalen Verteidigungsrats der DDR (NVR), von W. Stoph zum Vorsitzenden des Ministerrats und von H. Sindermann zum Präsidenten der Volkskammer.

3.-7.7. 13. Tanzfest der DDR in Rudolstadt mit 2000 Amateur-und Bühnentänzern aus sechs Ländern.

8.7. Käthe-Kollwitz-Preis der Akademie der Künste der DDR an Elizabeth Shaw verliehen.

9.-12.7. IV. Wehrspartakiade der Gesellschaft für Sport und Technik (GST) in Erfurt.

20.-25.7. VIII. Kinder- und Jugendspartakiade der DDR in den Sommersportarten in Berlin (Ost).

9.-15.8. 11. Zentrales Poetenseminar in Schwerin. Es nehmen mehr als 100 junge Poeten teil.

17.-26.8. Treffen des Zentralausschusses des Ökumenischen Rates der Kirchen mit ca. 700 Teilnehmern in Dresden. Am 28.8. empfängt der DDR-Staatsratsvorsitzende E. Honecker Vertreter des Ökumenischen Rates im Beisein von K. Gysi, Staatssekretär für Kirchenfragen, zu einem Gespräch in Berlin (Ost).

31.8. Empfang von Klaus Bölling, Leiter der Ständigen Vertretung der Bundesrepublik Deutschland bei der DDR, durch den DDR-Staatsratsvorsitzenden, E. Honecker, zu einem Gespräch, wobei Honecker ein Antwortschreiben an Bundeskanzler Helmut Schmidt auf dessen Brief vom 24.7. übergibt.

4.9. Gespräch über Fragen der Abrüstung und Rüstungskontrolle zwischen dem DDR-Staatsratsvorsitzenden, E. Honecker, und H. Axen (ZK-Sekretär für Internationale Verbindungen) mit dem SPD-Präsidiums-Mitglied und Abrüstungsexperten, Egon Bahr, sowie dem Leiter der Ständigen Vertretung der Bundesrepublik Deutschland bei der DDR, Klaus Bölling, in Berlin (Ost).

9.-13.9. Staatsbesuch des DDR-Staatsratsvorsitzenden, E. Honecker, in Mexiko. Der Delegation gehören u. a. Dr. G. Mittag (ZK-Sekretär für Wirtschaft), Außenminister O. Fischer und Staatssekretär G. Beil an. Abschluss mehrerer Abkommen über Handel, wissenschaftlich-technische Zusammenarbeit und Kulturaustausch; der mexikanische Staatspräsident J. P. Portillo wird von Honecker zu einem Gegenbesuch in die DDR eingeladen. – Am 13.9. trifft Erich Honecker in Havanna mit dem kubani-

„4.6.1981. Erich Mielke, Mitglied des Politbüros des ZK der SED und Minister für Staatssicherheit, während eines Wählerforums des Wahlkreises 36 (Zeitz, Hohenmölsen, Naumburg), dessen Spitzenkandidat er ist." (Originalunterschrift)

schen Partei- und Regierungsvorsitzenden Fidel Castro zusammen.

15.-20.9. 10. Internationales Schlagerfestival in Dresden mit 14 Solisten und vier Gruppen aus elf Ländern. Den Grand Prix erhält die Sängerin Ai Van Ha Thi (Vietnam). 1. Preise gehen an Orlin Goranow (Bulgarien) und Gaby Rückert (DDR).

17.-24.9. 9. Tage des sozialistischen Films in Suhl. Insgesamt finden 164 Veranstaltungen mit 38000 Besuchern statt.

20.-27.9. IX. Weltkongress und Generalversammlung der Internationalen Gesellschaft für Theaterforschung (FIRT) in Leipzig. 300 Fachleute aus 37 Ländern nehmen teil. Im Mittelpunkt steht eine Konferenz zum Thema „Schauspielkunst – Zentrum der Theaterarbeit".

21.9. Umbenennung der Schauspielschule Berlin in die Hochschule für Schauspielkunst „Ernst Busch" (Rektor: Hans-Peter Minetti).

22.9.-15.10. Ausstellung mit Werken Willi Sittes in Moskau. Sie ist mit 245 Gemälden, 142 Handzeichnungen und

„9.8.1981. Wie die Soldaten fühlten sich diese kleinen Besucher des Pionierpalastes am Tag der GST. Sie betrachteten alles genau: wie die Unterkünfte aussehen, wie ordentlich ein Spind sein muß, welche Kleidung die Armeeangehörigen brauchen. Mitglieder der Arbeitsgemeinschaft ‚Junge Freunde der Soldaten' erklärten den Kindern alles." (Originalunterschrift)

1981

41 Druckgrafiken die bisher größte Ausstellung Willi Sittes.

24.-25.9. Kulturkonferenz der NVA der DDR in Berlin unter dem Motto „Mit sozialistischer Kultur und Kunst für hohe Gefechtsbereitschaft". Das Referat über die politisch-ideologische Tätigkeit in der Armee und die Rolle der geistig-kulturellen Arbeit bei der Erziehung sozialistischer Soldatenpersönlichkeiten hält Heinz Keßler.

24.9.-1.10. I. Tage der Kultur Indiens in der DDR. Auftritt der „Ranga-Sri Little Ballet Troupe". In der Berliner Nationalgalerie werden Aquarelle, Gouachen und Zeichnungen von Rabindranath Tagore gezeigt.

29.9. Austausch der Ratifikationsurkunden zum Konsularvertrag zwischen der DDR und Frankreich in Paris.

1.10. 6. Bestarbeiterkonferenz in Berlin (Ost) mit ca. 2800 Teilnehmern. Das wirtschaftspolitische Referat hält der ZK-Sekretär für Wirtschaft, Dr. G. Mittag.

8.10. Feierliche Einweihung des neu erbauten Gewandhauses in Leipzig.

23.10. Rapport zum fünfjährigen Bestehen des zentralen Jugendobjekts „FDJ-Initiative Berlin", an dem rd. 300 Jugendbrigadiere und Jungaktivisten auf Einladung von SED-Generalsekretär E. Honecker in Berlin (Ost) teilnehmen.

30.10. Wahl von Prof. Lothar Kolditz zum Präsidenten des Nationalrats der Nationalen Front der DDR als Nachfolger des am 18.5.1981 verstorbenen Prof. E. Correns.

5.-9.11. Offizieller Freundschaftsbesuch einer Partei- und Staatsdelegation der VDR Jemen unter Leitung von A. N. Mohamed in der DDR; u. a. wird der Ausbau der ökonomischen und technischen Zusammenarbeit zwischen beiden Staaten vereinbart.

19./20.11. 3. Tagung des ZK der SED. Berichterstatter des Politbüros ist Generalsekretär E. Honecker, der ausführlich auf die „Zuspitzung der internationalen Situation" und die Friedenspolitik eingeht. Nach dem Referat von G. Schürer (Vorsitzender der Staatlichen Plankommission) werden die Entwürfe des Fünfjahrplans 1981-1985 und des Volkswirtschaftsplans 1982 gebilligt und an die Volkskammer weitergeleitet, die sie auf ihrer 3. Tagung am 3.12. gemeinsam mit dem Staatshaushaltsplan 1982 verabschiedet.

Ein Maler in einem volkseigenen Betrieb malt die Losung: „Unser Betrieb produziert nur Ausschuss." Dafür erhält er eine Strafe von 3 Monaten, 3 Wochen und 3 Tagen. – 3 Tage für die Vergeudung von Material, 3 Wochen für die Verschwendung von Arbeitszeit, 3 Monate für den Verrat von Betriebsgeheimnissen.

20.11. Wiedereröffnung des Teltow-Kanals im Süden Berlins für den zivilen Güterschiffsverkehr von und nach Berlin (West).

22.11. Die DDR-Schriftstellerin Anna Seghers wird in Berlin (Ost) durch den Mainzer Oberbürgermeister Jockel Fuchs mit der Ehrenbürgerschaft ihrer Geburtsstadt Mainz ausgezeichnet.

26.-27.11. 1. Zentrale Delegiertenkonferenz der Gesellschaft Denkmalpflege im Kulturbund der DDR in Neubrandenburg. Etwa 200 Vertreter der insgesamt 300 Interessengemeinschaften „Denkmalpflege" nehmen teil. Als Vorsitzender wird Werner Hartke wiedergewählt.

11.-13.12. Besuch von Bundeskanzler Helmut Schmidt in der DDR; das Treffen mit dem DDR-Staatsratsvorsitzenden E. Honecker findet im Gästehaus des Staatsrats am Döllnsee (nördl. Berlins) statt. Zur Delegation der Bundesrepublik Deutschland gehören u. a. die Bundesminister für innerdeutsche Beziehungen (Egon Franke) und für Wirtschaft (Graf Lambsdorff), ferner der Staatsminister beim Bundeskanzler Gunter Huonker und der Leiter der Ständigen Vertretung der Bundesrepublik Deutschland bei der DDR, Klaus Bölling. Die DDR wird u. a. durch den ZK-Sekretär für Wirtschaft Dr. G. Mittag, Außenminister O. Fischer und E. Moldt, den Leiter ihrer Ständigen Vertretung in der Bundesrepublik, vertreten. Zweiergespräche finden sowohl zwischen Bundeskanzler Schmidt und dem Staatsratsvorsitzenden Honecker als auch zwischen Bundesminister Franke und Außenminister Fischer zu internationalen und bilateralen Fragen statt. Wirtschaftsgespräche werden von Graf Lambsdorff und Dr. G. Mittag geführt; eine Vereinbarung über die Verlängerung des zinslosen Überziehungskredits (Swing) bis zum 30.6.1982 wird am 17.12. von den Beauftragten beider Seiten unterzeichnet (>> Innerdeutscher Handel [IDH]). Weitere Vereinbarungen werden nicht getroffen; am Ende des Besuchs wird ein gemeinsames Kommuniqué veröffentlicht.

15.12. In einer Erklärung der DDR-Presseagentur ADN wird die am 13.12. erfolgte Verhängung des Ausnahmezustands in Polen begrüßt.

17.12. Sitzung des Zentralen Blocks der Parteien und Massenorganisationen und des Präsidiums der Nationalen Front, auf der Verlauf und Ergebnis des Treffens zwischen Helmut Schmidt und Erich Honecker begrüßt werden. Eine positive Würdigung fand das Treffen auch in einem Interview Honeckers im „Neuen Deutschland" vom 16.12.1981.

18.12. Bundeskanzler Helmut Schmidt wertet in einer Regierungserklärung sein Treffen mit dem Staatsratsvorsitzenden E. Honecker als einen Beitrag zur Friedenssicherung.

18.12. Verleihung des Ehrentitels „Held der Deutschen Demokratischen Republik" und des Karl-Marx-Ordens an den KPdSU-Generalsekretär L. Breshnew zu dessen 75. Geburtstag durch den SED-Generalsekretär E. Honecker in Moskau.

21.12. Wirtschaftsgespräche zwischen Berthold Beitz (Beauftragter der Firma Krupp, Essen) und dem DDR-Staatsratsvorsitzenden E. Honecker sowie dem ZK-Sekretär für Wirtschaft, Dr. G.

Haartrockengerät aus den 80er Jahren aus dem VEB Elektrowerk Suhl.

1982

14.1. Unterzeichnung eines Abkommens über die Zusammenarbeit bei der Erschließung eisenhaltiger Rohstoffe in der UdSSR und deren Lieferung an die DDR zwischen der DDR und der UdSSR in Moskau.

27./28.1. Besuch des sowjetischen Außenministers A. Gromyko in der DDR. Laut Kommuniqué wurde bei seinen Gesprächen mit dem Staatsratsvorsitzenden E. Honecker bei der Einschätzung aktueller internationaler und europäischer Fragen volle Übereinstimmung erzielt.

11.2. Bekanntgabe des erweiterten Katalogs dringender Familienangelegenheiten durch das DDR-Innenministerium, wodurch der Kreis der zu Besuchen in der Bundesrepublik berechtigten DDR-Bürger im berufstätigen Alter ausgedehnt wird. Am 23.3. werden die neuen Reisebestimmungen im DDR-Gesetzblatt veröffentlicht.

12.2. Beratung des Sekretariats des ZK der SED mit den 1. Sekretären der Kreis- und Bezirksleitungen der SED in Berlin (Ost). In seinem Referat fordert SED-Generalsekretär E. Honecker u. a. die beschleunigte Reduzierung der Agrarimporte, größere Sparsamkeit mit Energie sowie die verstärkte Verwendung einheimischer Braunkohle anstatt Heizöl und Steinkohle.

14.2. Friedensforum in der Kreuzkirche in Dresden, woran ca. 5000 meist jugendliche Personen der christlichen Friedensbewegung teilnahmen.

2.3. Austausch der Ratifikationsurkunden zum Rechtshilfevertrag in Zivilsachen und über Urkundenangelegenheiten zwischen der DDR und Österreich in Berlin (Ost).

9./10.3. Offizieller Freundschaftsbesuch des Vorsitzenden des Exekutivkomitees der Palästinensischen Befreiungsorganisation (PLO), Yasser Arafat, in der DDR. Die PLO-Vertretung in Berlin (Ost) erhält den Rang einer Botschaft; Arafat wird protokollarisch als Staatsoberhaupt behandelt.

16.3. Der auf Einladung des Instituts für Internationale Politik und Wirtschaft (IPW) in Berlin (Ost) zu einem Besuch weilende saarländische SPD-Vorsitzende und Oberbürgermeister von Saarbrücken, Oskar Lafontaine, wird vom SED-Generalsekretär E. Honecker zu einem Gespräch empfangen. Am 15.3. hatte Lafontaine im IPW einen Vortrag zum Thema „Frieden und Sicherheit in Europa" gehalten.

17./18.3. Im Rahmen eines Besuchs der Leipziger Messe trifft Bundeswirtschaftsminister Graf Lambsdorff zu wirtschaftspolitischen Gesprächen mit dem ZK-Sekretär für Wirtschaft, Dr. G. Mittag, in Berlin (Ost) sowie mit dem DDR-Außenhandelsminister, H. Sölle, in Leipzig zusammen.

22.3. Festakt des SED-Zentralkomitees sowie des DDR-Staatsrats und Ministerrats zum 150. Todestag von Johann Wolfgang von Goethe in Weimar. Aus gleichem Anlass wird vom Leiter der Ständigen Vertretung der Bundesrepublik Deutschland bei der DDR, Klaus Bölling, in der Goethe-Schiller-Gruft in Weimar im Auftrag von Bundespräsident Prof. Karl Carstens ein Kranz niedergelegt.

25.3. 4. Tagung der Volkskammer; u. a. werden die Gesetze über den Wehrdienst, die Staatsgrenze, die Gesellschaftlichen Gerichte und das Vertragssystem in der sozialistischen Wirtschaft verabschiedet.

29.3. Offizieller Freundschaftsbesuch einer polnischen Partei- und Staatsdelegation unter Leitung von General W. Jaruzelski in der DDR.

1./2.4. Am 1. und 2.4. werden in Warschau die Pläne über die Zusammenarbeit zwischen der SED und der PVAP vereinbart. Außerdem finden am 1.4. auf Partei- und Regierungsebene Gespräche über die Wirtschaftsbeziehungen zwischen der DDR und Polen in Berlin (Ost) statt.

5.-8.4. Seminar des SED-Zentralkomitees mit den Generaldirektoren und Parteiorganisatoren des ZK der SED der zentral- und bezirksgeleiteten Kombinate zur ökonomischen Strategie des X. Parteitags und den Zielen des Volkswirtschaftsplans 1982 in Leipzig.

5.-7.4. 13. Parteitag der Liberal-Demokratischen Partei Deutschlands (LDPD)

„14.17.1982. Berlin: Wohl dem, der die gegenwärtigen hochsommerlichen Temperaturen im Grünen und in Wassernähe verbringen kann!" (Originalunterschrift)

in Weimar. An dem Parteitag nehmen als Gäste aus der Bundesrepublik der FDP-Bundesgeschäftsführer Dr. Fritz Fliszar und der FDP-Sprecher Herbert Schmülling teil.

9.4. In Grünheide bei Berlin stirbt der 72-jährige DDR-Regimekritiker Prof. Robert Havemann; der 1976 aus der DDR ausgewiesene Liedermacher Wolf Biermann durfte seinen Freund Havemann kurz vor dessen Tod besuchen.

11.4. In den evangelischen Kirchen der DDR wird ein vom Magdeburger Bischof Werner Krusche verfasster Pfarrbrief

1982

verlesen, worin die Eigenständigkeit der christlichen Friedensarbeit unterstrichen und das staatliche Vorgehen gegen das Friedenssymbol „Schwerter zu Pflugscharen" kritisiert wird.

21.-24.4. 10. Kongress des FDGB in Berlin (Ost).

5.5. Treffen des DGB-Vorsitzenden Heinz-Oskar Vetter mit dem Vorsitzenden des Bundesvorstands des FDGB, H. Tisch, in Berlin (Ost).

13./14.5. 12. Bauernkongress der DDR in Berlin (Ost).

„19.8.1982. Der Prototyp einer neuen Korbverseilmaschine wird z.Z. in VEB Schwermaschinenbau-Kombinat ‚Ernst Thälmann' in der Endmontage getestet. Die Maschine erreicht eine höhere Drehzahl bei gleichzeitiger Verringerung der Geräuschabstrahlung. Durch den Einsatz neuer Bauteile wurde der Wartungsaufwand herabgesetzt." (Originalunterschrift)

19.-21.5. Offizieller Freundschaftsbesuch einer Partei und Staatsdelegation der Demokratischen Republik Afghanistan unter Leitung von B. Karmal in der DDR. Karmal und der DDR-Staatsratsvorsitzende E. Honecker unterzeichnen am 21.5. einen Vertrag über Freundschaft und Zusammenarbeit zwischen ihren Staaten; ferner werden ein Konsularvertrag und ein Abkommen über wirtschaftliche und wissenschaftlich-technische Zusammenarbeit abgeschlossen.

24.5. Als neuer Leiter der Ständigen Vertretung der Bundesrepublik Deutschland bei der DDR überreicht Staatssekretär Dr. Hans Bräutigam dem DDR-Staatsratsvorsitzenden E. Honecker sein Beglaubigungsschreiben. Am 6.5. hatte Honecker den Amtsvorgänger Bräutigams, Staatssekretär Klaus Bölling, zu einem Abschiedsbesuch empfangen.

27.5. Großkundgebung der Freien Deutschen Jugend (FDJ) als Auftakt zum „Pfingsttreffen der Jugend" in Berlin (Ost); unter der Parole „Gegen NATO-Waffen Frieden schaffen" finden ca. 3000 Veranstaltungen und Kundgebungen in der gesamten DDR statt.

2.-4.6. Offizieller Freundschaftsbesuch einer Partei- und Regierungsdelegation der DDR unter Leitung des Staatsratsvorsitzenden E. Honecker in Ungarn. Beide Seiten erklären ihre Bereitschaft zur Intensivierung der bilateralen ökonomischen Zusammenarbeit.

10.-11.6. XI. Kongress des Verbandes der Journalisten der DDR in Berlin. Eberhard Heinrich wird zum Vorsitzenden gewählt.

13.6. Eröffnung der 40. Kunst-Biennale in Venedig, an der sich 220 Künstler aus 38 Ländern beteiligen. Mit mehr als 20 Werken vertreten Sighard Gille, Heidrun Hegewald, Uwe Pfeiffer und Volker Stelzmann die DDR.

15.6.-25.7. Ausstellung „Der amerikanische Impressionismus" in Berlin. Sie zeigt 80 Gemälde und Grafiken von 13 nordamerikanischen Künstlern und macht erstmals in Europa mit Erscheinungen dieser Kunstrichtung in den USA vertraut.

17.-18.6. X. Kongress des Kulturbundes der DDR in Dresden mit mehr als 900 Delegierten. Es referiert Hans Pischner (Die sozialistische Nationalkultur der DDR und die Aufgaben des Kulturbundes in den achtziger Jahren). Zum Präsidenten wird Hans Pischner wiedergewählt.

18.6. Zwischen der DDR und der Bundesrepublik Deutschland bzw. Berlin (West) werden folgende Vereinbarungen getroffen: schrittweise Reduzierung des zinslosen Überziehungskredits (Swing) von 850 Mill. auf 600 Mill. Verrechnungseinheiten jährlich bis 1.1.1985; Erhö-

„28.9.1982. Freizeitmode zeigen hier, Anita, Andrea und Marion (v.l.n.r.) auf der 24. Bezirksmesse der Meister von morgen des Bezirks Karl-Marx-Stadt. Die modische Bekleidung wurde in den Jugendmodeklubs des Kombinates Trikotagen entwickelt. Mit rund 700 Exponaten gibt die Lehr- und Leistungsschau Auskünfte über die schöpferische Arbeit von mehr als 7 500 jungen Neuerern, Rationalisatoren, Studenten und Schülern." (Originalunterschrift)

1982

hung der jährlichen Rate im nichtkommerziellen Grenzüberschreitenden Zahlungsverkehr zwischen 1983 und 1985 von 50 Mill. auf 60 Mill. Mark durch die DDR; Straffreiheit für alle ehemaligen DDR-Bürger, die das Land vor dem 1.1.1981 illegal verlassen haben; Tagesbesucher aus Berlin (West) brauchen künftig ihren Aufenthalt in der DDR bzw. in Berlin (Ost) erst um 2 Uhr statt um 24 Uhr zu beenden; im Norden Berlins wird der neue Grenzübergang Heiligensee/Stolpe auch für Fußgänger geöffnet.

23./24.6. 4. Tagung des ZK der SED. Berichterstatter des Politbüros ist P. Verner, der das Treffen zwischen Bundeskanzler Helmut Schmidt und dem DDR-Staatsratsvorsitzenden E. Honecker vom Dezember 1981 wiederum positiv bewertet. 5 bisherige Kandidaten werden zu Mitgliedern des ZK berufen.

2.7. 5. Tagung der Volkskammer; u. a. werden das Gesetz über die Landwirtschaftlichen Produktionsgenossenschaften und ein Wassergesetz verabschiedet sowie der neue Präsident des Nationalrats der Nationalen Front der DDR, Prof. Lothar Kolditz, und der neue Vorsitzende der Demokratischen Bauernpartei Deutschlands (DBD), Dr. E. Mecklenburg, zu Mitgliedern des Staatsrats ernannt.

5.-8.7. Offizieller Besuch von DDR-Außenminister O. Fischer in Griechenland; Unterzeichnung eines Konsular- und Kulturabkommens zwischen beiden Staaten

23.7. Regierungssprecher Lothar Rühl rügt in Bonn die Einreiseverbote der DDR-Behörden für die CDU-Politiker Ministerpräsident Bernhard Vogel (vom 21.7.) und Heiko Hoffmann (vom 22.7.).

17.-21.8. VII. Treffen der Pionierorganisation „Ernst Thälmann" in Dresden; als Auftakt des Treffens hatten ab 15.8. von 12 Orten im Bezirk Dresden „Friedensmärsche" zum Tagungsort stattgefunden.

20.-27.8. XXXV. Kongress der Internationalen Vereinigung für den wissenschaftlichen Film (AICS/ISFA) und des Festivals des populärwissenschaftlichen Films mit etwa 300 Teilnehmern in Jena. 230 Filme aus 21 Ländern stehen zur Diskussion.

27.8. Eröffnung der Ausstellung „Das Erbe Goethes in der DDR" in Moskau mit Exponaten aus den Beständen der Nationalen Forschungs- und Gedenkstätten der klassischen deutschen Literatur in Weimar.

29.8. 1. Berliner Friedenslauf mit etwa 20000 Teilnehmern.

3.9.-3.10. Ehrung Leonhard Franks aus Anlass seines 100. Geburtstages mit einer Ausstellung seinem Leben und Werk in der Berliner Stadtbibliothek.

6.-11.9. Internationales kunsthistorisches Kolloquium „Kunst und Reformation" in Eisenach als erster Höhepunkt der Martin-Luther-Ehrung in der DDR anlässlich seines 500. Geburtstages. Etwa 300 Wissenschaftler aus 20 Ländern nehmen teil. Das Kolloquium steht unter dem Patronat des Internationalen Komitees für Kunstgeschichte (CIHA).

9.9. Gründung des IFLA-Nationalkomitees der DDR in Berlin. Es soll die Mitarbeit im Internationalen Verband der bibliothekarischen Vereine und Institutionen (IFLA) fördern. Präsident des Nationalkomitees ist Gotthard Rückl.

13.-15.9. Besuch von Staatsminister Hans-Jürgen Wischnewski in der DDR. In einem Gespräch Wischnewskis mit dem DDR-Staatsratsvorsitzenden E. Honecker, an dem auch der Leiter der Ständigen Vertretung der Bundesrepublik Deutschland bei der DDR, Dr. Hans Bräutigam, und DDR-Außenminister O. Fischer u. a. teilnehmen, werden Fragen eines Kulturabkommens, des Gewässerschutzes in Berlin sowie des erhöhten Mindestumtauschs behandelt

13.9. Eröffnung einer Ausstellung aus der Bundesrepublik zu Problemen der Stadtsanierung mit dem Motto „Stadt Park – Park Stadt" in Berlin (Ost); die Ausstellung wird auch in Magdeburg und Karl-Marx-Stadt gezeigt.

„Drei auf einen Streich heirateten am 12.6.1982 im Roten Rathaus, noch dazu drei Geschwister. Jeanette Saager und ihre beiden Brüder Mario und Andreas schlossen mit ihren Partnern den Bund fürs Leben. Nachdem sie am Mahnmal für die Opfer des Faschismus und Militarismus ihre Sträuße niedergelegt hatten, spazierten die jungen Paare und ihre Angehörigen Unter den Linden entlang zum Essen." (Originalunterschrift)

Frage: Worin unterscheiden sich Pieck, Ulbricht und Honecker? Anwort: In ihrer Genügsamkeit: Wilhelm Pieck wollte den Sozialismus noch für die ganze DDR. Ulbricht beschränkte sich schon auf Berlin. Honecker aber gelang es, ihn wenigstens in der Waldsiedlung von Wandlitz zu verwirklichen.

1982

16.9. Treffen der Führungen von SED und FDJ in Berlin (Ost); vom 1. Sekretär des FDJ-Zentralrats, E. Krenz, wird dem Generalsekretär der SED, E. Honecker, ein „Friedensaufgebot der FDJ" übergeben. Für den 8.-10.6.1984 wird ein „Nationales Jugendfestival der DDR" in Berlin (Ost) angekündigt.

19./20.9. Besuch einer Delegation des Deutschen Bundesjugendringes unter Leitung seines Vorsitzenden Josef Homberg auf Einladung des FDJ-Zentralrats in der DDR. In einer gemeinsamen Presseerklärung wird die beiderseitige Bereitschaft zur Intensivierung des „Jugend-Touristenaustausches" unterstrichen.

20.-23.9. Offizieller Besuch einer Partei- und Staatsdelegation der Laotischen Demokratischen Volksrepublik unter Leitung von K. Phomvihane in der DDR. Unterzeichnung eines Vertrages über Freundschaft und Zusammenarbeit.

10.10. Gespräch über die gegenseitigen Wirtschaftsbeziehungen zwischen dem österreichischen Bundeskanzler Dr. B. Kreisky und Dr. G. Mittag (ZK-Sekretär für Wirtschaft) in Wien.

10.-14.10. Offizieller Freundschaftsbesuch einer Partei- und Staatsdelegation der DDR unter Leitung des DDR-Staatsratsvorsitzenden E. Honecker in Syrien. Anschließend hält sich die Delegation bis zum 16.10. auf Zypern zu einem Staatsbesuch auf, wo zwischen Zypern und der DDR u. a. ein Rechtshilfeabkommen unterzeichnet wird. Vom 16.-18.10. weilt die DDR-Delegation zu einem Staatsbesuch in Kuweit.

20.-23.10. Besuch des Generalsekretärs der portugiesischen KP, Alvaro Cunhal, in der DDR; Cunhal wird am 21.10. von SED-Generalsekretär E. Honecker empfangen.

24.10. Empfang des amerikanischen Evangelisten Billy Graham durch den Staatssekretär für Kirchenfragen Klaus Gysi. Graham hatte sich seit dem 14.10. zu einer Vortragsreihe in der DDR aufgehalten.

31.10.-4.11. Besuch des ZK-Sekretärs für Wirtschaft, Dr. G. Mittag, in Japan. Mittag nimmt u. a. an der 12. Tagung der Wirtschaftsausschüsse DDR-Japan und an der Eröffnung der „2. Technischen Tage der DDR" in Tokio teil.

9.-11.11. Offizieller Besuch des DDR-Ministerratsvorsitzenden W. Stoph in Rumänien. Stoph und der rumänische Premierminister C. Dascalescu unterzeichnen ein gemeinsames Protokoll über die Verstärkung der wirtschaftlichen sowie der wissenschaftlich-technischen Zusammenarbeit.

14.11. Am Rande der Trauerfeierlichkeiten für den am 10.11. verstorbenen langjährigen Generalsekretär des ZK der KPdSU, L. Breshnew, treffen in Moskau der SED-Generalsekretär E. Honecker und Bundespräsident Prof. Karl Carstens zu einem Meinungsaustausch zusammen

12.11. Jurij Andropow wird zum neuen KPdSU- Generalsekretär gewählt.

18.11. Eröffnung einer Ausstellung aus der DDR über das künstlerische Wirken von Karl Friedrich Schinkel in der Hamburger Kunsthalle.

20.11. Treffen zwischen Bundesverkehrsminister Werner Dollinger und dem DDR-Verkehrsminister O. Arndt anlässlich der Eröffnung der Autobahn Berlin-Hamburg am Grenzkontrollpunkt Gudow.

22.-24.11. Offizieller Freundschaftsbesuch des Vorsitzenden des Präsidiums der Sozialistischen Föderativen Republik Jugoslawien, Petar Stambolic, in der DDR.

25./26.11. 5. Tagung des ZK der SED. Berichterstatter des Politbüros ist H. Axen. In seiner Rede am 26.11. nimmt Generalsekretär E. Honecker zur Regierungserklärung von Bundeskanzler Dr. Helmut Kohl vom Vortage Stellung.

1.12. Gründung eines Wissenschaftlichen Beirats für marxistisch-leninistische Soziologie unter Leitung von Prof. R. Stollberg beim DDR-Ministerium für Hoch- und Fachschulwesen.

2.12. Treffen des Staatsministers beim Bundeskanzler, Philipp Jenninger, mit DDR-Außenminister O. Fischer und Dr. G. Mittag (ZK-Sekretär für Wirtschaft) in Berlin (Ost). Bei den Gesprächen wurden u. a. der Kulturaustausch, die erhöhten Mindestumtauschsätze und Umweltprobleme sowie der DDR-Standpunkt zu Themen wie der DDR-Staatsbürgerschaft und der Zentralen Erfassungsstelle Salzgitter behandelt; außerdem wurden Wirtschaftsfragen erörtert.

3.12. 6. Tagung der Volkskammer; u. a. werden die Konsularverträge mit Laos, Griechenland und Kolumbien verabschiedet sowie zwei neue Minister (F. Meier für Elektrotechnik und Elektronik und B. Lietz für Land-, Forst- und Nahrungsgüterwirtschaft) in den Ministerrat berufen.

10.12. Informationsgespräch des SED-Generalsekretärs E. Honecker mit den Vorsitzenden der 4 Blockparteien und den Präsidenten des Nationalrates der Nationalen Front der DDR über die 5. Tagung des ZK der SED.

20.-22.12. Teilnahme einer Partei- und Staatsdelegation der DDR unter Leitung von SED-Generalsekretär E. Honecker an den Feierlichkeiten zum 60. Gründungstag der Sowjetunion in Moskau.

„Hast du schon gehört? Ein Sportwagenmodell Trabant kommt auf den Markt!" „Nö, wie sieht denn der aus?" „Mit Turnschuhen im Handschuhfach."

18.2. DEFA-Filmpremiere „Die Beunruhigung".

1983

6.1. In einem Kommentar der DDR-Nachrichtenagentur ADN wird scharfe Kritik an einem Hirtenwort der katholischen Bischöfe in der DDR vom 1.1. geübt, in dem diese u. a. gegen die Praxis des Wehrkunde-Unterrichts Stellung bezogen hatten.

4./5.1. Teilnahme einer DDR-Delegation unter Leitung des Staatsratsvorsitzenden E. Honecker an der Tagung des Politischen Beratenden Ausschusses der Teilnehmerstaaten des Warschauer Paktes in Prag.

19.-21.1. Besuch des sowjetischen Außenministers Andrej Gromyko in der DDR, wobei Gromyko den DDR-Staatsratsvorsitzenden E. Honecker über seine vorangegangenen 3tägigen Konsultationen mit Vertretern der Bundesregierung in Bonn unterrichtet.

26.-27.1. Besuch des italienischen Außenministers Emilio Colombo in der DDR. Colombo unterzeichnet mit DDR-Außenminister O. Fischer einen Konsularvertrag und wird vom Staatsratsvorsitzenden Erich Honecker zu einer Unterredung empfangen.

7.2. Übergabe eines Schreibens des DDR-Staatsratsvorsitzenden E. Honecker an Bundeskanzler Dr. Helmut Kohl in Bonn. Darin stellt Honecker über den Vorschlag der schwedischen Regierung hinaus, in Mitteleuropa eine von nuklearen Gefechtsfeldwaffen freie Zone zu schaffen, das gesamte DDR-Territorium dafür „bei Beachtung des Prinzips der Gleichheit und der gleichen Sicherheit zur Verfügung" (ND 9.2.1983). Ein Brief gleichen Inhalts wird auch an den Vorsitzenden der SPD. Willy Brandt, übermittelt. In seinem Antwortschreiben vom 17.2.1983 lehnt Bundeskanzler Kohl unter Hinweis auf die laufenden Abrüstungsverhandlungen und die Überlegenheit der konventionellen Rüstung der Warschauer-Pakt-Staaten in Mitteleuropa die Einbeziehung der Bundesrepublik Deutschland in eine von nuklearen Gefechtsfeldwaffen freie Zone ab.

18.2. Beratung des Sekretariats des ZK der SED mit den 1. Sekretären der Kreis- und Bezirksleitungen der SED in Berlin (Ost). SED-Generalsekretär E. Honecker nimmt unter Hinweis auf seinen Briefwechsel mit Bundeskanzler Kohl kritisch Stellung zur Haltung der Bundesregierung in der Abrüstungsfrage und zum Verhältnis beider deutscher Staaten zueinander.

10./11.3. Seminar des SED-Zentralkomitees mit den Generaldirektoren und Parteiorganisatoren der 156 zentral- und 66 bezirksgeleiteten Kombinate in Leipzig. Dr. G. Mittag, ZK-Sekretär für Wirtschaft, fordert, die Verbesserung der Versorgung der Bevölkerung u. a. durch eine reichhal-

tigere Gestaltung des Sortiments industrieller Konsumgüter zu gewährleisten. Mittag gibt auch Einzelheiten aus einem bis dahin unveröffentlichten Politbüro-Beschluss über „Maßnahmen zur weiteren Vervollkommnung der Leitung, Planung und wirtschaftlichen Rechnungsführung" bekannt. Die Kombinate verpflichten sich für 1983 zu einer 1prozentigen Steigerung der Arbeitsproduktivität und zur überplanmäßigen Produktion für 3,8 Mrd. Mark.

11.3. Festveranstaltung des Zentralkomitees der SED, des DDR-Ministerrats und des Nationalrats der Nationalen Front der DDR zum 100. Geburtstag von Karl Marx in Berlin (Ost). Die Ansprache hält SED-Politbüromitglied Joachim Herrmann. An der am 10./11.3. in Trier stattfindenden wissenschaftlichen Konferenz zum Thema „Marx und das revolutionäre Subjekt in der Welt von heute" sowie an der Wiedereröffnung des Geburtshauses von Karl Marx in Trier am 13.3.1983 nehmen als Vertreter der SED u. a. J. Hörnig (Leiter der ZK-Abteilung Wissenschaft) und Prof. H. Häber (Leiter der ZK-Abteilung West) teil.

12./13.3. Informationsbesuch des kubanischen Partei- und Staatschefs Fidel Castro in Berlin (Ost). Castro informiert den DDR-Staatsratsvorsitzen-

„8.8.1983. Mit Kranz und Schleier mußte Gabi Steinmann ebenso wie ihr junger Ehemann Thomas nach der Trauung eine Kuh melken – sehr zur Freude der Dorfbewohner von Alach. Für das Brautpaar war das freilich kein Problem, denn bei waren durch die FDJ-Initiative ‚Tierproduktion, nach Alach gekommen, und Thomas Steinmann ist Schichtleiter in der Milchviehanlage." (Originalunterschrift)

den E. Honecker über den Verlauf der Konferenz der nicht paktgebundenen Staaten in Delhi.

13.-19.3. Leipziger Frühjahrsmesse; am 14.3. erörtern DDR- Außenhandelsmi-

1983

nister H. Sölle und Staatssekretär von Würzen vom Bundeswirtschaftsministerium die Entwicklung des Innerdeutschen Handels (IDH), der 1982 einen Umsatz von über 14 Mrd. Verrechnungseinheiten erreichte.

11.-16.4. Internationale wissenschaftliche Konferenz zum Thema „Karl Marx und unsere Zeit – der Kampf um Frieden und sozialen Fortschritt" in Berlin (Ost). An der Tagung nehmen lt. ADN 144 Abordnungen kommunistischer, nationalrevolutionärer und sozialdemokratischer Parteien, darunter auch eine Delegation der Friedrich-Ebert-Stiftung für die SPD, teil.

16.4. Nach offiziellen Angaben aus der DDR ist am 10.4.1983 der Bürger der Bundesrepublik Deutschland, R. Burkert, am Grenzkontrollpunkt Drewitz an Herzversagen gestorben.

16.4. Am 16.4. wird vom Bundesminister für innerdeutsche Beziehungen Heinrich Windelen die rasche und restlose Aufklärung des Falles gefordert. In einem Ferngespräch zwischen Bundeskanzler Dr. Helmut Kohl und dem DDR-Staatsratsvorsitzenden Erich Honecker sagt Honecker eine Untersuchung des Falles und weitere Stellungnahme zu.

17.-19.4. Besuch von Dr. G. Mittag (SED-Politbüromitglied und ZK-Sekretär für Wirtschaft) und Dr. G. Beil (Staatssekretär im DDR-Außenhandelsministerium) in der Bundesrepublik. Mittag und Beil besuchen die Messe in Hannover und konferieren in Bonn mit Bundeswirtschaftsminister Graf Lambsdorff über Fragen des Innerdeutschen Handels (IDH). Ein vorgesehenes Treffen mit Bundeskanzler Dr. Helmut Kohl wird von diesem wegen des noch ungeklärten Falles Burkert abgesagt.

21.4. Wiedereröffnung der restaurierten Wartburg aus Anlass des 500. Geburtstags des Reformators Martin Luther in Gegenwart des DDR-Staatsratsvorsitzenden E. Honecker, der das Staatliche Lutherkomitee leitet, und des Vorsitzenden des kirchlichen Lutherkomitees, Landesbischof Werner Leich. Von beiden Seiten wird das Bemühen um ein konstruktives Verhältnis zwischen Staat und Kirche betont.

26.4. Der Leiter der Ständigen Vertretung der DDR in Bonn, E. Moldt, übergibt Staatsminister Philipp Jenninger den Abschlussbericht im Fall Burkert, in dem festgestellt wird, dass R. Burkert eines natürlichen Todes gestorben ist

28.4. Der DDR-Staatsratsvorsitzende E. Honecker sagt seinen für 1983 vorgesehenen Besuch in der Bundesrepublik mit Hinweis auf gewisse Pressekommentare im Zusammenhang mit dem Fall Burkert, unter denen die Beziehungen zwischen beiden deutschen Staaten gelitten hätten, ab.

3.-7.5. Offizieller Freundschaftsbesuch einer Partei- und Staatsdelegation der DDR unter Leitung von SED-Generalsekretär E. Honecker in der Sowjetunion. Der umfangreichen Delegation gehören u. a. W. Stoph, Vorsitzender des Ministerrats, H. Axen, ZK-Sekretär für Internationale Verbindungen, Dr. G. Mittag, ZK-Sekretär für Wirtschaft, und Außenminister O. Fischer an. Honecker konferiert mehrfach mit dem Generalsekretär

„*14.5.1983. Im Obercunnersdorf im Kreis Löbau kennzeichnen mit Formschiefern geschmückte Umgebindehäuser die ländliche Bauweise. Peter Schmidt von der PGH Wettertrotz in Neugersdorf verrichtet Dachdeckerarbeiten an einem der 280 Häuser, die in dieser Gemeinde unter Denkmalschutz stehen. Durch umfangreiche Werterhaltung in den zurückliegenden Jahren konnte das originale Dorfbild aus dem 17./18. Jahrhundert erhalten werden.*" (Originalunterschrift)

> Margot Honecker sieht fern. Plötzlich ruft sie Erich in der Küche zu: „Erich, Erich, komm schnell, die Mathieu singt!" „Wieso? Ist das ein Schiff von uns?"

der KPdSU, Jurij Andropow. Vom 5. bis 7.5. weilt die DDR-Delegation in Kasachstan und Usbekistan. Zum Abschluss des Besuchs wird ein gemeinsames Kommuniqué veröffentlicht.

28.5. Im Rahmen einer privaten Besuchsreise in die DDR wird der Vorsitzende der SPD-Bundestagsfraktion Hans-Jochen Vogel vom DDR-Staatsratsvorsitzenden Erich Honecker im Schloss Hubertusstock am Werbellinsee zu einem Gespräch empfangen. Fragen des Verhältnisses beider deutscher Staaten zueinander und Probleme der Friedenssicherung in Europa werden erörtert.

7.6. Verurteilung des ehemaligen SS-Offiziers H. Barth wegen Kriegsverbrechens und Verbrechens gegen die Menschlichkeit zu lebenslänglicher Haft und Aberkennung der staatsbürgerlichen Rechte durch das Stadtgericht von Berlin (Ost).

10.6. Abschiedsbesuch des langjährigen sowjetischen Botschafters in der DDR, P. Abrassimow, beim DDR-Staatsratsvorsitzenden E. Honecker. Am 12.6. wird Wjatscheslaw Kotschemassow zum Nachfolger Abrassimows ernannt.

15./16.6. 6. Tagung des ZK der SED. Berichterstatter des Politbüros ist H. Dohlus, der ausführlich auf das Verhältnis beider deutscher Staaten zueinander eingeht und das Treffen zwischen Erich Honecker und Hans-Jochen Vogel positiv hervorhebt. Die Verschiebung der Reise von Honecker in die Bundesrepublik wird von mehreren Diskussionsrednern begrüßt. Beschluss über die Abhaltung von Parteiwahlen der SED zwischen dem 3.10.1983 und dem 19.2.1984.

21.-23.6. Offizieller Staatsbesuch einer bulgarischen Partei- und Staatsdelegation unter Leitung von Todor Shiwkow in der DDR.

22.6. Anstelle der aus gesundheitlichen Gründen aus dem Amt scheiden-

1983

den bisherigen Rektorin der Parteihochschule „Karl Marx" beim ZK der SED (PHS), Hanna Wolf, die dieses Amt seit 1950 bekleidete, übernimmt Kurt Tiedke (seit 1979 1. Sekretär der SED-Bezirksleitung Magdeburg) die Leitung der Parteihochschule. Als Nachfolger Tiedkes wird Werner Eberlein 1. Sekretär der SED-Bezirksleitung Magdeburg.

29.6. Übernahme einer Bürgschaft für einen der Außenhandelsbank der DDR durch ein Bankenkonsortium unter Führung der Bayerischen Landesbank gewährten Kredit in Höhe von 1 Mrd. DM durch die Bundesregierung.

29.6.-2.7. Offizieller Besuch des UNO-Generalsekretärs Peréz de Cuéllar in der DDR. Cuéllar wird vom Staatsratsvorsitzenden E. Honecker empfangen und konferiert außerdem mit dem Ministerpräsidenten W. Stoph und Außenminister O. Fischer über aktuelle Fragen der internationalen Entwicklung.

30.6. Feierliches Zeremoniell der Partei- und Staatsführung der DDR am Grabe Walter Ulbrichts aus Anlass seines 90. Geburtstages.

2.-4.7. Tagung der Liga für Völkerfreundschaft der DDR unter Leitung ihres Präsidenten G. Götting mit Repräsentanten von 52 nationalen Freundschaftsgesellschaften in Berlin (Ost). Im Mittelpunkt der Beratungen standen Probleme der wachsenden Ost-West-Spannungen.

24.-27.7. Private Besuchsreise des bayerischen Ministerpräsidenten Franz Josef Strauß in die DDR, die ihn u. a. nach Dresden, Meißen, Naumburg und Weimar führt. Am 24.7. wird Strauß im Schloss Hubertusstock am Werbellinsee vom DDR-Staatsratsvorsitzenden E. Honecker zu einem Gespräch über Probleme des Verhältnisses zwischen beiden deutschen Staaten empfangen.

11.8. Der DDR-Staatsratsvorsitzende E. Honecker empfängt den neuen Botschafter der Sowjetunion in der DDR, W. Kotschemassow, zur Entgegennahme seines Beglaubigungsschreibens.

16.-18.8. Offizieller Freundschaftsbesuch einer Partei- und Staatsdelegation der DDR unter Leitung des Staatsratsvorsitzenden E. Honecker in Polen. Der Delegation gehören u. a. W. Stoph Ministerratsvorsitzender, Dr. G. Mittag, ZK-Sekretär für Wirtschaft, E. Krenz.1. Sekretär des FDJ-Zentralrats, und Außenminister O. Fischer an. Mit der polnischen Partei- und Staatsführung unter Leitung von General W. Jaruzelski werden in einer gemeinsamen Erklärung die Vertiefung der Zusammenarbeit und des Erfahrungsaustauschs zwischen der SED und der PVAP sowie die Entwicklung einer neuen Konzeption für den Reiseverkehr vereinbart. Am 29.8. treffen in Berlin (Ost) der Präsident des Nationalrates der Nationalen Front der DDR, L. Kolditz, und der Vorsitzende des Landesrates der Patriotischen Bewegung der Nationalen Wiedergeburt der Volksrepublik Polen (PRON), J. Dobraczynski, zu einem Meinungsaustausch über die Arbeit ihrer Massenorganisationen zusammen.

24.8. Bundespräsident Prof. Karl Carstens sagt eine Teilnahme an der offiziellen Feier zum 500. Geburtstag des Reformators Martin Luther, zu der ihn der DDR-Staatsratsvorsitzende E. Honecker für den 9.11. nach Berlin (Ost) eingeladen hatte, aus Terminründen ab.

24./25.8. Zum Abschluss einer mehrtägigen privaten Reise durch die DDR trifft Egon Bahr, SPD-Vorstandsmitglied und Abrüstungsexperte seiner Partei, in Berlin (Ost) mit dem DDR-Staatsratsvorsitzenden E. Honecker zu einem Meinungsaustausch über Fragen der Abrüstung und der Problematik der Nachrüstung zusammen. Den gleichen Themenkomplex erörtert Bahr auch mit H. Axen, ZK-Sekretär für Internationale Verbindungen, und mit DDR-Außenminister O. Fischer.

31.8. Anlässlich des Weltfriedenstages am 1.9. veröffentlichen die evangelischen Kirchen in beiden deutschen Staaten einen von den Landesbischöfen Eduard Lohse (Hannover) und Johannes Hempel (Dresden) verfassten gemeinsamen Brief an den DDR-Staatsratsvorsitzenden Erich Honecker und Bundeskanzler Dr. Helmut Kohl, worin sie an beide Regierungen appellieren, alles in ihrer Macht Stehende zu tun, um den Genfer Abrüstungsverhandlungen zum Erfolg zu verhelfen und eine weitere Aufrüstung zu verhindern.

„30.8.1983. Stroh wird von den Genossenschaftsbauern als LPG Neverin eingebracht." (Originalunterschrift)

Wie wird die DDR-Gesellschaft eingeteilt? In Shopper, Exer und Flitzer. Shopper haben Westgeld und kaufen im „Intershop", Exer verfügen über genug Ostknete fürs „Exquisisit". Wer beides nicht hat, hetzt von HO zum Konsum, um irgendwo etwas Brauchbares zu erwischen – die Flitzer.

1983

5.9. Meinungsaustausch über Fragen der Innerdeutschen Beziehungen zwischen einer Gruppe von Bundestagsabgeordneten aller Parteien unter Leitung des Vorsitzenden des Bundestagsausschusses für innerdeutsche Beziehungen, Gerhard Reddemann (CDU), die sich zu einem mehrtägigen Informationsbesuch in der DDR aufhält, mit dem Leiter der Abteilung West des SED-Zentralkomitees, Prof. H. Häber.

9.9. Abschluss eines langfristigen Handelsabkommens zwischen der DDR und Kanada in Leipzig; Kanada wird u. a. 3 Mill. Tonnen Weizen an die DDR liefern.

13./14.9. Meinungsaustausch zwischen dem Bundesgeschäftsführer der SPD und Chefredakteur der SPD-Zeit-

„31.10.1983. Frischgebackener Meister des Schriftsetzerhandwerks ist die 28jährige Christa Frohburg. Sie leitet den seit 1842 in fünf Generationen bestehenden Buchdrucker-Familienbetrieb in Frankenberg, der über 40 Prozent seiner Erzeugnisse für den Bevölkerungsbedarf produziert." (Originalunterschrift)

schrift „Die neue Gesellschaft", Peter Glotz, und dem Chefredakteur der theoretischen Zeitschrift der SED „Einheit", Prof. M. Banaschak, in Berlin (Ost). Glotz trifft auch mit dem SED-Politbüromitglied und ZK-Sekretär für Wissenschaft, Prof. K. Hager, zu einem Gespräch zusammen.

15.9. Konsultation des DDR-Staatsratsvorsitzenden E. Honecker mit dem Regierenden Bürgermeister von Berlin, Richard von Weizsäcker, in Berlin (Ost) über Fragen der internationalen Entwicklung und Friedenssicherung sowie über das Verhältnis zwischen beiden deutschen Staaten.

24.9. Kampfappell der Kampfgruppen der Arbeiterklasse anlässlich ihres 30-jährigen Bestehens in Berlin (Ost).

27.9. Aufhebung der am 9.10.1980 eingeführten Mindestumtauschpflicht für Kinder zwischen 6 und 15 Jahren in Höhe von DM 7,50 täglich bei Reisen in die DDR bzw. nach Berlin (Ost).

27.9. Veröffentlichung eines gemeinsamen Friedensappells der 3 deutschen kommunistischen Parteien SED, DKP, SEW in ihren Parteiorganen.

4.10. Gemeinsame Stellungnahme des SED-Politbüros und des DDR-Ministerrats zur Erklärung des KPdSU-Generalsekretärs Jurij Andropow vom 28.9.1983, dass die Stationierung neuer amerikanischer Raketen in der Bundesrepublik weitgehende politische und militärische Konsequenzen haben könnte.

9.10. Brief des DDR-Staatsratsvorsitzenden E. Honecker an Bundeskanzler Dr. Helmut Kohl mit dem Appell, die Haltung der Bundesregierung zur Stationierung neuer US-Atomraketen in der Bundesrepublik zu überdenken. In seinem Antwortschreiben vom 24.10. verteidigt Kohl gegenüber Honecker die Stationierung mit dem Hinweis auf die sowjetischen Rüstungsanstrengungen.

31.10. Eine Abordnung der Grünen, der u. a. Petra Kelly und Gert Bastian angehören, wird vom DDR-Staatsratsvorsitzenden E. Honecker zu einem Gespräch über Abrüstungsfragen empfangen. Die Delegation übergibt Honecker eine Liste mit Namen von in der DDR inhaftierten Bürgern, die in der nichtoffiziellen Friedensbewegung engagiert sind. Honecker sagt eine Überprüfung dieser Fälle zu; eine Betroffene wird am folgenden Tag entlassen.

4.11. Am 4.11. werden zwei Bundestagsabgeordnete der Grünen nach Berlin (West) abgeschoben, als sie mit nichtoffiziellen Friedensgruppen aus der DDR Petitionen in den Botschaften der UdSSR und der USA in Berlin (Ost) überreichen wollten.

1.11. Bundesfinanzminister Dr. Gerhard Stoltenberg und der ZK-Sekretär für Wirtschaft Dr. G. Mittag führen in Berlin (Ost) ein Gespräch über die Entwicklung der innerdeutschen Beziehungen angesichts der angespannten internationalen Lage.

10.11. Am 500. Geburtstag des Reformators Martin Luther findet die kirchliche Gedenkfeier in Eisleben statt.

15.11. Abschluss eines neuen Post- und Fernmeldeabkommens zwischen beiden deutschen Staaten, das die Anhebung der jährlichen Pauschalleistung der Bundesrepublik Deutschland an die DDR von 85 Mill. auf 200 Mill. DM bis 1990 vorsieht. Verbessert wird u. a. der Geschenkpaketverkehr; danach soll zukünftig die jährliche Begrenzung auf 12 Sendungen je Empfänger entfallen.

24./25.11. 7. Tagung des ZK der SED. Berichterstatter des Politbüros ist W. Felfe. Wahl des bisherigen Politbüro-Kandidaten Egon Krenz zum Mitglied des Politbüros und Sekretär des ZK.

1.12. 8. Tagung des Zentralrats der FDJ. Wahl von Eberhard Aurich zum 1. Sekretär des FDJ-Zentralrats (bislang 2. Sekretär) anstelle des aus dem Amt scheidenden Egon Krenz (vgl. 24./25.11.1983). Nachfolger Aurichs als 2. Sekretär des FDJ-Zentralrats wird Volker Voigt (zuvor Mitglied des Büros und Sekretär des Zentralrats der FDJ).

2.12. SED-Generalsekretär E. Honecker empfängt die Mitglieder des Sekretariats des FDJ-Zentralrats und zeichnet Egon Krenz für seine Verdienste als langjähriger 1. Sekretär des FDJ-Zentralrats mit dem Karl-Marx-Orden aus.

30.12. Der Senat von Berlin und die DDR-Reichsbahn unterzeichnen ein Abkommen über die Regelung der Übernahme der Anlagen und des Betriebs der S-Bahn in Berlin (West) durch „eine vom Senat zu bestimmende Stelle aus Berlin (West)" – die dortigen Verkehrsbetriebe (BVG). Die Verhandlungen hatten am 31.10. begonnen; das Abkommen tritt am 9.1.1984 in Kraft.

131

1984

3./4.1. Offizieller Besuch von DDR-Außenminister O. Fischer in Moskau; Fischer konferiert mit seinem sowjetischen Amtskollegen A. Gromyko über den Stand der gegenseitigen Beziehungen und Fragen der Weltpolitik.

16.-18.1. DDR-Außenminister O. Fischer nimmt am Vorabend der Eröffnung der Konferenz über Vertrauensbildung und Abrüstung in Europa (KVAE) in Stockholm (17.-19.1.) an einer Beratung der Außenminister der Warschauer-Pakt-Staaten teil

22.1. Sechs Bewohner der DDR, die am 20.1.1984 in der Botschaft der USA in Berlin (Ost) um politisches Asyl ersucht hatten, dürfen nach Verhandlungen mit DDR-Regierungsstellen nach Berlin (West) ausreisen.

30.1.-1.2. Offizieller Besuch des kanadischen Ministerpräsidenten Pierre Elliot Trudeau in der DDR; zwischen dem DDR-Staatsratsvorsitzenden E. Honecker und Trudeau werden aktuelle internationale und bilaterale Fragen erörtert.

3.2-13.2 Olympische Winterspiele in Sarajewo. Mit insgesamt 24 Medaillen kann sich die DDR nach der UdSSR (25) im Medaillenspiegel an zweiter Stelle plazieren. Jens Weißflog holt sich auf der Normalschanze die Goldmedaille und auf der Großschanze die Silbermedaille, Frank Ulrich den Sieg über den neu eingeführten 10-Kilometer-Biathlon. Katarina Witt triumphiert im Eiskunstlaufen, ein Erfolg, den sie 1988 wiederholen kann.

9.2. DDR-Staatsratsvorsitzender E. Honecker übergibt auf einer Kundgebung in Berlin (Ost) die zweimillionste Wohnung, die im Rahmen des 1971 begonnenen Wohnungsbauprogramms gebaut bzw. modernisiert wurde; am gleichen Tag legt Honecker im Stadtteil Hohenschönhausen den Grundstein für ein Neubaugebiet, wo bis 1988 weitere 35.000 Wohnungen erstellt werden sollen.

11.2. Kommentar des SED-Zentralorgans „Neues Deutschland" zur Erklärung des Deutschen Bundestages vom 9.2.1984 über das Verhältnis beider deutscher Staaten zueinander, worin die Bundestagserklärung u. a. „als mit der Wirklichkeit und mit dem Grundlagenvertrag nicht vereinbar" beurteilt wird.

13.2. Gedenkkundgebung von ca. 30.000 Menschen für die 35.000 Opfer des anglo-amerikanischen Bombenangriffs vom 13.2.1945 in Dresden; außerdem treffen sich etwa 3000 Menschen in der Dresdener Kreuzkirche zu einem Friedensgebet.

13.2. Am Rande der Trauerfeierlichkeiten für den am 9.2. verstorbenen Generalsekretär des ZK der KPdSU, J. W. Andropow, treffen in Moskau Bundeskanzler Dr. Helmut Kohl und der DDR-Staatsratsvorsitzende Erich Honecker zu einem Gespräch zusammen; an dem Treffen nehmen auch Bundesaußenminister Hans-Dietrich Genscher und Staatsminister Philipp Jenninger sowie DDR-Staatssekretär Frank-Joachim Herrmann teil.

13.2. Am gleichen Tag wird Konstantin Tschernenko zum neuen KPdSU-Generalsekretär gewählt.

22.-24.2. Informationsbesuch einer Delegation des DGB-Bundesvorstands unter Leitung des Vorsitzenden Ernst Breit in der DDR; in einem Gespräch mit einer Delegation des FDGB-Bundesvorstands unter Leitung des Vorsitzenden Harry Tisch wird am 24.2. eine Arbeitsvereinbarung über den Ausbau der gegenseitigen Kontakte unterzeichnet.

24.2. Der seit dem 18.2. in der DDR zu einem Erholungsaufenthalt weilende FKP-Generalsekretär Georges Marchais trifft mit SED-Generalsekretär E. Honecker zu einem Meinungsaustausch über die Politik beider Parteien und internationale Fragen zusammen.

5.3. Empfang des Vorsitzenden der FDP-Bundestagsfraktion Wolfgang Mischnick durch den DDR-Staatsratsvorsitzenden E. Honecker zu einem Gespräch über die Beziehungen zwischen beiden deutschen Staaten sowie über internationale Fragen. Mischnick trifft auch mit dem LDPD-Vorsitzenden

„27.2.1984. Tagung der Gemeindevertreter von Warnstedt, Kreis Quedlinburg, im neuen Veteranentreff. Bürgermeister Günter Freist (DBD) erläutert die weitere Entwicklung des 746 Bürger umfassenden Ortes. Er kann auf eine gute Bilanz verweisen. Fünfzehn Wohnungen entstanden in neun ehemaligen Scheunen. Sieben Eigenheime wurden errichtet. Jedes zweite Haus ist modernisiert worden. Straßen und Gehwege sind erneuert." (Originalunterschrift)

M. Gerlach zu einer Unterredung zusammen.

8./9.3. Seminar des SED-Zentralkomitees mit den Generaldirektoren und Parteiorganisatoren aller zentral- und bezirksgeleiteten Kombinate der Industrie, des Bauwesens sowie des Transport- und Nachrichtenwesens in Leipzig. Das Referat über die Arbeit der Kombinate hält Dr. G. Mittag.

1984

8./9.3. Besuch einer Delegation der SPD-Bundestagsfraktion unter Leitung von Prof. Horst Ehmke in Berlin (Ost); die Delegation führt u. a. ein Gespräch mit dem Präsidenten der DDR-Volkskammer H. Sindermann.

14.3. Der DDR-Staatsratsvorsitzende E. Honecker führt einen umfassenden politischen Meinungsaustausch mit dem Vorsitzenden der SPD-Bundestagsfraktion Hans-Jochen Vogel, woran von Seiten der SPD auch Egon Bahr, Hans-Jürgen Wischnewski und Karsten Voigt sowie die SED-Politbüromitglieder Hermann Axen, Egon Krenz und Dr. Günter Mittag teilnehmen. Die SPD-Delegation hatte zuvor Gespräche mit der sowjetischen Partei- und Staatsführung in Moskau geführt.

21./22.3. Offizieller Freundschaftsbesuch des DDR-Ministerratsvorsitzenden W. Stoph in Ungarn.

5./6.4. Besuch von Dr. G. Mittag (SED-Politbüromitglied und ZK-Sekretär für Wirtschaft) und Dr. G. Beil (Staatssekretär im DDR-Außenhandelsministerium) in der Bundesrepublik. Mittag und Beil besuchen die Messe in Hannover und treffen mit Vertretern der Wirtschaft sowie mit Bundeswirtschaftsminister Graf Lambsdorff, Ministerpräsident Ernst Albrecht, der niedersächsischen Wirtschaftsministerin Birgit Breuel und dem Wirtschaftsexperten der SPD-Bundestagsfraktion Wolfgang Roth zu Gesprächen zusammen. Am 6.4. wird Mittag in Bonn von Bundeskanzler Dr. Helmut Kohl empfangen.

26./27.4. Offizieller Besuch von DDR-Außenminister O. Fischer in Österreich.

2.5. Bei einem Besuch von Dr. G. Beil (Staatssekretär im DDR-Außenhandelsministerium) in Wien wird eine Vereinbarung über die Lieferung österreichischer Agrarerzeugnisse in die DDR für die Jahre 1984 bis 1986 unterzeichnet.

6.5. Kommunalwahlen in der DDR; 99,88 v. H. der abgegebenen Stimmen entfallen auf die Kandidaten der Einheitsliste der Nationalen Front der DDR.

17.5. Gemeinsamer Beschluss des ZK der SED, des DDR-Ministerrats und des FDGB-Bundesvorstands über „Maßnahmen zur Verbesserung der Arbeits- und Lebensbedingungen für Familien mit drei und mehr Kindern", die am 1.6.1984 in Kraft treten. Am 22.5. beschließen dieselben DDR-Führungsgremien als weitere sozialpolitische Maßnahme Rentenerhöhungen, die am 1.12.1984 bzw. am 1.12.1985 in Kraft

„Zwei Grenzer auf Streife an der Mauer mit Blick auf den Westen. ..." „Was denkst denn du gerade so?" „Das Gleiche wie du ..." „Dann muss ich dich leider festnehmen."

Jens Weißflog.

„11.12.1984. In ihrem Show-Programm ‚Mode, Musik und Mannequins' zeigt im Bernsteinsaal des Neptum-Hotels in Warnemünde die Berliner ‚Modekommode' auch reizvolle Bademode, vorwiegend einteilige Badeanzüge. Wenn es auch Winter ist, wir werden sie in einigen Monaten wieder hervorsuchen - die Badeanzüge!" (Originalunterschrift)

„28.5.1984. Zentrales Jugendobjekt ‚Erdgastrasse', Standort Dubna. Manfred Baier, Lehrmeister an der Betriebsberufsschule des Braunkohlenwerkes Cottbus, hilft beim Ausbessern von Schweißnähten an der im Bau befindlichen Erdgasleitung Jelec-Serpuchow, einer Abzweigung der Trasse Urengoi-Ushgorod. Sie stellt die Verbindung nach Moskau her. Manfred war bereits an anderen Standorten der Trasse im Einsatz." (Originalunterschrift)

1984

treten sollen; hierdurch werden u. a. ab Dezember 1984 die Mindestrenten für Alters- und Invalidenrentner um 30 Mark auf 300 Mark monatlich angehoben.

24.5. 8. Tagung des ZK der SED. Berichterstatter des Politbüros ist K. Hager. Paul Verner, bislang Mitglied des Politbüros und Sekretär des ZK, wird auf eigenen Wunsch von seinen Funktionen entbunden. Zu neuen Mitgliedern des Politbüros des ZK der SED werden die bisherigen Kandidaten Dr. Werner Jarowinsky, Günther Kleiber und Günter Schabowski gewählt; außerdem wird das ZK-Mitglied Herbert Häber zum Mitglied des Politbüros und Sekretär des ZK gewählt. Konrad Naumann, Mitglied des Politbüros und 1. Sekretär der SED-Bezirksleitung Berlin (Ost) wird zusätzlich zum Sekretär des ZK gewählt. Der langjährige Kandidat der Zentralen Parteikontrollkommission Walter Mothes tritt aus gesundheitlichen Gründen von seinem Amt zurück; sein Nachfolger wird Otto Seidel (Vors. der Bezirks-Parteikontrollkommission Berlin [Ost]).

28.5.-1.6. Offizieller Besuch von DDR-Außenminister O. Fischer in Mexiko

1.6. Am 1.6. führt Fischer ein Gespräch mit seinem kanadischen Amtskollegen MacEachen in Ottawa.

29.5.-4.6. Offizieller Besuch einer Partei- und Staatsdelegation der Demokratischen Volksrepublik Korea unter Leitung des Partei- und Staatschefs Kim Il Sung in der DDR. Am 1.6. unterzeichnen der DDR-Staatsratsvorsitzende Erich Honecker und Kim Il Sung einen Vertrag über Freundschaft und Zusammenarbeit zwischen beiden Staaten.

8.-10.6. „Nationales Jugendfestival der DDR" in Berlin (Ost); nach DDR-Angaben nehmen an der abschließenden Kampfdemonstration der Freien Deutschen Jugend (FDJ) 750.000 Personen teil.

11.-14.6. Wirtschaftsberatung der Mitgliedsländer des Rates für Gegenseitige Wirtschaftshilfe (RGW) in Moskau; die DDR-Delegation wird vom Staatsratsvorsitzenden Honecker geleitet. Die Delegationsleiter unterzeichnen eine „Erklärung über die Hauptrichtungen der weiteren Entwicklung und Vertiefung der ökonomischen und wissenschaftlich-technischen Zusammenarbeit der Mitgliedsländer des RGW" sowie eine Deklaration über „Die Erhaltung des Friedens und die internationale ökonomische Zusammenarbeit"

14.6. Am 14.6. trifft Honecker zu einem Meinungsaustausch mit dem KPdSU-Generalsekretär K. Tschernenko zusammen.

15.6. 9. Tagung der Volkskammer. Wahl der SED-Politbüromitglieder und Staatsratsmitglieder Egon Krenz und Dr.

Günter Mittag zu stellvertretenden Vorsitzenden des Staatsrates; außerdem wird das SED-Politbüromitglied Konrad Naumann zum Mitglied des Staatsrates gewählt. Paul Verner wird aus Gesundheitsgründen von seinen Funktionen als stellvertretender Vorsitzender des Staatsrates entbunden, bleibt aber Mitglied dieses Gremiums. Verabschiedet bzw. bestätigt werden ferner ein Baulandgesetz, ein Jagdgesetz, die Haushaltsrechnung für 1983 und der Vertrag über Freundschaft und Zusammenarbeit zwischen der DDR und der Demokratischen Volksrepublik Korea.

20.-22.6. Besuch einer Partei- und Regierungsdelegation der Republik Nikaragua unter Leitung des Koordinators des Regierungsrates, Daniel Ortega, in der DDR.

Die Polizei stoppt einen Autofahrer, weil er besonders vorschriftsmäßig fährt. Er erhält eine Prämie. Man fragt den Fahrer, was er mit dem Geld machen wird. Antwort: „Erst mal den Führerschein." Da sagt die Frau neben ihm, die nicht mitbekommen hat, worum es geht: „Siehst du, ich hab' gleich gesagt, du sollst nicht besoffen fahren!" Jammert die Oma auf dem Rücksitz: „Dass du auch immer Autos klauen musst!" Da wacht der Opa auf: „Sind wir jetzt schon im Westen?"

„28.11.1984. Sandmännchen beging seinen 25. Geburtstag. Die über die Landesgrenzen hinaus bekannte Figur des Kinderfernsehens der DDR, das Sandmännchen - hier im nachgebildeten Palast der Republik-, erfreut seit 1959 allabendlich Mädchen und Jungen mit einem abwechslungsreichen Programm vor dem Schlafengehen. Das Adlershofer Fernsehteam und Regisseur Gerhard Behrendt, dem ‚Vater' des Sandmännchens, benötigt Einfallsreichtum und Phantasie, um in seinem Mahlsdorfer Trickfilmstudio diese anspruchsvolle Arbeit vorwiegend für seine kleinen Zuschauer zu gestalten. Bisher entstanden 265 verschiedene Vor- und Abspanne. Der Aufwand ist kein geringer. 25 Einzelaufnahmen sind nötig, um eine Sekunde Trickfilm zu produzieren. Eine dreiminütige Abendgrußhandlung besteht aus 4 500 Bildern. Ungefähr vier Wochen dauert es, bis eine Rahmenhandlung fertig ist." (Originalunterschrift)

1984

Katarina Witt.

25.6. Die Ständige Vertretung der Bundesrepublik Deutschland bei der DDR in Berlin (Ost) wird vorübergehend für den Besucherverkehr geschlossen, weil sich 55 DDR-Bewohner in ihr aufhalten, die ihre Ausreise in die Bundesrepublik durchsetzen wollen. Am 30.6. verlassen 25 von ihnen nach Verhandlungen mit dem Beauftragten der DDR-Regierung, Rechtsanwalt Wolfgang Vogel, „freiwillig und ohne Nachteile" die Vertretung.

29./30.6. Besuch des schwedischen Ministerpräsidenten Olof Palme in der DDR; am 29.6. wird Palme vom DDR-Staatsratsvorsitzenden E. Honecker in Stralsund zu einem Gespräch empfangen.

1.8. Nach der Gewährung eines Kredits über 950 Millionen DM durch die Bundesrepublik setzt die DDR Reiseerleichterungen in Kraft, u. a. die Herabsetzung des Mindestumtauschsatzes für Rentner, die Ausdehnung der Aufenthaltsdauer sowie eine großzügigere Handhabung der Bestimmungen bei der Einfuhr von Druckerzeugnissen und Schallplatten.

4.9. Absage des geplanten Besuchstermins von Erich Honecker in der Bundesrepublik durch den Ständigen Vertreter der DDR in der Bundesrepublik, Ewald Moldt, aufgrund der deswegen in der Bundesrepublik geführten Diskussionen.

3.10. Vereinbarung zwischen der DDR und Finnland über die Zahlung von 6,1 Millionen Finnmark als Entschädigung für Enteignungen von Vermögenswerten nach dem Zweiten Weltkrieg. Die Zahlungen erfolgen Ende Juni 1985.

8.10. Erneut flüchten DDR-Bürger in die Botschaft der Bundesrepublik in Prag. Die DDR verschärft die Grenzkontrollen zur Tschechoslowakei.

23.-29.11. 27. Internationale Dokumentär- und Kurzfilmwoche in Leipzig. 200 Filme aus aller Welt werden gezeigt. „Goldene Tauben" erhalten die Filme „Wir brechen die Stille" (Nikaragua), „Marschall Shukow" (UdSSR) und „Ein guter Kampf – die Abraham-Lincoln-Brigade im Spanischen Bürgerkrieg" (USA).

30.11.-1.12. IV. Volkskunstkonferenz der DDR in Gera. Etwa 270 Delegierte nehmen teil. Es referiert Hans-Joachim Hoffmann.

1.12. Wiedereröffnung der neugestalteten ständigen Schmidt-Rottluff-Ausstellung aus Anlass des 100. Geburtstages des Künstlers mit dem Kolloquium „Expressionismus, Zeiterscheinung, Zeitproblem" in Karl-Marx-Stadt.

2.12. Uraufführung der 3. Sinfonie „Der Frieden" von Karl Ottomar Treibmann im Neuen Gewandhaus Leipzig (Text: Volker Braun) mit Gottfried Richter, Joachim Voigt, dem Gewandhausorchester und dem Leipziger Universitätschor.

3.-7.12. 5. Internationales Kinder- und Jugendbuchkolloquium des Schriftstellerverbandes der DDR in Schwerin. Vor Teilnehmern aus 14 Ländern referiert Uwe Kant zum Konferenzthema „Das Leben lieben – den Frieden schützen".

6.-13.12. Kulturtage der DDR in der Sozialistischen Republik Rumänien mit Konzerten, einer Galaveranstaltung des Tanztheaters der Komischen Oper Berlin, Schriftstellerlesungen und zahlreichen Ausstellungen. Es werden 17 Filme aus der DDR gezeigt.

1985

15.1. Die letzten sechs von zeitweise 168 DDR-Bürgern verlassen die Botschaft der Bundesrepublik in Prag, nachdem ihnen der DDR-Rechtsanwalt Wolfgang Vogel Straffreiheit und Prüfung ihrer Ausreiseanträge zugesichert hat. Auch die Flüchtlinge in den bundesdeutschen Botschaften in Warschau, Budapest und Bukarest kehren in die DDR zurück.

21.1. Lessingpreis an Eberhard Rebling und Peter Ensikat verliehen.

24.1.-24.2. 8. Berliner Internationale Fotoausstellung (bifota) mit Werken aus 39 Ländern. Die Serie „Frauenfriedensmarsch 1983 von Dortmund nach Brüssel" von Beate Knappe-Schmelzer (BRD) erhält den Grand Prix der bifota, das Friedensdiplom.

30.1. Ausstellung „Otto Nagel – Gemälde, Pastelle, Zeichnungen" mit 200 Werken des Künstlers in Moskau eröffnet.

31.1. Premiere des DEFA-Films „Die Frau und der Fremde" nach einer Erzählung von Leonhard Frank in Berlin (Buch und Regie: Rainer Simon; Hauptdarsteller: Joachim Latsch, Kathrin Waligura, Peter Zimmermann). Der Film erhält bei den Westberliner Filmfestspielen (1985) den Grand Prix.

1.2. Außerordentliche Tagung des Verbandes der Komponisten und Musikwissenschaftler der DDR wählt Wolfgang Lesser zum Verbandspräsidenten.

1.-8.2. X. Musik-Biennale Berlin. Sie wird eröffnet mit der Uraufführung von Günter Kochans 4. Sinfonie. In insgesamt 29 Veranstaltungen erklingen etwa 150 Werke, davon 19 Uraufführungen. Die Biennale 1985 ist besonders von der Bach-Händel-Schütz-Ehrung geprägt.

5.2.-8.5. „Dresden – Bekenntnis und Verpflichtung", Ausstellung mit rund 400 alten und neuen Kunstwerken zum Andenken an die Zerstörung Dresdens im Albertinum. Einweihung des Denkmals „Dresden mahnt" von Wieland Förster vor dem Ausstellungsgelände.

6.2. Das Ministerium für Staatssicherheit wird für „vorbildliche Pflichterfüllung" mit dem Karl-Marx-Orden und einem Ehrenbanner des ZK der SED ausgezeichnet.

7.2. Konstituierung des Komitees der DDR zum 750-jährigen Berlin-Jubiläum unter dem Vorsitz von Erich Honecker; Beschluss über den Wiederaufbau des Nikolai-Viertels, des historischen Kerns der Stadt Berlin.

11.2. Empfang des Vorsitzenden der Konferenz der Evangelischen Kirchenleitungen in der DDR, Landesbischof Johannes Hempel, durch Erich Honecker und Bekräftigung der im März 1978 vereinbarten Grundsätze für eine konstruktive Zusammenarbeit. Hempel fordert „handhabbarere Richtlinien"

für die Gleichberechtigung der Christen.

13.2. Wiedereröffnung der im Februar 1945 zerstörten Semperoper in Dresden.

15.2. Inkrafttreten einer neuen Anordnung für den Transitverkehr, die bisher gültigen Routenbeschränkungen entfallen.

15.2.-31.3. Ausstellung mit Werken Bernhard Heisigs in Leipzig aus Anlass seines 60. Geburtstages. Die mehr als 200 Gemälde, Grafiken und Zeichnungen werden im Mai in Moskau gezeigt.

19.2.-4.4. Multilaterale Tournee durch sechs afrikanische Staaten unter dem Motto „Freunde grüßen Freunde", durchgeführt von den Künstleragenturen der Volksrepublik Bulgarien, der _SSR, der DDR, Kubas, der Mongolischen Volksrepublik, der Volksrepublik Polen und der UdSSR. Aus der DDR wirken Regina Thoss und die Evergreen-Juniors mit. Stationen sind Angola, Simbabwe, Mofambique, Tansania, Äthiopien und Libyen. Vorgestellt wird Unterhaltungs- und Volkskunst.

21.2. Uraufführung des Doppelprojektes „Die Schwestern" von Anton Tschechow und „Im Morgengrauen ist es noch still" von Boris Wassiljew am Deutschen Nationaltheater Weimar (Regie: Peter Kleinert, Peter Schroth).

22.-27.2. Die 34. Händel-Festspiele in Halle sind Auftakt der Bach-Händel-

„6.6.1985. Trompeten aus der Werkstatt von Martin Peter aus Markneukirchen erklingen in vielen Konzertsälen der Erde. Der anerkannte Kunsthandwerker und Obermeister der Berufsgruppe Metallblasinstrumente erhielt für seine Konzerttrompete in C auf der letzten Frühjahrsmesse in Leipzig eine Goldmedaille. In dem Markneukirchner Handwerksbetrieb werden Trompeten bereits in der dritten Generation gefertigt. Der Musikinstrumentenbau hat im vogtländischen Musikwinkel eine über 300jährige Tradition." (Originalunterschrift)

Schütz-Ehrung der DDR 1985. 44 Veranstaltungen finden statt, Konzerte, Opernaufführungen, Oratorien sowie wissenschaftliche Konferenzen. Die Aufführung des Oratoriums „Samson" durch den Rundfunkchor und das

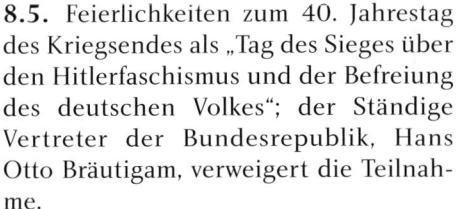

Rundfunksinfonieorchester Leipzig (am 24. Februar) wird von 17 ausländischen Sendern übernommen. In einem speziellen Konzert singen Arbeiterchöre der DDR. Die Händel-Festspiele haben insgesamt 19000 Besucher. Wiedereröffnung des rekonstruierten Händel-Hauses in Halle zum 300. Geburtstag des Komponisten (20. Februar).

6.3. Das „Neue Deutschland" meldet, 20.000 ehemalige DDR-Bürger wünschten ihre Rückkehr in die DDR. Einige der 80 namentlich Genannten bestreiten dies gegenüber westlichen Medien.

7.3. Die DDR-Nachrichtenagentur ADN meldet, Rückreiseanträge von Familien mit Kindern würden bevorzugt behandelt.

„13.1.9185. Mit einer Kampfdemonstration für Sozialismus und Frieden ehrten die Werktätigen der Hauptstadt der DDR das revolutionäre Vermächtnis Karl Liebknechts und Rosa Luxemburgs. An der Spitze des Zuges, der sich in der Frankfurter Allee in Bewegung setzte, marschierten der Generalsekretär des ZK der SED und Vorsitzende des Staatsrates der DDR, Erich Honecker, und weitere Mitglieder der Partei- und Staatsführung." (Originalunterschrift)

12.3. Tod des KPdSU-Generalsekretärs Konstantin Tschernekow, Wahl von Michail Gorbatschow zu seinem Nachfolger. Bei den Trauerfeierlichkeiten treffen Erich Honecker und Helmut Kohl erstmals zusammen und äußern ihre Hoffnung auf „eine neue Phase in den West-Ost-Beziehungen".

24.3. Sowjetische Wachsoldaten erschießen den US-amerikanischen Major Arthur D. Nicholson im militärischen Sperrgebiet bei Ludwigslust. Die USA gestehen kurze Zeit später ein, dass Nicholson durch das Fenster eines sowjetischen Militärgebäudes Ausrüstungsgegenstände fotografiert hatte.

8.-10.4. Besuch des britischen Außenministers Geoffrey Howe in der DDR, der gegenüber Erich Honecker und Willi Stoph das Interesse Großbritanniens an einer Verbesserung der Beziehungen und an einer Ausweitung des Handels signalisiert.

23.-24.4. Besuch Erich Honeckers in Italien, wo er fordert, es müsse wieder ein Klima des Vertrauens in der Welt geschaffen werden.

24.4. Empfang Erich Honeckers durch Papst Johannes Paul II.

25.4. 40. Jahrestag der historischen Begegnung sowjetischer und amerikanischer Truppen in Torgau, Kriegsveteranen beider Staaten verfassen einen gemeinsamen Friedensaufruf, KPdSU-Generalsekretär Michail Gorbatschow und die amerikanischen Ex-Präsidenten Richard Nixon und Jimmy Carter senden Grußbotschaften.

26.4. Treffen hochrangiger Delegationen der Staaten des Warschauer Vertrags, Beschluss über die Verlängerung des Vertrags um weitere zwanzig Jahre.

8.5. Feierlichkeiten zum 40. Jahrestag des Kriegsendes als „Tag des Sieges über den Hitlerfaschismus und der Befreiung des deutschen Volkes"; der Ständige Vertreter der Bundesrepublik, Hans Otto Bräutigam, verweigert die Teilnahme.

13.-23.5. Tage der Kultur der UdSSR in der DDR anläßlich des 40. Jahrestages der Befreiung. In über 200 Veranstaltungen treten etwa 3 000 Künstler und Kulturschaffende aus der Sowjetunion auf, so das Alexandrow-Ensemble auf dem Platz der Akademie in Berlin, Ballett und Orchester des Bolschoi-Theaters, die Leningrader Music Hall und das Puppentheater Sergej Obraszows. Zahlreiche Ausstellungen finden statt.

21.-24.5. XII. Parlament der FDJ in Berlin. Eberhard Aurich wird als 1. Sekretär des Zentralrates gewählt.

24.5. Wiedereröffnung der rekonstruierten Spielstätte der „Leipziger Pfeffermühle" im Bosehaus mit der Premiere des Kabarettprogramms „Um des lieben Friedens willen".

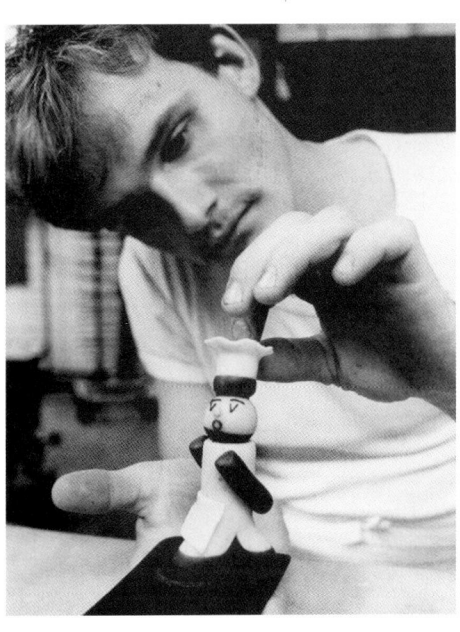

„14.10.1985. Mit kleinen Figuren aus Marzipan stellte sich Dirk Hartmann der Fachjury bei der Meisterprüfung für den Konditorberuf in Dresden vor. Sechs weitere junge Konditoren präsentierten als Ergebnis zweijähriger Ausbildung Gebackenes für Tafelaufsätze, Torten und Marzipanarbeiten. Die Meisterwerke können von Interessenten in einer Ausstellung in der Elbmetropole betrachtet werden." (Originalunterschrift)

1985

25.5.-9.6. Dresdner Musikfestspiele unter dem Motto „Semperoper – Tradition und Gegenwart" mit etwa 120 Programmen, davon 14 Uraufführungen. Künstler aus insgesamt 23 Ländern wirken mit.

25.5.-11.6. Ausstellung „Sport in der bildenden Kunst der DDR" in Berlin.

28.5. Johannes-R.-Becher-Preis an Wulf Kirsten verliehen.

28.-30.5. Treffen von stellvertretenden Kulturministern sozialistischer Länder in Plowdiw (Bulgarien).

30.5.-1.6. Die 69. Hauptversammlung der Goethe-Gesellschaft in Weimar steht im Zeichen des 100jährigen Bestehens der Gesellschaft. Den Eröffnungsvortrag hält Karl-Heinz Hahn (Goethe-Gesellschaft und Gegenwart. Versuch einer Bilanz). An der Versammlung nehmen 1350 Mitglieder aus 36 Ländern teil.

31.5. Uraufführung des DEFA-Spielfilms „Ete und Ali" (Regie: Peter Kahane; Hauptdarsteller: Hilmar Eichhorn, Karin Gregorek, Daniela Hoffmann, Thomas Putensen, Jörg Schüttauf) in Erfurt anlässlich des Kinosommers 1985. Der Film wird zum besten Debütfilm ernannt (20. Dezember).

31.5.-2.6. VI. Festival der sorbischen Kultur in Bautzen, gestaltet von mehr als 8000 Berufs- und Volkskünstlern. Über 150000 Menschen nehmen teil. Uraufgeführt wird die Friedenskantate „Das Leben ergibt sich nicht" nach Versen von Jurij Br_zan und der Musik von Jan Bulang, Detlef Kobjela, Juro M_t_k und Jan Paul Nagel.

1.-17.6. IX. Internationaler Robert-Schumann-Wettbewerb für Klavier und Gesang in Zwickau. 67 junge Künstler aus 20 Ländern nehmen teil. Erste Preise erhalten Tamriko Sipraschwili (UdSSR) im Fach Klavier und Karsten Mewes (DDR) im Fach Gesang. Der Wettbewerb ist gleichzeitig ein Höhepunkt der Ehrungen zum 175. Geburtstag des Komponisten am 8. Juni.

3.-6.6. 90. Session des Internationalen Olympischen Komitees (IOC) in Berlin.

3.-22.6. Tage der chilenischen antifaschistischen Kultur in Berlin. Veranstaltungen mit vielen bekannten Künstlern sowie zwei Ausstellungen finden statt. Es werden Dokumentär- und Spielfilme über Chile gezeigt. Außerdem gibt es einen „Tag des chilenischen antifaschistischen Liedes".

6.6. Treffen von Erich Honecker und Herbert Wehner auf Schloss Hubertusstock am Werbellinsee.

10.-11.6. Besuch des französischen Ministerpräsidenten Laurent Fabius in der DDR, es ist der erste Besuch eines Regierungschefs der drei Westalliierten in der DDR und Ost-Berlin. Fabius mahnt gegenüber Erich Honecker die

Einhaltung der Bestimmungen der KSZE- Schlussakte an.

5.7. Vereinbarung zwischen der DDR und der Bundesrepublik über die Erhöhung des Swing für die Jahre 1986 bis 1990 von 600 Millionen auf 850 Millionen DM sowie über die Erhöhung des jährlichen Einschusses der DDR in den nichtkommerziellen Zahlungsverkehr von 60 Millionen auf 70 Millionen DM.

18.7. Empfang von Gerhard Schröder (SPD), Bundestagsabgeordneter und Spitzenkandidat in Niedersachsen, durch Erich Honecker. Schröder spricht sich für die Respektierung der DDR-Staatsbürgerschaft, die Festlegung der Elbgrenze in der Flussmitte und für die Auflösung der Zentralen Erfassungsstelle in Salzgitter aus.

15.8. Vereinbarung zwischen der DDR und der BRD über Verbesserungen im Transitverkehr, u. a. zur Übernahme von Kosten für Fahrbahnerneuerungen auf dem Gebiet der DDR durch die BRD.

12.-13.9. Vorschlag Erich Honeckers und des tschechoslowakischen Ministerpräsidenten Lubomir Strougal an Bundeskanzler Helmut Kohl zu dreiseitigen Verhandlungen über die Schaffung einer chemiewaffenfreien Zone. Kohl lehnt den Vorschlag Ende September als unzweckmäßig ab.

„25.5.1985. Zünftig nimmt der 20jährige René Lau seine Astrid vor dem Rathaus auf den Arm. Dort schlossen sie den Bund fürs Leben. Im Anschluß an die Feierstunde legten die Jungvermählten ihren Blumenstrauß am Mahnmal Unter den Linden nieder. 'Hohe Zeit, herrschte am Pfingstsonnabend auf den Berliner Standesämtern. 113 Paare schlossen den Bund der Ehe, dreißig von ihnen im Wappensaal des Roten Rathauses." (Originalunterschrift)

Was ist der Unterschied zwischen der Sonne und einem DDR-Rockmusiker? Es gibt keinen. Im Osten gehn sie auf, und im Westen gehn sie unter.

1985

17.9. Der Industrielle Otto Wolff von Amerongen erhält die Ehrendoktorwürde der Universität Jena.

18.-20.9. Besuch des SPD-Vorsitzenden Willy Brandt in der DDR. Erich Honecker versichert, nichts von Günther Guillaume gewußt zu haben. Beide Politiker treten für die Aufnahme offizieller Kontakte zwischen der Volkskammer und dem Bundestag sowie für die Förderung des Jugendaustauschs ein.

24.9. Tagung der Synode des Bundes der Evangelischen Kirchen in der DDR in Dresden-Strehlen und Beschluss über die Umbenennung des Zusammenschlusses der acht Landeskirchen in „Evangelische Kirche in der DDR".

25.9. William Borm (FDP) erhält in Leipzig als erster bundesdeutscher Politiker die Ehrendoktorwürde einer Universität der DDR.

26.9. Nach vierjährigem Ringen mit den Zensurbehörden erscheint der „Hinze-Kunze-Roman" von Volker Braun. Nach wenigen Tagen wird die Auslieferung gestoppt, Klaus Höpcke als stellvertretender Minister für Kultur erhält eine Parteistrafe. Kurze Zeit später wird der Auslieferungsstop wieder aufgehoben.

„18.8.1985. Rostock: Strandgeflüster an der Ostseeküste. Doreen und Burkhard aus Salzwedel am Strand von Boltenhagen" (Originalunterschrift)

22.-23.10. Tagung des Warschauer Pakts in Sofia, scharfer Protest gegen die Ausdehnung des Wettrüstens auf den Weltraum durch das SDI-Programm der USA. Vorschlag zum vollständigen Verbot von Weltraumwaffen und zur Halbierung des Atomwaffenpotentials der Sowjetunion und der USA.

28.10.-7.11. 1. Internationales Arbeitsumweltgestaltungsseminar am Bauhaus Dessau. 18 Designer und Architekten aus der DDR und 7 internationale Gäste nehmen teil. Die Veranstaltung soll alle zwei Jahre mit internationaler Beteiligung stattfinden. In den dazwischenliegenden Jahren sollen entsprechende nationale Veranstaltungen durchgeführt werden.

29.-31.10. Konferenz des Rates der Generaldirektoren der Zirkusunternehmen sozialistischer Länder in Berlin.

1.11. Hanns-Eisler-Preis von Radio DDR an Günter Mayer verliehen.

1.11.-15.12. Ausstellung „Johann Sebastian Bach – Werk und Wirkungen" in Tokio, gestaltet von den Nationalen Forschungs- und Gedenkstätten Johann Sebastian Bach Leipzig.

11.-13.11. V. Kongress des Verbandes der Theaterschaffenden der DDR.

13.-15.11. Besuch des saarländischen Ministerpräsidenten Oskar Lafontaine in der DDR, Vereinbarung über die Errichtung eines eigenen Wirtschaftsbüros des Saarlandes in Ost-Berlin und über die Aufnahme der ersten deutsch-deutschen Städtepartnerschaft (zwischen Eisenhüttenstadt und Saarlouis).

22.11. Konrad Naumann, Mitglied des Politbüros und des ZK der SED sowie Erster Sekretär der SED-Bezirksleitung Berlin, wird wegen seines arroganten Auftretens durch das ZK der SED seiner Funktionen enthoben.

3.12. Generaloberst Heinz Keßler wird Nachfolger des am Vortrag verstorbenen Verteidigungsministers der DDR, Armeegeneral Heinz Hoffmann.

16.12. Besuch von Erich Honecker in Polen, Gespräche mit General Wojciech Jaruzelski; Abschluss eines langfristigen Programms zur Entwicklung der Zusammenarbeit bis zum Jahr 2000.

Ein Lehrer für Staatsbürgerkunde vertritt den Heimatkundelehrer. Er fragt Fritzchen: „Was ist das: Es ist klein, rothaarig und hat einen langen Schwanz?" „Herr Lehrer, wenn mich das mein Vater gefragt hätte, dann würde ich sagen: ein Eichhörnchen. Wenn aber Sie mich fragen, dann wird es bestimmt wieder Lenin sein."

Marita Koch, über alle Strecken von 100 bis 400 m siegreich, hat insgesamt 16 Weltrekorde aufgestellt. Ihren letzten erzielt sie mit 47,60 sec. über 400 m beim Weltcup 1985 in Canberra.

1986

31.1. Erich Honecker erklärt in einem Interview mit der „ZEIT", die Diskussion über das Offenhalten der deutschen Frage sei überflüssig.

9.2. Erweiterung der Reisemöglichkeiten in dringenden Familienangelegenheiten durch die DDR-Regierung.

13.2. Gedenkkundgebung mit mehr als 150.000 Menschen zum Jahrestag der Bombardierung von Dresden.

16.-23.2. 16. Festival des politischen Liedes in Berlin mit etwa 50 Veranstaltungen von 54 Gruppen und Solisten, darunter das Gesangs- und Tanzensemble „Amandla" des ANC, Pete Seeger, Hermann van Veen und Francis Bebey. Das Festival hat über 75 000 Zuschauer. Ein Teil der Sänger begibt sich anschließend auf eine DDR-Tournee.

18.2.-19.5. Ausstellung „Fritz Cremer – Erinnerungen an morgen" mit rund 90 Plastiken und grafischen Arbeiten anlässlich des 80. Geburtstages des Künstlers in Karl-Marx-Stadt. Die Ausstellung wird auch in Schwerin gezeigt (11. September bis 26. Oktober).

20.2.-30.3. Ausstellung „Soldaten des Volkes – dem Frieden verpflichtet" zum 30. Jahrestag der Nationalen Volksarmee in Potsdam. Gezeigt werden 158 Werke von 76 Künstlern aus Berlin und den Bezirken Gera, Halle, Magdeburg und Potsdam.

21.-26.2. 7. DDR-Musiktage in Berlin. In 22 Konzerten werden Werke von zeitgenössischen Komponisten vorgestellt, darunter befinden sich 24 Uraufführungen.

26.2.-4.5. Ausstellung „Willi Sitte – Gemälde, Zeichnungen und Grafik" im Alten Museum Berlin.

27.2. Plenartagung der Akademie der Künste der DDR zum Thema „Arbeiterklasse als Gegenstand, Impuls und Adressat der Kunst". Zum Tagungsthema referiert Helmut Baierl.

27.2. Uraufführung des DEFA-Films „Drost" in Berlin (Buch: Diethardt Schneider; Regie: Klaus Dobberke; Hauptdarsteller: Klaus Schleiff).

4.3. Gastspiel der Staatskapelle Berlin unter Leitung von Siegfried Kurz in Australien und Neuseeland beginnt in Perth. Es ist dort das erste Auftreten eines sinfonischen Orchesters aus der DDR.

5.3. Literaturpreis des DFD an Renate Feyl verliehen.

7.3. „Jugendradio DT 64" als neuer Jugendsender des Rundfunks der DDR eröffnet. Er wird die Tradition von „Hallo" und „DT 64" fortsetzen.

8.3. Premiere des Trauerspiels „Penthesilea" von Heinrich von Kleist in Dresden (Regie: Wolfgang Engel; Hauptdarsteller: Christoph Hohmann, Hannelore Koch, Cornelia Schmaus).

17.-21.4. XI. Parteitag der SED in Ost-Berlin, Beschluss über die unveränderte Fortsetzung der bisherigen Politik mit nahezu unveränderter Parteispitze. Vor dem Parteitag ergänzt KPdSU-Generalsekretär Michail Gorbatschow seine Abrüstungsvorschläge zu Nuklearwaffen durch eine Initiative zur Reduzierung der konventionellen Rüstungen und Streitkräfte.

23.4. Grundsatzvereinbarung zwischen Eisenhüttenstadt und Saarlouis über die erste deutsch-deutsche Städtepartnerschaft. Ende 1986 folgen Lübben und Neunkirchen, im März 1987 Cottbus und Saarbrücken.

26.4. Atomunfall im Kernkraftwerk Tschernobyl in der UdSSR. Wie in der Sowjetunion wird die Katastrophe auch

„5.5.1986. XI. Parteitag der SED. Im Präsidium des Parteitages: Michail Gorbatschow, Generalsekretär des ZK der KPdSU, und Erich Honecker, Generalsekretär des ZK der SED. (Originalunterschrift)

„Vom Facharztbuch der Augenheilkunde bis zum Buch für Kinder, mit dem das Sehvermögen getestet werden kann, reicht die Palette des Georg Thieme Verlages Leipzig, der am 6.2.1986 den 100. Jahrestag seiner Gründung begeht. Mit dem Buch ‚Sehtest' von R. Sachsenweger können Eltern, Kindergärtnerinnen und Lehrer das Sehvermögen bei Kindern im Alter von vier bis sieben Jahren testen, um frühzeitige Sehfehler des Kindes zu erkennen. Mit Hilfe der Blau-Rot-Pappbrille werden das beidäugige Sehen und das beidäugige räumliche Sehen überprüft." (Originalunterschrift)

1986

in der DDR erst verschwiegen, dann heruntergespielt.

6.5. Unterzeichnung eines Kulturabkommens zwischen der DDR und der Bundesrepublik nach zwölfjährigen Verhandlungen mit Regelungen zum Austausch in den Bereichen Wissenschaft, Musik, Film, Malerei, Theater, Verlagswesen, Denkmalpflege und Sport.

9.5. Bekannt werden eines Schreibens von 21 Angehörigen der autonomen Friedensbewegung der DDR an Erich Honecker mit Kritik an der gesellschaftlichen Entwicklung und Forderung nach einem „konstruktiven Dialog".

„8.2.1986. Die 16. Bezirksdelegiertenkonferenz Berlin der SED wurde im Palast der Republik eröffnet. Den Bericht der Bezirksleitung erstattete Günter Schabowski, Mitglied des Politbüros des ZK und 1. Sekretär der Bezirksleitung Berlin der SED." (Originalunterschrift)

20.3. DEFA-Filmpremiere „Der Hut des Brigadiers".

8.6. Wahlen zur Volkskammer der DDR mit einer Wahlbeteiligung von 99,74 %. Die Einheitsliste der Nationalen Front erhält 99,94 % der Stimmen.

25.-27.6. Besuch von Erich Honecker in Schweden.

August Eröffnung der Ausstellung „Friedrich II. und die Kunst" in Potsdam als Höhepunkt im Prozess einer Revision des bisherigen, durchgängig negativen Preußenbildes der SED.

16.9. Erstmals Teilnahme von Mitgliedern des Politbüros des ZK der SED, Hermann Axen und Kurt Hager, an einer Veranstaltung der Ständigen Vertretung der Bundesrepublik in der DDR.

18.9. Johannes Rau, Kanzlerkandidat der SPD, gibt eine Vereinbarung mit der DDR über die Unterbindung des ungehinderten Zustroms von Asylbewerbern über die DDR nach West-Berlin und in die Bundesrepublik bekannt. Als Gegenleistung für diese Form der Wahlkampfhilfe zur bevorstehenden Bundestagswahl bietet die SPD im Falle eines Wahlsiegs die volle Respektierung der DDR-Staatsbürgerschaft an.

2.10. Eröffnung der Fährverbindung zwischen Mukran auf Rügen und dem sowjetischen Klaipeda.

2.-3.10. Besuch von Erich Honecker in Moskau, gemeinsam mit Michail Gorbatschow Einweihung eines Denkmals für den im KZ ermordeten KPD-Führer Ernst Thälmann.

18.-28.10. Reise von Erich Honecker nach Nordkorea, in die Mongolei und nach China; Unterzeichnung eines Abkommens der langfristigen wirtschaftlichen und wissenschaftlich-technischen Zusammenarbeit zwischen der DDR und China mit einer Laufzeit von 15 Jahren.

Ende Oktober Unterzeichnung eines Abkommens zwischen der DDR und Schweden über die Zahlung von 20 Millionen DM als Entschädigung für Enteignungen von Vermögenswerten nach dem Zweiten Weltkrieg.

12.11. Vereinbarung zwischen der DDR und der Bundesrepublik über die Rückführung von kriegsbedingt verlagertem Archivgut.

15.11. Wiedereröffnung der Deutschen Staatsoper in Ost-Berlin nach eingehender Renovierung.

20.-21.11. Tagung des ZK der SED, Erich Honecker erklärt, im Falle einer Einigung über die Abrüstung von Mittelstreckenraketen könnte auch das „Teufelszeug" der taktischen Raketen vom Boden der DDR entfernt werden.

10.12.-15.2. Ausstellung „Gustav Seitz – Plastik und Grafik" in Berlin. Es ist die erste umfassende Schau zum Werk des Künstlers und umfasst etwa 80 plastische Arbeiten sowie mehr als 120 Zeichnungen und grafische Blätter.

15.-19.12. UNESCO-Symposium „Kulturschaffende und Künstler im Dienste des Friedens" in Potsdam mit Kulturschaffenden und Künstlern aus Afrika, Asien, Lateinamerika und Europa. „Brief aus Potsdam" an die Kulturschaffenden in aller Welt beschlossen.

17.12. Ausstellung mit Werken Werner Tübkes in Moskau eröffnet. Mehr als 300 Arbeiten der letzten 30 Jahre werden gezeigt.

1987

1.1. Festliches Konzert zur Eröffnung der 750-Jahr-Feier Berlins im Schauspielhaus Berlin. Es spielt die Staatskapelle Berlin unter Leitung der Dirigenten Claus Peter Flor, Heinz Fricke, Rolf Reuter, Heinz Rogner und Kurt Sanderling. Es singen der Chor der Deutschen Staatsoper Berlin und die Solisten Magdálena Hajossyová, Peter Schreier, Margot Stejskal, Ute Trekel-Burckhardt, Siegfried Vogel und Gerd Wolf.

1.1. Gerhard Klauß wird zum neuen Generaldirektor des Staatszirkus der DDR berufen.

9.1. Wiedereröffnung des Bodemuseums nach umfänglicher baulicher Erneuerung mit der Ausstellung „Das weltliche Ereignisbild in Berlin und Brandenburg-Preußen im 18. Jahrhundert". Die neu gestaltete ständige Ausstellung der Frühchristlich-byzantinischen Sammlung ist wieder zu sehen.

10.1. Premiere der Oper „Boris Godunow" in einer Inszenierung von Harry Kupfer mit dem Ensemble der niederländischen Oper in Amsterdam. (Die Titelpartie singt Robert Lloyd, den Zarensohn Jochen Kowalski von der Komischen Oper Berlin. Dirigent: Hartmut Haenchen aus der DDR. Bühnenbild, Kostüme und Requisiten werden von der Komischen Oper Berlin übernommen.) Im Anschluss gibt die Komische Oper Berlin ein Gastspiel in Amsterdam (11. bis 17. Januar) mit der zeitgenössischen Oper „Lear" von Aribert Reimann und der Händel-Oper „Giustino" (Regie: Harry Kupfer; Sänger: Jochen Kowalski, Dagmar Schellenberger).

10.1.-15.2. Ausstellung „Wirklichkeit und Bildhauerzeichnung" in Dresden mit mehr als 200 Werkskizzen, Naturstudien und freien Kompositionen von etwa 100 Künstlern der DDR, darunter Werke von Fritz Cremer, Wieland Förster, Helmut Heinze, Carin Kreuzberg, Werner Stötzer und Jürgen von Woyski.

11.1. Liederabend des spanischen Tenors Jose Carreras, am Flügel begleitet von Vincenco Scalera, in der Komischen Oper Berlin.

13.1. Übergabe von 33 wertvollen Zeichnungen alter Meister des 15. und 16. Jahrhunderts durch die Regierung der DDR an die Niederlande. Diese Zeichnungen wurden während der faschistischen Okkupation der Niederlande entführt und in der DDR wiederaufgefunden.

14.1.-8.2. Ausstellung „Heidrun Hegewald – Malerei, Grafik und Handzeichnungen" im Ausstellungszentrum am Berliner Fernsehturm mit etwa 100 Werken. Sie gibt den bisher umfassendsten Einblick in das Schaffen der Künstlerin.

15.1. Uraufführung des Dokumentarfilms „Es begann in Berlin", über das Berlin des 20. Jahrhunderts, in Berlin (Buch: Helmut Baierl, Karin Freiberg; Regie: Joachim Hellwig).

15.-17.1. Aktion „Rock für den Frieden" im Palast der Republik in Berlin mit 65 Gruppen und Solisten. Die diesjährige Aktion steht besonders im Zeichen des Kampfes gegen die rassistische Unterdrückungspolitik Südafrikas. Das Auftaktkonzert „Künstler gegen Apartheid" vereint Interpreten des In- und Auslandes. Über 20 000 Gäste erleben die Veranstaltungen.

16.1. Uraufführung des poetischen Stückes „Ein Flug über die Anden" des chilenischen Autors Victor Contreras Tapia an der Berliner Volksbühne (Regie: Victor Contreras Tapia; Hauptdarsteller: Günter Junghans, Bernd Schramm). Die chilenische Gruppe Inti Illimani bereichert die Inszenierung mit musikalischen Auftritten.

21.-23.1. Gastspiel des griechischen Delphi-Festival-Theaters am Berliner Ensemble mit der Tragödie von Euripides „Die Bakchen" (Regie: Theodoros Terzopoulos; Hauptdarsteller: Sophia Michopoulou, Akis Sakellariou, Dimitrios Siakaras, Kalliopi Tachtsoglou).

24.1.-1.2. 1. Nationales Theaterfestival der DDR in Berlin. 24 Schauspielinszenierungen, 15 Opern- beziehungsweise Ballett- und Pantomime-Aufführungen, 4 Kabarett- und 3 Puppenspielvorstellungen stehen auf dem Programm. Das Festival findet künftig alle zwei Jahre statt.

„3.9.1987. Gratulationscour zu Erich Honeckers 75. Geburtstag. Die Grüße und wünsche des Verbandes der Kleingärtner und Kleintierzüchter überbrachte deren Vorsitzender, Herbert Uhlendahl (Mitte)." (Originalunterschrift)

25.1. Ausstellung mit Plastiken und Handzeichnungen des Bildhauers Jürgen Weber aus Braunschweig (BRD) im Berliner Marstall beendet.

26.-28.1. Tage der jiddischen Kultur unter dem Motto „Das Lied ist geblieben – Versuch einer Annäherung an die ostjüdische Kultur" im „Theater unterm Dach" des Kulturhauses Ernst-Thälmann-Park Berlin. Andrej Jendrusch,

1987

Peter Kelm und Jürgen Rennert lesen aus Werken zeitgenössischer sowjetjiddischer Autoren, Margit Falk und Jalda Rebling singen jiddische Lieder, in ihrer „Stunde mit jüdischen Märchen" geben Johanna Arndt und Ernst Meinke Einblick in jüdische Sitten, Bräuche und Mentalität. Die Tage der jiddischen Kultur werden künftig jährlich durchgeführt.

2.-4.2. Eduard Schewardnadse, Außenminister der UdSSR, informiert Erich Honecker und Willi Stoph über das Plenum des ZK der KPdSU vom 27.-28. Januar, auf dem Michail Gorbatschow die Fehler der Vergangenheit gebrandmarkt und Demokratie gefordert hatte.

26.2. Gründung des Instituts für Darstellende Kunst der Nationalen Forschungs- und Gedenkstätten der DDR für deutsche Kunst und Literatur des 20. Jahrhunderts bei der Akademie der Künste der DDR in Berlin. Als Direktor wird Ludwig Hoffmann berufen.

2.3. Literaturpreis des DFD an Gisela Steineckert verliehen.

2.-4.3. Gastspiel von Udo Jürgens mit seinem Programm „Deinetwegen" im Friedrichstadtpalast Berlin.

„14.7.1987. Sonnenschein, heiße Rhythmen und ein spannendes Buch – ein idealer Ferientag." (Originalunterschrift)

3.3. Zum neuen Generalintendanten des Mecklenburgischen Staatstheaters Schwerin wird Alfred Nicolaus berufen.

5.3.-12.4. Ausstellung mit Druckgrafiken von Käthe Kollwitz im Marstall Berlin. Sie ist dem 120.Geburtstag der Künstlerin gewidmet und enthält 150 Blätter

6.3. Uraufführung des dritten Teils des Stückes „Wolokolamsker Chaussee" von Heiner Müller im Potsdamer Hans-Otto-Theater. „Das Duell" entstand nach Motiven von Anna Seghers (Regie: Bernd Weißig; Hauptdarsteller: Eckhard Becker, Bernhard Geffke, Hans-Jochen Röhrig, Christian Steyer, Eva Weißenborn).

„Zeiss Spacemaster Raumflugplanetarium". Kombinat VEB Zeiss Jena, Plakat, 1987.

Ein Gast verlangt in einem Restaurant einen „Tee ohne Rum". Darauf der Kellner: „Das tut mir leid, Rum haben wir zur Zeit nicht, darf es auch ‚Tee ohne Zitrone' sein?"

7.-12.3. Festwoche zum 775jährigen Bestehen des Leipziger Thomanerchores in Leipzig mit Konzerten, einem wissenschaftlichen Symposium und einer Ausstellung. Die Schallplattenfirma ETERNA ediert eine „Klingende Geschichte" mit historischen Aufnahmen aus dem 20. Jahrhundert.

9.-12.3. Gastspiel des Rock-Sängers Peter Maffay (BRD) in der Werner-Seelenbinder-Halle Berlin mit sechs Konzerten, die insgesamt 36000 Zuschauer besuchen.

13.3. Eröffnung der Ausstellung „Matthäus Daniel Pöppelmann – Ein Architekt des Barock" im Dresdner Albertinum mit 500 Exponaten aus der sächsischen Kultur- und Kunstgeschichte.

20.-21.3. XI. Bundeskongress der Domowina in Cottbus. Jurij Grós wird erneut zum 1. Sekretär gewählt.

21.3. „Tag der Künste" in Berlin mit etwa 120 Veranstaltungen, darunter Film- und Theateraufführungen, Begegnungen mit Künstlern und Gesprächen über Kunstwerke. 80000 Gäste besuchen die Veranstaltungen. Der „Tag der Künste" soll künftig jährlich als künstlerische Leistungsschau begangen werden.

24.3.-18.4. Die Deutsche Staatsoper Berlin gastiert mit den Inszenierungen „Die Hochzeit des Figaro", „Die Entführung aus dem Serail", „Die Meistersinger von Nürnberg" und „Salome" in den japanischen Städten Tokio, Yokohama, Osaka und Nagoya (musikalische Leitung: Siegfried Kurz, Otmar Suitner). In 15 Vorstellungen spielt das Ensemble vor 40 000 Zuschauern.

25.3. Erstmalige Teilnahme von Offizieren der Bundeswehr als Beobachter von gemeinsamen Manövern der Roten Armee und der Nationalen Volksarmee bei Brandenburg.

29.-30.5. Tagung des Politisch beratenden Ausschusses der Staaten des

1987

Warschauer Vertrags in Ost-Berlin, erstmalige Veröffentlichung einer Erklärung über die Militärdoktrin, die u. a. die Betonung des reinen Verteidigungscharakters des Militärbündnisses und den Verzicht auf den Ersteinsatz von Atomwaffen enthält.

31.5. Großes Berliner Kinderfest rund um den Alexanderplatz mit zahlreichen Bühnen für über 3 500 Berufs- und Laienkünstler, mit einem Buchbasar, mit Zentren für verschiedenste Interessen, darunter ein Zentrum „Wissenschaft und Technik", eine „Straße der Solidarität", mit Sport, Disko, Singen und Spielen. Etwa 350000 Besucher hat das Fest.

3.-5.6. Besuch Erich Honeckers in den Niederlanden, wo er Abrüstungsfragen in den Mittelpunkt stellt.

6.-8.6. Rock-Konzerte vor dem Reichstagsgebäude in West-Berlin. In Ost-Berlin kommt es zu schweren Zusammenstößen zwischen der Polizei und Jugendlichen, die die in unmittelbarer Nähe zur Mauer stattfindenden Konzerte verfolgen wollen.

24.-28.6. Evangelischer Kirchentag in Ost-Berlin. Da verschiedene Veranstaltungen nicht ins offizielle Programm aufgenommen werden, rufen Basisgruppen den „Kirchentag von unten" ins Leben.

25.6. Erich Honecker bedankt sich in der „Jungen Welt" für die Lederjacke, die ihm der bundesdeutsche Rocksänger Udo Lindenberg geschenkt hatte, und revanchiert sich mit einer Schalmei.

1.7. Drastische Kürzung der DM-Beträge, die DDR-Bürger bei Reisen in die Bundesrepublik eintauschen dürfen, von 70 DM auf 15 DM aufgrund von Devisenmangel und gestiegenen Reisezahlen.

10.-12.7. Erster Katholikentag in der Geschichte der DDR in Dresden unter dem Leitsatz „Gottes Macht – Unsere Hoffnung".

17.7. Bekanntgabe einer Amnestie aus Anlass des bevorstehenden 38. Jahrestages der DDR-Gründung am 7. Oktober, die Amnestie wird am 12. Oktober abgeschlossen. Vorschlag des Staatsrates an

die Volkskammer zur Abschaffung der Todesstrafe.

13.8. Demonstration von etwa 300 Menschen gegen die Mauer auf der Ostseite des Brandenburger Tors.

2.-4.9. Olof-Palme-Friedensmarsch als „Pilgerweg" vom KZ Ravensbrück zum KZ Sachsenhausen mit der gleichberechtigten Teilnahme der offiziellen und der inoffiziellen Friedensbewegung.

5.-6.9. Erste Duldung eines nicht offiziellen Demonstrationszuges von etwa 1000 Mitgliedern unabhängiger Friedensgruppen in Ost-Berlin von der Zionskirche zur Gethsemanekirche.

16.9. Besuch des polnischen Partei- und Staatschefs General Wojciech Jaruzelski in Ost-Berlin, Ankündigung der schrittweisen Verbesserung der Reisemöglichkeiten zwischen der DDR und Polen.

23.9. Isaac Neumann aus den USA wird der seit 22 Jahren erste Rabbiner der Jüdischen Gemeinde in Ost-Berlin.

1.10. Besuch des finnischen Ministerpräsidenten Mauno Koivisto in der DDR, Abschluss eines Abkommens über den visafreien Reiseverkehr zwischen der DDR und Finnland.

2.10.-8.12. Ausstellung „Tonfiguren von Kriegern und Pferden der Qin-Dynastie Chinas – Sensationelle Grabungsfunde aus der VR China" im Pergamonmuseum Berlin. Gezeigt werden mehr als 30 Exponate, neben den lebensgroßen Figuren auch Waffen, Architekturdetails und

„23.10.1987. Zentrales Jugendobjekt ‚Erdgastrasse', Bau-Abschnitt Perm, Wohnlager Otschjor an der Erdgasleitung Jamburg-Tula. Während in der Schlammperiode, deren Ende nun bald abzusehen ist, zahlreiche Trassenbauer vom Standort Otschjor im Heimaturlaub sind, befassen sich die verbliebenen mit dem weiteren Aufbau des Wohnlagers oder mit der Instandsetzung der Technik. Rund 1 200 Bauleute aus der DDR sind am Standort Otschjor mit dem Bau eines 142 Kilometer langen Abschnitts der Erdgasleitung Jamburg-Tula beschäftigt, 94 Kilometer davon sollen noch in diesem Jahr fertiggestellt werden." (Originalunterschrift)

Bei den Leichtathletikmeisterschaften 1987 in Rom gewinnt Silke Gladisch (links) beide Sprintstrecken. Ihre Landsmännin Heike Drechsler belegt über 100 m den zweiten Platz. Überraschend wird Torsten Voss als Sieger im Zehnkampf zum „König der Athleten".

1987

Bronzegeräte. Die Ausstellung hat mehr als 180000 Besucher.

3.10. DDR-Erstaufführung des Stückes „Der Park" von Sean O'Casey in Magdeburg (Regie: Horst Ruprecht; Hauptdarsteller: Andreas Keller, Dieter Lenkert, Gisela Hess, Ingeborg Schmitz, Dirk Schoedon).

3.-7.10. 750-Jahr-Feier der Stadt Gera mit einer Festwoche. Zum Programm gehören ein historischer Festumzug, gestaltet von 9 000 Werktätigen, ein Marktfest im Stadtzentrum und zahlreiche weitere Veranstaltungen, unter anderem auch verschiedene Berliner Beiträge. Eine Ausstellung „Schätze aus Dresden" zeigt Kunstwerke aus der Galerie Neue Meister.

„2.11.1987. Rustikal-romantisch präsentiert sich das Wäschejeansprogramm im Modethema ‚Kanada' für die Jugendmode. So ergänzen z. B. Spitzenkragen die Jeansoberteile. Vorgestellt wurde dies auf der Fachtagung des Modeinstituts der DDR für die Herbst/Wintersaison 1988: Hier erhalten vor allem die Designer der Produktionsbetriebe Trendinformationen". (Originalunterschrift)

4.10.-22.11. Ausstellung „Kassandra" in der Galerie Moritzburg Halle. Gezeigt werden 70 Werke von 16 Künstlern von der griechischen Vasenmalerei bis zur Gegenwartskunst der DDR.

12.10. Interview Erich Honeckers mit belgischen Journalisten u. a. zur Haltung der DDR zu den Entwicklung in der Sowjetunion: die Reformpolitik Michail Gorbatschows könne kein Modell für die DDR sein, da diese eine eigenständige Reformpolitik betrieben habe und betreiben werde.

13.-14.10. Außerordentliche Sitzung der Staatschefs der RGW-Länder in Moskau. Willi Stoph lehnt für die Deutsche Demokratische Republik die sowjetischen und ungarischen Reformbestrebungen ab.

13.-15.10. Besuch Erich Honeckers in Belgien.

1.11. Zulassung der Einfuhr von Fachzeitschriften, Kalendern, Briefmarken, Schallplatten und verschiedenen Arzneimitteln aus der Bundesrepublik Deutschland in die DDR.

10.-11.11. Besuch des US-amerikanischen Vizeaußenministers John Whitehead in Ost-Berlin und Gespräche mit Erich Honecker über eine Verbesserung und Intensivierung der gegenseitigen Beziehungen; Whitehead fordert die Lösung vermögensrechtlicher Ansprüche der USA und der Jüdischen Gemeinde an die DDR.

24.-26.11. 10. Kongress des Schriftstellerverbandes der DDR in Ost-Berlin. Hermann Kant als Vorsitzender und Stephan Hermlin bedauern öffentlich den Fortgang zahlreicher wichtiger Autoren aus der DDR.

> Ein Lehrer liest seinen Schülern vor: „... und Gott verteilte unter den Menschen drei Fische." Eifrig meldet sich Fritzchen: „Herr Lehrer, es gibt keinen Gott." – „Nun, das musst du symbolisch sehen. Es gibt ja bei uns auch keinen Fisch."

25.11. Durchsuchung der Umweltbibliothek, eines Zentrums der Friedens-, Ökologie- und Menschenrechtsgruppen, in der Ost-Berliner Zionskirche, Beschlagnahme einer Vervielfältigungsmaschine und zahlreiche Verhaftungen; nach der Entstehung einer Solidaritätsbewegung wird die Zionskirche baupolizeilich geschlossen.

11.12. Tagung der Parteichefs der Staaten des Warschauer Vertrags, Unterzeichnung eines Abkommens zwischen der Sowjetunion, der DDR und der Tschechoslowakei über die Regelung der im INF-Vertrag vorgesehenen Inspektionen.

16.12. Vorschlag von Erich Honecker an Bundeskanzler Helmut Kohl zur Begrenzung der Anzahl von nuklearen Kurzstreckenraketen in Europa bis zum Zeitpunkt ihrer Vernichtung.

18.12. Beschluss der Volkskammer über die Abschaffung der Todesstrafe.

Die seit 1956 erscheinende „Kultur im Heim" ist bis zum Ende der DDR die Zeitschrift für gepflegte Wohnkultur gewesen.

1988

7.-9.1. Besuch von Erich Honecker in Frankreich, Staatspräsident François Mitterand fordert den Abbau von Behinderungen im Personenverkehr und im Gedankenaustausch.

17.1. Verhaftung von etwa 120 Personen, die bei der Demonstration zum 69. Jahrestag der Ermordung von Karl Liebknecht und Rosa Luxemburg mit Transparenten für die „Freiheit des Andersdenkenden" eintreten wollten; weitere Verhaftungen und Verurteilungen zu Freiheitsstrafen bzw. erzwungene Ausreisen in den Westen folgen.

12.2. Besuch von Eberhard Diepgen (CDU), Regierender Bürgermeister von West-Berlin, bei Erich Honecker, Vereinbarung von Reiseerleichterungen für West-Berliner nach Ost-Berlin.

13.2-28.2. Olympische Winterspiele in Calgary. Mit insgesamt 25 Medaillen belegt die DDR im Medaillenspiegel hinter der UdSSR den zweiten Platz. Im Eiskunstlaufen kann sich Catarina Witt zum zweitenmal hintereinander die Goldmedaille holen.

25.2. Beginn des Abzugs sowjetischer Atomraketen kürzerer Reichweite vom Territorium der DDR.

2.7. DEFA-Filmpremiere „Die allein Segeln".

14.3. Schweigemarsch von etwa 300 Teilnehmern eines Friedensgebetes von der Nikolaikirche zur Thomaskirche in Leipzig.

1.-6.5. Besuch des Mitglieds des Politbüros der SED, Hermann Axen, als bislang höchstrangigem DDR-Politiker in den USA und Erörterung eines Staatsbesuchs von Erich Honecker in den USA.

5.-7.7. Tagung des RGW in Prag, die DDR und Rumänien verweigern sich allen Reformbestrebungen und fordert stattdessen Stabilität.

11.-13.7. Treffen von Klaus Töpfer (CDU), Umweltminister der Bundesrepublik, mit seinem DDR-Amtskollegen Hans Reichelt (DBD) in der DDR, Vereinbarung über den Rahmen der Zusammenarbeit im Umweltbereich.

18.8. Besuch von Oskar Lafontaine, Ministerpräsident des Saarlandes und stellvertretender Vorsitzender der SPD, bei Erich Honecker auf Jagdschloss Hubertusstock am Werbellinsee.

14.9. Bekanntgabe weiterer Verbesserungen im Transitverkehr zur BRD, u. a. zum Bau eines neuen Transitgrenzübergangs in Berlin-Lichtenrade, der am 1. Januar 1994 eröffnet werden soll.

Das Modell P601 Limousine der Baureihe AWZ Trabant; der letzte Trabbi ist zwischen 1988 und 1990 vom Band gelaufen.

17.9.-5.10. Olympische Sommerspiele in Seoul. Beim letzten Auftreten einer Olympiamannschaft der DDR kann sie sich nach der UdSSR(132) aber noch vor den USA (94) mit 102 Medaillen auf dem Medaillenspiegel als zweite plazieren. Was noch nie einer Frau bei einer einzigen Olympiade gelingt glückt mit ihren sechs Goldmedaillen Kristin Otto.

27.-29.9. Arbeitsbesuch von Erich Honecker in der Sowjetunion; Michail Gorbatschow informiert umfassend über den Reformkurs.

3.-5.10. Besuch von Erich Honecker in Spanien, u. a. Gespräche mit dem spanischen Ministerpräsidenten Felipe Gonzalez.

Warum küsst Gorbatschow Honecker immer so innig? Er startet mit der rechten Wange und fragt: „Hast du mir was mitgebracht?" Danach widmet er sich hoffnungsvoll der linken Wange: „Kann auch aus dem Westen sein!"

1988

„27.3.1988. Im Haus der Kultur in Gera wurden in einer vom Fernsehen original übertragenen Gala die Fernsehlieblinge 1987 gekürt. In der Gunst des Publikums am höchsten standen: Helga Piur, Klaus Feldmann, Petra Kusch-Lück, Hans-Joachim Wolfram, Helga Hahnemann, Heinz Florian Oertel, Erika Krause und Ellen Tiedtke (v.l.n.r.)." (Originalunterschrift)

16.-18.10. Besuch von Edgar Bronfman, Präsident des Jüdischen Weltkongresses, in der DDR; Erich Honecker erklärt, dass die DDR ihre Mitverantwortung für den Holocaust anerkenne und zu symbolischen Entschädigungen für die Opfer bereit sei.

8.11. Sondersitzung der Volkskammer zum Gedenken an die Pogromnacht vom 9. November 1938.

10.11. Grundsteinlegung für den Wiederaufbau der Synagoge an der Oranienburger Straße in Berlin.

17.-18.11. Besuch von Nicolae Ceausescu in der DDR, Auszeichnung mit dem Karl-Marx-Orden.

„1.3.1988. Die bisher erfolgreichste Mannschaft der DDR bei Olympischen Winterspielen ist in der Heimat eingetroffen. An der Gangway der Sondermaschinen wurden die Sportler, hier die Goldmedaillengewinnerin Katharina Witt (Eiskunstlauf, vom Mitglied des Politbüros und Sekretär des ZK der SED, Egon Krenz, begrüßt." (Originalunterschrift)

19.11. Verbot der sowjetischen Zeitschrift „Sputnik" wegen eines Aufsatzes zum Hitler-Stalin-Pakt von 1939; zugleich werden fünf sowjetische Filme aus den Kinos genommen.

28.11. Beschluss einer umfassenden Rentenreform durch das ZK der SED, den Ministerrat und den Bundesvorstand des FDGB, u. a. Erhöhung der Mindestrenten um 30 bis 100 Mark.

Frau Apel hat sich einen Trabi bestellt. Nach einer Woche erreicht sie der Anruf eines Verkäufers: „Wir wollen Ihnen nur sagen, dass wir Ihren Wagen in 15 Jahren, am 26. Februar 2002, ausliefern werden." – „Vormittags oder nachmittags? Am Nachmittag sollen wir schon unseren neuen Kühlschrank holen."

1.-2.12. Plenartagung des ZK der SED; Erich Honecker lehnt erneut Reformen nach sowjetischem Vorbild ab. Einberufung des XII. Parteitags der SED für Mai 1990 (statt für 1991).

14.12. Veröffentlichung einer neuen Verordnung über Reisen ins Ausland, die am 1. Januar 1989 in Kraft tritt und u. a. eine Erweiterung des Katalogs der Reiseanlässe und des Kreises der Reiseberechtigten sowie ein Beschwerderecht gegen die Ablehnung von Reiseanträgen enthält.

14.12. Verabschiedung des „Gesetzes über die Zuständigkeit und das Verfahren der Gerichte zur Nachprüfung von Verwaltungsentscheidungen" durch die Volkskammer als Ersatz für die fehlende Verwaltungsgerichtsbarkeit.

1989

15.1. Demonstration von mehreren hundert Menschen in Leipzig mit der Forderung nach Meinungs-, Versammlungs- und Pressefreiheit; etwa 80 Personen werden verhaftet.

3.3. Ergänzung des Wahlrechts durch die Volkskammer mit Gewährung des aktiven und passiven Wahlrechts für in der DDR lebende Ausländer bei Kommunalwahlen.

1.4. Die Erweiterung der Reiseverordnung vom Dezember 1988 tritt in Kraft, u. a. Erlaubnis von Besuchsreisen zu Verwandten auch für angeheiratete Ehepartner.

27.4. Beginn der im Februar angekündigten Truppenreduzierung der NVA um 10.000 Soldaten, 600 Panzer und 50 Flugzeuge.

7.5. Kommunalwahlen in der DDR mit einer Wahlbeteiligung von 98,78 %, davon 98,85 % Ja-Stimmen und 1,15 % Nein-Stimmen. Unabhängige Wahlbeobachter weisen zahlreiche Wahlfälschungen nach. Am Abend Demonstration von etwa 1000 Menschen in Leipzig gegen die Wahlfälschung, etwa 100 werden festgenommen.

8.6. Die Volkskammer bewertet die blutige Niederschlagung der Protestbewegung in China am 4.6. als Wiederherstellung von Ordnung und Sicherheit.

22.-23.6. Tagung des Politbüros des ZK der SED, Zustimmung zur Absicht der Stadt Leipzig, sich um die Ausrichtung der Olympischen Spiele des Jahres 2004 zu bewerben.

27.-28.6. Besuch von Erich Honecker in der Sowjetunion, wo Michail Gorbatschow erneut auf Reformen drängt.

29.6. Umbenennung der in der DDR stationierten sowjetischen Truppen von „Gruppe der sowjetischen Streitkräfte in Deutschland" in „West-Gruppe der sowjetischen Streitkräfte".

7.-8.7. Treffen der Partei-, Regierungs- und Staatschefs der Staaten des Warschauer Vertrags, Beschluss zur Umwandlung des Bündnisses von einer mi-

litärisch-politischen in eine politisch-militärische Organisation. Gorbatschow ruft die „eigenständige Lösung nationaler Probleme" aus und setzt damit die „Breschnew-Doktrin" endgültig außer Kraft. Erich Honecker erleidet während der Tagung einen gesundheitlichen Zusammenbruch und muss vorzeitig abreisen.

24.7. „Aufruf zur Bildung einer Initiativgruppe mit dem Ziel, eine sozialdemokratische Partei in der DDR ins Leben zu rufen", verfasst von den evangelischen Theologen Markus Meckel und Martin Gutzeit, denen sich die Theologen Arndt Noack und Helmut Becker sowie der Historiker Manfred „Ibrahim" Böhme anschließen.

1.8. Inkrafttreten neuer Reiseerleichterungen für Besucher aus dem Westen.

8.8. Schließung der Ständigen Vertretung der Bundesrepublik in Ost-Berlin für den Publikumsverkehr, nachdem dort über 130 Menschen eingedrungen sind, um ihre Ausreise aus der DDR zu erzwingen.

13.8. Schließung der Botschaft der Bundesrepublik in Budapest, nachdem dort 181 DDR-Bürger eingedrungen sind, um ihre Ausreise aus der DDR zu erzwingen.

14.8. Übergabe der ersten Musterexemplare eines 32-Bit-Mikroprozessors aus dem Erfurter Werk Mikroelektronik an Erich Honecker, der bei seinem einzigen öffentlichen Auftritt zwischen

„29.10.1989. Der 1. Sekretär der SED-Bezirksleitung, Günter Schabowski (l.), Mitglied des Politbüros und Sekretär des ZK der SED, Oberbürgermeister Erhard Krack (2.v.l.) und der Regierende Bürgermeister von Berlin (West), Walter Momper (2.v.r.), führten im Palasthotel ein Gespräch. Daran nahmen auch Dr. Günter Krusche, Generalsuperintendent der Evangelischen Kirche von Berlin-Brandenbrug (3.v.l.), Konsistorialpräsident Manfred Stolpe (3.v.r.) und der Chef der Staatskanzlei des Senats, Prof. Dr. Dieter Schröder (r.), teil." (Originalunterschrift)

Anfang Juli und Ende September erklärt: „Den Sozialismus in seinem Lauf, wie man bei uns zu sagen pflegt, hält weder Ochs noch Esel auf."

19.8. Öffnung der Grenze zwischen Ungarn und Österreich, über 900 DDR-Bürger fliehen nach Österreich.

22.8. Das Bundesministerium für innerdeutsche Beziehungen der BRD teilt mit, dass vom 1. Januar bis 31. Juli dieses Jahres 55.970 DDR-Bürger in die Bundesrepublik gekommen sind, darunter 46.634 mit Ausreisegenehmigungen.

24.8. Ungarn gestattet 108 DDR-Bürgern, die sich in der bundesdeutschen Botschaft in Budapest aufhalten, die Ausreise nach Österreich.

31.8. Besuch des ungarischen Außenministers Gyula Horn bei seinem Amtskollegen Oskar Fischer sowie Günter Mittag, der den erkrankten Erich Hon-

1989

„14.5.89: Die machtvolle Kampfdemonstration der Freien deutschen Jugend war herausragendes Ereignis des Pfingsttreffens. Tausende und Abertausende zogen mit Optimismus und Lebensfreude durch die Karl-Marx-Allee und bekannten sich zu ihrem Vaterland" (Originalunterschrift).

„23.11.1989. Der Vorsitzende des Staatsrates der DDR, Egon Krenz, Generalsekretär des ZK der SED, gab Fritz Pleitgen (r.) von der ARD ein Interview. Gemeinsam schauen sie sich die Aufzeichnung des Gesprächs an." (Originalunterschrift)

ecker vertritt, Information über den Beschluss, die DDR-Flüchtlinge aus Ungarn nach Österreich ausreisen zu lassen.

1.9. ADN meldet, Erich Honecker habe nach erfolgreicher Gallenblasenoperation einen Genesungsurlaub angetreten.

2.9. Brief der Konferenz der Evangelischen Kirchen in der DDR an Erich Honecker mit der Bitte, angesichts der Ausreisewelle „längst überfällige Veränderungen in der Gesellschaft" einzuleiten.

4.9. Demonstration von mehreren hundert Menschen in Leipzig nach dem montäglichen Friedensgebet in der Nikolaikirche mit Forderungen nach Reise-, Versammlungs- und Meinungsfreiheit, zahlreiche Verhaftungen und anschließende Verurteilungen nach §217 des Strafgesetzbuches wegen „Zusammenrottung".

9.-10.9. Gründung des „Neuen Forums" in Grünheide bei Berlin durch 30 Personen aus elf Bezirken der DDR, darunter Bärbel Bohley, Katja Havemann, Sebastian Pflugbeil, Jens Reich, Hans-Jochen Tschiche, Rolf Henrich und Reinhard Schult.

11.9. Beschluss der ungarischen Regierung, ab sofort DDR-Bürger in jedes Land ihrer Wahl ausreisen zu lassen und damit das 1969 mit der DDR geschlossene Reiseabkommen einseitig außer Kraft zu setzen. Innerhalb von drei Tagen fliehen 15.000 Menschen über Ungarn in die Bundesrepublik.

12.9. Aufruf der „Bürgerbewegung Demokratie Jetzt" mit der Forderung nach einer friedlichen demokratischen Erneuerung der DDR; zu den Erstunterzeichnern gehören Wolfgang Ullmann, Ludwig Mehlhorn, Hans-Jürgen Fischbeck, Ulrike Poppe und Konrad Weiß.

12.9. Übergabe einer scharfen Protestnote der DDR-Regierung an die ungarische Regierung mit der Forderung nach sofortiger Rücknahme der Entscheidung, DDR-Flüchtlinge ausreisen zu lassen.

18.9. Resolution von Künstlern der Rock-, Pop- und Liedermacherszene mit der Forderung nach Reformen, die in den folgenden Wochen von insgesamt 3000 Künstlern unterzeichnet wird,

1989

wegen befürchteter Repressalien aber erst am 16. Oktober auf einer Protestversammlung öffentlich vorgetragen wird.

19.9. Antrag des „Neuen Forums" auf Zulassung als Vereinigung gemäß Artikel 29 der Verfassung der DDR.

21.9. Das „Neue Deutschland" meldet die Ablehnung des Antrags des „Neuen Forums" auf Zulassung durch das Ministerium des Innern der DDR mit der Begründung, es handle sich um eine „staatsfeindliche Plattform". Damit drohen den Gründungsmitgliedern Haftstrafen bis zu zehn Jahren.

23.9. Protest von sächsischen Superintendenten und Kirchenjuristen gegen die Nichtzulassung des „Neuen Forums".

25.9. Erich Honecker nimmt die Amtsgeschäfte wieder auf.

25.9. Leipziger Montagsdemonstration mit 5000 Teilnehmern.

30.9. Hans-Dietrich Genscher, Außenminister der BRD, teilt den mehr als 7000 DDR-Flüchtlingen, die sich in der bundesdeutschen Botschaft in Prag befinden, die Genehmigung zur Ausreise mit. Der Transport in verriegelten Zügen der Deutschen Reichsbahn führt über das Territorium der DDR. Auch die in der bundesdeutschen Botschaft in Warschau befindlichen Flüchtlinge dürfen mit Zügen ausreisen.

1.10. Veröffentlichung eines Kommentars zur anhaltenden Flucht- und Ausreisewelle mit dem von Erich Honecker persönlich hinzugefügten Schlusssatz: „Man sollte ihnen keine Träne nachweinen."

1.10. Reise von Egon Krenz, Mitglied des Politbüros des ZK der SED, nach China zur Feier des 40. Jahrestages des Volksrepublik. Der Besuch wird von der DDR-Bevölkerung als offizielle Zustimmung zur militärischen Niederschlagung der chinesischen Reformbewegung verstanden.

Was ist ein Streichquartett?
Ein Sinfonie-Orchester nach der Rückkehr von der Westtournee.

150

2.10. Leipziger Montagsdemonstration mit mehr als 20.000 Teilnehmern.

2.10. Konstituierung der Vereinigung „Demokratischer Aufbruch – Sozial, Ökologisch (DA)" aus verschiedenen, teilweise seit Juli aktiven Gruppen; Mitglieder sind u. a. Rainer Eppelmann, Friedrich Schorlemmer, Wolfgang Schnur, Edelbert Richter und Erhart Neubert.

3.10. Aussetzung des visafreien Reiseverkehrs zwischen der DDR und der CSSR mit dem Ziel, die Ausreisewelle zu stoppen.

3.-4.10. Erneut erhalten etwa 7000 in die bundesdeutsche Botschaft in Prag geflüchtete Menschen die Erlaubnis zur Ausreise mit Zügen der Deutschen Reichsbahn. Entlang der über die DDR führenden Fahrroute kommt es zu Menschenansammlungen, Demonstrationen und Straßenschlachten.

6.10. Treffen von Vertretern überregionaler Oppositionsgruppen in der Erlöserkirche in Berlin, Formulierung einer „Gemeinsamen Erklärung" für die Grundlagen der Zusammenarbeit; Forderung nach einer gewaltlosen, demokratischen Umgestaltung der DDR und nach freien Wahlen unter Kontrolle der UNO.

7.10. Feierlichkeiten zum 40. Jahrestag der Gründung der DDR; Michail Gorbatschow drängt erneut auf Reformen im Sinne der Perestroika, Erich Honecker bleibt bei seiner ablehnenden Haltung.

7.10. Demonstrationen in zahlreichen Städten für Reformen, u. a. in Leipzig, Dresden, Potsdam, Jena, Magdeburg, Karl-Marx-Stadt, Halle, Erfurt, Ilmenau und Arnstadt; in Berlin demonstrieren mehrere tausend Menschen. Gewaltsame Auflösung durch die Sicherheitskräfte und zahlreiche Verhaftungen.

7.10. Gründung der „Sozialdemokratischen Partei in der DDR" in Schwante

„30.5.1989. Begeisterte Leser der Trompeterbücher des Kinderbuchverlages sind die Schüler der Klasse 1a der 18. Oberschule Köpenick. Aufmerksam lauschen sie einer Mitschülerin, die eine Geschichte aus Jewgeni Tscharuschins Buch ‚Was ist das für ein Tier' vorliest. Im Kinderbuchverlag erschienen bisher 200 Buchtitel in der Trompeterbücherserie." (Originalunterschrift)

im Bezirk Potsdam durch 43 Personen, Beschluss von zehn grundlegenden Paragraphen des Statuts der SDP, die eine „ökologisch orientierte soziale Marktwirtschaft" und Demokratie anstrebt.

8.10. Erneute Demonstrationen in verschiedenen Städten der DDR. In Berlin werden die aus der Gethsemanekirche kommenden Teilnehmer einer Fürbit-

tandacht von der Polizei eingekesselt und zusammengeprügelt.

9.10. Demonstration in Leipzig mit etwa 70.000 Teilnehmern. Aufruf der „Leipziger Sechs", der drei Sekretäre der SED-Bezirksleitung Kurt Meier, Jochen Pommert und Roland Wötzel, des Gewandhaus-Kapellmeisters Kurt Masur, des Pfarrers Peter Zimmermann und des Kabarettisten Bernd Lutz Lange, zu Gewaltfreiheit und zur Herstellung eines Dialogs. Die Demonstration wird nicht, wie von vielen befürchtet, mit militärischer Gewalt niedergeschlagen. Point of no return.

15.10. Benefizkonzert zahlreicher Musiker und Künstler in der Erlöserkirche in Berlin für die Opfer der Polizeiübergriffe. Aufruf zur Demonstration am 4. November in Berlin. Der Schriftsteller Christoph Hein fordert die Einsetzung eines Untersuchungsausschusses für die Exzesse der Sicherheitskräfte am 7. Oktober.

16.10. Demonstration in Leipzig mit etwa 120.000 Teilnehmern unter der Hauptlosung „Wir sind das Volk". Weitere Demonstrationen in Berlin, Dresden, Halle, Magdeburg und Plauen.

18.10. Tagung des Zentralkomitees des SED und Abwahl von Erich Honecker als Generalsekretär, der auch von seinen Ämtern als Vorsitzender des Staatsrats und des Nationalen Verteidigungsrats zurücktritt. Abwahl von Günter Mittag und Joachim Herrmann, der für Wirtschaft bzw. Agitation und Propaganda verantwortlichen Politbüromitglieder.

Wahl von Egon Krenz zum Generalsekretär des ZK der SED.

20.10. Margot Honecker, Ministerin für Volksbildung, tritt zurück.

22.10. Erste öffentliche Diskussion zwischen Funktionären, Theologen und Bürgern im Leipziger Gewandhaus unter Leitung von Gewandhaus-Kapellmeister Kurt Masur.

22.10. Gründung der Gruppe „Vereinigte Linke" in Böhlen mit Teilnehmern der Berliner „Umweltbibliothek", der

„16.12.1989. Der außerordentliche Parteitag der SED hat in der Dynamohalle seine am vergangenen Wochenende unterbrochene Beratung fortgesetzt. Im Auditorium als Gast auch der wieder eingebürgerte Philosoph Rudolf Baro." (Originalunterschrift)

„Vereinigung Kirche von unten" und des Friedrichsfelder Friedenskreises.

23.10. Demonstrationen mit insgesamt mehr als 500.000 Menschen in zahlreichen Städten der DDR, darunter 300.000 in Leipzig.

24.10. Wahl von Egon Krenz (SED) zum Vorsitzenden des Staatsrats und des Nationalen Verteidigungsrats durch die Volkskammer, jeweils mit etlichen Gegenstimmen und Stimmenthaltungen.

27.10. Amnestie für alle Bürger, die geflüchtet sind, bei Fluchtversuchen gefasst wurden oder bei Demonstrationen „Straftaten gegen die staatliche oder öffentliche Ordnung" begangen haben sollen.

28.10. Lesung im Deutschen Theater in Berlin aus den Erinnerungen von Walter Janka.

30.10. Demonstration in Leipzig mit mehr als 200.000 Menschen, die „Aktuelle Kamera" berichtet erstmals in einer Live-Schaltung. Weitere Demonstrationen u. a. in Schwerin (40.000 Teilnehmer), Halle (50.000), Cottbus (20.000), Karl-Marx-Stadt (20.000) und Pößneck (5000).

30.10. Umwandlung der Vereinigung „Demokratischer Aufbruch" in eine Partei und Wahl des Rostocker Rechtsanwalts Wolfgang Schnur zum Vorsitzenden.

„7.1.89: 30 Jahre Sandmännchen. Natürlich wird der Liebling der Kinder niemals älter – nur seine Umgebung ist mit den Jahren immer moderner geworden. Die kleine Puppe, die Kinder allabendlich an das Schlafengehen erinnert, wurde von Gerhard Behrendt geschaffen. Pro Jahr laufen durchschnittlich 120 verschiedene Rahmenhandlungen im Abendgruß, hergestellt im Trickfilmstudio des DDR-Fernsehens. Allein 224 Fahrzeuge erfanden und bauten die fleißigen Filmleute für die Hauptperson. Insgesamt sagte der Sandmann den Kindern 18.600 Mal 'Gute Nacht'. Den Sand streut er jedoch erst seit 1964." (Originalunterschrift).

1990

2.1. Die Dresdner Bank eröffnet als erstes bundesdeutsches Kreditinstitut eine Zweigstelle in der DDR, der Filiale in Dresden folgen schnell weitere in Berlin und Leipzig.

3.1. Demonstration der SED-PDS in Berlin mit 250.000 Teilnehmern gegen Neofaschismus und Antisowjetismus.

8.1. Erste Leipziger Montagsdemonstration im neuen Jahr mit der beherrschenden Forderung nach „Deutschland, einig Vaterland".

15.1. Nach anfänglicher Weigerung erscheint Ministerpräsident Hans Modrow vor dem „Runden Tisch" und bietet der Opposition eine Regierungsmitarbeit an.

15.1. Besetzung der Zentrale des ehemaligen Ministeriums für Staatssicherheit in der Normannenstraße in Berlin durch die Teilnehmer einer Demonstration des „Neuen Forum".

22.-24.1. Besuch des britischen Außenministers Douglas Hurd in der DDR, der die Vorbehalte Großbritanniens gegen eine deutsche Vereinigung zum Ausdruck bringt und auf einer Mitgliedschaft des vereinten Deutschland in der NATO besteht.

27.-28.1. Konferenz des „Neuen Forums" in Berlin, Verabschiedung von Programm und Statut; Beschluss, eine Bürgerbewegung zu bleiben und sich nicht in eine Partei umzuwandeln.

28.1. Einigung von Ministerpräsident Hans Modrow und dem „Runden Tisch" auf eine Vorverlegung der Volkskammerwahlen vom Mai auf den 18. März.

30.1. Arbeitstreffen zwischen Ministerpräsident Hans Modrow und Michail Gorbatschow in Moskau. Erklärung von Gorbatschow, er habe „prinzipiell" nichts gegen die Vereinigung beider deutscher Staaten einzuwenden.

31.1.-1.2. Konstituierung des FDGB als unabhängiger Dachverband von 16 eigenständigen Mitgliedsgewerkschaften.

4.2. Streichung des Bestandteils „SED" aus dem Namen der SED-PDS, die Partei heißt fortan nur noch PDS. Beschluss zur Abführung von mehr als 3 Milliarden Mark aus nicht verbrauchten Gewinnen der Parteibetriebe der SED an den Staatshaushalt.

5.2. Wahl von acht Kandidaten der Oppositionsgruppen zu Ministern ohne Geschäftsbereich durch die Volkskammer, darunter Rainer Eppelmann, Sebastian Pflugbeil, Gerd Poppe und Wolfgang Ullmann, und Umbildung der Regierung zu einer „Regierung der nationalen Verantwortung".

7.2. Bildung der gemeinsamen Wahlplattform „Bündnis 90" durch das „Neue

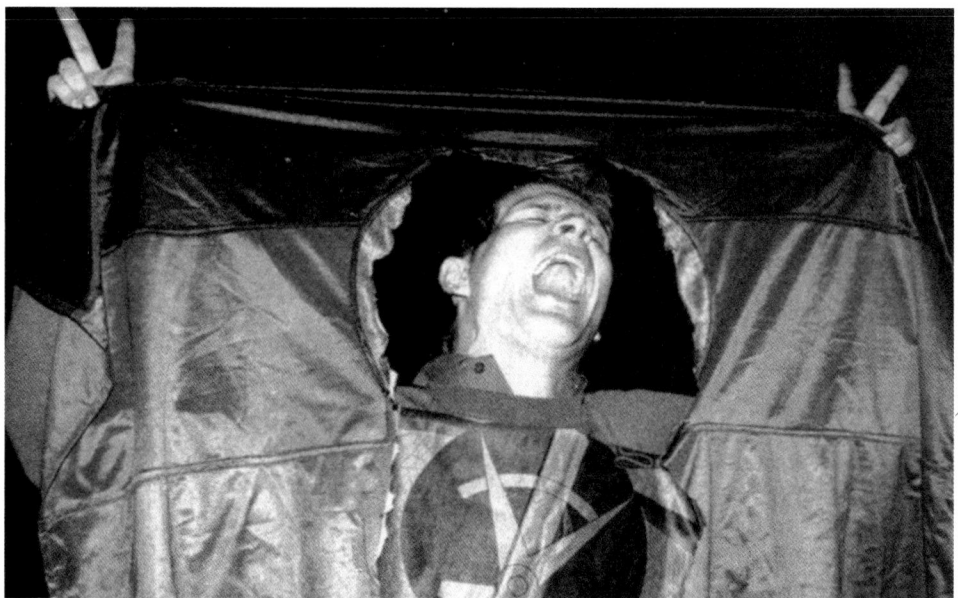

Forum", „Demokratie Jetzt" und die „Initiative Frieden und Menschenrechte".

8.2. Bildung des Komitees zur Auflösung des ehemaligen Ministeriums für Staatssicherheit / Amt für Nationale Sicherheit durch den Ministerrat der DDR.

11.-12.2. Verhandlungen zwischen Bundeskanzler Helmut Kohl und Bundesaußenminister Hans-Dietrich Genscher mit Michail Gorbatschow und dem sowjetischen Außenminister Eduard Schewardnadse in Moskau. Die sowjetische Seite erklärt, Zeitpunkt und Weg der deutschen Vereinigung seien Angelegenheit der Deutschen.

19.2. Beginn des Abrisses der Mauer im Zentrum von Berlin.

Stricknadel zur Nähnadel: „Du, soll ich dir mal'n politischen Witz erzählen?" „Pssst! Da kommt'ne Sicherheitsnadel!"

20.2. Verabschiedung des Wahlgesetzes für die bevorstehenden Neuwahlen zur Volkskammer.

21.2. Die Volkskammer beschließt das Parteiengesetz, das ab 1. Januar 1991 die Annahme „ausländischer" Unterstützung verbietet, und das Versammlungsgesetz.

22.-25.2. Erster ordentlicher Parteitag der SPD der DDR in Leipzig, Wahl des

„2.10.1990. Ekstatische Freude eines jungen Ostberliners während der nacht zur deutschen Einheit. Das DDR-Staatswappen hat er aus der Fahne herausgerissen." (Originalunterschrift)

bisherigen Geschäftsführers Ibrahim Böhme zum Vorsitzenden. Forderung nach Einsetzung eines „Rates der Deutschen Einheit", der ab Frühjahr auf der Basis des Grundgesetzes eine neue, gesamtdeutsche Verfassung ausarbeiten soll.

1.3. Vorstellung des Wahlaufrufs der „Allianz für Deutschland", die durch CDU, DSU und DA gebildet wird, unter dem Leitsatz „Freiheit und Wohlstand – Nie wieder Sozialismus" mit der Forderung nach baldiger Vereinigung auf der

1989

tandacht von der Polizei eingekesselt und zusammengeprügelt.

9.10. Demonstration in Leipzig mit etwa 70.000 Teilnehmern. Aufruf der „Leipziger Sechs", der drei Sekretäre der SED-Bezirksleitung Kurt Meier, Jochen Pommert und Roland Wötzel, des Gewandhaus-Kapellmeisters Kurt Masur, des Pfarrers Peter Zimmermann und des Kabarettisten Bernd Lutz Lange, zu Gewaltfreiheit und zur Herstellung eines Dialogs. Die Demonstration wird nicht, wie von vielen befürchtet, mit militärischer Gewalt niedergeschlagen. Point of no return.

15.10. Benefizkonzert zahlreicher Musiker und Künstler in der Erlöserkirche in Berlin für die Opfer der Polizeiübergriffe. Aufruf zur Demonstration am 4. November in Berlin. Der Schriftsteller Christoph Hein fordert die Einsetzung eines Untersuchungsausschusses für die Exzesse der Sicherheitskräfte am 7. Oktober.

16.10. Demonstration in Leipzig mit etwa 120.000 Teilnehmern unter der Hauptlosung „Wir sind das Volk". Weitere Demonstrationen in Berlin, Dresden, Halle, Magdeburg und Plauen.

18.10. Tagung des Zentralkomitees des SED und Abwahl von Erich Honecker als Generalsekretär, der auch von seinen Ämtern als Vorsitzender des Staatsrats und des Nationalen Verteidigungsrats zurücktritt. Abwahl von Günter Mittag und Joachim Herrmann, der für Wirtschaft bzw. Agitation und Propaganda verantwortlichen Politbüromitglieder.

Wahl von Egon Krenz zum Generalsekretär des ZK der SED.

20.10. Margot Honecker, Ministerin für Volksbildung, tritt zurück.

22.10. Erste öffentliche Diskussion zwischen Funktionären, Theologen und Bürgern im Leipziger Gewandhaus unter Leitung von Gewandhaus-Kapellmeister Kurt Masur.

22.10. Gründung der Gruppe „Vereinigte Linke" in Böhlen mit Teilnehmern der Berliner „Umweltbibliothek", der

„16.12.1989. Der außerordentliche Parteitag der SED hat in der Dynamohalle seine am vergangenen Wochenende unterbrochene Beratung fortgesetzt. Im Auditorium als Gast auch der wieder eingebürgerte Philosoph Rudolf Baro." (Originalunterschrift)

„Vereinigung Kirche von unten" und des Friedrichsfelder Friedenskreises.

23.10. Demonstrationen mit insgesamt mehr als 500.000 Menschen in zahlreichen Städten der DDR, darunter 300.000 in Leipzig.

24.10. Wahl von Egon Krenz (SED) zum Vorsitzenden des Staatsrats und des Nationalen Verteidigungsrats durch die Volkskammer, jeweils mit etlichen Gegenstimmen und Stimmenthaltungen.

27.10. Amnestie für alle Bürger, die geflüchtet sind, bei Fluchtversuchen gefasst wurden oder bei Demonstrationen „Straftaten gegen die staatliche oder öffentliche Ordnung" begangen haben sollen.

28.10. Lesung im Deutschen Theater in Berlin aus den Erinnerungen von Walter Janka.

30.10. Demonstration in Leipzig mit mehr als 200.000 Menschen, die „Aktuelle Kamera" berichtet erstmals in einer Live-Schaltung. Weitere Demonstrationen u. a. in Schwerin (40.000 Teilnehmer), Halle (50.000), Cottbus (20.000), Karl-Marx-Stadt (20.000) und Pößneck (5000).

30.10. Umwandlung der Vereinigung „Demokratischer Aufbruch" in eine Partei und Wahl des Rostocker Rechtsanwalts Wolfgang Schnur zum Vorsitzenden.

„7.1.89: 30 Jahre Sandmännchen. Natürlich wird der Liebling der Kinder niemals älter – nur seine Umgebung ist mit den Jahren immer moderner geworden. Die kleine Puppe, die Kinder allabendlich an das Schlafengehen erinnert, wurde von Gerhard Behrendt geschaffen. Pro Jahr laufen durchschnittlich 120 verschiedene Rahmenhandlungen im Abendgruß, hergestellt im Trickfilmstudio des DDR-Fernsehens. Allein 224 Fahrzeuge erfanden und bauten die fleißigen Filmleute für die Hauptperson. Insgesamt sagte der Sandmann den Kindern 18.600 Mal 'Gute Nacht'. Den Sand streut er jedoch erst seit 1964." (Originalunterschrift).

1989

31.10. – 1.11. Besuch von Egon Krenz in Moskau und Gespräche mit Michail Gorbatschow. Beide erklären übereinstimmend, das Thema der deutschen Wiedervereinigung stehe „nicht auf der Tagesordnung".

1.11. Wiedereinführung des pass- und visafreien Reiseverkehrs mit der CSSR.

2.11. Rücktritt von Harry Tisch als Vorsitzender des FDGB, Wahl von Annelis Kümmel, bislang Vorsitzende des FDGB-Bezirksvorstands Berlin, zu seiner Nachfolgerin. Rücktritte von Gerald Götting, Vorsitzender der CDU, und Heinrich Homann, Vorsitzender der NDPD, von ihren Ämtern.

2.11. Beschluss eines „Aktionsprogramms" durch das Politbüro der SED, u. a. zur Schaffung eines Verfassungsgerichtes und zur Einführung eines zivilen Wehrersatzdienstes.

3.11. Egon Krenz kündigt in einer Fernsehansprache den Rücktritt der SED-Politbüromitglieder Hermann Axen, Kurt Hager, Erich Mielke, Erich Mückenberger und Alfred Neumann an.

4.11. Demonstration in Berlin mit annähernd einer Million Teilnehmern, 26 Redner fordern wirkliche Reformen in der DDR.

6.11. Veröffentlichung des Entwurfs eines Reisegesetzes, der umgehend auf scharfe Kritik in der Bevölkerung stößt.

6.11. Demonstration in Leipzig mit etwa 500.000 Teilnehmern.

7.11. Rücktritt des gesamten Ministerrats unter Willi Stoph.

7.11. Demonstration von mehreren tausend Menschen vor dem Gebäude des ZK der SED.

8.11. Rücktritt des gesamten Politbüros der SED und Neuwahl. Demonstration von SED-Mitgliedern vor dem Gebäude des ZK der SED unter dem Motto „Wir sind die Partei", die dem jetzigen ZK die Legitimation bestreiten, ein neues Politbüro zu wählen. Egon Krenz verspricht den Demonstranten die Abhaltung „freier, allgemeiner, demokratischer und geheimer Wahlen".

8.11. Die Schriftstellerin Christa Wolf verliest in der „Aktuellen Kamera" einen Appell an die Bürger der DDR, im Land zu bleiben. Die Ausreisewelle hält an, täglich verlassen etwa 10.000 Menschen das Land.

9.11. Auf einer vom Fernsehen übertragenen Pressekonferenz teilt Günter Schabowski beiläufig mit, dass der Ministerrat eine neue Reiseregelung beschlossen habe, die kurzfristige Visaerteilung ohne Voraussetzungen vorsehen. Unübersehbare Menschenmassen strömen in Berlin und an anderen Grenzorten zur Mauer und werden von den völlig überraschten Grenzposten durchgelassen. „Die Mauer ist weg."

10.11. Friedrich Dickel, amtierender Innenminister der DDR, bestätigt, dass die neue Reiseregelung dauerhaft sei. Es werden erste provisorische Grenzübergänge geschaffen.

10.11. Demonstration der Basis der SED im Berliner Lustgarten, scharfe Kritik an der bisherigen Politik und Struktur der Partei, Forderung nach Einberufung eines Sonderparteitags.

10.11. Bundeskanzler Helmut Kohl unterbricht seine Reise nach Polen und nimmt an einer Kundgebung vor dem Rathaus Schöneberg in West-Berlin teil, wo er eine Unterstützung der Reformpolitik in der DDR zusagt. Willy Brandt (SPD) sagt auf der Kundgebung: „Wir sind jetzt in der Situation, wo wieder zusammenwächst, was zusammengehört."

12.11. Protestversammlung von 6000 SED-Mitgliedern in Leipzig mit scharfer

„15. 4. 1989. Mit dem Gruß der Thälmannschen Garde: ‚Rote Front' ehrten der Generalsekretär des ZK der SED und Vorsitzende des Staatsrates der DDR, Erich Honecker, sowie weitere Mitglieder der Partei- und Staatsführung und Ehrengäste des In- und Auslandes den deutschen Arbeiterführer." (Originalunterschrift).

Kritik an der bisherigen Politik und Struktur der Partei.

12.11. Wahl von Lothar de Maizière zum neuen Vorsitzenden der CDU.

12.11. Heinz Keßler, amtierender Verteidigungsminister, gibt die Aufhebung des Schießbefehls an der Grenze bekannt.

13.11. Aufhebung aller Sperrgebiete an Mauer und Grenze und Gewährung eines freien Zugangs zu allen im Grenzgebiet liegenden Orten und Gebäuden.

13.11. Wahl von Günther Maleuda (DBD) mit knapper Mehrheit zum Präsidenten der Volkskammer. Wahl von Hans Modrow, Erster Sekretär der SED-Bezirksleitung Dresden, zum Vorsitzenden des Ministerrats mit einer Gegenstimme. Erstmals wird das geheimgehaltene Ausmaß der Staatsverschuldung der DDR in Höhe von etwa 10 Milliarden US-Dollar bekannt.

13.11. Demonstration von knapp 300.000 Menschen in Leipzig, Forderung nach freien Wahlen. Sprecher des „Neuen Forum" warnen vor einem Ausverkauf des Landes.

1989

17.11. Wahl eines neuen Ministerrats durch die Volkskammer. Regierungserklärung von Hans Modrow mit der Absichtsbekundung, den eingeleiteten Reform-Prozess unumkehrbar zu machen und die „Verantwortungsgemeinschaft beider deutscher Staaten durch eine Vertragsgemeinschaft zu untersetzen".

18.11. Umbenennung des Ministeriums für Staatssicherheit in „Amt für Nationale Sicherheit".

26.11. Aufruf „Für unser Land", unterzeichnet von Christa Wolf, Friedrich Schorlemmer, Günter Krusche, Volker Braun, Stefan Heym und anderen, mit der Forderung nach einer „Eigenständigkeit der DDR" statt eines Ausverkaufs „unserer materiellen und moralischen Werte".

28.11. Bundeskanzler Helmut Kohl legt im Deutschen Bundestag einen Zehn-Punkte-Plan zur Erlangung der deutschen Einheit vor.

1.12. Streichung des Führungsanspruchs der SED aus Artikel 1 der Verfassung der DDR auf Antrag aller zehn Fraktionen der Volkskammer ohne Gegenstimme.

1.12. Erster Auftritt von Wolf Biermann in der DDR seit seiner Ausbürgerung 1976 vor 6000 Zuhörern in Leipzig.

„8. 11. 1989. Premier Modrow: Der Arbeitstag beginnt für Hans Modrow täglich um 7.30 Uhr mit einer Frühbesprechung mit dem Leiter des Sekretariats des Vorsitzenden des Ministerrates. Gemeinsam wird die Post durchgegangen, und die Einzelheiten für die Bearbeitung werden festgelegt. Der jeweils für die Woche vorbereitete Arbeitsplan wird konkretisiert." (Originalunterschrift).

3.12. Ausschluss von Erich Honecker, Willi Stoph, Horst Sindermann, Erich Mielke, Harry Tisch, Günter Mittag, Alexander Schalck-Golodkowski und anderen aus der SED wegen „schwerer Verstöße gegen das Statut". Geschlossener Rücktritt des Politbüros und des ZK der SED. Einsetzung eines Arbeitsausschusses unter der Leitung von Gregor Gysi und Wolfgang Berghofer zur Vorbereitung des Außerordentlichen Parteitags der SED.

3.12. Menschenkette durch nahezu die gesamte DDR von Kap Arkona bis zum Fichtelberg.

4.12. Besetzung der Zentrale des ehemaligen Ministeriums für Staatssicherheit in Erfurt durch das zuvor gebildete Bürgerkomitee zur Kontrolle des Amts für Nationale Sicherheit. Weitere Besetzungen folgen in allen Bezirks- und vielen Kreisstädten.

6.12. Rücktritt von Egon Krenz als Vorsitzender des Staatsrats und des Nationalen Verteidigungsrats nach massiver Kritik von Opposition, Blockparteien und SED-Parteibasis. Ernennung von Manfred Gerlach (LDPD) zum amtierenden Staatsoberhaupt durch den Staatsrat

7.12. Erstes Zusammentreffen von Vertretern der SED, NEDPD, CDU, LDPD und DBD mit Vertretern von sieben Oppositionsgruppen am „runden Tisch": „Neues Forum", „Demokratie Jetzt", „Demokratischer Aufbruch", „Grüne", „Initiative Frieden und Menschenrechte", SDP, „Vereinigte Linke" sowie (als Beobachter) „Unabhängiger Frauenverband" und FDGB. Forderung nach einer Auflösung des Amtes für Nationale Sicherheit unter ziviler Kontrolle.

Die DDR-Regierung lässt die Einstellung ihrer Bevölkerung zu Partei und Staat durch eine Meinungsumfrage prüfen. Auf die Frage „Wie stehen Sie zum real existierenden Sozialismus in der DDR?" schreibt ein Mann: „Wie zu meiner Frau!" Er wird zur Stasi bestellt, die von ihm wissen will, wie er das wohl gemeint habe. „Ganz einfach, Genossen, ich bin jetzt fast 40 Jahre verheiratet, und da hat man sich an vieles gewöhnt. Aber Spaß macht es schon lange nicht mehr."

8.12. Sonderparteitag der SED. Entschuldigung beim Volk, dass die ehemalige Führung der SED das Land in eine existenzgefährdende Krise geführt hat. Wahl des Rechtsanwalts Gregor Gysi zum Vorsitzenden der SED und von Hans Modrow und Wolfgang Berghofer zu seinen Stellvertretern.

16.-17.12. Fortsetzung des Sonderparteitags des SED. Umbenennung der Partei in SED-PDS (Sozialistische Einheitspartei Deutschlands – Partei des Demokratischen Sozialismus). Erich Honecker übernimmt in einem Schreiben an den Parteitag die volle Verantwortung für die entstandene Lage und räumt Fehlentscheidungen ein.

18.-19.12. Zweite Tagung des „runden Tisches". Das „Neue Forum" spricht der Regierung Modrow die Legitimation ab und bezeichnet sie als Übergangsregierung, weshalb dem „runden Tisch" ein Vetorecht zukommen müsse.

19.-20.12. Besuch von Bundeskanzler Helmut Kohl in der DDR. Vereinbarung zahlreicher praktischer Schritte mit Ministerpräsident Hans Modrow in Dresden. Modrow lehnt Kohls Zehn-Punkte-Plan zur Erlangung der deutschen Einheit ab.

20.-22.12. Demonstrativer Besuch des französischen Staatspräsidenten François Mitterand in der DDR, der sich nachdrücklich für den Fortbestand der DDR erklärt.

22.12. Eröffnung zweier Fußgängerübergänge am Brandenburger Tor in Berlin durch Ministerpräsident Hans Modrow und Bundeskanzler Helmut Kohl.

1990

2.1. Die Dresdner Bank eröffnet als erstes bundesdeutsches Kreditinstitut eine Zweigstelle in der DDR, der Filiale in Dresden folgen schnell weitere in Berlin und Leipzig.

3.1. Demonstration der SED-PDS in Berlin mit 250.000 Teilnehmern gegen Neofaschismus und Antisowjetismus.

8.1. Erste Leipziger Montagsdemonstration im neuen Jahr mit der beherrschenden Forderung nach „Deutschland, einig Vaterland".

15.1. Nach anfänglicher Weigerung erscheint Ministerpräsident Hans Modrow vor dem „Runden Tisch" und bietet der Opposition eine Regierungsmitarbeit an.

15.1. Besetzung der Zentrale des ehemaligen Ministeriums für Staatssicherheit in der Normannenstraße in Berlin durch die Teilnehmer einer Demonstration des „Neuen Forum".

22.-24.1. Besuch des britischen Außenministers Douglas Hurd in der DDR, der die Vorbehalte Großbritanniens gegen eine deutsche Vereinigung zum Ausdruck bringt und auf einer Mitgliedschaft des vereinten Deutschland in der NATO besteht.

27.-28.1. Konferenz des „Neuen Forums" in Berlin, Verabschiedung von Programm und Statut; Beschluss, eine Bürgerbewegung zu bleiben und sich nicht in eine Partei umzuwandeln.

28.1. Einigung von Ministerpräsident Hans Modrow und dem „Runden Tisch" auf eine Vorverlegung der Volkskammerwahlen vom Mai auf den 18. März.

30.1. Arbeitstreffen zwischen Ministerpräsident Hans Modrow und Michail Gorbatschow in Moskau. Erklärung von Gorbatschow, er habe „prinzipiell" nichts gegen die Vereinigung beider deutscher Staaten einzuwenden.

31.1.-1.2. Konstituierung des FDGB als unabhängiger Dachverband von 16 eigenständigen Mitgliedsgewerkschaften.

4.2. Streichung des Bestandteils „SED" aus dem Namen der SED-PDS, die Partei heißt fortan nur noch PDS. Beschluss zur Abführung von mehr als 3 Milliarden Mark aus nicht verbrauchten Gewinnen der Parteibetriebe der SED an den Staatshaushalt.

5.2. Wahl von acht Kandidaten der Oppositionsgruppen zu Ministern ohne Geschäftsbereich durch die Volkskammer, darunter Rainer Eppelmann, Sebastian Pflugbeil, Gerd Poppe und Wolfgang Ullmann, und Umbildung der Regierung zu einer „Regierung der nationalen Verantwortung".

7.2. Bildung der gemeinsamen Wahlplattform „Bündnis 90" durch das „Neue Forum", „Demokratie Jetzt" und die „Initiative Frieden und Menschenrechte".

8.2. Bildung des Komitees zur Auflösung des ehemaligen Ministeriums für Staatssicherheit / Amt für Nationale Sicherheit durch den Ministerrat der DDR.

11.-12.2. Verhandlungen zwischen Bundeskanzler Helmut Kohl und Bundesaußenminister Hans-Dietrich Genscher mit Michail Gorbatschow und dem sowjetischen Außenminister Eduard Schewardnadse in Moskau. Die sowjetische Seite erklärt, Zeitpunkt und Weg der deutschen Vereinigung seien Angelegenheit der Deutschen.

19.2. Beginn des Abrisses der Mauer im Zentrum von Berlin.

Stricknadel zur Nähnadel: „Du, soll ich dir mal'n politischen Witz erzählen?" „Pssst! Da kommt'ne Sicherheitsnadel!"

20.2. Verabschiedung des Wahlgesetzes für die bevorstehenden Neuwahlen zur Volkskammer.

21.2. Die Volkskammer beschließt das Parteiengesetz, das ab 1. Januar 1991 die Annahme „ausländischer" Unterstützung verbietet, und das Versammlungsgesetz.

22.-25.2. Erster ordentlicher Parteitag der SPD der DDR in Leipzig, Wahl des

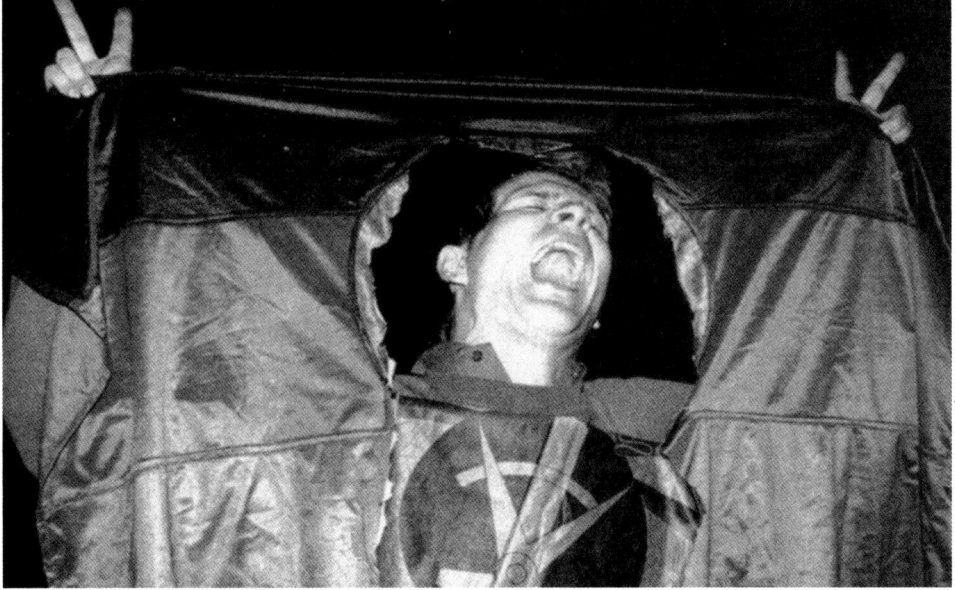

„2.10.1990. Ekstatische Freude eines jungen Ostberliners während der nacht zur deutschen Einheit. Das DDR-Staatswappen hat er aus der Fahne herausgerissen." (Originalunterschrift)

bisherigen Geschäftsführers Ibrahim Böhme zum Vorsitzenden. Forderung nach Einsetzung eines „Rates der Deutschen Einheit", der ab Frühjahr auf der Basis des Grundgesetzes eine neue, gesamtdeutsche Verfassung ausarbeiten soll.

1.3. Vorstellung des Wahlaufrufs der „Allianz für Deutschland", die durch CDU, DSU und DA gebildet wird, unter dem Leitsatz „Freiheit und Wohlstand – Nie wieder Sozialismus" mit der Forderung nach baldiger Vereinigung auf der

1990

Grundlage von Artikel 23 des Grundgesetzes der Bundesrepublik (Beitritt).

5.-6.3. Arbeitstreffen von Ministerpräsident Hans Modrow und Michail Gorbatschow in Moskau. Gorbatschow lehnt den Beitritt der DDR zur Bundesrepublik und eine NATO-Mitgliedschaft des vereinten Deutschland ab und fordert eine Vereinigung in Etappen.

6.-7.3. Letzte Tagung der Volkskammer vor den Neuwahlen. Billigung einer umfassenden Sozialcharta, die den Währungs- und Wirtschafts- um einen Sozialverbund erweitern soll; erhalten bleiben sollen u. a. das Recht auf Arbeit, das Recht auf Wohnen und die Gleichstellung von Mann und Frau. Zustimmung zu einer Verordnung der Regierung der DDR über die Bildung einer „Treuhandgesellschaft" zum Schutz und zur Verwaltung des „Volksvermögens" der DDR.

18.3. Volkskammerwahlen mit einer Wahlbeteiligung von 93,39 %. Sieg der konservativen „Allianz für Deutschland" mit 47,8 % (CDU 40,6 %, DSU 6,3 %, DA 0,9 %). Der erwartete Wahlsieger SPD erhält nur 21,8 %, die PDS kommt auf 16,3 %, der aus der „Deutschen Forumspartei", der „Liberaldemokratischen Partei" und der „Freien Demokratischen Partei" gebildete „Bund Freier Demokraten" erzielt 5,3 %. Die im „Bündnis 90" vereinten Bürgerbewegungen „Neues Forum", „Demokratie Jetzt" und „Initiative Frieden und Menschenrechte" landen abgeschlagen bei 2,9 %. Weiterhin sind in der neuen Volkskammer der DBD (2,2 %), die NDPD (0,4 %) sowie „Die Grünen" und der „Unabhängige Frauenverband" (gemeinsam 2,0 %) mit Abgeordneten vertreten.

5.4. Konstituierende Sitzung der Volkskammer, Wahl von Sabine Bergmann-Pohl (CDU) zur Präsidentin.

5.4. Demonstration von etwa 100.000 Menschen in Berlin, Dresden und Leipzig gegen eine Währungsumstellung der Mark der DDR auf D-Mark im Verhältnis 2:1.

10.4. Sabine Bergmann-Pohl (CDU), Vorsitzende der Volkskammer, übernimmt die Amtsgeschäfte des Staatsratsvorsitzenden und ist damit amtierendes Staatsoberhaupt der DDR.

12.4. Annahme einer Erklärung aller Fraktionen der Volkskammer (ohne Gegenstimmen bei 21 Enthaltungen) mit einem Bekenntnis zur Verantwortung der Deutschen in der DDR für ihre Geschichte und Zukunft, mit einer Entschuldigung für den Holocaust und einem Bekenntnis zur Mitschuld der DDR an der Niederschlagung des Prager Frühlings 1968. Wahl von Lothar de Maizière (CDU) zum Ministerpräsidenten der DDR, der in den folgenden Tagen ein Kabinett der Großen Koalition mit 23 Ministern von CDU, DSU, DA, SPD, Liberalen und Parteilosen bildet.

19.4. Regierungserklärung von Ministerpräsident Lothar de Maizière mit einem Bekenntnis zur Wirtschafts-,

„23.10.1990. Bild der Vergänglichkeit"
(Originalunterschrift)

Währungs- und Sozialunion im Sommer und zur Herstellung der deutschen Einheit auf dem Weg des Artikels 23 (Beitritt) des Grundgesetzes der Bundesrepublik.

24.4. Ministerpräsident Lothar de Maizière und Bundeskanzler Helmut Kohl geben in Bonn den Termin des 1. Juli 1990 zur Herstellung einer Wirtschafts-, Währungs- und Sozialunion zwischen der DDR und der Bundesrepublik bekannt.

28.4. Sondergipfel der Staats- und Regierungschefs der Europäischen

1990

Gemeinschaft in Dublin, Einigung auf Richtlinien zur Eingliederung der DDR in die EG.

5.5. Erste Runde der „2+4"-Konferenz über die äußeren Fragen der deutschen Vereinigung in Bonn mit den Außenministern der DDR, Markus Meckel, der Bundesrepublik, Hans-Dietrich Genscher und den Außenministern der vier Siegermächte des Zweiten Weltkriegs. Die Sowjetunion lehnt die NATO-Mitgliedschaft der vereinten Deutschland ab.

16.5. Gemeinsamer Auftritt von Ministerpräsident Lothar de Maizière und Bundeskanzler Helmut Kohl vor dem Europäischen Parlament in Strasbourg.

18.5. Unterzeichnung des Staatsvertrags zur Währungs-, Wirtschafts- und Sozialunion zwischen der DDR und der Bundesrepublik durch die Finanzminister Walter Romberg (DDR) und Theo Waigel (BRD) mit der Festlegung der Umstellung der Löhne, Gehälter, Stipendien, Renten, Mieten und Pachten im Verhältnis 1:1, der Forderungen und Verbindlichkeiten im Verhältnis 2:1, außerdem Einführung von Renten-, Kranken-, Unfall- und Arbeitslosenversicherungen sowie Arbeitsförderungsmaßnahmen nach westlichem Vorbild, jeweils zum 1. Juli.

7.6. Einsetzung eines parlamentarischen Sonderausschusses durch die Volkskammer zur Kontrolle der Auflösung des Ministeriums für Staatssicherheit / Amt für Nationale Sicherheit unter dem Vorsitz des Rostocker Pfarrers Joachim Gauck (Bündnis 90).

7.6. Treffen der Regierungschefs der Mitgliedsstaaten des Warschauer Vertrags in Moskau. Präsident Michail Gorbatschow lehnt die ungarische Forderung nach sofortiger Auflösung des Bündnisses ab. Ministerpräsident Lothar de Maizière spricht sich für die Schaffung einer europäischen Sicherheitsunion aus.

9.-10.6. Sonderparteitag der SPD der DDR in Halle, Wahl von Wolfgang Thierse zum neuen Vorsitzenden.

9.-12.6. Besuch von Ministerpräsident Lothar de Maizière in den USA.

16.6. Erklärung der Bundesregierung und des Ministerrats der DDR über die Rückgabe des in der DDR enteigneten Grundvermögens an die Eigentümer oder deren Erben mit Ausnahme der Enteignungen durch Besatzungsrecht zwischen 1945 und 1949.

17.6. Gemeinsame Feier der Volkskammer und des Bundestages im Ost-Berliner Schauspielhaus zum Gedenken an den Volksaufstand vom 17. Juni 1953.

17.6. Sondersitzung der Volkskammer, der Antrag des Abgeordneten Jürgen Schwarz (DSU) auf sofortigen Beitritt der DDR zur Bundesrepublik gemäß Artikel 23 des Grundgesetzes wird an die Ausschüsse verwiesen. Billigung des Treuhandgesetzes über die Umwandlung der Treuhandgesellschaft zur Treuhandanstalt beim Ministerrat zum 1. Juli mit der Aufgabe der Umwandlung der etwa 8000 Volkseigenen Betriebe und Kombinate in private Kapitalgesellschaften.

21.6. Billigung des Staatsvertrags zur Währungs-, Wirtschafts- und Sozialunion zwischen der DDR und der Bundesrepublik durch die Volkskammer und den Bundestag. Zugleich geben beide Parlamente mit überwältigender Mehrheit eine gleichlautende Erklärung zur polnischen Westgrenze ab, der zufolge das vereinte Deutschland mit Polen einen völkerrechtlichen Vertrag zur endgültigen Bestätigung der Oder-Neiße-Grenze schließen werde.

22.6. Zweites „2+4"-Treffen der sechs Außenminister der DDR, der BRD und der vier Siegermächte in Ost- Berlin.

22.6. Beschluss der Volkskammer über die Abschaffung des 7. Oktober (Gründung der DDR) als Feiertag.

1.7. Inkrafttreten des Staatsvertrags über die Währungs-, Wirtschafts- und Sozialunion. Die Deutsche Mark tritt an die Stelle der Mark der DDR.

1.7. Unterzeichnung eines Abkommens über den sofortigen Wegfall der Personenkontrollen an der innerdeutschen Grenze durch die Innenminister Wolfgang Schäuble (CDU) und Peter-Michael Diestel (CDU).

14.-16.7. Verhandlungen zwischen Bundeskanzler Helmut Kohl und Präsi-

„2. 10. 1990. Im Rahmen eines Festaktes der DDR-Regierung im Schauspielhaus zum Tag der Deutschen Einheit hielt Lothar de Maizière seine letzte Rede in seiner Funktion als Ministerpräsident der DDR." (Originalunterschrift)

Honecker sitzt beim Friseur. Ihm werden die Haare geschnitten. Der Friseur plaudert munter, jeder zweite Satz enthält das Wort „Perestroika". Irgendwann reicht es Honecker. Er verbiete dem Friseur, das Wort in den Mund zu nehmen. „Schade", sagt der, „immer, wenn ich Perestroika sage, stehen Ihnen so schöne die Haare zu Berge."

1990

dent Michail Gorbatschow in Moskau, Stawropol und im Erholungsort Archis im Kaukasus. Nach zahlreichen Zusagen Kohls stimmt Gorbatschow der deutschen Vereinigung zu.

22.7. Beschluss der Volkskammer über die Wiedereinführung der 1952 abgeschafften Länder und über die Abhaltung von Landtagswahlen am 14. Oktober. Die Bezirke Rostock, Schwerin und Neubrandenburg bilden das Land Mecklenburg-Vorpommern; die Bezirke Potsdam, Frankfurt/Oder und Cottbus das Land Brandenburg; die Bezirke Halle und Magdeburg das Land Sachsen-Anhalt; die Bezirke Erfurt, Suhl und Gera das Land Thüringen; die Bezirke Dresden, Leipzig und Chemnitz das Land Sachsen. Die Landeshauptstädte werden noch nicht bestimmt.

„4. 10. 1990. Während der ersten Sitzung des gesamtdeutschen Parlaments im Reichstag vereidigte Bundestagspräsidentin Rita Süßmuth (r.) den neuernannten Bundesminister für besondere Aufgaben, Ex-Premier und Vorsitzenden der CDU, Lothar de Maizière (m.), während seiner Vereidigung. Links: Bundeskanzler Helmut Kohl, 2. v. l.: Dr. Sabine Bergmann-Pohl." (Originalunterschrift)

2.8. Unterzeichnung des Wahlvertrags zu den Bundestagswahlen am 2. Dezember durch den bundesdeutschen Innenminister Wolfgang Schäuble (CDU) und den DDR-Staatssekretär Wolfgang Krause (CDU).

3.8. Vorschlag von Ministerpräsident Lothar de Maizière (nach Abstimmung mit Bundeskanzler Helmut Kohl) zur Vorverlegung der Bundestagswahlen vom 2. Dezember auf den 14. Oktober.

12.8. Vereinigung der FDP der Bundesrepublik mit den liberalen Parteien der DDR in Hannover, Wahl von Otto Graf Lambsdorf zum Parteivorsitzenden.

15.8. Demonstration von 250.000 Bauern in Ost-Berlin gegen den drohenden Zusammenbruch der DDR-Landwirtschaft und Forderung nach Sofortmaßnahmen der Regierungen der DDR und der BRD.

20.8. Nach der Entlassung von Finanzminister Walter Romberg (SPD) und dem Rücktritt weiterer Minister am 15. August treten sämtliche SPD-Minister aus der Regierung der DDR aus. Damit ist die Große Koalition über den Streit um Wahl- und Beitrittstermin zerbrochen.

22.8. Beschluss der Volkskammer über den 3. Oktober als endgültigen Termin des Beitritts der DDR zur Bundesrepublik gemäß Artikel 23 des Grundgesetzes.

24.8. Die Volkskammer beschließt ein Gesetz über die Aufbewahrung und Aufarbeitung der Akten des ehemaligen Ministeriums für Staatssicherheit.

31.8. Unterzeichnung des „Vertrags über die Herstellung der Einheit Deutschlands" durch den Bundesinnenminister Wolfgang Schäuble (CDU) und den DDR-Staatssekretär Günther Krause (CDU). Als Beitrittsgebiete werden die fünf neuen Länder bestimmt.

11.-12.9. Viertes und letztes Treffen der „2+4"-Verhandlungen in Moskau, Unterzeichnung des „Vertrags über die abschließende Regelung in bezug auf Deutschland" durch die sechs Außenminister: Deutschland erhält volle Souveränität und verzichtet auf jegliche Gebietsansprüche; Deutschland verzichtet auf Herstellung, Besitz und Verfügungsgewalt über atomare, biologische und chemische Waffen; Begrenzung der deutschen Streitkräfte auf 370.000 Soldaten; Abzug der sowjetischen Truppen aus Ostdeutschland bis 1994; Gesamtdeutschland darf der NATO angehören; die Vier Mächte verzichten auf ihre Rechte und Verantwortlichkeiten für Deutschland als Ganzes und Berlin.

14.9. Kongress des FDGB und Beschluss zur Selbstauflösung zum 30. September; bis zum Jahresende können alle Mitglieder einzeln oder korporativ den Beitritt zu den DGB-Gewerkschaften vollziehen.

20.9. Billigung des „Vertrags über die Herstellung der Einheit Deutschlands" durch die Volkskammer und den Bundestag auf ihren letzten ordentlichen Sitzungen.

27.-28.9. Vereinigung der beiden sozialdemokratischen Parteien zur SPD, Wahl von Oskar Lafontaine zum Kanzlerkandidaten für die bevorstehende Bundestagswahl.

1.-2.10. Beitritt der fünf ostdeutschen Landesverbände der CDU zu Gesamtpartei, Bestätigung von Bundeskanzler Helmut Kohl als Parteivorsitzender, Wahl von Ministerpräsident Lothar de Maizière zum alleinigen ersten Stellvertreter.

2.10. Beendigung der Tätigkeit der Interalliierten Kommandantur in Berlin.

2.10. Letzte Ansprache von Ministerpräsident Lothar de Maizière (CDU): Der Abschied der DDR aus der Staatengemeinschaft sei ein „Abschied ohne Tränen".

2.10. Um 24 Uhr endet die staatliche Existenz der DDR.

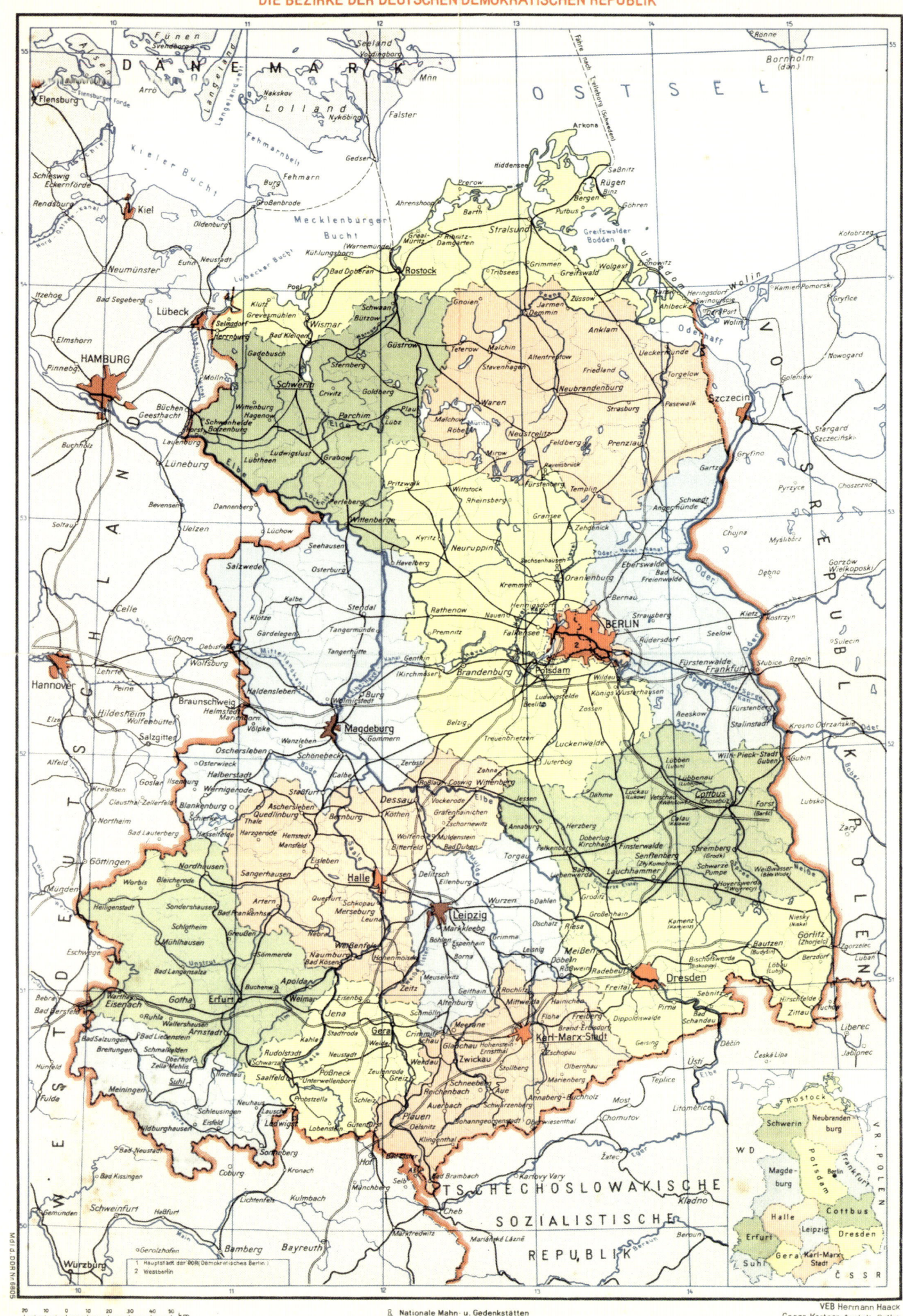

LEXIKON

Agitprop (Abk. für: Agitation und Propaganda). Nach der Definition Lenins wurde in der DDR zwischen Agitation und Propaganda unterschieden: „Ein Propagandist erklärt viele Ideen einer oder wenigen Personen; ein Agitator wirbt nur für eine oder wenige Ideen, aber er erklärt sie vor einer Volksmasse." Danach hatte Propaganda vor allem die Aufgabe der Schulung und der langfristigen Erziehung zum Sozialismus, während die Agitation der jeweils aktuellen Aufklärung im sozialistischen Sinn und der Beeinflussung der öffentlichen Meinung diente. Das Kürzel „Agitprop" bezeichnete die Mischung beider und ihre künstlerische Umsetzung vor allem im Agitprop-Theater, wie es z.B. Brecht oder Peter Weiss verwendeten.

Agrarpolitik. Entsprechend der sozialistischen Ideologie wurde in der DDR das Agrarsystem grundsätzlich geändert: Zunächst wurde mit der Parole „Junkerland in Bauernhand" der Großgrundbesitz und der Besitz von tatsächlichen oder angeblichen „Naziaktivisten und Kriegsverbrechern" enteignet. Dann folgte eine Welle der Kollektivierung, die zur Bildung Landwirtschaftlicher Produktionsgenossenschaften (LPG) oder Volkseigener Güter (VEG) führte. Man wollte der Produktivität durch Einführung industrieller Methoden in die Landwirtschaft steigern: Riesenflächen wurden zusammengelegt, Mastkombinate übernahmen die Fleischproduktion, Maschinen-Traktoren-Stationen erhöhten den Mechanisierungsgrad. Dennoch erreichte die DDR-Landwirtschaft nie „Westniveau", sondern richtete noch erheblich schwerere Umweltschäden an als die der Bundesrepublik. Hohe Kosten für Transportleistungen, personelle Übersetzung, Reibungsverluste der Planwirtschaft und Verschlechterung der Böden ließen zudem die Rentabilität immer weiter sinken.

1959 gestiftete „Medaille für ausgezeichnete Leistungen in landwirtschaftlichen Produktionsgenossenschaften".

Aktiv Im Selbstverständnis der DDR war das Aktiv eine „Organisationsform zur Einbeziehung der Werktätigen bei der Lösung gesellschaftlicher, wirtschaftlicher und kultureller Aufgaben". Es gab Partei-Aktive an der Basis, Gewerkschafts- oder Neuerer-Aktive in den Betrieben, und an den Schulen wirkten Eltern-Aktive mit. Ihre Mitglieder, die Aktivisten, wurden in Aktivistenschulen aus- oder weitergebildet. Besonders aktive Aktivisten in der Wirtschaft wurden als Vorbilder hingestellt, die Arbeitsnormen übererfüllt, betriebliche Verbesserungen angeregt oder Erfindungen gemacht hatten. Sie konnten sich mit Titeln schmücken wie „Held der Arbeit", „Aktivist des Siebenjahresplans" oder „Verdienter Aktivist".

1960 gestifteter Ehrentitel „Hervorragender Jungaktivist".

Allgemeiner Deutscher Nachrichtendienst. Der Allgemeine Deutschen Nachrichtendienst (ADN) war die staatliche Nachrichtenagentur der DDR, über deren Selbstverständnis und Funktion Honecker sagte: Der ADN sei „auf das engste mit der erfolgreichen Entwicklung unserer Deutschen Demokratischen Republik, mit dem Kampf für Sozialismus und Frieden verbunden". Im ADN-Statut von 1966 hieß es: Der ADN berichte „aktuell und parteilich" und trage damit zur „Entwicklung und Festigung des sozialistischen Bewusstseins" im Lande bei. Die etwa 1400 ADN-Mitarbeiter waren danach auch verpflichtet, sich „ständig für die Durchsetzung der Politik der Partei der Arbeiterklasse und des sozialistischen Staates einzusetzen". ADN verbreitete rund eine Million Wörter täglich, in fünfzig Tagesdiensten und Periodika, die zum Teil auch Fremdsprachen waren: nämlich Russisch, Englisch, Französisch, Spanisch, Portugiesisch und Arabisch. ADN-Journalisten waren in über 90 Ländern der Erde tätig und zusätzlich bei einer Reihe internationaler Organisationen akkreditiert. Daneben filterte der ADN rund sechzig ausländische Nachrichtenagenturen. Der ADN betrieb auch einen Photodienst namens „Zentralbild". Zunächst am 26. Oktober 1946 als GmbH gegründet, ging die Agentur 1953 in Staatseigentum über. Sie unterlag auch formell dem Weisungsrecht des DDR-Ministerratsvorsitzenden, ausgeübt durch das Regierungspresseamt.

Allianz für Deutschland. Am 5.2.1990 für die erste freie Wahl zur Volkskammer am 18.3.1990 geschlossenes Wahlbündnis der Christlich-Demokratische Union (CDU), der von der westdeutschen CSU unterstützten Deutschen Sozialen Union (DSU) und des Demokratischen Aufbruchs (DA), das sich für eine möglichst rasche Herstellung der deutschen Einheit und für die Wiederherstellung der alten Länder in der DDR einsetzte. Das Bündnis erhielt fast 48 % der abgegebenen Stimmen (CDU 40,8; DSU 6,3; DA 0,9 %) und bildete anschließend mit Liberalen (5,3 %) und SPD (21,9 %) eine Große Koalition. Mit der Vereinigung der beiden deutschen Staaten am 3.10.1990 löste sich die Allianz für Deutschland auf.

Anerkennung. Da die Bundesrepublik die völkerrechtliche Anerkennung der DDR durch die Hallstein-Doktrin zu einem unfreundlichen Akt erklärt hatte, versuchte die SED-Führung zunächst vergeblich, außerhalb des Ostblocks Anerkennung zu finden. Erste Einbrüche gelangen Ostberlin in den 1960er Jahren bei den blockfreien Staaten und mit wachsendem ökonomischen Gewicht auch bei anderen Staaten. Die sozialliberale Koalition unter Brandt gab daher den Widerstand auf und sprach von einer staatsrechtlichen, nicht aber von einer völkerrechtlichen Anerkennung der DDR, die für die Bundesrepublik nicht Ausland sein könne. Daher wurden nach dem Grundlagenvertrag 1973 auch nicht Botschafter, sondern sog. Ständige Vertreter zwischen den beiden deutschen Staaten ausgetauscht. Diese Defacto-Anerkennung ermöglichte ihre Aufnahme in die Vereinten Nationen.

Arbeiterfestspiele. Von 1959 bis 1972, seitdem alle zwei Jahre, hielt der FDGB-Gewerkschaftsbund jährlich in einem jeweils anderen DDR-Bezirk Arbeiterfestspiele ab. Dies waren der offiziellen Definition nach „Leistungsschauen des künstlerischen Volksschaffens", eine Art Volkskunst-Olympiade. Amateur-Ensembles aus Betrieben und gesellschaftlichen Organisationen kämpften dabei um Medaillen, nachdem sie sich vorher schon in Arbeiterfestivals ihrer Bezirke und Kreise hervorgetan hatten. Geboten wurden Theater, Musik, Tanz, Ausstellungen, Kabarett und Varieté. Die Arbeiterfestspiele, jeweils an drei Tagen, zogen in der Regel eine Million Besucher

159

LEXIKON

an. Ein gesamtgesellschaftliches Ereignis waren Arbeiterfestspiele jedesmal insofern, als in ihre Vorbereitung und Abwicklung alle Massenorganisationen der DDR einbezogen waren – von der Nationalen Front bis zur Volksarmee. Für die ausrichtenden Bezirke waren die Festspiele mit dem Vorteil verbunden, dass ihnen zur Verschönerung und zum Ausbau von Städten und Dörfern zusätzliche Baukapazität zugewiesen wurde. Die Bevölkerung war dann gehalten, in der Initiative „Schöner unsere Städte und Gemeinden, macht mit!" verstärkt mitzuarbeiten.

Arbeiter- und Bauern-Inspektion in der DDR (ABI). Zum 25-jährigen Bestehen dieser Einrichtung hatte 1988 das SED-Zentralkomitee noch einmal deren Hauptaufgabe beschrieben – nämlich die Wirtschaftsplanerfüllung durchzusetzen. Im Auftrag der Partei und der Regierung sieht die weitgefächerte und tiefgestaffelte „Volkskontrolle" ganz allgemein darauf, dass im DDR-Staat die SED-Beschlüsse befolgt, die Produktionspläne realisiert, Planung und Leitung vervollkommnet, Eingaben und Beschwerden aus der Bevölkerung verantwortet, Disziplin und Gesetz eingehalten, Bürokratismus und Verschwendung vermieden werde. Das besorgten die 283 000 ehrenamtlichen ABI-Mitarbeiter in Genossenschaften, Betrieben und Kombinaten, Ministerien und Verwaltungen. Die Volksvertretungen und Parteien, die Armee und Polizei, der Staatssicherheitsdienst und die sonstige Justiz sowie die gesellschaftlichen Organisationen durften sie allerdings nicht behelligen. Gegebenenfalls hatte die Arbeiter- und Bauern- Inspektion erhebliche Handlungs- und Weisungsrechte, Disziplinar- und Strafbefugnisse. Die sowjetischen Vorbildern nachorganisierte ABI war aber nicht die einzige Volkskontroll-Einrichtung ihrer Art; auch der FDGB-Gewerkschaftsbund, die FDJ-Jugend und die Nationale Front unterhielten ein vielfältiges Überwachungspersonal.

Arbeiter- und Bauernmacht. In den sozialistischen Staaten hatte angeblich das Proletariat die Macht übernommen, und es übte sie in einer Koalition von Bauern- und Arbeiterschaft aus. Die Erweiterung des Proletariatbegriffs um die Bauern ging zurück auf Lenin und die Revolution 1917 in Russland, das damals noch weitgehend agrarisch geprägt war. Obwohl das für die DDR kaum noch zutraf, bezeichnete sich der SED-Staat seit 1952 offiziell als „Arbeiter- und Bauernmacht". Zur Betonung des Siegs der Revolution erhielten auch einige Einrichtungen das proletarische Etikett: An den Hochschulen wurden seit 1949 Arbeiter-und-Bauern-Fakultäten (ABF) eingerichtet zur „Brechung des bürgerlichen Bildungsprivilegs" durch kostenlose Vorbereitung von Unterschichtkindern auf die Hochschulreife; die am 13.5.1963 berufene Kommission des ZK der SED und des Ministerrats zur Kontrolle der wirtschaftlichen Planvorgaben, der Einhaltung der Beschlüsse der Volkskammer und der Verordnungen des Ministerrats wurde Arbeiter-und-Bauern-Inspektion (ABI) genannt; sie sollte „der Festigung der Staatsdisziplin und der Wahrung der sozialistischen Gesetzlichkeit" dienen.

Axen, Hermann, *Leipzig 6.3.1916, †Berlin 15.2.1992. – Als Sohn eines KPD-Funktionärs war Axen schon 1930 Mitglied im kommunistischen Jugendverband, wurde nach antifaschistischer Tätigkeit 1933 zu Haft im Zuchthaus Zwickau (1934-37) verurteilt und konnte 1938 nach Paris fliehen. Dort holten ihn die deutschen Truppen ein; bis Kriegsende in den KZn Auschwitz und Buchenwald festgehalten. 1945 war Axen Mitbegründer der Freien Deutschen Jugend in der „SBZ", trat 1946 der SED bei und stieg 1950 ins Zentralkomitee auf. 1956-66 Chefredakteur des SED-Zentralorgans „Neues Deutschland" und seit 1954 Mitglied der Volkskammer, wurde Axen 1970 Mitglied des Politbüros der SED und ein Jahr später Vorsitzender des Ausschusses der Volkskammer für Auswärtige Angelegenheiten. In dieser Eigenschaft besuchte er mehrfach die Bundesrepublik (u.a. Okt. 1986) und suchte nach deutschlandpolitischen Gemeinsamkeiten mit der SPD. Im Zuge des gesellschaftlichen Umbruchs wurde Axen am 3.12.1989 aus der SED ausgeschlossen; er war Anfang 1990 zeitweilig wegen des Verdachts der Korruption und des Amtsmissbrauchs in Haft.

Baueinheiten der Nationalen Volksarmee. In den Baueinheiten konnten Wehrpflichtige, die den Dienst mit der Waffe aus „religiösen oder aus ähnlichen Gründen" ablehnten, seit einer Anordnung des Nationalen Verteidigungsrates der DDR vom 7. September 1964 ihren Wehrdienst ableisten. Da die Verfassung der DDR Wehrdienstverweigerung nicht vorsah, gab es auch nicht die Möglichkeit eines zivilen Ersatzdienstes. Die „Bausoldaten" wurden nicht an der Waffe ausgebildet, wohl aber herangezogen für den Bau militärischer Anlagen, die Beseitigung von Übungsschäden und den Katastropheneinsatz. Im Gegensatz zu den normalen Soldaten legten sie keinen Fahneneid ab, aber ein Gelöbnis. Darin verpflichten sich die Bausoldaten, durch „gute Arbeitsleistungen aktiv dazu beizutragen", dass die NVA an der Seite der Sowjetarmee „den sozialistischen Staat gegen alle Feinde verteidigen und den Sieg erringen kann". Die Waffendienstverweigerer trugen eine Uniform der NVA mit besonderen Kennzeichen, hatten den Dienstgrad „Bausoldat" und waren – so der offizielle Text – „bewährten Soldaten, Unteroffizieren und Offizieren" der NVA unterstellt. Die Bausoldaten unterlagen grundsätzlich den gleichen militärischen und gesetzlichen Bestimmungen wie Wehrpflichtige.

Becher, Johannes R.[obert], *München 22.5.1891, †Berlin 11.10.1958. – Der expressionistische Schriftsteller Becher („Verfall und Triumph", 1914) trat 1919 der gerade entstandenen KPD bei, emigrierte 1933 über Österreich und Frankreich nach Moskau, kehrte 1945 nach Ostberlin zurück und war seit 1954 erster Minister für Kultur der DDR. Er verfasste den Text der DDR-Nationalhymne „Auferstanden aus Ruinen".

Begrüßungsgeld. Die 100 Mark, die den DDR-Besuchern ausgehändigt wurden, wenn sie nach Westberlin oder in die Bundesrepublik einreisten, gab es seit dem 1. September 1987. Das sogenannte Begrüßungsgeld wurde einmal im Jahr bezahlt, zur Kontrolle wurde ein Stempel in Reisepass oder Personalausweis gedrückt. Das Geld wurde von den Kommunen ausgezahlt, die ihre Ausgaben später vom Bund ersetzt erhielten. Bis zum Datum der Anhebung des Begrüßungsgeldes auf 100 Mark hatte es dreißig Mark betragen. Die DDR-Bürger hatten bis dahin bei Reisen in die Bundesrepublik 70 Mark ihrer Währung in DM umtauschen können. Das wurde dann auf 15 Mark verringert. Die Bundesregierung nahm dies zum Anlass, das Begrüßungsgeld anzuheben, um den

Besuchern wenigstens einen bestimmten Betrag an westlicher Währung zugänglich zu machen. Im Jahr 1988 wurden rund 261 Millionen Mark an Begrüßungsgeldern entrichtet.

Benjamin, Hilde, *Bernburg/Saale 5.2.1902, †Berlin 18.4.1989. – Hilde Lange studierte Jura und heiratete 1926 den Arzt Georg Benjamin, der 1942 im KZ Mauthausen ermordet wurde. Sie trat 1927 der KPD bei, erhielt 1933 Berufsverbot und war während des Krieges dienstverpflichtet. 1945 wurde sie Oberstaatsanwältin in Berlin-Lichterfelde und im Jahr darauf Mitglied der SED, für die sie 1949-67 in der Volkskammer saß und deren ZK sie seit 1954 angehörte. Als Vizepräsidentin des Obersten Gerichts der DDR, 1949-53, leitete sie die ersten Schauprozesse gegen „Staatsfeinde" und zog sich wegen der doktrinären Verhandlungsführung den Spitznamen „Rote Hilde" zu. 1953-67 Ministerin für Justiz, war Hilde Benjamin maßgeblich an der Neuordnung des Strafrechts der DDR im stalinistischen Sinne beteiligt.

Berlin. Als die Versuche Moskaus scheiterten, Berlin als „Freie Stadt" von der Bundesrepublik abzukoppeln, wurde Westberlin am 13.8.1961 durch die Berliner Mauer vom Ostteil und dem Umland abgeriegelt und damit endgültig zur „Frontstadt" im Kalten Krieg. Die DDR-Führung baute Ostberlin zu einem repräsentativen Machtzentrum aus (Palast der Republik, Fernsehturm auf dem Alexanderplatz u.a.); mit dem Berlin-Abkommen von 1971 erfasste die Entspannungspolitik auch Berlin. Nicht beseitigen ließ sich der Reiz des „Goldenen Westens", den Westberlin repräsentierte: Nach den Reformen von Michail Gorbatschow in der UdSSR seit 1985 erwachte in der DDR das Protestpotential wieder und führte 1989 zum Fall der Mauer und Sturz des SED-Regimes. Seit dem Beitritt der DDR zur Bundesrepublik am 3.10.1990 ist auch Berlin wiedervereinigt, wieder Hauptstadt Deutschlands und ein Land (Stadtstaat, 890 km^2, 3,48 Mio. Einwohner) der Bundesrepublik. Am 20.6.1991 beschloss der Bundestag die Verlegung von Parlament und Regierung von Bonn nach Berlin.

Berlin-Blockade. Nachdem alle Kompromissversuche gescheitert waren und die Westmächte Moskau mitgeteilt hatten, dass sie die Währungsreform auch in ihren Sektoren Berlins durchführen würden, verließ am 16.6.1948 der sowjetische Vertreter die Alliierte Kommandantur. Am 24.6. gingen rund um Berlin und an den Grenzen der „SBZ" die Schlagbäume herunter und versperrten Land- und Wasserwege in die noch schwer unter den Kriegsfolgen leidende Stadt. Sie sollte durch diese Blockade ausgehungert werden. Die Luftbrücke der Westalliierten konnte jedoch die Versorgung sichern, und der Durchhaltewillen der Berliner Bevölkerung verschaffte den Deutschen sogar erstmals einen Sympathierückgewinn. Mit der Aufhebung der Berlin-Blockade nach fast elf Monaten am 12.5.1949 gestand Stalin ein, dass sein Versuch einer gewaltsamen Lösung der deutschen Frage gescheitert war. Die Teilung Berlins und Deutschlands aber hatte sich weiter vertieft.

Berliner Mauer. Als die Flüchtlingswelle in den Westen die DDR wirtschaftlich ausbluten zu lassen drohte, wurden Ost- und Westberlin am 13. August 1961 her-

Mauerbau unter Bewachung durch Volkspolizisten in der Bernauer Straße, 1966.

metisch abgeriegelt. Eine Mauer, offiziell „antifaschistischer Schutzwall" genannt, trennte die bisher nur polizeilich kontrollierte Grenze zwischen Ost- und West-Berlin. Hoch gingen die Wogen der Erregung, entsetzliche Tragödien spielten sich ab, amerikanische Panzer fuhren an der Demarkationslinie auf, doch hatte der Westen niemals die Absicht, für das von Moskau gebilligte Vorgehen der DDR einen Krieg zu riskieren. Erst nach über 28 Jahren konnte die Mauer im Zuge der „Friedlichen Revolution" in der DDR überwunden werden: 9.11.1989 Öffnung erster Grenzübergänge, 22.12. des Brandenburger Tors. Stücke der auf der Westseite bunt bemalten Mauer wurden als Souvenirs verkauft, größere Teile kamen in die Museen oder blieben zum Gedenken stehen.

Bezirk. In der DDR traten mit dem „Gesetz über die weitere Demokratisierung des Aufbaus und der Arbeitsweise der staatliche Organe" vom 23.7.1952 Bezirke an die Stelle der alten Länder. Zum einen erschienen die Landesverwaltungen als Bastionen bürgerlichen Denkens, zum anderen wollte man zur Durchsetzung des gesellschaftlichen Umbaus einen höheren Grad der Zentralisierung erreichen. Aus den 5 Ländern wurden die 14 Bezirke Chemnitz (seit 1953 Karl-Marx-Stadt), Cottbus, Dresden, Erfurt, Frankfurt/Oder, Gera, Halle, Leipzig, Magdeburg, Neubrandenburg, Potsdam, Rostock, Schwerin und Suhl; Ostberlin wurde trotz des alliierten Sonderstatus für Berlin zum 15. Bezirk. Die Bezirke blieben in Kreise eingeteilt, die allerdings unter Verkleinerung von 132 auf 217 vermehrt wurden. Nach Herstellung der deutschen Einheit am 3.10. und Landtagswahlen vom 14.10.1990 konstituierten sich die Länder auf dem Gebiet der einstigen DDR neu.

Biermann, Wolf, *Hamburg 15.11.1936. Es gab auch „Flüchtlinge" in die DDR: Einer davon war 1953 Biermann, dessen Vater 1943 in Auschwitz ermordet worden war und der sich schwer damit tat, dass die Bundesrepublik nach Hitler so bruchlos zur konservativen Tagesordnung überging. Er studierte und begann in den 1960er Jahren zu schreiben und eigene Lieder vorzutragen. In ihnen klang jedoch schon Kritik – aus marxistischer Sicht – am starren SED-Sozialismus an, die sich steigerte und zum

LEXIKON

Ausschluss Biermanns aus der Partei führte. Nachdem weitere Lieder in der Bundesrepublik erschienen waren, erhielt er Auftrittsverbot, 1976 aber dennoch die Genehmigung zu einer Tournee im Westen. Diese nutzte das Regime zum Entzug seiner DDR-Staatsbürgerschaft, was zu einer heftigen kulturpolitischen Kontroverse in der DDR führte. Biermann erhielt 1991 den Georg-Büchner-Preis.

Bitterfelder Weg. Auf dem Weg zur „klassenlosen Gesellschaft" war in der DDR auch die noch „vorhandene Trennung von Kunst und Leben" und die „Entfremdung zwischen Künstler und Volk" zu überwinden. Auf einer kulturpolitischen Konferenz im VEB Chemiekombinat Bitterfeld vom 24.4.1959 unter dem Motto: „Greif zur Feder, Kumpel!" gab Ulbricht dafür Direktiven aus, die als „Bitterfelder Weg" popularisiert und auf einer weiteren Konferenz auf den Tag genau 5 Jahre später bestätigt wurden. Die angestrebte „sozialistische Nationalkultur" sollte den „wachsenden künstlerisch-ästhetischen Bedürfnissen der Werktätigen" entgegenkommen und diese zu künstlerischem Schaffen anregen in Arbeitertheatern, in einer „Bewegung schreibender Arbeiter", durch Förderung des „bildnerischen Volksschaffens", durch Arbeiterfestspiele u.a. Es kam jedoch beim Versuch der Aufhebung der Trennung von Berufs- und Laienkunst zu Differenzen mit prominenten Autoren wie Stefan Heym, Christa Wolf, Peter Hacks u.a. über die kritische Funktion von Kunst, deren Missbrauch als Propagandawaffe befürchtet wurde, und über die Beurteilungskriterien für Kunst.

Blockparteien. Auch nach offizieller Lesart verstand sich die DDR nicht als eine klassenlose Gesellschaft. Das Volk bestand vielmehr aus den beiden Klassen der Arbeiter und Bauern sowie aus den „mit ihr verbündeten Schichten und Gruppen". Dieser Struktur entsprach das DDR-Mehrparteiensystem, das mit dem westlicher Demokratien allerdings grundsätzlich nichts gemeinsam hatte. Die Blockparteien in der DDR, also die Christlich-Demokratische Union Deutschlands (CDU), die Liberal-Demokratische Partei Deutschlands (LDPD), die National-Demokratische Partei Deutschlands (NDPD) sowie die Demokratische Bauernpartei forderten keinerlei politische Autonomie. Sie hatten den absoluten Führungsanspruch der SED anerkannt und arbeiteten mit ihr und den Massenorganisationen wie Gewerkschaften und FDJ in der „Nationalen Front" zusammen. Aufgabe dieser Blockparteien war es, Bürger, die auf Grund ihrer Herkunft oder ihrer beruflichen Tätigkeit nicht zur revolutionären Klasse gehörten, zu Mitarbeit an der Entwicklung des „sozialistischen Staates der Arbeiter und Bauern" zu gewinnen. Jede Partei hatte dabei bestimmte Zielgruppen. In den Parlamenten waren die Blockparteien nach einem festgelegten Schlüssel vertreten. Auch dem Staats- und dem Ministerrat gehörten Vertreter der Blockparteien an.

Bolz, Lothar, *Gleiwitz 3.9.1903, †Berlin (Ost) 29.12.1986. – In München, Kiel und Breslau studierte der Uhrmachersohn Bolz Jura, schloss sich Ende der 20er Jahre der KPD an und emigrierte 1933 über Danzig in die UdSSR. Ende 1946 kehrte er nach Deutschland zurück und gründete am 16.6.1946 die National-Demokratische Partei Deutschlands (NDPD) in der „SBZ". Bis 1972 blieb er Parteivorsitzender, war u.a. 1953-65 Außenminister der DDR und bis zu seinem Tod Mitglied der Volkskammer.

Brandenburg. 1945 wurde aus dem Kerngebiet Preußens in der „SBZ" das Land Brandenburg mit der Hauptstadt Potsdam gebildet, 1952 aber in die Bezirke Cottbus, Potsdam und Frankfurt (Oder) aufgeteilt. Erst im Zuge der Wiedervereinigung entstand 1990 das Land Brandenburg neu; es umfasst 29 060 km² und hat 2,6 Mio. Einwohner; die Zusammenlegung mit Berlin ist geplant.

Brecht, Bertolt, *Augsburg 10.2.1898, †Berlin 14.8.1956. – Seit 1924 in Berlin, ging der durch Stücke wie die „Dreigroschenoper" (1928) weit bekannt gewordene kommunistische Dramatiker Brecht bei Hitlers Machtübernahme 1933 ins Exil, kehrte 1948 nach Ostberlin zurück und gründete dort mit seiner Frau Helene Weigel das „Berliner Ensemble". In seinem Theater am Schiffbauerdamm inszenierte er v.a. eigene Werke wie „Baal" (1918), „Leben des Galilei" (1938), „Mutter Courage und ihre Kinder" (1939), „Der kaukasische Kreidekreis" (1944/45). Die DDR ließ Brecht alle denkbaren Freiheiten, da sie von seinem Weltruf als Dichter profitierte, obwohl er sich mehrfach kritisch zur SED-Diktatur äußerte. Oft zitiert wird aus seinem Gedicht über den Aufstand des 17. Juni 1953: „…. Wäre es da / Nicht doch einfacher, die Regierung / Löste das Volk auf und / Wählte ein anderes?"

Breschnew-Doktrin. Zur nachträglichen Rechtfertigung des Eingreifens der Truppen des Warschauer Pakts gegen die Reform-Kommunisten des „Prager Frühlings" um Alexander Dubcek (*1921, †1992) im August 1968 gab die Führung der KPdSU mehrere Erklärungen ab, die nach dem sowjetischen Parteichef zusammenfassend Breschnew-Doktrin genannt wurden: Man werde weder eine friedliche noch eine gewaltsame Änderung des sozialistischen Systems zulassen, das zu verteidigen Pflicht aller sozialistischen Länder sei, die daher nur „beschränkte Souveränität" besäßen und nur im Rahmen der sozialistischen Gemeinschaft unabhängig seien. Von Gorbatschow aufgegeben, wurde die Breschnew-Doktrin 1989 vom Warschauer Pakt offiziell widerrufen und damit eine weitere Voraussetzung für die deutsche Wiedervereinigung geschaffen.

Brigaden in der DDR. Eine Brigade war in der DDR nicht ein militärischer Truppenverband, sondern die kleinste organisatorische Arbeitseinheit in Industrie, Handwerk und Landwirtschaft. Solche Brigaden bestanden in der Regel aus fünf bis zehn Werktätigen. Eine Brigade – der Vorarbeiter einer Brigade hieß Brigadier – hatte aber nicht nur eine produzierende, sondern auch eine politisch-erzieherische Aufgabe. Diese Funktion wurde im Wesentlichen außerhalb der Arbeitszeit wahrgenommen. Um den Titel „Kollektiv der sozialistischen Arbeit" oder „Brigade der besten Qualität" zu erringen, führten die Brigaden als formale Voraussetzung für Belobigungen ein Brigade-Tagebuch. Darin wurden zum einen die Arbeitserfolge nach Zeit, Materialaufwand und Ergebnis abgerechnet und zum anderen die geforderten gesellschaftlichen Aktivitäten beschrieben. Als höhere Organisationsform der Brigade, deren Mitglieder sonst aus lediglich einem Gewerk kamen, galt die Komplexbrigade. Im Bauwesen etwa konnte sie aus Maurern, Zimmerern und Dachdeckern bestehen, die zusammenarbeiteten. Besonders hervorgehoben wurde die Rolle von Jugend- und Lehrlingsbrigaden. Die Freie Deutsche Jugend (FDJ) stellte die sogenannten Freundschaftsbrigaden zusammen, die auch ins sozialistische Ausland entsandt wurden.

Bund der Evangelischen Kirchen in der DDR. Der Bund der Evangelischen Kirchen (BEK) in der DDR war der organisatorische Zusammenschluss der acht protestantischen Landeskirchen im östlichen Deutschland. Davon gehörten fünf der Evangelischen Kirche der Union (EKU) und drei der Vereinigten Evangelisch-Lutherischen Kirche (VELKD) an. Gegründet worden war der Kirchenbund im Jahre 1969 im Zusammenhang mit der organisatorischen Lösung der DDR-Kirchen von der Evangelischen Kirche in Deutschland (EKD), mit der er jedoch weiter Verbindungen pflegte. Die Kompetenzen des Kirchenbundes gegenüber seinen acht rechtlichen selbständigen Gliedkirchen waren begrenzt, weil im Wesentlichen nur koordinatorischer und repräsentativer Art. Auch wenn sich der BEK zu beträchtlichen Kompromissen bereit finden musste, sollte darüber nicht vergessen werden, dass er durch Hilfe für Dissidenten, Kriegsdienstverweigerer, Umwelt- und Friedensgruppen maßgeblich zur "Wende" beigetragen hat. Er schloss sich 1991 wieder der EKD an.

Bündnis 90/Bürgerbewegungen. Seit Beginn des Reformkurses des sowjetischen Partei- und Staatschefs Michail Gorbatschow 1985 machten sich auch in der DDR Reformgruppen bemerkbar, die mehr Bürgerrechte forderten. Die wichtigsten waren die 1985 gegründete Initiative für Frieden und Menschenrechte, das Neue Forum vom September 1989, die gleichzeitig entstandene Gruppe "Demokratie jetzt" und der einen Monat später ins Leben gerufene Demokratische Aufbruch. Hinzu kamen Friedens- und Umweltgruppen, in denen wie in den größeren Bürgerbewegungen v.a. Intellektuelle, Pfarrer, Studenten, Künstler und Wissenschaftler aktiv waren. Ihre Forderungen nach freien Wahlen, Rechtsstaatlichkeit, Presse- und Reisefreiheit wurden lauter mit der wachsenden Fluchtwelle aus der DDR im Herbst 1989 und gipfelten in den Parolen der Leipziger Montagsdemonstrationen: "Wir sind das Volk." Als daraus die Wiedervereinigungsformel "Wir sind ein Volk" wurde, entglitt den Bürgerrechtlern die Revolution. Sie hatten an "Runden Tischen" eine reformierte DDR ohne Staatssozialismus entworfen, fanden dafür aber keinen Rückhalt in der Bevölkerung, wie das Abschneiden bei der Volkskammerwahl vom 13.3.1990 mit 2,9 Prozent der Stimmen des von ihnen geschlossenen Bündnisses 90 bei den Wahlen bewies.

Checkpoint Charlie. Am Checkpoint "Charlie" an der Friedrichstraße in Berlin wurde von den alliierten Militärposten der Ausländerverkehr zwischen Ost- und Westberlin kontrolliert. Weltweit bekannt wurde er erstmals am 25. Oktober 1961, als sich nach dem Bau der Mauer die Krisensituation um Berlin immer mehr zuspitzte. Damals standen sich dort schwere amerikanische und sowjetische Panzer mit laufenden Motoren gegenüber; die Westalliierten wollten ihr Recht auf Bewegungsfreiheit in ganz Berlin durchsetzen. Erst nach drei Tagen lenkten die Sowjets ein. Schlagzeilen machte der Checkpoint später auch, als mehrere dramatische Fluchtversuche glückten. Einer endete tragisch: Der 18-jährige Peter Fechter wurde, als er bereits auf der Mauer stand, von DDR-Grenzposten erschossen. Checkpoint "Charlie" war einer von sieben Straßenübergängen nach Ostberlin, die jeweils unterschiedliche Funktionen hatten: An der Friedrichstraße wurden nur Ausländer, Diplomaten und alliiertes Personal abgefertigt, zwei andere – an der Bornholmer und an der Heinrich-Heine-Straße – standen ausschließlich Westdeutschen zur Verfügung. Die restlichen Kontrollpunkte waren für Westberliner vorgesehen.

Volkspolizisten tragen den am 17. August an der Berliner Mauer erschossenen 18jährigen Peter Fechter weg.

Comecon. Die wirtschaftlichen Erfolge der westlichen Staaten aufgrund des Marshall-Plans ließen in Moskau Wünsche nach besserer Koordination der von der UdSSR abhängigen Volkswirtschaften und ihrer planwirtschaftlichen Ausrichtung entstehen. Am 25.1.1949 gründeten daher die Sowjetunion und vier weitere Ostblockstaaten einen Council for Mutual Economic Assistance (Rat für gegenseitige Wirtschaftshilfe, RGW), kurz Comecon genannt, dem 1950 auch die DDR beitrat. Er wurde ganz nach den Bedürfnissen der UdSSR ausgerichtet, die gegen Rohstofflieferungen Industriegüter bezog. Wegen der schwierigen Währungslage wurde ein System des zweiseitigen Handels entwickelt, das auf Tauschbasis funktionierte, aber unflexibel blieb, so dass die hochgesteckten wirtschaftlichen Ziele nie erreicht wurden. Das lag auch an dem Zwang zur Einstimmigkeit in den Gremien des Comecon, was einem Veto-Recht der Mitgliedsländer gleichkam. Daran hielten die kleineren Länder strikt fest, um einer weiteren Bevormundung durch Moskau vorzubeugen.

40 Jahre RGW.

Dahlem, Franz, *Rohrbach/Lothringen 13.1.1892, †Berlin (Ost) 17.12.1981. – Im Ersten Weltkrieg Soldat, entwickelte sich der gelernte Kaufmann Dahlem zum Sozialrevolutionär und trat 1920 in die KPD ein, für die er 1928-33 Reichstagsabgeordneter war. 1933 musste er ins Exil nach Prag und Paris ausweichen, nahm am spanischen Bürgerkrieg teil, wurde 1939 in Frankreich interniert und 1942 nach Deutschland ins KZ Mauthausen ausgeliefert. Dahlem gehörte zu den Wiederbegründern der KPD im Juni 1945 und stieg zum Politbüromitglied der SED auf, ehe er 1953 wegen angeblicher Verbindung zu tschechischen Konterrevolutionären (u.a. R. Slánsk, 1901-52 [hinge-

Lexikon

richtet]) aller Ämter enthoben wurde. 1956 rehabilitiert und 1957 wieder ins ZK der SED aufgenommen, war Dahlem v.a. bildungspolitisch tätig.

DDR-Gesellschaft für deutsch-sowjetische Freundschaft. Die Gesellschaft für deutsch-sowjetische Freundschaft in der DDR hatte ihre Wurzeln in der 1921 gegründeten und damals von Clara Zetkin geleiteten „Arbeiterhilfe Sowjetrussland". In diesem auf einen Aufruf von Maxim Gorki hin geschaffenen Komitee wirkten auch Käthe Kollwitz und Leonhard Frank mit. Aus ihm ging 1923 die „Gesellschaft der Freunde des neuen Russland" hervor. Zu den Mitgliedern zählten neben Albert Einstein und Anna Seghers auch Otto Nagel und Thomas Mann. Ein anderer Traditionsstrang war der von Sozialdemokraten und Kommunisten getragene „Bund der Freunde der Sowjetunion", der 1928 ins Leben gerufen wurde. Nach dem Zweiten Weltkrieg wurde am 30.Juni 1947 in Berlin zunächst die „Gesellschaft zum Studium der Kultur der Sowjetunion" gegründet, die Anfang Juli 1949 in die „Gesellschaft für deutsch-sowjetische Freundschaft" übergeleitet wurde. Sie war mit über 6 Millionen Mitgliedern die zweitstärkste DDR-Massenorganisation nach dem FDGB-Gewerkschaftsbund. Die Mitgliedschaft bot für DDR-Bürger die einfachste Möglichkeit, die ihnen abgeforderte „gesellschaftliche Aktivität" nachzuweisen. Aufgebaut war die Gesellschaft, die vorbehaltlos die Beschlüsse der SED anerkannte, nach dem Prinzip des „demokratischen Zentralismus".

DDR-Nationalhymne. Ihr Text stammt vom Dichter und ersten Kulturminister der DDR Johannes R. Becher. Der Komponist Hanns Eisler vertonte die am 7. November 1949 erstmals anlässlich des 32. Jahrestages der russischen Oktober-Revolution in der Berliner Staatsoper gespielte Hymne. (Am selben Tag wurde die rote Fahne auf dem Brandenburger Tor durch die schwarzrotgoldene – ohne Hammer und Sichel – ersetzt.) Becher, in München geboren, schrieb den Text zu einer Zeit, als die DDR noch die Wiedervereinigung anstrebte. Die erste von insgesamt drei Strophen lautet: „Auferstanden aus Ruinen / Und der Zukunft zugewandt, / Lass uns dir zum Guten dienen, / Deutschland, einig Vaterland. / Alle Not gilt es zu zwingen, / Und wir zwingen sie vereint. / Und es wird uns doch gelingen, / dass die Sonne schön wie nie / Über Deutschland scheint." Die im Zweivierteltakt gespielte Hymne soll „langsam und getragen" gesungen werden, als Tempo bestimmte Eisler „mäßig". In den Schulen und bei Staatsfeiern war die Hymne Pflichtlied, bis beim VIII. Parteitag im Juni 1971 der geänderte SED-Standpunkt in der nationale Frage von Erich Honecker verkündet wurde („... endgültig von der Geschichte entschieden.") und so die Hymne der neuen Politik widersprach. Der Text durfte nicht mehr gesungen werden, denn der Bezug zur Einheit der Nation war zu eindeutig. Seither war die DDR – neben der UdSSR – der einzige Staat der Welt, in dem auch bei offiziellen Anlässen der Text der Nationalhymne nicht mehr gesungen, sondern nur noch Musik gespielt wurde.

Demokratischer Aufbruch (DA). Nach dem Konflikt um die gefälschte Kommunalwahl vom Mai 1989 in der DDR bildete sich aus einer kirchlichen Initiative heraus (Pfarrer Rainer Eppelmann u.a.) im Dezember 1989 der „Demokratische Aufbruch" als politische Partei. Sie wollte den konservativen Teil der Bürgerbewegungen sammeln, die die Revolution in der DDR in Gang gebracht hatten, und schloss für die erste freie Volkskammerwahl am 18.3.1990 mit CDU und DSU die Allianz für Deutschland. Zu deren Sieg mit 192 Sitzen trug der DA mit vier Mandaten bei; im August 1990 fusionierte er mit der Ost-CDU, mit der er am 1./2.10.1990 in der Gesamt-CDU aufging.

Deutsche Demokratische Republik (DDR). Anderthalb Jahre nach Kriegsende zeichnete sich mit Gründung der „Bi-Zone" bereits die Bildung eines westdeutschen Staates ab, den die UdSSR zunächst zu verhindern suchte, dem sie dann aber die Gründung eines ostdeutschen Staates auf dem Gebiet ihrer Besatzungszone entgegensetzte. Nur einen Monat nach der Bundesrepublik Deutschland entstand am 7.10.1949 die Deutsche Demokratische Republik, die sich eine „antifaschistisch-demokratische Ordnung" gab und bereits von der „SMAD" nach sowjetischem Vorbild auf den sozialistischen Weg gebracht worden war, wozu v.a. die Entwicklung des Parteien- und Blocksystems, eine Bodenreform und die Schaffung planwirtschaftlicher Strukturen beigetragen hatten. Die DDR ging diesen Weg konsequent weiter, beseitigte 1952 Reste des Föderalismus durch Auflösung der Länder und die Schaffung von 14 Bezirken (Ostberlin wurde als Hauptstadt ein Sonderbezirk); oberstes Organisationsprinzip in Staat und Parteien wurde der demokratische Zentralismus; die Industrie wurde in den 1950er Jahren verstaatlicht; die Kollektivierung der Landwirtschaft war bis 1960 abgeschlossen. Verfassungsreformen 1968 und 1974 befestigten den Führungsanspruch der Sozialistischen Einheitspartei Deutschlands in Politik und Gesellschaft, die durch einen allgegenwärtigen Staatssicherheitsdienst von der SED

LEXIKON

Gedenkfeier der SED-Führung zum 40. Jahrestag der DDR am 7. Oktober 1989. „Wer zu spät kommt, den bestraft das Leben", warnte sie ihr Ehrengast Michail Gorbatschow.

unter Kontrolle gehalten wurde. Ihr Politbüro unter einem Generalsekretär war das diktatorische Machtzentrum, das trotz der Rechte der Volkskammer die Zusammensetzung von Ministerrat wie Staatsrat allein bestimmte. Gewaltentrennung wie in parlamentarischen Demokratien kannte die Volksdemokratie der DDR nicht. Nach 12 Jahren NS-Diktatur fand sich die Bevölkerung in der „SBZ" bzw. DDR nur schwer mit der Einparteienherrschaft der SED ab, zumal die Wirtschaft sich sehr viel langsamer als im Westen von den Kriegs- und Besatzungsfolgen erholte. Ein ständiger Strom von Flüchtlingen und der Volksaufstand vom 17. Juni 1953 zwangen die Staatsführung vorübergehend zur Mäßigung ihrer Pläne. Nachdem sie ihre Macht durch den Ausbau der Volkspolizei und den Aufbau der Nationalen Volksarmee befestigt hatte, wurde der harte Kurs jedoch fortgesetzt, was zu einer neuen Fluchtwelle führte. Ihr begegnete die DDR-Führung unter Ulbricht mit der Abriegelung der DDR-Grenzen durch die weitere Befestigung des Eisernen Vorhangs und den Bau der Berliner Mauer (13.8.1961). Damit gelang tatsächlich eine gewisse Konsolidierung, so dass die DDR außenpolitisch an Gewicht gewann. Dem trug die sozialliberale Bundesregierung unter Brandt Rechnung und leitete 1969 einen Ver-

ständigungsprozess ein, der mit einem Briefwechsel von Bundespräsident Heinemann mit Ulbricht begann, mit den Begegnungen Brandts mit Ministerpräsident Stoph in Erfurt und Kassel fortgesetzt wurde und der im „Grundlagenvertrag" gipfelte. Die damit erreichten menschlichen Erleichterungen für die DDR-Bürger führten zu vermehrten Kontakten mit dem Westen und zur allmählichen Erosion des SED-Systems. Hinzu kamen die Reibungsverluste der Kommandowirtschaft in der DDR, die immer mehr „Errungenschaften des Sozialismus" kreditfinanzieren musste. Den letzten Stoß versetzte dem System die Reformpolitik des 1985-91 amtierenden sowjetischen Partei- und Staatschefs Michail Gorbatschow. Sie ließ das Protestpotential in der DDR explosionsartig anwachsen und führte nach einer beispiellosen Massenflucht über die sich öffnenden anderen Ostblock-Staaten zum Sturz der SED-Herrschaft und schließlich zur Wiedervereinigung am 3.10.1990 durch den Beitritt der wiedererstandenen Länder der DDR zum Geltungsbereich des Grundgesetzes.

Deutsche Notenbank (DNB). Anders als in der Bundesrepublik die Deutsche Bundesbank war die am 20.7.1948 gegründete Deutsche Notenbank in der DDR nicht unabhängig, sondern ein Organ des Ministerrats. Sie hatte das alleinige Recht der Emission von Banknoten, stand an der Spitze des Bankensystems, war Geschäftsbank und Verrechnungszentrum der DDR.

Deutsche Reichsbahn. Bis 1920 waren die Eisenbahnen Angelegenheit der deutschen Einzelstaaten. Im Ersten Weltkrieg war mit der Kriegsbetriebsleitung beim preußischen Ministerium der öffentlichen Arbeiten die erste einheitliche Betriebsorganisation der deutschen Staatsbahnen entstanden. Diese wurden durch Reichsgesetz vom 1. April 1920 zur Reichsbahn. Nach der Stabilisierung der Währung wurde daraus 1924 die Deutsche Reichsbahn als selbständiges Unternehmen. Im Dritten Reich wieder unmittelbar der Reichshoheit unterstellt – der Generaldirektor war zugleich Reichsverkehrsminister –, lag die Betriebsführung der Reichsbahn nach dem Zweiten Weltkrieg vorübergehend in den Händen der Alliierten. In der sowjetischen Zone entstand die Reichsbahngeneraldirektion Berlin. Die Generaldirektionen der amerikanischen und der britischen Zone sowie die Oberdirektion in der französischen Zone gingen 1949 in der Deutschen Bundesbahn auf. In der DDR blieb es auch beim Namen Deutsche Reichsbahn mit einem an die Weisungen des Verkehrsministers gebundenen Generaldirektor an der Spitze.

1956 gestiftete „Verdienstmedaille der Deutschen Reichsbahn".

Deutschlandtreffen der Jugend. Die Freie Deutsche Jugend (FDJ) war in den ersten Jahren auch noch in der Bundesrepublik zugelassen und rief hier und in der DDR 1950 zu einem Deutschlandtreffen der Jugend nach dem Muster der Weltfestspiele der Jugend und der Studenten auf. 700 000 Jugendliche folgten diesem Ruf nach Ostberlin. Allerdings kam nur ein verschwindender Prozentsatz aus dem Westen. Von dort argwöhnisch beobachtet und bürokratisch behindert, kam es noch zu zwei weiteren solchen Kundgebungen, die – natürlich zu den Bedingungen der SED – für die

LEXIKON

deutsche Einheit werben sollten: 1954 ließ sich das trotz des Aufstands vom 17. Juni im Vorjahr noch halbwegs glaubhaft gestalten, das dritte Treffen aber, 1964, war durch den Bau der Berliner Mauer zur Farce geworden: Beteiligung aus der Bundesrepublik war so gut wie nicht mehr möglich, und mit dem Begriff „Deutschland" in der DDR verschwanden auch die gleichnamigen Treffen von der politischen Bühne.

Dissidenten. Hierbei handelt es sich um eine Sammelbezeichnung für Regimekritiker in den kommunistischen Staaten, die sich in Bürgerbewegungen zusammenfanden oder als prominente Einzelkämpfer – wie Havemann in der DDR – auftraten. Oft vertraten diese selbst kommunistische Positionen, verlangten aber die Einhaltung der Menschenrechte sowie Reformen am erstarrten System und wandten sich gegen Stalinismus und Personenkult. Die Partei- und Staatsführungen gingen gegen die Dissidenten z.T. massiv vor, verhängten Berufs-, Schreib- und Reiseverbote oder griffen gar zum Mittel der Verbannung wie im Fall des sowjetischen Regimekritikers Andrej Sacharow (*1921, †1989) oder zur Ausbürgerung wie im Fall Biermann. Mit Beginn der Reformpolitik in der UdSSR seit 1985 schwoll die Protestbewegung auch in der DDR an, ein wesentlicher Faktor für den Zusammenbruch der SED-Herrschaft 1989.

Einheitsliste. Aufgrund des Blocksystems in der DDR wurden dort bei Wahlen nur Einheitslisten zugelassen, auf denen nach vorher vereinbartem Schlüssel Kandidaten aller in der „Nationalen Front" zusammengeschlossenen Parteien und Massenorganisationen vertreten waren. Eine Auswahl zwischen Parteien oder Kandidaten war unmöglich, dem Wähler blieb nur die Wahl, die Liste zu akzeptieren oder sie abzulehnen. Letzteres war wegen des Drucks zur offenen Stimmabgabe ebenso wenig ratsam wie Stimmenthaltung durch Fernbleiben, da man sich damit den Argwohn der Behörden zuzog. Die Einheitsliste stellte sicher, dass oppositionelle Gruppen nicht in die Parlamente einziehen konnten und dass die Führung der SED unangetastet blieb.

Einigungsvertrag. Hatten noch Ende 1989 viele befürchtet, manche geglaubt und wenige gehofft, die DDR werde in reformierter Form überleben, so wurde schon sehr bald klar, dass es zu einer möglichst raschen Vereinigung der beiden deutschen Staaten schon aus ökonomischen Gründen keine Alternative gab. Flankierend zu den „Zwei-plus-vier-Gesprächen" mit den einstigen Siegermächten fanden daher nach der ersten freien Volkskammerwahl am 18.3.1990 „deutsch-deutsche" Gespräche über die vertragliche Ausgestaltung der Vereinigung statt. Am 31.8.1990 konnte ein Einigungsvertrag unterzeichnet werden. In neun Kapiteln regelte dieser Vertrag die Wiederherstellung der alten Länder in der DDR und die Neubildung des Landes (Gesamt-)Berlin, das als Hauptstadt des geeinten Deutschland vorgesehen war (20.6.1991 durch Beschluss des Bundestags bestätigt). Der Vertrag klärte darüber hinaus die künftige Finanzverfassung, beschäftigte sich mit der Geltung der Verträge der Teilstaaten für den neuen Gesamtstaat, bestimmte die Einzelheiten der Übernahme von Behörden, Vermögen und v.a. Schulden, legte die Privatisierung ehemals Volkseigener Betriebe (VEB) durch eine Treuhandanstalt fest, kündigte die Rehabilitierung von SED-Opfern an, sah eine Übergangsfrist für die Rechtsangleichung beim Schwangerschaftsabbruch vor, stellte Richtlinien für die Anerkennung von Ausbildungsabschlüssen, für die Organisation des Sportwesens und für die Gestaltung der Medienlandschaft auf. Schlussbestimmungen und Anlagen bekräftigten u.a., dass Enteignungen zwischen 1945 und 1949 nicht rückgängig gemacht werden können. Die Rolle Deutschlands im KSZE-Prozess erläuterte eine Denkschrift zum Einigungsvertrag.

Eiserner Vorhang. Am 25.2.1945, zweieinhalb Monate vor der bedingungslosen Kapitulation, prophezeite Hitlers Propagandaminister Goebbels in der Wochenschrift „Das Reich" den Westmächten, dass bei einem Sieg der Roten Armee ein „Eiserner Vorhang" vor dem sowjetischen Machtbereich niedergehen werde, hinter dem dann „die Massenabschlachtung der Völker" beginnen werde. Der britische Premierminister Churchill griff das Bild auf oder schöpfte es neu in ähnlicher Verwendung in einem Telegramm vom 12.5.1945 an US-Präsident Truman und in einer Rede in Fulton (USA) am 5.3.1946. Dieses Bild bürgerte sich im Westen ein als Bezeichnung für die immer massiver befestigte, 1346 km lange Westgrenze der sowjetischen Besatzungszone und der späteren DDR einschließlich der Berliner Mauer sowie darüber hinaus für die gesamte Demarkationslinie in Europa zwischen den Blöcken im Kalten Krieg. Durch die erste Lücke im Eisernen Vorhang in Ungarn strömten 1989 zu Tausenden DDR-Flüchtlinge in den Westen und brachten das SED-System ins Wanken.

Enteignung. Während in der Bundesrepublik das (Privat-)Eigentum grundsätzlich nach Art. 14 GG geschützt ist, kam es in der „SBZ" und in der späteren DDR dagegen schon unmittelbar nach dem Krieg zur Enteignung des Großgrundbesitzes von über 100 ha sowie des Vermögens angeblicher oder tatsächlicher „Kriegsverbrecher und aktiver Faschisten". Dies und die Verstaatlichung von Bergwerken, Bodenschätzen, Mineralquellen, Industriebetrieben, Lichtspieltheatern, Apotheken u.a. wurde als Teil der Sozialisierung beim Umbau der politischen, gesellschaftlichen und ökonomischen Verhältnisse ausgegeben und begrifflich von der Enteignung getrennt. Sie war nach Art. 23 der Verfassung von 1949 wie im Westen theoretisch nur gegen Entschädigung und auf der Grundlage eines Gesetzes möglich und dies nach Art. 16 der Verfassung von 1978 auch nur zu „gemeinnützigen Zwecken". Den Löwenanteil der Enteignungen aber machte der Einzug der Vermögen von „Republikflüchtlingen" und anderer „Klassenfeinde" aus sowie die Konfiszierung von Vermögen als Nebenstrafe bei politischen Prozessen.

Entstalinisierung. Den Kampf um die Nachfolge des am 5.3.1953 verstorbenen sowjetischen Diktators Stalin gewann Nikita Chruschtschow (*1894, †1971). Er verurteilte auf dem XX. Parteitag der KPdSU 1956 den Stalinismus, prangerte die Verbrechen Stalins und den Personenkult um ihn an und setzte damit Impulse für eine Lockerung der Systeme im gesamten Ostblock. Als es daraufhin in Polen zu Unruhen und in Ungarn sogar zu einem Volksaufstand gegen die sowjetische Vorherrschaft kam, setzte Moskau Truppen ein und versuchte, die Zügel wieder anzuziehen. Das wurde v.a. in der DDR begrüßt, die in frischer Erinnerung an den Aufstand vom 17. Juni 1953 um ihre Stabilität

LEXIKON

Michail Gorbatschow.

fürchtete. Die Konfrontation um Berlin Ende der 1950er Jahre und der Bau der Berliner Mauer 1961 verschafften noch einmal eine Atempause, ehe sich auch Ostberlin auf die Entspannungspolitik einstellen musste. Nach einer Phase der Neostalinisierung unter dem alten KPdSU-Generalsekretär Leonid Breschnew (*1906, †1982) führte Parteichef Michail Gorbatschow seit 1985 die Entstalinisierung durch Rehabilitierung der Opfer, Auflösung der Straflager und Aufgabe des Führungsanspruchs der KPdSU gegenüber den „Bruderparteien" konsequent zu Ende; die anderen Ostblockstaaten folgten dem Reformkurs. Nur die DDR sperrte sich und zerbrach schließlich in der Isolierung, da sie den Protest ihrer Bevölkerung nicht mehr zu kontrollieren vermochte.

Erberat der DDR. Der Nationale Rat der DDR zur Pflege und Verbreitung des Deutschen Kulturerbes, kurz „Erberat" genannt, war ein dem DDR-Ministerrat zugeordnetes Gremium aus 25 Leitern anderer Staatsorgane sowie gesellschaftlicher, kultureller und wissenschaftlicher Institutionen. Er unterstützte die Regierung vor allem bei der Planung und Organisation von Jubiläen und Gedenktagen. Der Ministerratsvorsitzende Willi Stoph sagte bei der Gründung des Rates am 18.September 1980, der Rat trage „eine hohe Verantwortung dafür, dass die Beschlüsse des ZK der SED und der Regierung auf dem Gebiet der Pflege und Aneignung des kulturellen Erbes schöpferisch und so effektiv und dauerhaft wie möglich verwirklicht werden". Der „Erberat" hatte damit eine wesentliche Funktion in der SED- und DDR-Kulturpolitik. 1986 hatte er einen ganzen Fünf-Jahres-„Ehrungs-Zyklus" beschlossen: Er begann 1987 mit dem 100. Geburtstag Arnold Zweigs und sollte 1991 mit dem 100. Geburtstag Johannes R. Bechers enden. Dazwischen lagen zum Beispiel 1989 noch der 500. Geburtstag Thomas Münzers und der 125. Geburtstag Gerhart Hauptmanns sowie der 200. Jahrestag der Französischen Revolution.

Erfurt. Die heutige Hauptstadt Thüringens war am 19.3.1970 Schauplatz einer historischen Begegnung: Nach langem protokollarischen Tauziehen trafen sich Bundeskanzler Willy Brandt und DDR-Ministerpräsident Willi Stoph zum innerdeutschen Gespräch auf höchster Ebene. Damit wurde die Normalisierung der innerdeutschen Beziehungen eingeleitet, indem ein Gegenbesuch Stophs in Kassel in Aussicht genommen wurde und erste Schritte auf dem Weg zum Grundlagenvertrag unternommen wurden: Die Bundesrepublik erklärte ihre Bereitschaft, die völkerrechtliche Anerkennung der DDR durch Drittstaaten hinzunehmen und selbst völkerrechtliche Verträge mit ihr schließen zu wollen. Beide Seiten bekräftigten ihren Willen, auf Gewalt oder Androhung von Gewalt im gegenseitigen Verhältnis zu verzichten und die deutsche Teilung für die Menschen erträglicher zu gestalten. Trotz scharfer Kontrollen durch „Stasi" und Volkspolizei kam es vor dem Fenster des Hotels „Erfurter Hof" zu einer spontanen Demonstration von DDR-Bürgern und zu Rufen der Masse nach „Willy", die auf beide Partner hätten gemünzt sein können („Williade"), aber überdeutlich Brandt meinten.

Gesamtdeutscher Gipfel – Willy Brandt (links) und Willi Stoph 1970 in Erfurt.

Fluchthilfe. Teils aus humanitären, teils aus kommerziellen Gründen bemühten sich zu DDR-Zeiten Personen und Organisationen, Menschen zur Flucht über die innerdeutsche Grenze zu verhelfen. Dabei kam es z.T. zu spektakulären Aktionen wie Ballonflügen, dem Durchbrechen der Grenzsperren mit gepanzerten Wagen, Floßfahrten über die Ostsee, Entführungen von Ernteflugzeugen oder Tunnelbauten unter der Berliner Mauer. Fluchthilfe wurde von den DDR-Behörden als „staatsfeindlicher Menschenhandel" verfolgt.

Frauenbund in der DDR. Der Demokratische Frauenbund Deutschland (DFD) war – nach dem Zweiten Weltkrieg aus den antifaschistischen Frauenausschüssen in der Sowjetzone hervorgegangen – als „sozialistische Massenorganisation" der einzige offizielle Frauenverband in der DDR. Mit seinen annähernd 1,5 Millionen Mitgliedern erfasste er unmittelbar gut ein Fünftel der weiblichen Bevölkerung, soweit sie älter als 18 Jahre war. Der Verband wandte sich aber ausdrücklich auch an Frauen aus Schichten, die ihm nicht ohne weiteres nahe standen, etwa aus den Kirchen oder dem Handwerk. Ziel dabei war, auch diese Frauen „eng mit dem Arbeiter-und-Bauern-Staat zu verbinden, ihren sozialistischen Patriotismus und proletarischen Internationalismus auszuprägen". Praktisch tätig wurde der

Stalinkult.

LEXIKON

1954 gestiftete „Clara-Zetkin-Medaille".

DFD in den Wohngebieten der Städte und in den Dörfern – und zwar mit Vortrags- und Diskussionsveranstaltungen, Volksbildungskursen in speziellen „Frauenakademien", bei der Organisation von Gemeinde-Verschönerungsaktionen sowie bei der Erschließung „brachliegender gesellschaftlicher und wirtschaftlicher Ressourcen". Weithin als nützlich geschätzt wurden die landauf, landab mehr als 200 „Beratungszentren für Haushalt und Familie". Der Frauenbund erkannte ohne Einschränkung die absolut führende politische Rolle der Sozialistischen Einheitspartei Deutschlands an.

Freie Deutsche Jugend (FDJ). Am 7.3.1946 genehmigte die „SMAD" die Gründung einer „überparteilichen, einigen, demokratischen Jugendorganisation". Dieses Datum gilt als der Gründungstag der Freien Deutschen Jugend (FDJ). Wenn auch von Kommunisten dominiert, sollte der Jugendverband doch demokratische Ziele haben. Der erste Vorsitzende Honecker versprach, „den überparteilichen Charakter unserer Organisation wie unseren Augapfel zu hüten". Unter den Bedingungen des „Kalten Krieges" mussten dies leere Versprechungen bleiben. Bereits 1947 wurden Uniformen eingeführt. Versuche von CDU, LDPD und den Kirchen, eigene Jugendverbände aufzubauen, wurden durch die Besatzungsorgane unterdrückt. 1952 erkannte das Parlament der FDJ die führende Rolle der SED an und übernahm zugleich das Organisationsprinzip des demokratischen Zentralismus; bei den Aufmärschen paradierten bereits Gruppen bewaffneter Jungen und Mädchen. 1957 konnte mit dem Beschluss der 16. Zentralratstagung, dass die FDJ „zuverlässiger Helfer und Kampfreserve der Partei der Arbeiterklasse" sein solle, der politische Formierungsprozess des Jugendverbandes als abgeschlossen gel-

ten. Die FDJ war fortan Jugendorganisation der SED. Vom 14. Lebensjahr an konnten Jugendliche der FDJ beitreten, in der Regel gehörten sie ihr bis zum 25. Lebensjahr an. Für Kinder von 6 bis 14 Jahren war die Pionierorganisation „Ernst Thälmann", die sog. Jungen Pioniere, zuständig. Die Mitgliedschaft in der FDJ war freiwillig, allerdings sorgten Benachteiligungen, die Nichtmitglieder erfuhren, für einen hohen Organisationsgrad: Er betrug 1981/82 bei den „Pionieren" 86,6 % (1,6 Mio. Mitglieder), bei der FDJ 77,7 % (2,3 Mio. Mitglieder). In Dörfern, Genossenschaften, Betrieben und Bildungseinrichtungen bestanden Grundorganisationen (GO) der FDJ, von denen es Mitte der 1980er Jahre ca. 28 500 gab, die sich wiederum in ca. 99 000 Gruppen untergliederten, geführt von rund 650 000 ehrenamtlichen Funktionären. Höchstes Gremium war das alle 5 Jahre zusammentretende Parlament der FDJ. Es wählte den Zentralrat der FDJ (rd. 140 Mitglieder), der ein ca. 30 Mitglieder starkes Büro mit dem Sekretariat als dem eigentlichen Leitungsorgan bestimmte. Zum ZK der SED bestanden enge organisatorische und personelle Beziehungen. In der Volkskammer stellte die FDJ im Rahmen der Nationalen Front eine eigene Fraktion. Die Jugendorganisation sollte sowohl möglichst große ökonomische Effekte erzielen als auch „vorwärtsdrängende" junge Sozialisten erziehen. Dem dienten Initiativen wie die „Jugendobjekte" (Arbeitsvorhaben im Bauwesen oder in der Landwirtschaft), die „Messen der Meister von morgen", Aktionen wie „Jugend auf die Traktoren!", „Hugo Leichtsinn" (Fahndung nach fahrlässig handelnden Verkehrsteilnehmern), „Ochsenkopf" (Umdrehen von nach Westen gerichteten Fernsehantennen auf Hausdächern), der Wettbewerb „Stärkster Lehrling" und andere mehr. Zumindest im Sport- und Freizeitbereich vermochte die FDJ – natürlich auch mangels Konkurrenz – Erfolge zu erzielen. Auch ihre Publikationen, v.a. die „Mosaik"-Comics und die Tageszeitung „Junge Welt", waren beliebt. Auf internationale Beziehungen wurde in der FDJ großer Wert gelegt. Mit dem Jugendverband der Sowjetunion, „Komsomol", pflegte sie regen Austausch. Daneben engagierte sie sich in der „sozialistischen Wehrerziehung". Die FDJ ging zusammen mit der DDR unter. Im Januar 1990 machten einige Funktionäre

noch den verzweifelten Versuch, den Verband als „fdj" (klein geschrieben) weiterzuführen, doch nach dem 3.10.1990 verlor er jede Bedeutung. In der Bundesrepublik war die FDJ seit 1951 als verfassungsfeindlich verboten.

Freier Deutscher Gewerkschaftsbund (FDGB). Am 10.6.1945 erlaubte die „SMAD" in der „SBZ" die Bildung von Gewerkschaften. Auf einem Gründungskongress im Februar 1946 konstituierte sich daraufhin der Freie Deutsche Gewerkschaftsbund (FDGB). Nach den schlechten Erfahrungen, die man vor 1933 mit den politisch und weltanschaulich gebundenen Richtungsgewerkschaften gemacht hatte, entschied

man sich wie im Westen für die Einheitsgewerkschaft. Der Bundesvorstand des FDGB bemühte sich zunächst, Einfluss auf die Gewerkschaftsentwicklung in allen vier Besatzungszonen zu nehmen, kam jedoch auf den insgesamt 9 gewerkschaftlichen Interzonenkonferenzen zwischen 1946 und 1948 diesem Ziel nicht näher. Es setzten sich vielmehr in der FDGB-Führung die Kommunisten durch und damit Tendenzen zum Aufbau einer sozialistischen Gesellschafts- und Gewerkschaftsordnung. Ausgerichtet am Organisationsprinzip des demokratischen Zentralismus, entwickelte sich der FDGB zu einem Instrument staatlicher Planerfüllung und Herrschaftssicherung. Bereits im November 1946 wurde das Streikrecht beschnitten; zwei Jahre später wurden die von den Gesamtbelegschaften gewählten Betriebsräte durch Betriebsgewerkschaftsleitungen ersetzt, die nur noch von FDGB-Mitgliedern gewählt werden durften. Im September 1950 erkannte der 3. FDGB-Kongress die „führende Rolle" der SED an. Steigerung der Arbeitsproduktivität wurde zur Hauptaufgabe. Als Massenorganisation war der FDGB in der Nationalen Front vertreten; sie entsandte eigene Abgeordnete in die Volkskammer und in die „örtlichen Volksvertretungen". Anders als der von selbständigen Einzelgewerkschaften gebildete und relativ machtlose DGB der Bundesrepublik besaß der FDGB politische und finanzielle Macht: Seine Mitgliedsgewerkschaften waren zentral gelenkte Fachabteilungen. Es galt das Prinzip „Ein Betrieb, eine Gewerkschaft"; alle in einem bestimmten Wirtschaftsbereich tätigen Arbeiter und Angestellten waren in derselben Gewerkschaft organisiert. Von den Gewerkschaftsgruppen auf Betriebsebene zog sich die Linie der Gremienhierarchie, teils nach dem Produktionsprinzip, teils nach dem Territorialprinzip, über Kreis-, Bezirks- und Zentralvorstände bis zum Bundeskongress, der den Bundesvorstand wählte mit einem Sekretariat als eigentlichem Machtzentrum. Die Mitgliedschaft war freiwillig. Allerdings bestand ohne Zugehörigkeit zum FDGB kaum Aussicht auf berufliches Weiterkommen, ganz abgesehen von den zahlreichen Vergünstigungen, auf die Nichtmitglieder keinen Anspruch hatten. 1986 wurde die Mitgliederzahl im FDGB mit 9,6 Mio. angegeben, was einen Organisationsgrad von 98 % bedeutete. Im Arbeitsgesetzbuch von 1977 war die Doppelrolle des FDGB definiert: Als „Schule des Sozialismus" sollte er den Willen der Partei in die Arbeiterklasse tragen; als Interessenvertretung aller Werktätigen sollte er für die Hebung des Lebensstandards der Bevölkerung sorgen. So ließ sich der FDGB zum Organisator der „Aktivistenbewegung" (zur Erhöhung der Arbeitsleistungen) und zum Fürsprecher von Leistungslöhnen machen und rechtfertigte er die Umstellung auf Schichtarbeit. Andererseits trug er mit zahlreichen sozial- und kulturpolitischen Dienstleistungen (Feriendienst des FDGB, Einrichtung von Bibliotheken, Theatergruppen, Betriebssportgemeinschaften u.a.) zur Steigerung der Lebensqualität bei. Der FDGB wurde im September 1990 aufgelöst. Bis Ende 1990 hatten die Mitglieder die Möglichkeit, persönlich oder korporativ den Übertritt in eine der DGB-Gewerkschaften zu vollziehen. Das Vermögen des FDGB wurde zunächst von einer „Gewerkschaftlichen Vermögensverwaltungsgesellschaft Märkisches Ufer" (GVVG) verwaltet und 1991 der Treuhandanstalt übergeben.

GENEX Geschenkdienst. Um dem ständigen Devisenmangel zu begegnen, rief die DDR-Regierung 1957 eine Geschenkdienst-GmbH ins Leben, kurz GENEX genannt. Über die von der SED betriebene Firma und ihre Filialen in Dänemark und der Schweiz konnten Bürger westlicher Staaten DDR-Bürgern hochwertige, unerschwingliche Waren aus dem Westen oder auch aus östlicher Produktion schenken, mussten dafür aber in harten Devisen, also in Westwährungen bezahlen. Die fast ausschließlich von wohlhabenden Bundesdeutschen genutzte GENEX lieferte ohne Wartezeiten und zu erheblich niedrigeren Preisen, als sie in der DDR galten: So kostete der 20 000 Ost-Mark teure Wartburg-Pkw nur rund 9000 DM. Damit unterlief die GENEX den zum Schein aufrechterhaltenen offiziellen Kurs von 1:1, weswegen über ihre Geschäfte in DDR-Medien wenig berichtet wurde. 1990 wurde die GENEX von der Treuhandanstalt übernommen.

Genossenschaften. Im Sozialismus eigentlich nicht vorgesehen, waren schon für Lenin nach Scheitern der ersten Phase seiner Wirtschaftspolitik (1921) die Genossenschaften ein Notbehelf, der sich als dauerhafter erwies als vermutet. Die „SMAD" und später die DDR-Führung hielten nach dem Krieg wegen der schwierigen Versorgungslage zunächst ebenfalls am Genossenschaftswesen fest. Allerdings wurden schon bald die Satzungen vom Staat vorgegeben und wenig später das Freiwilligkeitsprinzip im Zuge der Kollektivierung ausgehöhlt und schließlich fast ganz beseitigt. Während dieser Prozess auf dem Agrarsektor u.a. durch die Landwirtschaftlichen Produktionsgenossenschaften (LPG) rasch vorankam, blieb er beim Handwerk in Ansätzen stecken: Mitte der 1980er Jahre erbrachten die in den Produktionsgenossenschaften des Handwerks (PGH) vereinten Betriebe nicht einmal die Hälfte aller Leistungen.

Gesellschaft für Sport und Technik (GST). Aufgabe der GST war es seit 1952 vor allem – mit unterschiedlichen Schwerpunkten, aber insgesamt immer straffer organisiert und perfekter –, eine wirkungsvolle vormilitärische Ausbildung aller Jugendlichen im Lande sicherzustellen. Diese Ausbildung war für Schüler und Lehrlinge quasi obligatorisch. Daneben organisierte die GST auch die Reservistenausbildung und den Wehrsport als Breiten- und als Leistungssport. Die GST arbeitete nach Grundsatzbeschlüssen der SED und unterstand dem DDR-Ministerium für Nationale Verteidigung. Sie war ganz auf die organisatorischen und fachlichen Bedürfnisse der Nationalen Volksarmee ausgerichtet. Aufgebaut nach dem Prinzip des demokratischen Zentralismus, also mit Entscheidungsgewalt von oben nach unten (etwa 600 000 Mitglieder in 10 000 Orts- oder Fachgruppen), bot die GST-Ausbildungs- und Freizeitbeschäftigung in Sparten wie dem militärischen Mehrkampf, Wehrkampf, Sportschießen, Motor- und Modellsport, Tauchen, Fallschirmspringen, Fliegen, Schifffahrt und Nachrichtentechnik. Wegen der Möglichkeit, bei der GST einigermaßen komplikationslos den Führer- und den Flugschein zu erwerben, war sie diesbezüglich bei den DDR-Jugendlichen recht beliebt. Zu ihren Ausbildungszwecken verfügte die Gesellschaft über zahlreiche Spezialschulen, -lager und -publikationen. Sie veranstaltete auch die landesweiten Wehrsport-Wettkämpfe, die sogenannten Wehrspartakiaden.

Gesellschaftliche Mitarbeiter Sicherheit (GMS). Besonders geeignet zur Informationsbeschaffung waren für die „Stasi" Persönlichkeiten des öffentlichen Lebens, die sich durch „staatsbewusste Einstellung" auszeichneten, über gute Verbindungen verfügten und umfassend unterrichtet waren. Sie arbeiteten als Parteifunktionäre, in den Führungsgremien des Freien Deutschen Gewerkschaftsbundes (FDGB) oder in anderen Leitungsfunktionen.

Grenztruppen der DDR. Die etwa 50 000 Mann starken Grenztruppen der DDR, die am 1. Dezember 1946 (damals: Deutsche Grenzpolizei) von der sowjetischen Militäradministration aufgestellt wurden, bewachten die fast 1400 Kilometer lange Grenze zur Bundesrepublik und den Ring um Westberlin (161 Kilometer); eine Grenzbrigade war an der Ostseeküste (310 Kilometer) eingesetzt, kleinere Einheiten waren an den Grenzen zu Polen und zur Tschechoslowakei stationiert. Ursprünglich war die Grenzpolizei dem DDR-Innenministerium, zeitweise dem Ministerium für Staatssicherheit unterstellt. Nach dem 13. August 1961 wur-

1975 gestifteter Ehrentitel „Verdienter Angehöriger der Grenztruppen der Deutschen Demokratischen Republik".

LEXIKON

de sie in „Grenztruppe" umbenannt, und der Verteidigungsminister übernahm die Befehlsgewalt. 1974 bekamen diese Grenztruppen einen Sonderstatus innerhalb der Nationalen Volksarmee (NVA). Auch Wehrpflichtige wurden zum Grenzdienst herangezogen, jedoch besonders ausgewählt und vor Streifeneinsätzen streng überprüft.

Grotewohl, Otto, *Braunschweig 11.3.1894, †Berlin 21.9.1964. – Nach einer Buchdruckerlehre trat Grotewohl 1912 der SPD bei, ging 1918 zur USPD und kehrte nach deren Spaltung 1922 in die SPD zurück. 1925-33 war er Reichstagsabgeordneter und arbeitete im Dritten Reich als Vertreter. 1938/39 war er 7 Monate lang inhaftiert. 1945 wurde Grotewohl Vorsitzender des Zentralausschusses der SPD in Berlin und führte auf sowjetischen Druck hin die Partei gegen den Willen Schumachers in die Vereinigung mit der KPD zur Sozialistischen Einheitspartei Deutschlands (SED). Zusammen mit Pieck war Grotewohl bis 1954 ihr Vorsitzender, gehörte bis zu seinem Tod dem Politbüro an und war seit Konstituierung der DDR Ministerpräsident, wobei für den Schwerkranken seit 1962 Stoph die Amtsgeschäfte führte. So zögernd sich Grotewohl der Zwangsvereinigung mit der KPD gebeugt hatte, so konsequent stand er danach dazu: Den westdeutschen Staat bezeichnete er als Ergebnis „kolonialer Versklavung" durch die Westmächte, einzig unabhängiger deutscher Staat sei die DDR.

Grundlagenvertrag. Der Grundlagenvertrag zwischen der Bundesrepublik und der DDR wurde am 21. Dezember 1972 in Ost-Berlin unterzeichnet und trat am 21. Juni 1973 in Kraft; seine volle Bezeichnung, die seine Intention und Bedeutung umreißt, lautete „Vertrag über die Grundlagen der Beziehungen zwischen der Bundesrepublik und der Deutschen Demokratischen Republik". In seinem ersten Artikel erklärte der Vertrag, dass beide Staaten „normale gutnachbarliche Beziehungen zueinander auf der Grundlage der Gleichberechtigung" entwickelten. In den folgenden Artikeln wurden unter anderem die „Unverletzlichkeit" der bestehenden Grenzen zwischen Bundesrepublik und DDR „jetzt und in der Zukunft" bekräftigt und die Respektierung der „Unabhängigkeit und Selbständigkeit jedes der beiden Staaten in seinen inneren und äußeren Angelegenheiten" ausgesprochen. Zum Inhalt des Vertrages gehörte auch die Erklärung der Bereitschaft, „im Zuge der Normalisierung" praktische und humanitäre Fragen zu lösen. Der Grundlagenvertrag war insofern auch die Grundlage der danach ausgehandelten deutsch-deutschen Verträge. Bereits in der Präambel des Vertrages wurden die Unterschiede in den Auffassungen beider Staaten „zu grundsätzlichen Fragen, darunter zur nationalen Frage", notifiziert. Der der DDR am Tag der Unterzeichnung zugeleitete Brief der Bundesregierung hielt fest, der Vertrag stehe nicht im Widerspruch zu dem politischen Ziel der deutschen Einheit. Der Grundlagenvertrag wurde außerdem ergänzt durch eine Reihe von Absichtserklärungen in einem Zusatzprotokoll, einer „Erklärung zu Protokoll" zu der Frage der Staatsangehörigkeit, die durch den Vertrag nicht geregelt war, eine Reihe von Briefwechseln und andere Zusatzdokumente, die sich auf einzelne praktische Problembereiche bezogen.

Grüner Pfeil. Und wenn denn alles schlecht war in der alten DDR, er aber war gut: Der grüne Pfeil, der Autofahrern das Rechtsabbiegen an roten Ampeln erlaubte, ist die einzige Ost-Errungenschaft, an der auch die West-Experten viel zu rühmen fanden. Schlicht, farblich durch scharfe Trabi-Auspuffgase oft stark verblasst, sei das Schildchen „eigentlich eine sehr sinnvolle Einrichtung" gewesen, urteilte etwa der ADAC in München. Und selbst ein so kritischer Begutachter des DDR-Nachlasses wie der ehemalige Berliner Bürgermeister Eberhard Diepgen, dem in seiner Stadt beste Vergleichsmöglichkeiten zwischen der Rechtsabbiege in Ost und West zur Verfügung standen, hatte sich als Fan des Abbiegepfeils zu erkennen gegeben, sodass er schließlich auch für das wiedervereinigte Deutschland übernommen wurde.

Harich, Wolfgang, *Königsberg (Ostpreußen) 9.12.1923, †Berlin 15.3.1995. – Das „Tauwetter" im Ostblock nach der Entstalinisierungs-Rede des sowjetischen KP-Chefs Chruschtschow 1956 ließ Hoffnungen bei den Intellektuellen auch auf eine kulturelle Liberalisierung in der DDR aufkeimen. Wie sehr man sich damit getäuscht hatte, erfuhr der Publizist Harich, als er die Kulturpolitik der DDR in der von ihm geleiteten „Deutschen Zeitschrift für Philosophie" – aus marxistischer Sicht – unter die kritische Lupe nahm. Er wurde aus der SED ausgeschlossen und 1957 wegen „Bildung einer konspirativen staatsfeindlichen Gruppe" zu 10 Jahren Haft verurteilt. Harich, später von den aufbegehrenden Studenten im Westen als marxistischer Theoretiker geschätzt, machte sich nach seiner Amnestierung (1964) einen Namen mit Schriften wie „Zur Kritik der revolutionären Ungeduld" (1969).

Hausbuch. Das polizeiliche Meldewesen in der DDR verlangte für jedes Wohngebäude und alle Gemeinschaftsunterkünfte das Führen eines Hausbuchs durch Besitzer oder Verwalter. Darin waren alle Bewohner, Besucher aus der DDR, die 30 Tage oder länger blieben, v.a. aber alle in die DDR eingereisten Besucher, also insbesondere Bundesbürger, binnen 24 Stunden einzutragen. Das Hausbuch musste auf Verlangen der Volkspolizei oder der Vertreter der „Stasi" vorgelegt werden.

Havemann, Robert, *München 11.3.1910, †Grünheide (Mark Brandenburg) 9.4.1982. – Als 22-Jähriger trat der Chemiker Havemann der KPD bei und arbeitete gegen den NS-Staat, der ihn

Ministerpräsident Otto Grotewohl auf einer Pressekonferenz in Berlin.

1943 als Mitglied einer Widerstandsgruppe zum Tode verurteilte, die Vollstreckung aber wegen kriegswichtiger Forschungen aussetzte. Seit Bildung der SED 1946 war Havemann Mitglied der Partei; er wurde vielfach ausgezeichnet. Als unabhängiger Denker aber geriet er zunehmend in Gegensatz zu der dogmatischen Politik der SED und kritisierte die stalinistisch-bürokratischen Strukturen in der DDR u.a. in der Schrift „Dialektik ohne Dogma" (1964). Er wurde 1964 aus der Partei und 1966 aus der Akademie der Wissenschaften ausgeschlossen, verlor alle Ämter und stand nach Protesten gegen die Ausbürgerung Biermanns 1977-79 sogar unter Hausarrest. Im November 1989 rehabilitierte ihn die zusammenbrechende SED postum.

Held der Arbeit. Das (Klassen-)Kämpferische ihrer Ideologie durchsetzte den Jargon der DDR allenthalben: Sportklubs hießen „Dynamo", Arbeits-Teams „Brigaden", und wer sich durch herausragende Leistungen in Industrie, Handel, Landwirtschaft oder Verkehr oder durch wissenschaftliche Entdeckungen oder technische Erfindungen „besondere Verdienste um den Aufbau und den Sieg des Sozialismus" erwarb, war ein „Held der Arbeit". Dieser Ehrentitel wurde 1950 gestiftet, bis zu 50-mal im Jahr vergeben; er war mit einem Preisgeld von bis zu 10 000 Mark verbunden.

1950 gestifteter Ehrentitel „Held der Arbeit".

Hennecke-Bewegung. Schon Lenin wehrte sich gegen die Behauptung, der Sozialismus untergrabe den Wettbewerb. Das Gegenteil sei der Fall, da er nun „im Massenumfang" organisiert werden könne. In der Praxis der „SBZ" und späteren DDR geschah dies durch die Erhöhung der Arbeitsnormen. Zur Rechtfertigung solcher Erhöhungen wurden gerne Vorbilder hingestellt, die wie der Bergarbeiter Adolf Hennecke (*1905, †1975) besondere Leistungen vollbracht hatten: Am 13.10.1948 gelang Hennecke als Hauer eine Übererfüllung der Schichtnorm von 387!!!!! % (530 Zentner). Dass er dies natürlich nur unter optimalen Bedingungen, bei bester Arbeitsvorbereitung, hatte schaffen können, wurde ebenso betont wie der Einsatzwille, weil sein Vorbild auch der Einführung verbesserter und intensiverer Arbeitsmethoden im Rahmen einer Hennecke- oder Aktivisten-Bewegung dienen sollte. Der 13.Oktober wurde zum „Tag der Aktivisten" erklärt, und Hennecke stieg 1954 ins ZK der SED auf.

Heym, Stefan, *Chemnitz 10.4.1913, †Israel 16.12.2001. – Helmut Flieg, so der ursprüngliche Name des Schriftstellers Heym, ging in der NS-Zeit ins amerikanische Exil und kehrte 1952 in die DDR zurück. Dort erhielt er für sein Werk (u.a. der Roman „Der Fall Glasenapp", 1958) 1959 den Nationalpreis, wurde aber 1965 als „Abweichler" mit Veröffentlichungsverbot belegt. Seine weiteren Abrechnungen mit der stalinistischen DDR konnten daher nur in der Bundesrepublik erscheinen, u.a. „Fünf Tage im Juni" (1974 über den Aufstand vom 17. Juni 1953), „Collin" (1979). Der 1979 aus dem Schriftstellerverband der DDR ausgeschlossene Heym wurde beim Zusammenbruch der SED-Herrschaft 1989 wieder aufgenommen, engagierte sich für die Erhaltung einer reformierten DDR und wurde 1994 für die PDS in den Bundestag gewählt. Wegen seiner Eröffnungsrede als Alterspräsident kam es zu Konflikten mit der CDU/CSU.

HO. Das Kürzel war so viel bekannter als die Vollform, sodass manche scherzhaft als „H-Null" lasen, was in der DDR für „Handelsorganisation" stand. Die HO wurde am 3.11.1948 in der „SBZ" als staatliche Kette von Einzelhandelgeschäften gegründet zum Verkauf von Lebensmitteln und Mangelwaren zu überhöhten Preisen, womit man den Schwarzmarkt bekämpfen und den Geldüberhang vermindern wollte. Außerdem sollte der „volkseigene Charakter" des Handels zur besseren Einfügung in die Planwirtschaft gestärkt werden. Nach Gründung der DDR hatte die HO dann das Monopol für den freien Verkauf rationierter Waren, sodass der private Einzelhandel durch mangelhafte Zuteilung ausgetrocknet wurde und oft zum Verkauf von Läden an die HO gezwungen war. Mit Ende der Rationierung von Lebensmitteln 1958 wurde diese Politik durch

„HO-STALINALLEE", Anzeige, 1954.

steuerliche Begünstigung der HO ersetzt, so dass sich der Schwund der Privatbetriebe weiter beschleunigte; 1982 erreichten sie nur noch einen Anteil von 11,6 % am Binnenhandel, während die HO auf über 50 % kam, der Rest entfiel auf die Konsumgenossenschaften. Die HO betrieb auch Gaststätten, Warenhäuser, ein Versandhaus u.a.; 1962 wurden sog. Delikat- und Exquisit-Läden gegründet, die Importwaren und Luxusgüter für wohlhabendere Kreise anboten und den modischen Bedarf Jugendlicher befriedigen sollten. Im selben Jahr entstanden die Intershops.

Honecker, Erich, *Neunkirchen/Saar 25.8.1912, †Santiago de Chile 29.5.1994. – Die politische Karriere des gelernten Dachdeckers Honecker brachte ihn zunächst in Todesgefahr, führte dann in höchste Höhen und endete mit seinem und dem Sturz des von ihm um jeden Preis verfochtenen Systems. 1929 in die KPD eingetreten, ging Honecker 1933 in den Untergrund, wurde 1937 zu 10 Jahren Zuchthaus verurteilt, 1945 von der Roten Armee befreit und im Jahr darauf in der „SBZ" Vorsitzender der Freien Deutschen Jugend (FDJ), die er bis 1955 führte. 1949 war Honecker in die Volkskammer gewählt worden, stieg 1956 zum Sekretär des ZK der SED und 1958 in ihr Politbüro auf. 1971 löste er Ulbricht als 1. Sekretär (1976 Generalsekretär) des ZKs der SED ab und wurde

LEXIKON

Ideologisch ungebrochen, verlassen Erich Honecker und Ehefrau Margot am 29.7. 1992 in Begleitung von Chiles Sonderbotschafter James Holger die chilenische Botschaft in Moskau.

1976 Staatsratsvorsitzender, also Staatsoberhaupt der DDR. In Honeckers Ära fiel die internationale Anerkennung der DDR, die 1973 in die Vereinten Nationen aufgenommen wurde; auch gelang ihm ein gewisser Ausgleich mit der Bundesrepublik im Grundlagenvertrag. Höhepunkt der außenpolitischen Erfolge wurde der Staatsbesuch in Bonn 1987. Nach innen aber hielt Honecker eisern am repressiven SED-System fest, baute den Spitzelapparat der „Stasi" immer weiter aus, beharrte auf dem „Schießbefehl" an der innerdeutschen Grenze und lehnte die Reformpolitik des sowjetischen Parteichefs Gorbatschow nach 1985 ab. Damit führte er die DDR in die Isolierung. Da er den Eisernen Vorhang nicht um den gesamten Staat verlängern konnte, flohen die Menschen 1989 in Massen in einstige „Bruderländer", die sich nun öffneten, v.a. nach Ungarn. Honecker sah sich im Herbst 1989 beim 40. Jahrestag der Staatsgründung Massenprotesten und erneuten Mahnungen Gorbatschows gegenüber. Am 18. Oktober trat er auf Druck der Parteiführung von allen Ämtern zurück und wurde am 3. Dezember aus der SED ausgeschlossen. Im Zuge der Wiedervereinigung musste er nun mit einer Anklage wegen Anstiftung zum Mord rechnen und setzte sich nach Moskau ab, wo er in die chilenische Botschaft floh. 1991 kehrte er nach Deutschland zurück. Das 1992 gegen ihn eröffnete Verfahren aber musste wegen seines schlechten Gesundheitszustands eingestellt werden: Honecker wurde die Ausreise nach Chile zu seiner Tochter gestattet.

Hörfunk und Fernsehen. In der DDR waren Hörfunk und Fernsehen wichtige staatlich zentral gelenkte Instrumente der Propaganda, was offensiv vertreten wurde: „Millionen von Menschen", hieß es parteiamtlich, könnten diese Medien „mit dem Marxismus-Leninismus vertraut machen" und als „Stimme des Sozialismus" sogar über die Landesgrenzen hinaus wirken. Das aber gerade gelang kaum wegen der meist zu einfältigen Programme und der aufdringlichen Indoktrination, wohingegen westliche Fernsehsender sich in der DDR großer Beliebtheit erfreuten; sie konnten von 80 % der Haushalte empfangen werden. Mehrfach versuchte die SED, u.a. durch Abrissaktionen der FDJ, nach Westen ausgerichtete Antennen zerstören zu lassen oder über die Schüler die elterlichen Fernsehgewohnheiten auszuspähen. Sie erzeugte aber nur ein Klima der Angst, ohne den westlichen Einfluss nennenswert eindämmen zu können. Störsender richteten allenfalls etwas gegen bestimmte Rundfunkfrequenzen aus. Das Westfernsehen hatte durch die bloße Wirkung der schönen Bilder einen wesentlichen Anteil am falschen Westbild vieler, was zu Enttäuschung nach der Wiedervereinigung beitrug.

Innerdeutsche Beziehungen. Der Wandel im Verhältnis der beiden deutschen Staaten zueinander und die Bereitschaft der Regierung Brandt, diesen Wandel anzuerkennen, wurden 1969 deutlich, als das Bundesministerium für gesamtdeutsche Fragen umgewidmet wurde zum „Bundesministerium für innerdeutsche Beziehungen". Das markierte den Endpunkt einer Entwicklung, die mit dem Zerschneiden gewachsener Zusammenhänge durch die Demarkationslinien zwischen den Besatzungszonen begonnen, sich mit der Bildung zweier deutscher Staaten im „Kalten Krieg" fortgesetzt und zu wachsender Entfremdung der beiden Teile Deutschlands geführt hatte. Während die DDR sich immer hermetischer abriegelte, versuchte sie u.a. durch ständige Gesprächsangebote, auf die Bonn nie einging, den Eindruck zu erwecken, der Westen zementiere die Teilung. In der Praxis aber unternahm Ostberlin alles, um Reste von Gemeinsamkeiten zu zerstören, behinderte den Grenzverkehr, griff zu Schikanen auf den Zufahrtsstraßen nach West-Berlin, verfremdete mit dem Hammer-und-Zirkel-Emblem die deutschen Farben, erschwerte Besuche von Bundesbürgern und unterband Gegenbesuche in der Bundesrepublik bald ganz, errichtete 1961 die Berliner Mauer und strich schließlich den Begriff „Deutsche Nation" aus der Verfassung. Bonn verweigerte Gespräche mit der Begründung, dem Partner fehle die Legitimierung durch das Volk mangels freier Wahlen. Die Bemühungen der DDR um Anerkennung wurden offensiv bekämpft, u.a. durch die Hallstein-Doktrin, und nach dem Mauerbau unterbrach die Bundesrepublik ihrerseits den restlichen Kultur- und Sportaustausch. Gerade aber die Mauer brachte den Wandel durch Konsolidierung der DDR einerseits und wachsende realpolitische Einsicht im Westen andererseits. Nach Passierscheinabkommen für Berliner Bürger 1963 kam es 1967 erstmals zu einem Briefwechsel beider Regierungschefs und nach Bildung der sozialliberalen Koalition zu den legendären Treffen Brandts und Stophs („Williade") 1970 in Erfurt und Kassel. Der Grundlagenvertrag normalisierte dann die Beziehungen so weit, dass beide deutschen Staaten in die Vereinten Nationen aufge-

Plakat der SED gegen Adenauers Politik der Westintegration, 1951

nommen werden konnten, und der Staatsbesuch Honeckers 1987 in Bonn bildete den Höhe- und Schlusspunkt der Beziehungen, kurz ehe die DDR ökonomisch und politisch am Ende war.

Innerdeutsche Grenze. Die Demarkationslinie zwischen der „SBZ" und den westlichen Besatzungszonen wurde im Londoner Protokoll vom 12.9.1944 festgelegt, von der UdSSR in den „Eisernen Vorhang" einbezogen und von der DDR später ständig weiter befestigt. Sie verlief über 1346 km von der Lübecker Bucht nach Süden bis an die Elbe, dann entlang der Westgrenzen Mecklenburgs, Sachsen-Anhalts und Thüringens, folgte dessen und Sachsens Südgrenze bis nach Hof an der deutsch-tschechischen Grenze; hinzu kamen 161 km Grenze rund um West-Berlin. Diese Linie wurde von der DDR als „Staatsgrenze West" bezeichnet, von der Bundesrepublik seit dem „Grundlagenvertrag" als „innerdeutsche Grenze". Sie war auf östlicher Seite personell gesichert durch die Grenztruppen der DDR und technisch durch z.T. elektrisch geladene Metallgitterzäune, tiefgestaffelte Stacheldrahthindernisse, Minenfelder, streckenweise Betonmauern, Sperrgräben, Stolperdrähte, Selbstschussanlagen (bis 1983), elektrische, optische und akustische Warnsysteme, Hundelaufanlagen, Bunker, 715 Wachtürme und fast 20 000 Grenzmeldesprechstellen. Dennoch gelang nach dem Bau der Berliner Mauer immer noch 40 100 Menschen die Überwindung der Sperranlagen, 201 Fluchtversuche an der Mauer und der innerdeutschen Grenze endeten tödlich nach Schusswaffengebrauch durch DDR-Grenzsoldaten.

Inoffizieller Mitarbeiter (IM). Zur lückenlosen Überwachung der eigenen Bevölkerung genügte der SED auch der „Kaderstand" von zuletzt mindestens 91 000 hauptamtlichen Mitarbeitern der „Stasi" nicht. Es wurden „Gesellschaftliche Mitarbeiter Sicherheit" (GMS) angeworben und in großem Stil „Inoffizielle Mitarbeiter" (IM). Bei den Letzteren handelte es sich um lange vorgeprüfte Personen, denen Bespitzelungsaufträge im eigenen Umfeld gegeben wurden, nachdem sie sich schriftlich dazu bereit erklärt und einen Decknamen erhalten hatten. Ein Führungsoffizier der „Stasi" übermittelte Weisungen und nahm Ergebnisse meist bei

Forumscheck zum Einkauf in den Intershops.

Treffs in konspirativen Wohnungen entgegen. Die IM galten als „Hauptkräfte im Kampf gegen den Feind"; sie wurden durch Bezahlung gelockt; aus politischer Überzeugung wurden sie tätig, durch Nötigung oder mit einer Kombination dieser Mittel angeworben. Über Zweck und Umfang ihrer Aufträge waren sie gar nicht oder nur bruchstückhaft unterrichtet, damit nicht unnötig Bedenken entstünden. Es gab diverse Kategorien von IM, z.B. den IMB „zur unmittelbaren Bearbeitung im Verdacht der Feindtätigkeit stehender Personen", den FIM „zur Führung anderer IM und GSM", den IME „für einen besonderen Einsatz". Wertvoll waren IM v.a. aus dem Freundes- und Verwandtenkreis „feindlich-negativer" Personen oder Mitarbeiter von Institutionen (z.B. der Kirche), die der „politischen Untergrundtätigkeit" (PUT) verdächtigt wurden. Die Zahl der IM wird auf mehrere Hunderttausend geschätzt; sie wuchs mit zunehmender Instabilität des Systems ab 1985 sprunghaft an, was zu weiterer Destabilisierung führte, weil sich ein immer größerer Teil der Bevölkerung bedroht sah, weil sich IM manchmal gegenseitig enttarnten und sich Zweifel über das eigene Tun im Apparat selbst ausbreiteten. Wer damals bespitzelt wurde, hat heute die Möglichkeit, die Berichte darüber bei der „Bundesbehörde für die Unterlagen des Staatssicherheitsdienstes der DDR" (1990-2000 nach ihrem ersten Leiter „Gauck-Behörde" genannt) einzusehen.

Intershops. Sie waren die Konsumparadiese der Deutschen Demokratischen Republik: Gegen konvertierbare Währung kauften DDR-Bewohner hier Dinge, die es in gewöhnlichen Läden nicht oder nur zu horrenden Preisen gab: französischen Cognac, brasilianischen Kaffee, westdeutsches Waschpulver, elektrisches Gerät und Textilien aus westlicher und auch ostdeutscher Produktion. 200 amerikanische Zigaretten zum Beispiel kosteten hier 16 Mark (West) – im normalen Tabakladen zahlte man für 20 Stück 8 Mark (Ost). In Hunderten von Superläden in Hotels, Bahnhöfen, Flughäfen, Autobahnraststätten und an Grenzübergängen nahm der Andrang mehr und mehr zu. Denn während ursprünglich der Ausflug zum nächsten Intershop, in dem das Geld der Westverwandtschaft sorgsam angelegt wurde, ein bisschen außerhalb der Legalität stattfand, wurde er später nicht nur geduldet, sondern ausdrücklich erlaubt. Anfangs konnte der ostdeutsche Zoll kontrollieren und beschlagnahmen, was Ostdeutsche im Intershop erwarben, wenn er auch selten davon Gebrauch machte. Nach dem Devisengesetz von 1974 konnten DDR-Bürger von „Devisenausländern" Geldgeschenke annehmen und die Beträge in Intershops und an Inter-Tankstellen ausgeben. Die Schenkung bedurfte keiner Genehmigung, der Schenkende musste sie lediglich beim Zoll registrieren lassen. 1976 folgte die Gründung von „Delikat-Läden".

Jugendweihe. Die Jugendweihen, an denen jedes Jahr im Frühjahr die Jungen und Mädchen der 8. Schulklassen teilnahmen, wurden in der DDR seit 1955 veranstaltet. Als Vorbild dienten Feiern, die seit Ende des vorigen Jahrhunderts von Freidenkern und Sozialisten gepflegt wurden. In der DDR sollte die Jugendweihe den Übergang der Jugendlichen in die Welt der Erwachsenen

LEXIKON

des Ostblocks, v.a. der Sowjetunion, stets Vorrang hatten), konnten sie sich auf den westlichen Märkten weder richtig bekannt machen noch sich dem dort üblichen Entwicklungs- und Produktionsniveau anpassen. Nach dem Zusammenbruch der SED-Herrschaft wurden die Kombinate privatisiert. Dabei kam es – bedingt durch Struktur- und Standortprobleme, erforderlichen Modernisierungsaufwand, Schwierigkeiten der Altlastenbeseitigung und ungeklärte Eigentumsfragen – zu weitgehender Entflechtung, wobei die Strukturen der meisten Kombinate sich auflösten.

Kommerzielle Koordinierung (KoKo). 1966 wurde im Ministerium für Außenhandel der DDR ein „Bereich Kommerzielle Koordinierung" gebildet. 1972 erhielt diese Dienststelle den Status einer Valutabehörde und eines Devisenausländers, so dass sie internationale Bankgeschäfte tätigen und Konten unterhalten konnte. Die „Stasi" sicherte sich Einfluss auf die KoKo durch gezielte Platzierung von „Offizieren im besonderen Einsatz" (DDR-Kürzel: OibE), zu denen auch der KoKo-Chef Alexander Schalck-Golodkowski selbst gehörte. Die KoKo operierte unkontrolliert und in einem rechtsfreien Raum; die Geschäftsführung wurde konspirativ betrieben – auch die einzelnen Abteilungen wussten kaum voneinander. Formell zwar immer noch dem Ministerium für Außenhandel unterstellt, war die KoKo jedoch tatsächlich seit 1976 in den Apparat des ZKs der SED eingegliedert und unterstand dort dem ZK-Sekretär für Wirtschaft Mittag. Dieser, wie auch Honecker und Mielke, die als einzige in die Tätigkeit der KoKo eingeweiht waren, ließen ihr freie Hand. Mit den Geschäften der KoKo hoffte die DDR-Führung der ständig wachsenden Auslandsverschuldung zu begegnen. Die sorgfältig abgeschottete Behörde sollte Devisen beschaffen - egal wie. Die KoKo betreute Firmen im „nicht-sozialistischen Wirtschaftsgebiet", in der Bundesrepublik annähernd 20 Unternehmen, die der SED politisch verbunden waren; über eine in Bochum ansässige Holding-Gesellschaft und Strohmänner in Liechtenstein und in der Schweiz flossen die Gewinne nach Ostberlin. Die KoKo bemühte sich um den Zugriff auf westliche High-Tech-Produkte für den militärischen Bereich, lieferte NVA-Überschussbestände in die Krisenregionen der Welt (im 1. Golfkrieg sogar an den Iran und Irak gleichzeitig) und verschleuderte über die „Kunst- und Antiquitäten GmbH" Kulturgut der DDR in alle Welt. Nicht einmal vor dem Handel mit NS-Relikten schreckte sie zurück. Die weltweit ca. 160 von der KoKo unterhaltenen Firmen verschafften der DDR zwischen 1966 und 1987 Deviseneinnahmen von rd. 29 Mrd. DM – zu wenig, um der chronischen Devisennot der DDR wirklich abzuhelfen. Nach der Wiedervereinigung befasste sich 1991-94 ein parlamentarischer Untersuchungsausschuss mit der KoKo: Die Treuhandanstalt wurde beauftragt, das Finanzimperium aufzulösen; es gelang ihr, rd. 1,5 Mrd. DM KoKo-Gelder aufzufinden.

Kommunistisches Manifest. Karl Marx und Friedrich Engels hatten beide schon mehrere ihrer theoretischen Frühwerke geschrieben, als sie in der Londoner Emigration Ende 1847 zusammen für eine kleine Gruppe politischer Flüchtlinge ihr „Manifest der Kommunisten" formulierten. Anfang 1848, noch vor dem Ausbruch der Februar-Revolution in Frankreich, erschien dieses Manifest im Umfang von 23 Druckseiten in einer kleinen Londoner Druckerei. Bald wurde es aus dem Deutschen in viele andere Sprachen übersetzt. Der Inhalt beschrieb die Geschichte als eine Reihe von Klassenkämpfen, würdigte die Leistung des Bürgertums für die Errichtung der modernen Industriegesellschaft und sagte die Ablösung dieses Systems durch eine klassenlose Gesellschaft voraus, deren Erkämpfung Sache des Proletariats sei. Es klang in der Parole aus: „Proletarier aller Länder, vereinigt euch."

1953 gestifteter „Karl-Marx-Orden".

Konsumgenossenschaften. In Deutschland entstanden im Rahmen der Arbeiterbewegung zur Verbesserung der sozialen Lage der wirtschaftlich Schwächeren Genossenschaften, die Arbeiter durch Schaffung einer Selbsthilfe-Organisation vor Wucher, Preistreiberei und Ausbeutung schützen und sie mit einwandfreien Waren zu angemessenen Preisen versorgen wollten. Während der NS-Herrschaft aufgelöst, wurden diese Konsumgenossenschaften nach 1945 wieder legalisiert. In der Bundesrepublik gerieten sie gegenüber den großen Handelsketten ins Hintertreffen. In der DDR hingegen bildeten sie eine Massenorganisation – die drittgrößte nach dem Freien Deutschen Gewerkschaftsbund (FDGB) und der Gesellschaft für Deutsch-Sowjetische Freundschaft (DSF) und neben der HO die entscheidende Organisationsform des DDR-Binnenhandels. Die Tätigkeitsfelder waren dabei so verteilt, dass die Konsumgenossenschaften die Landbevölkerung und die HO die Städter versorgte. 1946 zählten die Konsumgenossenschaften in der „SBZ" 1,3 Mio. Mitglieder, zu DDR-Zeiten waren es bei 198 Genossenschaften bis zu 4,6 Mio. An ihren Gewinnen waren die Mitglieder beteiligt. 1990 wurden die Konsumgenossenschaften zu 55 Betrieben fusioniert: Sie schlossen sich mit westdeutschen Genossenschaften zur Konsum-Interbuy-Warenhandelsgesellschaft zusammen.

Krenz, Egon, *Kolberg/Pommern 19.3. 1937. – Nach einer kaufmännischen Lehre arbeitete der Schneiderssohn Krenz zunächst als Landarbeiter, wurde 1953 Mitglied der FDJ und 1961 Sekretär von deren Zentralrat. 1964-67 studierte er an der Parteihochschule der KPdSU in Moskau, kehrte auf seinen FDJ-Posten zurück, wurde 1971 in die Volkskammer gewählt, übernahm im selben Jahr die Leitung der Pionierorganisation „Ernst Thälmann" (bis 1974) und wurde Kandidat des ZKs der SED, in das er 1973 aufgenommen wurde. 1976 avancierte Krenz zum Kandidaten des Politbüros, in das er 1983 als Vollmitglied einzog. Ein Jahr später wurde er stellvertretender Vorsitzender des Staatsrats und nach dem Sturz Honeckers am 18.10.1989 dessen Nachfolger als Generalsekretär der SED, Vorsitzender des Staatsrats und des Nationalen Verteidigungsrats (NVR). In diesen Eigenschaften versuchte Krenz, Reste der SED-Herrschaft zu retten, bekam aber die Entwicklung nicht mehr in den Griff und trat am 3. Dezember von den Partei- und am 6. Dez. 1989 von den Staatsämtern zurück. 1995 wurde er u.a.

nommen werden konnten, und der Staatsbesuch Honeckers 1987 in Bonn bildete den Höhe- und Schlusspunkt der Beziehungen, kurz ehe die DDR ökonomisch und politisch am Ende war.

Innerdeutsche Grenze. Die Demarkationslinie zwischen der „SBZ" und den westlichen Besatzungszonen wurde im Londoner Protokoll vom 12.9.1944 festgelegt, von der UdSSR in den „Eisernen Vorhang" einbezogen und von der DDR später ständig weiter befestigt. Sie verlief über 1346 km von der Lübecker Bucht nach Süden bis an die Elbe, dann entlang der Westgrenzen Mecklenburgs, Sachsen-Anhalts und Thüringens, folgte dessen und Sachsens Südgrenze bis nach Hof an der deutsch-tschechischen Grenze; hinzu kamen 161 km Grenze rund um West-Berlin. Diese Linie wurde von der DDR als „Staatsgrenze West" bezeichnet, von der Bundesrepublik seit dem „Grundlagenvertrag" als „innerdeutsche Grenze". Sie war auf östlicher Seite personell gesichert durch die Grenztruppen der DDR und technisch durch z.T. elektrisch geladene Metallgitterzäune, tiefgestaffelte Stacheldrahthindernisse, Minenfelder, streckenweise Betonmauern, Sperrgräben, Stolperdrähte, Selbstschussanlagen (bis 1983), elektrische, optische und akustische Warnsysteme, Hundelaufanlagen, Bunker, 715 Wachtürme und fast 20 000 Grenzmeldesprechstellen. Dennoch gelang nach dem Bau der Berliner Mauer immer noch 40 100 Menschen die Überwindung der Sperranlagen, 201 Fluchtversuche an der Mauer und der innerdeutschen Grenze endeten tödlich nach Schusswaffengebrauch durch DDR-Grenzsoldaten.

Inoffizieller Mitarbeiter (IM). Zur lückenlosen Überwachung der eigenen Bevölkerung genügte der SED auch der „Kaderstand" von zuletzt mindestens 91 000 hauptamtlichen Mitarbeitern der „Stasi" nicht. Es wurden „Gesellschaftliche Mitarbeiter Sicherheit" (GMS) angeworben und in großem Stil „Inoffizielle Mitarbeiter" (IM). Bei den Letzteren handelte es sich um lange vorgeprüfte Personen, denen Bespitzelungsaufträge im eigenen Umfeld gegeben wurden, nachdem sie sich schriftlich dazu bereit erklärt und einen Decknamen erhalten hatten. Ein Führungsoffizier der „Stasi" übermittelte Weisungen und nahm Ergebnisse meist bei

Forumscheck zum Einkauf in den Intershops.

Treffs in konspirativen Wohnungen entgegen. Die IM galten als „Hauptkräfte im Kampf gegen den Feind"; sie wurden durch Bezahlung gelockt; aus politischer Überzeugung wurden sie tätig, durch Nötigung oder mit einer Kombination dieser Mittel angeworben. Über Zweck und Umfang ihrer Aufträge waren sie gar nicht oder nur bruchstückhaft unterrichtet, damit nicht unnötig Bedenken entstünden. Es gab diverse Kategorien von IM, z.B. den IMB „zur unmittelbaren Bearbeitung im Verdacht der Feindtätigkeit stehender Personen", den FIM „zur Führung anderer IM und GSM", den IME „für einen besonderen Einsatz". Wertvoll waren IM v.a. aus dem Freundes- und Verwandtenkreis „feindlich-negativer" Personen oder Mitarbeiter von Institutionen (z.B. der Kirche), die der „politischen Untergrundtätigkeit" (PUT) verdächtigt wurden. Die Zahl der IM wird auf mehrere Hunderttausend geschätzt; sie wuchs mit zunehmender Instabilität des Systems ab 1985 sprunghaft an, was zu weiterer Destabilisierung führte, weil sich ein immer größerer Teil der Bevölkerung bedroht sah, weil sich IM manchmal gegenseitig enttarnten und sich Zweifel über das eigene Tun im Apparat selbst ausbreiteten. Wer damals bespitzelt wurde, hat heute die Möglichkeit, die Berichte darüber bei der „Bundesbehörde für die Unterlagen des Staatssicherheitsdienstes der DDR" (1990-2000 nach ihrem ersten Leiter „Gauck-Behörde" genannt) einzusehen.

Intershops. Sie waren die Konsumparadiese der Deutschen Demokratischen Republik: Gegen konvertierbare Währung kauften DDR-Bewohner hier Dinge, die es in gewöhnlichen Läden nicht oder nur zu horrenden Preisen gab: französischen Cognac, brasilianischen Kaffee, westdeutsches Waschpulver, elektrisches Gerät und Textilien aus westlicher und auch ostdeutscher Produktion. 200 amerikanische Zigaretten zum Beispiel kosteten hier 16 Mark (West) – im normalen Tabakladen zahlte man für 20 Stück 8 Mark (Ost). In Hunderten von Superläden in Hotels, Bahnhöfen, Flughäfen, Autobahnraststätten und an Grenzübergängen nahm der Andrang mehr und mehr zu. Denn während ursprünglich der Ausflug zum nächsten Intershop, in dem das Geld der Westverwandtschaft sorgsam angelegt wurde, ein bisschen außerhalb der Legalität stattfand, wurde er später nicht nur geduldet, sondern ausdrücklich erlaubt. Anfangs konnte der ostdeutsche Zoll kontrollieren und beschlagnahmen, was Ostdeutsche im Intershop erwarben, wenn er auch selten davon Gebrauch machte. Nach dem Devisengesetz von 1974 konnten DDR-Bürger von „Devisenausländern" Geldgeschenke annehmen und die Beträge in Intershops und an Inter-Tankstellen ausgeben. Die Schenkung bedurfte keiner Genehmigung, der Schenkende musste sie lediglich beim Zoll registrieren lassen. 1976 folgte die Gründung von „Delikat-Läden".

Jugendweihe. Die Jugendweihen, an denen jedes Jahr im Frühjahr die Jungen und Mädchen der 8. Schulklassen teilnahmen, wurden in der DDR seit 1955 veranstaltet. Als Vorbild dienten Feiern, die seit Ende des vorigen Jahrhunderts von Freidenkern und Sozialisten gepflegt wurden. In der DDR sollte die Jugendweihe den Übergang der Jugendlichen in die Welt der Erwachsenen

LEXIKON

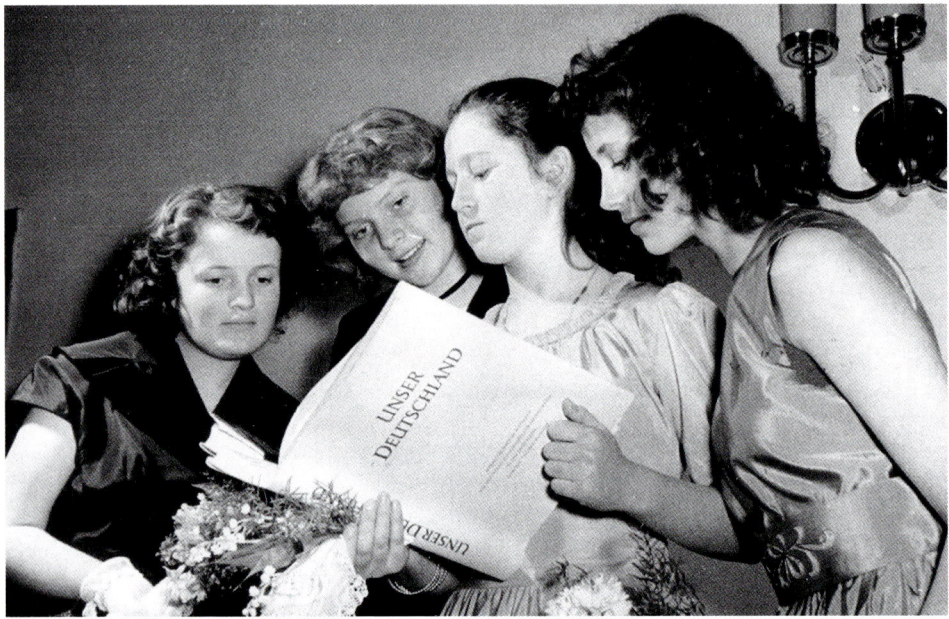

„Unser Deutschland", offizielles Geschenk zur Jugendweihe.

kennzeichnen, eine – wie es offiziell hieß – „gesellschaftliche Einrichtung zur Unterstützung der politisch-ideologischen Bildung". Im Mittelpunkt der Feierlichkeiten stand das öffentlich abgegebene Gelöbnis mit einem Bekenntnis zur DDR, zum Sozialismus sowie zur Freundschaft mit der Sowjetunion. Dem mit kulturellen Darbietungen verbundenen Zeremoniell, dem in der Regel Eltern und Verwandte beiwohnten, ging eine politisch-moralische Schulung der 14-Jährigen voraus. Im Gegensatz zu ursprünglichen Absichten war die Jugendweihe stark bürgerlich-konventionell geprägt. Die Beteiligten widmeten Kleidung und Geschenken zumeist mehr Aufmerksamkeit als dem ideologischen Gehalt des Festes. Anders als in den fünfziger Jahren hatten die meisten Christen allmählich ihren Widerstand gegen die atheistische Jugendweihe aufgegeben. Auch die Kirchen hatten ihre anfängliche Einstellung, wonach sich Jugendweihe und Konfirmation ausschlossen, revidiert. Obwohl die Teilnahme an der Jugendweihe freiwillig war, lag die Zahl der Jugendlichen, die sich dem sozialistischen Gelöbnis entzogen, unter fünf Prozent.

Junge Pioniere. In unregelmäßigem Abstand von mehreren Jahren riefen die Sozialistische Einheitspartei und die Freie Deutsche Jugend jeweils mehrere zehntausend Jung- und Thälmann-Pioniere, die sich hervorgetan hatten, zu großangelegten Pioniertreffen zusammen. Das war jedesmal ein Ereignis, das in den DDR-Medien herausragend dargestellt wurde. Die Pionierorganisation „Ernst Thälmann" war definiert als die „einheitliche sozialistische Massenorganisation der Kinder". Mit „altersgerechten Methoden" sollte versucht werden, die 6- bis 13-jährigen Kinder im Lande zu „jungen Sozialisten" zu erziehen. Nach offiziellen Angaben gehörten dem Verband 1,4 Millionen Jungen und Mädchen an – das sind fast alle in dieser Altersstufe. Die bis neun Jahre alten Jungpioniere trugen ein blaues, die älteren Thälmann-Pioniere ein rotes Halstuch. Das geschichtliche Vorbild waren

die Roten Jungpioniere der KPD in der Weimarer Zeit. Die erste Vorsitzende der Nachkriegspioniere war Margot Feist, die spätere Ehefrau des damaligen FDJ-Vorsitzenden Erich Honecker.

Kader. Im Sport oder im Militärwesen versteht man unter Kader eine ausgewählte (Stamm-)Mannschaft. Im politischen Sprachgebrauch ist Kader die Bezeichnung für die Funktionärselite einer Partei oder eines Staates. In der DDR lenkten systematisch geschulte, von der Parteiführung eingesetzte und überwachte Parteikader (seit 1964 „Parteiarbeiter" genannt) die Masse der einflusslosen Parteimitglieder in den verschiedenen Grundorganisationen. Von den Parteikadern wurden strengste Parteidisziplin und völlige Linientreue verlangt. Regelmäßig fanden Säuberungen der Kader statt. Parteischulen oder -hochschulen wurden umgangssprachlich-salopp dementsprechend als „Kaderschmieden" bezeichnet.

Kampfgruppen. Aus den einstigen Betriebskampfgruppen, die in der DDR seit September 1953 vorwiegend zum Schutz von Fabriken aufgestellt wurden, entwickelte sich eine militärische schlagkräftige Miliztruppe. „Kampfgruppen der Arbeiterklasse" lautete die offizielle Bezeichnung der rund 400 000 Mann starken Reservearmee, die von der SED zum festen Bestandteil der Landesverteidigung gezählt wurde. Die Einheiten der Kampfgruppen, die im Selbstverständnis der SED als das „unmittelbare bewaffnete Organ der Arbeiterklasse" galten, waren mit leichten und mittleren Infanteriewaffen einschließlich Geschützen und Granatwerfern ausgerüstet. Nominell waren die Kampfgruppen dem Innenministerium unterstellt, tatsächlich wurden sie jedoch unmittelbar vom Zentralkomitee der SED geführt und geleitet. Obwohl die Miliztruppe das zahlenmäßig größte Kontingent unter den bewaffneten Kräften der DDR darstellte, wurde sie nicht zu den regulären Streitkräften des Warschauer Pakts gezählt. Aus der Sicht der kommunistischen Führung hatte dies den Vorteil, dass die Kampfgruppen von der angestrebten westöstlichen Vereinbarung über eine Truppenreduzierung in Mitteleuropa nicht betroffen gewesen wären. Darüber hinaus waren die Kampfgruppen auch für die Stabilisierung des politischen Systems der DDR

1961 gestiftete „Verdienstmedaille der Kampfgruppen der Arbeiterklasse".

von Bedeutung. Von den „Kämpfern" wurde erwartet, dass sie dabei mithalfen, „alle feindlichen Einflüsse konsequent zu unterbinden und zu zerschlagen". Die Uniform der Kampfgruppen war steingrau. Ihr Emblem zeigte einen hochgehaltenen Karabiner mit einer daran befestigten roten Fahne.

Kassel. Nach der Bildung der sozialliberalen Koalition in Bonn kam es 1970 zu ersten Begegnungen zwischen den Regierungschefs der beiden deutschen Staaten. Dem Besuch von Bundeskanzler Brandt in Erfurt am 19.3.1970 folgte am 21.5.1970 ein Gegenbesuch von DDR-Ministerpräsident Stoph in Kassel. Verhandlungsgegenstand war der Entwurf eines „Vertrages über die Aufnahme gleichberechtigter Beziehungen zwischen der DDR und der Bundesrepublik", den der DDR-Staatsratsvorsitzende Ulbricht im Dezember 1969 übersandt hatte. Brandt stellte dem nun einen 20-Punkte-Katalog für eine „vertragliche Regelung der besonderen Beziehungen zwischen den beiden deutschen Staaten" gegenüber. Beide Seiten vereinbarten, den Meinungsaustausch nach einer „Denkpause" (Stoph) fortzuführen. Die Begegnung war überschattet von rechtsextremen Ausschreitungen (Flaggenschändung, behinderte Kranzniederlegung), die beinahe zur vorzeitigen Abreise der DDR-Delegation geführt hätten.

Kirche und Staat. In der DDR bestand zwischen Staat und beiden großen Kirchen ein Spannungsverhältnis. Dennoch unterließ es die SED, die Kirchen grundsätzlich in Frage zu stellen. Weder wurde ihre Abschaffung angestrebt, noch eine Privatisierung. Die Einheitspartei versuchte lediglich, den öffentlichen Einfluss der Kirchen zurückzudrängen oder doch auf den Status quo zu beschränken, das gesellschaftliche Leben vollständig zu säkularisieren sowie christliches Brauchtum durch sozialistisches zu ersetzen (z.B. „Namensweihe" statt Taufe, „Jugendweihe" statt Konfirmation, „sozialistische Eheschließung" statt kirchliche Trauung). Einer ersten Phase (ca. 1949-58), in der im Vordergrund das Ziel stand, die Position der Kirchen in der Gesellschaft wo immer möglich zu beschneiden, folgte eine zweite (bis 1971), die geprägt war von dem Kampf gegen die gesamtdeutsche Kirchenorganisation, insbesondere der Evangelischen Kirche in Deutschland (EKD). Seit 1971 verliefen dann die Auseinandersetzungen gedämpfter; es begann eine Politik begrenzter Partnerschaft zwischen Kirche und Staat bei fortbestehender ideologischer Kluft. Aus der Friedensarbeit der Kirchen erwuchs dann Anfang der 1980er Jahre eine autonome Friedensbewegung, die der staatlich verordneten entgegentrat und erheblich zum Ende der SED-Herrschaft mit beitrug.

Kollektivierung. Der Zusammenschluss privater Betriebe zu Genossenschaften gehört zum zentralen Programm sozialistischer Staaten. Nach dem Muster der Sowjetunion, die seit 1930 massiv die Gründung von sog. Kolchosen vorangetrieben hatte, wurde auch in der DDR das Privateigentum an den Produktionsmitteln, v.a. in der Landwirtschaft, in genossenschaftliches Eigentum überführt. Angestrebt war Freiwilligkeit, weil aber die Kollektivierung nur geringen Zuspruch fand, wurde zu Zwangsmaßnahmen gegriffen. Von der Propaganda wurde die Bildung landwirtschaftlicher Produktionsgenossenschaften (LPG) als die Pervertierung des Begriffs Bauernbefreiung gefeiert. Eine ähnliche Entwicklung vollzog sich im Handwerk: Hier wurden Produktionsgenossenschaften des Handwerks gebildet, deren Zahl bis 1960 auf 3878 anstieg (34,3 % des gesamten Leistungsumfangs des Handwerks).

Kombinate. Die Struktur der DDR-Wirtschaft wurde – wie in anderen sozialistischen Ländern auch – von den Wirtschaftseinheiten der Kombinate geprägt. Sie waren Zusammenschlüsse industrieller Erzeugungsstätten verschiedener Produktionsstufen mit Nebenbetrieben. In der DDR entstanden sie teils als Fortführung vorhandener Großbetriebe, zum Teil als industrielle Neugründungen. In den 1950er Jahren wurden Kombinate v.a. in der Grundstoffindustrie und Metallurgie sowie in der chemischen und elektrotechnischen

LEXIKON

1953 gestifteter Ehrentitel „Verdienter Meister".

Industrie gebildet, später kam es auch zu Kombinatbildungen in der Versorgungswirtschaft und im Verkehrswesen. Bereits 1970 arbeiteten etwa zwei Drittel der Beschäftigten der zentralgeleiteten Industrie in Kombinaten. Galt bis dahin noch v.a. das Prinzip des horizontalen Zusammenschlusses, indem wichtige oder sogar alle Produktionsstätten einer Branche zusammengefasst wurden, so ging man danach auch vertikal vor, d.h. es wurden Lieferanten und Absatzorganisationen einschließlich des Großhandels sowie Forschungsinstitutionen und Ingenieurbüros einbezogen. In den 1980er Jahren betrug die Zahl der Kombinate über 170; die bekanntesten waren: VEB Bandstahlkombinat „Hermann Matern", Eisenhüttenstadt; VEB Chemiekombinat Bitterfeld; VEB Gaskombinat „Fritz Selbmann", Schwarze Pumpe; VEB Kombinat „Carl Zeiss", Jena; VEB Kombinat „Deutrans"; VEB Kombinat Mikroelektronik, Erfurt; VEB Kombinat Schiffbau, Rostock; VEB Kombinat Umformtechnik „Herbert Warnke", Erfurt; VEB Leuna-Werke „Walter Ulbricht", Leuna; VEB Petrolchemisches Kombinat, Schwedt; VEB Schwermaschinenbaukombinat „Ernst Thälmann", Magdeburg; VEB Sekundärrohstofferfassung, Berlin. Die Bildung von Kombinaten vollzog sich gewöhnlich durch Fusion einzelner VEB, wobei der qualifizierteste bzw. größte Betrieb zum Sitz des Kombinats wurde. Die Kombinatbetriebe blieben ökonomisch und juristisch selbständig und produzierten weiterhin unter ihrem eigenen Namen. Kombinate konnten sowohl zentral- wie bezirksgeleitet sein; ein Generaldirektor, der in der Regel auch Dircktor des Stammbetriebs war, führte die Geschäfte. Unter den Kombinaten gab es nach DDR-Maßstäben durchaus hochrentable Betriebe, die Gewinne in Milliardenhöhe abwarfen. Da jedoch 80 % der Gewinne an den Staat abgeführt werden mussten und die Kombinate in die Arbeitsteilung des Comecon eingebunden waren (in dem Erzeugnisentwicklung und Produktion für die Märkte

LEXIKON

des Ostblocks, v.a. der Sowjetunion, stets Vorrang hatten), konnten sie sich auf den westlichen Märkten weder richtig bekannt machen noch sich dem dort üblichen Entwicklungs- und Produktionsniveau anpassen. Nach dem Zusammenbruch der SED-Herrschaft wurden die Kombinate privatisiert. Dabei kam es – bedingt durch Struktur- und Standortprobleme, erforderlichen Modernisierungsaufwand, Schwierigkeiten der Altlastenbeseitigung und ungeklärte Eigentumsfragen – zu weitgehender Entflechtung, wobei die Strukturen der meisten Kombinate sich auflösten.

Kommerzielle Koordinierung (KoKo). 1966 wurde im Ministerium für Außenhandel der DDR ein „Bereich Kommerzielle Koordinierung" gebildet. 1972 erhielt diese Dienststelle den Status einer Valutabehörde und eines Devisenausländers, so dass sie internationale Bankgeschäfte tätigen und Konten unterhalten konnte. Die „Stasi" sicherte sich Einfluss auf die KoKo durch gezielte Platzierung von „Offizieren im besonderen Einsatz" (DDR-Kürzel: OibE), zu denen auch der KoKo-Chef Alexander Schalck-Golodkowski selbst gehörte. Die KoKo operierte unkontrolliert und in einem rechtsfreien Raum; die Geschäftsführung wurde konspirativ betrieben – auch die einzelnen Abteilungen wussten kaum voneinander. Formell zwar immer noch dem Ministerium für Außenhandel unterstellt, war die KoKo jedoch tatsächlich seit 1976 in den Apparat des ZKs der SED eingegliedert und unterstand dort dem ZK-Sekretär für Wirtschaft Mittag. Dieser, wie auch Honecker und Mielke, die als einzige in die Tätigkeit der KoKo eingeweiht waren, ließen ihr freie Hand. Mit den Geschäften der KoKo hoffte die DDR-Führung der ständig wachsenden Auslandsverschuldung zu begegnen. Die sorgfältig abgeschottete Behörde sollte Devisen beschaffen – egal wie. Die KoKo betreute Firmen im „nicht-sozialistischen Wirtschaftsgebiet", in der Bundesrepublik annähernd 20 Unternehmen, die der SED politisch verbunden waren; über eine in Bochum ansässige Holding-Gesellschaft und Strohmänner in Liechtenstein und in der Schweiz flossen die Gewinne nach Ostberlin. Die KoKo bemühte sich um den Zugriff auf westliche High-Tech-Produkte für den militärischen Bereich, lieferte NVA-Überschussbestände in die Krisenregionen der Welt (im 1. Golfkrieg sogar an den Iran und Irak gleichzeitig) und verschleuderte über die „Kunst- und Antiquitäten GmbH" Kulturgut der DDR in alle Welt. Nicht einmal vor dem Handel mit NS-Relikten schreckte sie zurück. Die weltweit ca. 160 von der KoKo unterhaltenen Firmen verschafften der DDR zwischen 1966 und 1987 Deviseneinnahmen von rd. 29 Mrd. DM – zu wenig, um der chronischen Devisennot der DDR wirklich abzuhelfen. Nach der Wiedervereinigung befasste sich 1991-94 ein parlamentarischer Untersuchungsausschuss mit der KoKo: Die Treuhandanstalt wurde beauftragt, das Finanzimperium aufzulösen; es gelang ihr, rd. 1,5 Mrd. DM KoKo-Gelder aufzufinden.

Kommunistisches Manifest. Karl Marx und Friedrich Engels hatten beide schon mehrere ihrer theoretischen Frühwerke geschrieben, als sie in der Londoner Emigration Ende 1847 zusammen für eine kleine Gruppe politischer Flüchtlinge ihr „Manifest der Kommunisten" formulierten. Anfang 1848, noch vor dem Ausbruch der Februar-Revolution in Frankreich, erschien dieses Manifest im Umfang von 23 Druckseiten in einer kleinen Londoner Druckerei. Bald wurde es aus dem Deutschen in viele andere Sprachen übersetzt. Der Inhalt beschrieb die Geschichte als eine Reihe von Klassenkämpfen, würdigte die Leistung des Bürgertums für die Errichtung der modernen Industriegesellschaft und sagte die Ablösung dieses Systems durch eine klassenlose Gesellschaft voraus, deren Erkämpfung Sache des Proletariats sei. Es klang in der Parole aus: „Proletarier aller Länder, vereinigt euch."

1953 gestifteter „Karl-Marx-Orden".

Konsumgenossenschaften. In Deutschland entstanden im Rahmen der Arbeiterbewegung zur Verbesserung der sozialen Lage der wirtschaftlich Schwächeren Genossenschaften, die Arbeiter durch Schaffung einer Selbsthilfe-Organisation vor Wucher, Preistreiberei und Ausbeutung schützen und sie mit einwandfreien Waren zu angemessenen Preisen versorgen wollten. Während der NS-Herrschaft aufgelöst, wurden diese Konsumgenossenschaften nach 1945 wieder legalisiert. In der Bundesrepublik gerieten sie gegenüber den großen Handelsketten ins Hintertreffen. In der DDR hingegen bildeten sie eine Massenorganisation – die drittgrößte nach dem Freien Deutschen Gewerkschaftsbund (FDGB) und der Gesellschaft für Deutsch-Sowjetische Freundschaft (DSF) und neben der HO die entscheidende Organisationsform des DDR-Binnenhandels. Die Tätigkeitsfelder waren dabei so verteilt, dass die Konsumgenossenschaften die Landbevölkerung und die HO die Städter versorgte. 1946 zählten die Konsumgenossenschaften in der „SBZ" 1,3 Mio. Mitglieder, zu DDR-Zeiten waren es bei 198 Genossenschaften bis zu 4,6 Mio. An ihren Gewinnen waren die Mitglieder beteiligt. 1990 wurden die Konsumgenossenschaften zu 55 Betrieben fusioniert: Sie schlossen sich mit westdeutschen Genossenschaften zur Konsum-Interbuy-Warenhandelsgesellschaft zusammen.

Krenz, Egon, *Kolberg/Pommern 19.3. 1937. – Nach einer kaufmännischen Lehre arbeitete der Schneidersohn Krenz zunächst als Landarbeiter, wurde 1953 Mitglied der FDJ und 1961 Sekretär von deren Zentralrat. 1964-67 studierte er an der Parteihochschule der KPdSU in Moskau, kehrte auf seinen FDJ-Posten zurück, wurde 1971 in die Volkskammer gewählt, übernahm im selben Jahr die Leitung der Pionierorganisation „Ernst Thälmann" (bis 1974) und wurde Kandidat des ZKs der SED, in das er 1973 aufgenommen wurde. 1976 avancierte Krenz zum Kandidaten des Politbüros, in das er 1983 als Vollmitglied einzog. Ein Jahr später wurde er stellvertretender Vorsitzender des Staatsrats und nach dem Sturz Honeckers am 18.10.1989 dessen Nachfolger als Generalsekretär der SED, Vorsitzender des Staatsrats und des Nationalen Verteidigungsrats (NVR). In diesen Eigenschaften versuchte Krenz, Reste der SED-Herrschaft zu retten, bekam aber die Entwicklung nicht mehr in den Griff und trat am 3. Dezember von den Partei- und am 6. Dez. 1989 von den Staatsämtern zurück. 1995 wurde er u.a.

wegen seiner Mitwirkung am „Schießbefehl" angeklagt und 1997 zu sechseinhalb Jahren Haft verurteilt.

Kriegsdienstverweigerung. In der DDR, in der Wehrdienst als „Recht und Ehrenpflicht" ausgegeben wurde, war ein Recht auf Kriegsdienstverweigerung nicht vorgesehen. Jedoch v.a. auf Druck der evangelischen Kirchen richtete das Ministerium für Nationale Verteidigung mit Gesetz vom 7.9.1964 einen waffenlosen Baudienst ein, in dem Verweigerer uniformiert und kaserniert als „Spatensoldaten" (so genannt wegen des Emblems auf den Kragenspiegeln) eingesetzt werden konnten. Sie blieben freilich weiterhin in die militärischen Strukturen der Nationalen Volksarmee (NVA) eingebunden und mussten nach Ende des Dienstes in Studium und Beruf mit erheblichen Nachteilen rechnen. Wegen der militärischen Gestaltung wurde auch der Baudienst von vielen Pazifisten abgelehnt, die als Totalverweigerer die Gefängnisse füllten (Mindeststrafe 18 Monate).

Kulturbund der DDR. Offiziell war der Kulturbund als „sozialistische Massenorganisation kulturell Tätiger und Interessierter" definiert, die das „Ziel hatte, für die weitere Gestaltung der entwickelten sozialistischen Gesellschaft zu wirken". Der Bund war ausdrücklich „unter der Führung der Partei der Arbeiterklasse" tätig. Er hatte über 260 000 Mitglieder, in der Volkskammer war er mit 21 Abgeordneten vertreten. Recht populär war der Kulturbund insofern, als er in seinen landesweit ca. 2000 Interessen- und Arbeitsgemeinschaften vielfältige Hobby-Aktivitäten organisierte, zum Beispiel: Literatur, Kunst und Musik, Theater, Film und Photographie, Heimat- und Kulturgeschichte, Numismatik und Philatelie, Vogel- und Aquarienkunde, Mineralogie und Astronomie. Wesentliche Tätigkeitsgebiete waren auch der Umweltschutz und die Denkmalpflege. Der Verband war im Juli 1945 unter der Ägide der sowjetischen Besatzungsmacht als „Kulturbund zur demokratischen Erneuerung Deutschlands" gegründet worden. Die Pluralität des Anfangs wurde nach und nach zu Gunsten einer ausschließlich sozialistischen Ausrichtung aufgegeben – eine Auseinandersetzung, die 1958 beendet war. Danach hieß der Verband „Deutscher Kulturbund" und seit 1974 „Kulturbund der DDR".

Landwirtschaftliche Produktionsgenossenschaft (LPG). Im Zeichen der Kollektivierung in der DDR erging im Juli 1952 an die Bauern die Forderung, sich zu Landwirtschaftlichen Produktionsgenossenschaften (LPG) zusammenzuschließen. Hierbei handelte es sich zunächst nur um dessen Typ I, in den die Genossen, meist Neubauern nach der Bodenreform in der „SBZ", mit zu kleinen Betrieben, nur die landwirtschaftliche Nutzfläche einbrachten, Gerät und Vieh aber in Privatbesitz behielten. Ein Typ II mit weitergehender Vergesellschaftung auch der Maschinen, des Grünlands und des Waldes fand wenig Anklang, und der Typ III, bei dem nur noch die häusliche Haus- und Gartenwirtschaft privat blieb, musste erst mit erheblichem Druck durchgesetzt werden. Das geschah v.a. nach 1958, als mit einer Mischung von Agitation und Drohung die letzten, meist größeren Privatbetriebe in die Kollektivierung einbezogen wurden; am 31.5.1960 waren über 80 % der landwirtschaftlich genutzten Flächen in LPG-Hand; 380 000 Genossenschaftsbauern standen nun nur noch 19 000 privat wirtschaftende gegenüber. Die weitere Entwicklung war durch Vorgaben der Agrarpolitik geprägt, einen möglichst hohen Selbstversorgungsgrad zu erreichen. Das zwang zu weiterer Konzentration durch Zusammenlegung, zu Spezialisierung und Rationalisierung. Güter mit riesigen Flächen entstanden, die als LPG-P auf den Anbau von Nutzpflanzen oder als LPG-T auf die Tierproduktion spezialisiert waren. Mit Chemikalieneinsatz und den üblichen Folgen der Massentierhaltung handelte sich die DDR schwere Umweltprobleme ein. Die Ergebnisse stiegen ständig, freilich ohne dass das „West-Niveau" auch nur annähernd erreicht wurde. Die Bauern der LPG hatten geregelte Arbeitszeiten und den üblichen Jahresurlaub – Errungenschaften, die viele nach dem Zusammenbruch der DDR nicht preisgeben wollten. Die im Einigungsvertrag vor-

1977 gestiftete „Medaille für hervorragende Leistungen in landwirtschaftlichen Produktionsgenossenschaften der Deutschen Demokratischen Republik".

gesehene Aufhebung des Gesetzes über die LPG zum 31.12.1991 führte daher vielfach, auch wegen der unklaren Rechtslage, nur zur Umwandlung der LPG in Genossenschaften nach Bundesrecht.

Luftbrücke. Die sowjetische Besatzungsmacht sperrte vom 24. Juni 1948 bis zum 12. Mai 1949 die Zugangswege in die drei westlichen Besatzungssektoren Berlins. Amerikaner, Briten und Franzosen versorgten die zwei Millionen West-Berliner 462 Tage lang, bis zum 30. September 1949, mit knapp 300 000 Flügen aus der Luft. Über 1,8 Millionen Tonnen Kohle und Lebensmittel brachten sie; zurück nahmen sie Industriegüter „made in blockaded Berlin" mit. Zeitweilig landete und startete alle 90 Sekunden einer der 300 „Rosinenbomber" auf den Flughäfen Tempelhof, Gatow und dem in dieser Zeit gebauten Flughafen Tegel. 78 Menschen starben im Air Lift!!!!. 20 000 Berliner Arbeitslose fanden beim Ent- und Beladen der Dakotas oder Skymasters einen Job. General Lucius D. Clay und Bürgermeister Ernst Reuter wurden während der Luftbrücke zu Helden. Die DDR-Geschichtsschreibung kannte weder Blockade noch Luftbrücke – noch 1988 kritisierte das Neue Deutschland den „Mißbrauch der Luftkorridore" und das „propagandistische Blockade-Spektakel". Ernst Reuter hielt am 9. September 1948 seine berühmte Rede: „Schaut auf diese Stadt!" Im Dezember trat Günter Neumann mit den populären „Insulanern" das erste Mal im RIAS auf; die ersten Wagen, die nach der Blockade nach Helmstedt fuhren, trugen Schilder: „Hurra, wir leben noch!"

Maizière, Lothar de, *Nordhausen 2.3.1940. – Schikanen wegen seines christlichen Bekenntnisses begleiteten de Maizières Weg zum Abitur. Er studierte danach Musik (Bratsche), war Orchestermusiker und wechselte zur Juristerei (1976 Anwalt). 1986 wurde der seit 1956 der Ost-CDU angehörende de Maizière Vizepräsident der Synode des Bundes der Evangelischen Kirchen in der DDR und am 11.11.1989 Vorsitzender der CDU, die er von der SED abgrenzte und für die er als Kirchenminister in die Regierung Modrow eintrat. Nach dem Wahlsieg der CDU am 18.3.1990 wurde de Maizière der erste und zugleich letzte frei gewählte Ministerpräsident der

LEXIKON

DDR, deren Beitritt zur Bundesrepublik seine Regierung am 3.10.1990 vollzog. In der Gesamt-CDU stieg er zum stellvertretenden Parteivorsitzenden an der Seite Kohls und zum Minister ohne Geschäftsbereich auf, trat aber nach Vorwürfen der Zusammenarbeit mit der „Stasi" in den 1980er Jahren als „Inoffizieller Mitarbeiter" „Czerni" am 6.9.1991 von allen Ämtern zurück.

Mark. Mit den Währungsreformen in den Westsektoren und der damaligen Sowjetzone hatte 1948 eine getrennte währungspolitische Entwicklung in Deutschland begonnen. In der Sowjetzone wurde die „Deutsche Mark der Deutschen Notenbank" geschaffen. Der Umtausch der Reichsmark erfolgte je nach Personengruppe und Guthabenhöhe zu unterschiedlichen Sätzen. 1964 wurde die Bezeichnung der Währungseinheit in „Mark der Deutschen Notenbank" geändert; seit Dezember 1967 gab es die „Mark der Deutschen Demokratischen Republik". Die Mark, abgekürzt M, war gesetzliches Zahlungsmittel für das Gebiet der DDR und den Ostsektor Berlins. Wie die Währung der anderen Ostblock-Länder ist die Mark-Währung der DDR als reine Binnenwährung konzipiert. Ihre Ein- und Ausfuhr wurde verboten. Für den Handel mit kapitalistischen Ländern und für den innerdeutschen Handel wurden besondere Verrechnungseinheiten geschaffen. Im Vorfeld der Wiedervereinigung kam es am 1.7.1990 zur Währungsunion beider deutscher Staaten: Ost-Guthaben und Verbindlichkeiten wurden 2:1, Renten, Löhne, Mieten u.a. 1:1 umgewandelt.

Massenorganisationen. Wie alle totalitären Systeme bemühte sich auch die DDR um eine möglichst lückenlose Erfassung ihrer Bürger. Neben die Staatspartei SED, aber von ihr gelenkt, traten daher andere Parteien, die im Blocksystem gleichgeschaltet waren, sowie Massenorganisationen, die die Menschen in der Berufs- oder Freizeitwelt erreichen sollten. Sie waren nominell selbständig, de facto aber Instrumente der SED; der Beitritt war nominell frei, doch gehörte die Mitgliedschaft in wenigstens einer der Massenorganisationen zu den Mindestanforderungen an das politische Engagement, ohne das sich Berufs- und Lebenschancen deutlich verschlechterten. Organisiert wie die Staatspartei nach dem Prinzip des Demokratischen Zentralismus, sollten die Massenorganisationen ihre Mitglieder der politischen Lenkung und Beeinflussung durch die Partei zuführen, sie für den „Aufbau des Sozialismus" mobilisieren und ihre Weltanschauung kommunistisch prägen. Sie hatten zudem „kaderbildende Funktion", d.h. sie sollten die Mitglieder zum Eintritt in die Partei und zur Übernahme von Aufgaben in Partei, Staat und Wirtschaft anhalten. Die wichtigsten Massenorganisationen waren: Freier Deutscher Gewerkschaftsbund (FDGB), Freie Deutsche Jugend (FDJ), Demokratischer Frauenbund Deutschlands (DFD), Gesellschaft für Deutsch-Sowjetische Freundschaft (DSF), Gesellschaft für Sport und Technik (GST), Vereinigung der gegenseitigen Bauernhilfe (VdgB). Ihnen standen je nach Bedeutung Sitze in der Volkskammer zu.

Massenaufmarsch Angehöriger der Kampfgruppen.

Mauerschützenprozesse. Wegen der Todesfälle an der innerdeutschen Grenze und an der Berliner Mauer aufgrund des „Schießbefehls" wurden nach dem Ende der DDR zahlreiche Verfahren gegen die sog. Mauerschützen eröffnet. Es kam zu mehreren Verurteilungen wegen Totschlags, da den Tätern Tötungsabsicht nachgewiesen wurde und sie sich nicht auf Befehlsnotstand berufen konnten. Der Kritik daran nach dem Motto: „Die Kleinen hängt man, die Großen läßt man laufen!" trifft allenfalls auf Honecker und Mielke zu, deren Gesundheitszustand eine Aburteilung unmöglich machte oder doch erschwerte. Gegen den früheren Verteidigungsminister Heinz Keßler (*1920) und andere Angehörige des Nationalen Verteidigungsrats (NVR) wurden jedoch wegen Anstiftung zum Totschlag hohe Haftstrafen verhängt; insgesamt geht es bei dem Tatkomplex um 400 Todesfälle. Hierher gehören auch die Prozesse gegen Mitglieder des Küstengrenzkommandos wegen des Ertrinkens von 82 Flüchtlingen sowie gegen die Verantwortlichen für das Verlegen von Minen und die Installation von Selbstschussanlagen.

Mecklenburg-Vorpommern. Nach Abtrennung der deutschen Ostgebiete wurden 1945 das westlich der Oder gelegene Vorpommern sowie Rügen dem Land Mecklenburg zugeschlagen, das die DDR-Führung 1952 wie alle Länder in Bezirke (Rostock, Schwerin, Neubrandenburg) auflöste. Im Zuge der Wiedervereinigung erstand das Land neu, Hauptstadt ist wieder Schwerin. Mecklenburg-Vorpommern umfasst 23 600 km² und ist mit 1,85 Mio. Einwohnern relativ dünn besiedelt. Mit seiner abwechslungsreichen Ostseeküste, seinen

LEXIKON

ausgedehnten Wäldern, dem stillen Oderbruch und der weiten Seenplatte ist das noch weitgehend agrarisch geprägte Land als Feriengebiet beliebt. Industrie findet sich nur in den Hafenstädten Rostock, Wismar und Stralsund (u.a. Werften), an der Peripherie der Hauptstadt (u.a. Futtermittelproduktion) und in Neubrandenburg (u.a. Getränkeherstellung).

Mielke, Erich, *Berlin 28.12.1907, †Berlin 21.5.2000. – Schon als 14-jähriger Schüler schloss sich Mielke den Kommunisten an, für deren „Rote Fahne" er 1928-31 als Reporter tätig war. Als Mitglied des „Partei-Selbstschutzes" war er 1931 an der Ermordung zweier Berliner Polizisten beteiligt, entzog sich der Festnahme aber durch Flucht in die UdSSR. Nach Kriegsende in die SED eingetreten, wirkte Mielke maßgeblich mit am Aufbau der „Stasi", verdrängte deren Chef Wollweber 1957 und baute nun als Minister das Spitzelsystem zu einem unvorstellbaren Überwachungsmoloch aus. 1959 ins ZK und 1976 ins Politbüro aufgestiegen,

Erich Mielke.

war er mitverantwortlich für die Schüsse an der innerdeutschen Grenze und an der Berliner Mauer; auf sein Konto gingen zudem die Zerstörung zahlreicher Familien, die Quälereien in den Haftanstalten, Freiheitsberaubung, Rechtsbeugung u.a. Am 3.11.1989 gestürzt, wurde Mielke im Rahmen des Verfahrens gegen Honecker angeklagt, das nicht abgeschlossen werden konnte. Wegen des Polizistenmordes von 1931 wurde Mielke im Oktober 1993 zu sechs Jahren Haft verurteilt, jedoch am 1.8.1995 aus gesundheitlichen Gründen aus der Haft entlassen.

Ministerrat der DDR. Als „Organ der Volkskammer" war der Ministerrat nominell zuständig für die „einheitliche Durchführung der Staatspolitik" und für die „Erfüllung der politischen, ökonomischen und sozialen sowie der ihm übertragenen Verteidigungsaufgaben"; er leitete die Außenpolitik und übte die politische Kontrolle bis in die Räte der Bezirke aus. De facto aber hatte er – je länger desto krasser – nur abgeleitete Kompetenzen. Entschieden wurde das, was er entscheiden sollte, im ZK und im Politbüro der SED oder vom Vorsitzenden des Staatsrats, der nach 1960 unter Ulbricht zum wahren Machtzentrum wurde, so dass der Ministerrat schließlich als „Exekutivorgan der Volkskammer und des Staatsrates" bezeichnet wurde. Erst unter Honecker wurde das wieder korrigiert, doch die totale Abhängigkeit von der Partei blieb unangetastet. Das Ende bahnte sich mit dem kollektiven Rücktritt des Ministerrats am 7.11.1989 an und war de facto mit der Grenzöffnung zwei Tage später besiegelt.

Mitropa. Die Mitropa war das Versorgungsunternehmen in der DDR, das sich des leiblichen Wohls von Reisenden annahm, sofern sie dort staatliche Verkehrsmittel oder im eigenen Wagen die Transitautobahnen und Transitfernstraßen benutzten. Dem vollen Namen nach hieß der volkseigene Betrieb, der dem Verkehrsministerium nachgeordnet war, seit alters her „Mitteleuropäische Schlaf- und Speisewagen AG". Die 1917 gegründete Mitropa bewirtschaftete die etwa 120 Speise- und Büfettwagen sowie die knapp 100 Schlaf- und Liegewagen der Deutschen Reichsbahn der DDR, so auch in Interzonen-Zügen. Daneben unterhielt sie fast 300 Bahnhofsgaststätten und eine nicht gezählte Vielzahl von Bahnhofskiosken. Der Mitropa oblag ferner die Gastronomie in den 28 Autobahnraststätten und den neun Flughafenrestaurants des Landes sowie auf den vier Ostsee-Fährschiffen und auf 82 Schiffen der Weißen (Touristen-)Flotten. Zur Mitropa gehörten auch sieben Hotels an Überlandstraßen oder z.B. am Ostberliner Flughafen Schönefeld. Schließlich besorgte die Mitropa noch das Catering für die staatliche Fluggesellschaft Interflug.

Mittag, Günter, *Stettin 8.10.1926, †Berlin 18.3.1994. – Er war der typische zweite Mann: Der Bahnlehrling Mittag trat gleich nach Kriegsende der KPD bei, bekleidete in der SED diverse Posten, studierte Wirtschaftswissenschaften, stieg 1962 ins ZK und 1966 ins Politbüro auf. 1973-76 war Mittag erster Stellvertretender Vorsitzender des Ministerrats und 1984 bis zum Sturz Honeckers am 18.10.1989 Stellvertretender Vorsitzender des Staatsrats. Am 23.11.1989 wurde er aus der untergehenden SED ausgeschlossen und am 3.12.1989 verhaftet. Aus Gesundheitsgründen erhielt er im Sommer 1990 Haftverschonung; das Verfahren gegen ihn wegen Veruntreuung von Volksvermögen wurde 1993 wegen Verhandlungsunfähigkeit eingestellt.

Modrow, Hans, *Jasenitz/Kreis Ueckermünde 27.1.1928. – Der gelernte Schlosser Modrow musste 1945 noch zum Volkssturm, war bis 1949 in sowjetischer Gefangenschaft und wurde nach seiner Rückkehr Mitglied der SED. Nach verschiedenen Posten wurde der seit 1958 der Volkskammer angehörende und 1967 ins ZK aufgestiegene Modrow 1973 1. Sekretär der SED-Bezirksleitung Dresden und in der Krise im November 1989 der letzte SED-Ministerpräsident (bis April 1990). Vergeblich bemühte er sich um die Erhaltung einer demokratisierten und marktwirtschaftlich reformierten DDR. Ende 1990 rückte Modrow für die PDS in den Bundestag ein, doch wurde seine Immunität vorübergehend aufgehoben, als ihm der Prozess gemacht wurde wegen der Fälschung der letzten Kommunalwahl in der DDR im Mai 1989; der Prozess endete mit einer „Verwarnung mit Strafvorbehalt". Das Urteil wurde 1995 in einer vom Bundesgerichtshof angeordneten Neuverhandlung auf 9 Monate Haft mit Bewährung und 5000 DM Geldstrafe verschärft.

Montagsdemonstrationen. Bei den Protesten der DDR-Bevölkerung gegen die SED-Diktatur im Herbst 1989 spielte Leipzig eine besondere Rolle. Um einen Kern von Oppositionellen, die sich zu den Friedensandachten in der Nikolaikirche versammelten, bildete sich eine wachsende Schar von Bürgerrechtlern, die am 4. September erstmals zu einer größeren Demonstration zusammenkamen und Transparente zeigten wie „Reisefreiheit statt Massenflucht". Die Staatsmacht griff hart durch, konnte aber nicht verhindern, dass sich nun allwöchentlich eine dramatisch anschwellende Menge zu den „Montagsdemonstrationen" genannten Protesten in der Leipziger Innenstadt versammelte. Gefährlich eskalierte der Konflikt zwei Tage nach den

Lexikon

Feierlichkeiten zum 40. Jahrestag der DDR-Gründung, als am 9. Oktober über 70 000 Demonstranten auf dem Karl-Marx-Platz zusammenströmten. Trotz eines Befehls Honeckers, mit Gewalt gegen sie vorzugehen, verlief die Kundgebung friedlich. Die Führung der Gruppe Sowjetischer Streitkräfte in Deutschland (GSSD) hatte signalisiert, dass sie anders als am 17. Juni 1953 nicht eingreifen würde. Den Höhepunkt erreichten die Montagsdemonstrationen am 13. November, als 200 000 Menschen den Sturz der SED verlangten mit Rufen wie „Wir sind das Volk!". Daraus entstand bald die Forderung nach Wiedervereinigung: „Wir sind ein Volk!" Leipzig wurde für diese Rolle bei der „Wende" als „Heldenstadt" gefeiert.

Nationale Front der DDR (NF). Von der SED als Integrations- und Koordinationsinstrument gegründet, verstand sich die Nationale Front (NF) als „Bündnis aller Kräfte des Volkes". Wie alle ihre Mitglieder – über die genannten hinaus zahllose kleinere Organisationen bis hin zum Blinden- und Sehschwachen-Verband, zum Zentralen Ausschuss für Jugendweihe, zum DDR-Komitee für Menschenrechte oder zur Vereinigung der Juristen – hatte sich die NF an den Richtlinien der SED zu orientieren und gab sie sich als Programm eine allgemeinere Fassung des Programms der Staatspartei. Mit Gründung der DDR am 7.10.1949 entstanden, berief die NF einen Nationalrat, der selber und dessen Sekretariat wie Präsidium wiederum von SED-Funktionären dominiert waren. Gegen Ende der DDR hatte die NF 405 000 ehrenamtliche Mitarbeiter, von denen 132 000 parteilos waren.

Nationale Volksarmee. Die Nationale Volksarmee der DDR (NVA) wurde am 1. März 1956 gegründet. Ihr Aufbau vollzog sich unter sowjetischer Anleitung innerhalb des Warschauer Pakts, dessen Oberkommando sie unterstand. Bis 1962 war die NVA eine Freiwilligenarmee, dann wurde die allgemeine Wehrpflicht (18 Monate) eingeführt. Unteroffiziere mussten sich für mindestens drei Jahre verpflichten; die Ausbildung an den Offiziers-Hochschulen dauerte drei, von 1983 an vier Jahre. Die NVA gliederte sich in Landstreitkräfte (105 000 Mann), Luftstreitkräfte/Luftverteidigung (40 000) und die Volksmarine (16 000). Auch Frauen taten in den Stäben und Nachrichteneinheiten sowie in Versorgungs- und medizinischen Einrichtungen der NVA-Landstreitkräfte Dienst. Dem Minister für Nationale Verteidigung unterstanden auch die DDR-Grenztruppen (etwa 50 000 Mann), die

1966 gestifteter Kampforden „Für Verdienste um Volk und Vaterland".

aber keine Teilstreitkraft der NVA waren. Ausgerüstet war die DDR-Volksarmee mit sowjetischen Waffen und Geräten. Die führende Rolle in der NVA hatte die SED. Als Vorsitzender des Nationalen Verteidigungsrates hatte SED-Generalsekretär Erich Honecker unmittelbaren Einfluss auf alle militärpolitischen Grundsatzentscheidungen. In den Augen der SED war die NVA ein „Klassen- und Machtinstrument des Arbeiter-und-Bauern-Staates". 1990 aufgelöst, wurden 50 000 von 175 000 Soldaten in die Bundeswehr übernommen, von denen jedoch viele in der Folgezeit ausschieden.

Nationaler Verteidigungsrat der DDR. Zusammen mit dem Ministerrat waren der Staatsrat und der „Nationale Verteidigungsrat" die Entscheidungsgremien der Staatsverwaltung. Sie wurden – so steht es in der Verfassung – von der Volkskammer eingesetzt; sie waren ihr verantwortlich. Der Staatsrat (sein Vorsitzender war das Staatsoberhaupt der DDR) war für die völkerrechtliche Vertretung und für den Abschluss von Staatsverträgen zuständig. Der Artikel 73 übertrug dem Staatsrat auch „grundsätzliche Beschlüsse zur Frage der Verteidigung und Sicherheit des Landes". Dazu wurde ein „Nationaler Verteidigungsrat" eingerichtet. Ihm gehörten mindestens 12 Mitglieder an. Seine Aufgaben waren im Verteidigungsgesetz vom 13. Oktober 1978 neu geregelt worden. Der NVR erhielt im Falle des äußeren oder inneren Notstandes alle legislativen und exekutiven Vollmachten. Wenn „eine bedrohliche Lage" es erfordern sollte, konnte er die „allgemeine oder teilweise Mobilmachung" anordnen, auch wenn die Volkskammer den sogenannten Verteidigungszustand noch nicht verkündet hatte. Der NVR konnte Anordnungen treffen, die von den bestehenden Gesetzen und Rechtsvorschriften abwichen. Sein Vorsitzender war im Verteidigungsfall der Oberbefehlshaber aller bewaffneten Kräfte.

Tagung der Nationalen Front des demokratischen Deutschland. Berlin, 1949.

LEXIKON

Nationalpreis der DDR. Alljährlich zum 7. Oktober, dem als „Tag der Republik" begangenen Gründungstag der DDR im Jahr 1949, wurden in der DDR zahlreiche hohe und höchste Auszeichnungen verliehen – so der „Karl-Marx-Orden", der „Große Stern der Völkerfreundschaft", der Ehrentitel „Held der Arbeit" und nicht zuletzt der „Nationalpreis der DDR". Diesen Nationalpreis, der in drei Klassen vergeben wurde, konnten Gruppen und Einzelpersonen aus der DDR oder auch aus dem Ausland erhalten, die sich um die sozialistische Wissenschaft oder Technik, Kunst oder Literatur verdient gemacht hatten. Ausgehändigt wurde der Preis jeweils auf Empfehlung des DDR-Ministerrates durch den Staatsratsvorsitzenden. Der Ausgezeichnete bekam dabei eine Medaille, eine Urkunde und Geld – als Einzelperson in der ersten Klasse 60 000 Mark, als Gruppe bis zu 120 000 Mark. Die 26-Millimeter-Medaille ist rund und vergoldet. Auf der Vorderseite trägt sie ein Porträt Goethes, das von den Worten DEUTSCHE DEMOKRATISCHE REPUBLIK umrahmt ist; auf der Rückseite steht in einem Lorbeerkranz das Wort „NATIONALPREIS". Das Ordenswesen in der DDR – es wurden insgesamt fast zweihundert staatliche oder gesellschaftliche Auszeichnungen aller Art vergeben – regelte sich nach dem Gesetz über die Stiftung und Verleihung staatlicher Auszeichnungen vom 16. Dezember 1977. Aus der Ausführungsverordnung dazu ging beispielsweise hervor, dass der Nationalpreis auf der rechten oberen Brustseite zu tragen war.

1959 gestifteter Orden „Stern der Völkerfreundschaft".

Nationalrat der Nationalen Front der DDR. Im „Nationalrat der Nationalen Front der DDR" waren die fünf Parteien (SED, Bauernpartei, CDU, Liberal- und Nationaldemokratische Partei) sowie die vier Massenorganisationen der DDR (FDGB, FDJ, Frauenbund und Kulturbund) vereint. Offiziell wurde die Nationale Front als „Bündnis aller politischen und sozialen Kräfte des werktätigen Volkes" bezeichnet. Eingetragene Mitglieder gab es nicht: 300 000 Menschen arbeiteten in 17 000 Ausschüssen ehrenamtlich mit. Ihre Funktion bestand darin, auf lokaler und regionaler Ebene die Politik der SED in Massen-Initiativen umzusetzen. Zu den Aufgaben gehörten: Mobilisierung staatsbürgerlicher Aktivität, Propaganda und Agitation in den Wohngebieten, Aufstellung der Einheits-Kandidatenlisten für Wahlen, Mithilfe bei der Erfüllung der Wirtschaftspläne, zum Beispiel durch den Dauerwettbewerb „Macht mit – schöner unsere Städte und Gemeinden".

Neues Forum (NF). In Grünheide bei Berlin fanden sich am 9.9.1989 führende DDR-Dissidenten zusammen und gründeten mit dem Neuen Forum (NF) eine Bürgerbewegung, die Reisefreiheit, Parteienpluralismus, Demokratisierung, Auflösung der „Stasi" u.a. forderte. Das NF stand hinter den Leipziger Montagsdemonstrationen und anderen Massenprotesten, die zum Sturz der SED-Herrschaft führten, beteiligte sich am „Runden Tisch" und schloss sich für die erste freie Wahl zur Volkskammer am 18.3. 1990 mit anderen Reformgruppen zum Bündnis 90 zusammen. Viele Mitglieder des NF nährten lange die Hoffnung auf die Erhaltung einer reformierten DDR, scheiterten aber am Wunsch der Bevölkerung nach umgehender Wiedervereinigung.

Oder-Neiße-Linie. Im Potsdamer Abkommen der Siegermächte vom 2.8. 1945 wurde eine Demarkationslinie zwischen den abgetrennten deutschen Ostgebieten und dem restlichen Deutschland festgelegt. Sie sollte bis zu einer friedensvertraglichen Regelung die Westgrenze Polens sein. Diese Oder-Neiße-Linie verlief von der Ostsee westlich Swinemünde die Oder und die westliche (Lausitzer oder Görlitzer) Neiße entlang bis zur tschechischen Grenze. Von der DDR 1950 als „Friedensgrenze" anerkannt, wurde die Oder-Neiße-Linie auch von der Bundesregierung 1970 im Deutsch-polnischen Vertrag akzeptiert und 1975 in der Schlussakte von Helsinki (Konferenz für Sicherheit und Zusammenarbeit in Europa) als unverletzlich bekräftigt. Der Deutsch-polnische Grenzvertrag vom November 1990 erkannte nochmals auch für das wiedervereinigte Deutschland diese Westgrenze Polens an.

Offizier im besonderen Einsatz (OibE). Auf den Gehaltslisten der „Stasi" standen auch Offiziere, die in Betriebe und Institutionen besonderer politischer, militärischer oder kultureller Bedeutung eingeschleust wurden. Ihr Auftrag, in Schlüsselpositionen aufzurücken und die Zentrale aus erster Hand zu unterrichten, blieb dabei natürlich ebenso geheim wie ihr Rang. Prominentester „Offizier in besonderem Einsatz", wie die Spezial-Agenten hießen, war Alexander Schalck-Golodkowski, dessen Einfluss bis weit ins Ausland reichte.

Ostzone. Die sowjetische Besatzungszone wurde seit 1945 entweder kurz „SBZ" oder „Ostzone" genannt. Auch nach Gründung der DDR hielt sich diese Bezeichnung – oft in der kürzeren Form „Zone" – in der Bundesrepublik hartnäckig; Kritiker der Regierung wurden gerne mundtot gemacht mit dem Rat: „Geh doch in die Zone!" Daneben bildete sich die Bezeichnung „Mitteldeutschland", weil ein zweiter deutscher Staat nicht einmal sprachlich anerkannt werden sollte. Als dies kaum noch zu umgehen war, halfen sich manche Presseorgane dadurch, dass sie „DDR" in Gänsefüßchen setzten oder von der „sog. DDR" sprachen. Das verlor sich mit der Zeit, kehrte aber nach der Wiedervereinigung in abfälligen Namen für die Bewohner der einstigen DDR wieder, die nicht nur als „Ossis" firmierten, sondern in arrogantem Westjargon oft auch „Zonis" hießen.

Palast der Republik. Der Koloss aus weißem Marmor und von Aluminiumsprossen gefassten Glasflächen wurde 1976 eingeweiht. Das „Palast der Republik" getaufte Gebäude wurde auf Beschluss des Politbüros errichtet, um dem zur „Hauptstadt der DDR" erklärten Berlin einen repräsentativen Mittelpunkt zu setzen. Er befindet sich an derselben Stelle, an der einst das Berliner Stadtschloss stand, das die SED 1950 sprengte und abtrug. Das 180 Meter lange, 90 Meter breite und fünf Stockwerke hohe Gebäude ist ein Mehrzweckbau. Es beherbergte einen großen, maximal 5000 Besuchern Platz bietenden Kongresssaal, in dem unter anderem die Parteitage der SED zelebriert wurden, sowie einen kleineren Saal-Komplex, der auch der Volkskammer als Tagungsort diente. Außerdem enthielt es verschiedene Restaurants, Cafés, Gaststätten und Unterhaltungsräume. Bei der Gestaltung des Baus wurde beträchtlicher Aufwand getrieben; zahlreiche führende

LEXIKON

DDR-Maler schufen Werke, die in dem ausladenden Foyer, in den Gängen und den Räumlichkeiten das „sozialistische Leben" made in DDR verherrlichten. Den Grundstein für das Gebäude, das zusammen mit dem Außenministerium und dem Staatsratsgebäude den Marx-Engels-Platz, den zentralen Platz Ostberlins, beherrschte, legte Erich Honecker im November 1973. Die Kosten des Baus, an dem Bautrupps aus der gesamten DDR mitwirkten, wurden geheim gehalten. Der prunkvolle Bau, mit dem das SED-Regime seinen Anspruch auf Eigenstaatlichkeit demonstrieren wollte, hieß im Volksmund ironisch „Palazzo Prozzi". Da nach der Wende festgestellt wurde, dass der Palast durch Spritzasbest belastet ist, bleibt die Zukunft des Gebäudes noch offen.

Partei des Demokratischen Sozialismus (PDS). Mit dem Rücktritt Honeckers am 18.10.1989 begann der unaufhaltsame Verfall der Sozialistischen Einheitspartei Deutschlands (SED) – die Mitglieder liefen ihr in Scharen davon, die verbleibenden forderten radikale Reformen und die Demokratisierung der Partei. Mit einem Sonderparteitag am 8./9. und 16/17.12.1989 versuchte die SED, den Trend zu bremsen, gab sich den Zusatznamen Partei des Demokratischen Sozialismus (PDS), schaffte Politbüro und Zentralkomitee ab und schloss belastete ehemalige Funktionäre aus. Anfang Februar 1990 wurde der Name SED ganz gestrichen und verkündet, die PDS sei eine neue Partei, die nichts mehr mit der SED zu tun habe und einen Platz im demokratischen Spektrum links von der SPD anstrebe. Mit einem Programm vom 25.2.1990, das Solidarität, Recht auf Arbeit, ökologischen Umbau der Wirtschaft forderte und die Grundrechte betonte, erreichte die PDS bei der ersten freien Volkskammerwahl am 18.3.1990 über 16 % der Stimmen, zog in alle Landtage ein und überwand im Wahlgebiet Ost bei der ersten gesamtdeutschen Wahl im Dez. 1990 die Fünfprozentklausel, so dass sie 17 Abgeordnete in den Bundestag entsenden konnte. Trotz sich häufender Affären um ehemalige „Stasi"-Spitzel in ihren Reihen und trotz der Einstufung als in Teilen linksradikal durch den Verfassungsschutz wuchs in der Enttäuschung über die Lasten der Wiedervereinigung und in nostalgischer Verklärung der DDR das Wählerpotential der PDS im Osten.

1994 zog sie mit 30 Mandaten gestärkt in den Bundestag ein, weil sie die Fünfprozenthürde durch 4 Direktmandate hatte umgehen können, obwohl sie bundesweit nur auf 4,4 % der Stimmen kam. Mit 5,1 % der Stimmen bei den Bundestagswahlen 1998 war sie im Bundestag mit 36 Mandaten vertreten, scheiterte aber vier Jahre später an der Fünfprozentklausel.

Passierscheinabkommen. In ihrem Bemühen, Westberlin als selbständige politische Einheit hinzustellen und die Bindungen der „Halbstadt" an die Bundesrepublik zu lockern, genehmigte die DDR nach dem Bau der Berliner Mauer 1961 zunächst nur Bürgern mit westdeutschem Pass Tagesaufenthalte in Ostberlin. Erst am 17.12.1963 gelang eine Vereinbarung über Passierscheine auch für Westberliner zum Besuch ihrer Verwandten und Freunde im Ostteil der Stadt für jeweils einen Tag in der Weihnachtszeit (bis 4.1.1964). Insgesamt nutzten über 200 000 Menschen diese Möglichkeit. In den folgenden Jahren wurden weitere Passierscheinabkommen erreicht, ehe nach dem Berlin-Abkommen 1971 auch für Westberliner ein regelmäßiger Besuchsverkehr vereinbart werden konnte.

Pieck, Wilhelm, *Guben 3.1.1876, †Ostberlin 7.9.1960. – Er machte eine Tischlerlehre, trat 1895 der SPD bei, wandte sich aber bei Beginn des Ersten Weltkrieges wegen der Bewilligung der Kriegskredite von ihr ab: Pieck war ein entschiedener Gegner des Militärs und desertierte 1918 nach Holland. 1918/19 gehörte er zu den Mitbegründern der KPD, die er 1921-28 im preußischen Landtag und 1928-33 im Reichstag vertrat. 1933 ging Pieck ins Exil, wurde in Moskau Vorsitzender der Exil-KPD und Mitbegründer des Nationalkomitees Freies Deutschland, kehrte 1945 nach Deutschland zurück, war maßgeblich an der Zwangsvereinigung von KPD und SPD zur Sozialistischen Einheitspartei Deutschlands (SED) beteiligt, deren Vorsitz er bis 1954 zusammen mit Grotewohl innehatte. 1949 wurde Pieck erster Präsident der DDR und füllte diese eher repräsentative Rolle nach seiner Wiederwahl 1957 bis zu seinem Tode aus. Im Gegensatz zu Ulbricht erlangte der Politiker sogar eine gewisse Popularität als „Landesvater".

Planwirtschaft. Hatte schon die „SMAD" die wirtschaftlichen Strukturen in der „SBZ" nach sowjetischem Vorbild durch Bodenreform und Enteignungen verändert, so setzte die DDR auf zügigen Ausbau einer Plan- oder Zentralverwaltungswirtschaft. In diesem System existierte, da es konsequent umgesetzt wurde, kein Markt, somit konnte hier der Preis auch nicht wie in der Marktwirtschaft die Angleichungsfunktion von Angebot und Nachfrage haben. Alles was an Gütern und Dienstleistungen produziert und an Konsumenten und Produzenten verteilt wurde, musste von einer Zentrale, der Staatlichen Planungskommission, bestimmt und gesteuert werden. Diese „Kommandowirtschaft", verschärft noch durch Kollektivierung und Monopol des Staates an den Produktionsmitteln, setzte voraus, dass private und öffentliche Bedürfnisse ermittelt und dementsprechend zentrale Produktions- und Verteilungspläne für bestimmte Zeiträume erstellt wurden. Ein solches, nur durch aufwändige Bürokratie für Vorgaben und Kontrolle ihrer Erfüllung praktizierbares Verfahren, konnte auf kurzfristige Schwankungen (z.B. von Preisen oder Bedarf) nicht reagieren, produzierte dementsprechend ineffektiver und teurer, vernachlässigte mangels Wettbewerb Qualität und Innovationen, untergrub wegen fehlender Leistungsanreize die Arbeitsmoral und verfehlte oft die Bedürfnisse der Konsumenten. Daher wurde in der DDR v.a. im mittelständischen Bereich auf eine rigorose Durchsetzung des Planprinzips verzichtet, ließ der Staat Spielräume

Wilhelm Pieck beim Besuch eines Lagers Junger Pioniere.

LEXIKON

1978 gestifteter Ehrentitel „Verdienter Mitarbeiter der Planungsorgane der Deutschen Demokratischen Republik".

für marktwirtschaftliches Handeln und dämpfte die Unzufriedenheit der Verbraucher durch teure Importe, die allerdings mit hoher Westverschuldung erkauft wurden. Durch die Bevormundung der Wirtschaft konnte die Staatsführung zudem die Arbeitslosigkeit lange verdeckt halten und davon ideologisch profitieren. Das im Vergleich zum Westen geringere Einkommensgefälle durch gleiche Verteilung des Mangels milderte außerdem soziale Konflikte.

Politbüro. Staats- und Parteiführung waren in der DDR eins; was der Ministerrat als Regierung tat oder ließ, geschah auf Anweisung der Leitungsgremien der SED, deren oberstes Gremium das Politbüro des Zentralkomitees (ZK) war. Daneben existierte noch ein Sekretariat des ZK, das aber wie das Politbüro vom Generalsekretär der SED geleitet wurde, sodass beide Gremien zentral angeleitet wurden. Das Politbüro wurde formell von den ZK-Mitgliedern gewählt, ergänzte sich aber de facto selbst, indem es beim Ausscheiden von Mitgliedern oder bei Erweiterung des Gremiums Personalvorschläge machte, die immer vom Plenum des ZK akzeptiert wurden. Das zunächst 11 stimmberechtigte Mitglieder und 2 nicht stimmberechtigte Kandidaten umfassende Politbüro wuchs bis 1989 auf 21 Mitglieder und 5 Kandidaten an; insgesamt gehörten 68 Personen zu dieser Führungsspitze, darunter nur 5 Frauen. Die wahre Macht übte ein Kreis enger Vertrauter der beiden Generalsekretäre Ulbricht und Honecker aus. Nach Honeckers Sturz am 18.10.1989 wurde das Politbüro am 8. November durch ein stark verkleinertes ersetzt, das sich vier Wochen später endgültig auflöste.

Pommern. Die preußische Provinz Pommern, rd. 2,4 Mio. Einwohner und 38 400 km² (1939) groß, Hauptstadt Stettin, lag beiderseits der Oder und wurde daher durch die neue Grenzziehung entlang der Oder-Neiße-Linie 1945 geteilt: Das kleinere westliche Vorpommern blieb in der „SBZ", das östliche Hinterpommern mit Stettin wurde polnischer Verwaltung unterstellt, die Bevölkerung vertrieben. Die DDR bildete zunächst das Land Mecklenburg-Vorpommern, das wie alle anderen 1952 in Bezirke aufgelöst wurde (Vorpommern: Rostock und Neubrandenburg). Mit der Wiedervereinigung wurde das Land Mecklenburg-Vorpommern wiederhergestellt.

Potsdamer Abkommen. Das Abschlusskommuniqué der Konferenz der Regierungschefs der „Großen Drei", USA (Truman), UdSSR (Stalin) und Großbritannien (Churchill, später Attlee), in Potsdam bei Berlin vom 17.7.bis 2.8.1945 hatte Vertragscharakter; man spricht daher von einem Potsdamer Abkommen: Es regelte insbesondere die Behandlung des besiegten Deutschlands und bestimmte: 1. die völlige Abrüstung und Entmilitarisierung Deutschlands; 2. Auflösung der NSDAP und Entfernung aller ihrer Mitglieder aus öffentlichen Ämtern sowie die Aburteilung der Kriegsverbrecher; 3. Demokratisierung; 4. Dezentralisierung der deutschen Verwaltung. – Wirtschaftliche Beschlüsse betrafen: 1. Verbot der Rüstungsproduktion; 2. Demontage von Produktionsanlagen; 3. Förderung einer Friedensindustrie; 4. alliierte Kontrolle der Wirtschaft; 5. Wiederaufbau; 6. Behandlung Deutschlands als wirtschaftliche Einheit; 7. Entschädigungszahlungen. – An Gebietsveränderungen wurde verfügt (allerdings vorbehaltlich einer endgültigen friedensvertraglichen Regelung): 1. Übergabe von Nord-Ostpreußen an die UdSSR; 2. Unterstellung der anderen Gebiete östlich der Oder-Neiße-Linie unter polnische Verwaltung; 3. Ausweisung (genauer: Vertreibung) der deutschen Bevölkerung aus Osteuropa und den deutschen Ostgebieten „in geordneter und humaner Weise". – Das Potsdamer Abkommen, dem die provisorische französische Regierung am 4.8. im Wesentlichen zustimmte, bildete die rechtliche Grundlage für die gemeinsame Verantwortung der Siegermächte gegenüber Deutschland als Ganzem.

Proletariat. Nach Marx ist die kapitalistische Gesellschaft eine Klassengesellschaft: Die Bourgeoisie als Klasse der Besitzer der Produktionsmittel beute darin das Proletariat als Klasse der Lohnarbeiter aus, die zur Existenzsicherung ihre Arbeitskraft verkaufen müssen. Je bewusster dem Proletariat seine Klasseninteressen werden, desto mehr werde es bestrebt sein, diese Gesellschaft in einem Klassenkampf zu beseitigen. Das Proletariat werde so zum Träger der sozialistischen Revolution, die nach einer Phase der Diktatur des Proletariats alle Klassen überwinden werde. Zur Weckung des Klassenbewusstseins müsse allerdings, so die Lehre des Marxismus-Leninismus, eine „Avantgarde" in Form einer revolutionären Partei die Führung übernehmen. Als diese Avantgarde verstanden sich die Staatsparteien der Ostblockländer, in der DDR also die SED, so dass an die Stelle der Herrschaft der Arbeiterklasse eine Parteiendiktatur trat.

Republikflucht. Als Reaktion auf die hohe Zahl der Flüchtlinge wurde der Straftatbestand der Republikflucht nach mehreren Vorstufen 1957 ins Passgesetz aufgenommen. Das Wort „Republikflucht" verschwand wieder aus den offiziellen Verlautbarungen nach dem Bau der Berliner Mauer, der Tatbestand blieb als „ungesetzlicher Grenzübertritt" bestehen und war im Normalfall mit bis zu zwei Jahren Haft, in schweren Fällen wegen des Mitführens von Waffen, der Fälschung von Papieren u.a. mit bis zu fünf Jahren Haft oder mehr bedroht. Westdeutsche Fluchthelfer wurden wegen „staatsfeindlichen Menschenhandels" belangt. Strafbar war nicht nur die Republikflucht selbst, sondern bereits ihre Planung und Vorbereitung. Die Strafen wurden auch über Nichtrückkehrer, also erfolgreiche Flüchtlinge verhängt, sodass ihnen der Rückweg versperrt war und sie von Besuchsregelungen erst Gebrauch machen konnten, als Amnestien 1972 und 1981 Straffreiheit für Altfälle zusicherten. Etwaiges Vermögen freilich war inzwischen beschlagnahmt worden.

Runder Tisch. Seit den Konferenzen der freien polnischen Gewerkschaft „Solidarität" mit der kommunistischen Staatsführung hat sich für informelle Gremien in der DDR der Begriff „Runder Tisch" als Symbol für die gleichberechtigte Teilnahme aller an ihm Sitzenden eingebürgert. Ein solcher wurde auch mit der Aufgabe des Führungsanspruchs der SED Ende 1989 in der DDR

LEXIKON

erforderlich, damit alle relevanten Kräfte an der Neuordnung beteiligt werden konnten, bis eine frei gewählte Volkskammer das alte Parlament des Blocksystems abgelöst haben würde. Am 7.12.1989 trafen sich in Ostberlin auf Einladung der Kirchen, deren Vertreter als Moderatoren fungierten, erstmals Delegierte der Bürgerbewegungen mit Abgesandten der Blockparteien und Massenorganisationen an einem zentralen „Runden Tisch"; auf unterer Ebene gab es regionale „Runde Tische". Die SED, die sich gerade zur PDS wandelte, war Verhandlungsführerin auf der staatlichen Seite, bei der Opposition waren vertreten die SDP (vom 13.1.1990 an SPD), das Neue Forum, der Demokratische Aufbruch, die Bewegung „Demokratie jetzt", Umweltgruppen u.a. Der bis zur Konstituierung der demokratisch gewählten Volkskammer im April 1990 tagende „Runde Tisch" wurde als Gesetzgeber und Kontrollorgan gegenüber der Regierung Modrow zum eigentlichen Machtzentrum während der Umbruchzeit in der DDR. Er setzte die Auflösung der „Stasi" durch und verhinderte den Aufbau einer Ersatzorganisation, scheiterte aber mit Versuchen, eine reformierte DDR neben der Bundesrepublik zu erhalten. Angesichts des rasanten Zerfalls von Institutionen und Wirtschaft des einstigen SED-Staats gab es zur Wiedervereinigung keine Alternative.

Sachsen. 1945 eroberten amerikanische und russische Truppen das Land Sachsen, das nach Rückzug der US-Streitkräfte am 1.7.1945 zur Gänze in die sowjetische Besatzungszone („SBZ") eingegliedert und um den westlich der Oder-Neiße-Linie gelegenen Teil Schlesiens erweitert wurde. Wie alle Länder der DDR wurde Sachsen 1952 in Bezirke aufgelöst (Leipzig, Karl-Marx-Stadt [Chemnitz], Dresden) und erst mit dem Beitritt der DDR zur Bundesrepublik 1990 wiederhergestellt. Es umfasst 18 400 km², hat 4,6 Mio. Einwohner und wird seit 1990 von der Hauptstadt Dresden aus von der CDU regiert.

Sachsen-Anhalt. Die bis über die Elbe vorgedrungenen amerikanischen Truppen besetzten 1945 auch einen Teil des ehemaligen Landes Anhalt, das nach Rückzug der US-Streitkräfte am 1.7.1945 mit der preußischen Provinz Sachsen zu einer Provinz zusammengefasst und 1947 zum Land Sachsen-Anhalt wurde. Die DDR-Regierung löste es 1952 in die Bezirke Halle und Magdeburg auf, und es erstand als Land erst wieder nach der Wiedervereinigung 1990. Es hat 20 450 km² Fläche und 2,8 Mio. Einwohner; Hauptstadt ist Magdeburg; die Regierung stellte bis 1994 die CDU.

SBZ. Für keine andere Zone im Deutschland nach 1945 bürgerte sich eine Abkürzung ein, nur die sowjetische Besatzungszone wurde nach 1945 oft kurz „SBZ" genannt – ein Kürzel, das sich in der westdeutschen Presse noch lange nach Gründung der DDR hielt. Man wollte damit zum Ausdruck bringen, dass man die östliche Staatsgründung nicht anerkannte und dass das sowjetische Besatzungsregime im Grunde fortdauerte. Ähnliche Funktionen hatten abfällige Bezeichnungen wie „Ostzone", „Zone" oder „Mitteldeutschland" für die DDR, die ihrerseits die Bundesrepublik Deutschland zwecks Gleichstellung mit der eigenen Abkürzung hartnäckig als BRD bezeichnete.

Schalck-Golodkowski, Alexander, *Berlin 3.7.1932. – Ausgebildet zum Feinmechaniker, holte Schalck-Golodkowski bis Mitte der 1950er Jahre ein Studium an der DDR-Hochschule für Außenhandel nach und trat nach dem Examen 1955 der SED bei. Nach verschiedenen Posten im Ministerium für Außenhandel (MAH) übernahm er 1966 die Leitung des Bereichs „Kommerzielle Koordinierung" (KoKo), seit 1967 im Rang eines Stellvertretenden Ministers, seit 1975 als Staatssekretär. Schalck-Golodkowski, auch als Offizier im besonderen Einsatz (OibE) für die „Stasi" tätig, baute ein verzweigtes Firmennetz auf und wurde zum obersten „Devisenbeschaffer" der DDR. In dieser Eigenschaft verhandelte er auch erfolgreich u.a. mit Franz Joseph Strauß über Kredite für die DDR. Nach dem Zusammenbruch der SED-Herrschaft setzte sich Schalck-Golodkowski in den Westen ab und war danach am Tegernsee als Wirtschaftsberater tätig. Ein Untersuchungsausschuss des Bundestages beschäftigte sich 1991-94 mit seinen Aktivitäten als KoKo-Chef. 1994 wurde gegen ihn Anklage wegen Steuerhinterziehung, illegalen Waffenhandels u.a. erhoben, ohne dass es zu einer Verurteilung gekommen wäre.

Schießbefehl. Zur Verhinderung von Republikflucht waren die Grenztruppen der DDR ermächtigt, ihre Handfeuerwaffen einzusetzen. Grundlage dieses an der innerdeutschen Grenze und an der Grenze zu Westberlin geltenden „Schießbefehls" waren die „Schußwaffengebrauchsbestimmungen für die Wachen, Posten und Streifen der Nationalen Volksarmee" aus dem Jahr 1963, die aber „unter Berücksichtigung der Besonderheiten der Grenzsicherung", d.h. verschärft, anzuwenden waren. Die Bestimmungen wurden durch Geheimbefehle immer weiter gefasst bis hin zu der Weisung, Grenzverletze festzunehmen oder zu „vernichten". Das Grenzgesetz vom 25.3.1982 bestätigte diese Praxis, nach der die Grenzer nach dem Ruf „Halt, Grenzposten, Hände hoch!" sofort ohne Warnschuss gezielt schießen sollten; Einschränkung: „Gegen Jugendliche und weibliche Personen sind nach Möglichkeit Schußwaffen nicht anzuwenden." Ein Verzicht auf gezieltes Schießen, der zu einem Grenzdurchbruch führte, war mit Freiheitsstrafe bedroht. Nach Ermittlung der Zentralen Erfassungsstelle der Landesjustizverwaltungen in Salzgitter kamen mindestens 201 Menschen aufgrund des „Schießbefehls" an den innerdeutschen Grenzen ums Leben; zahlreiche weitere wurden Opfer von Minen, Selbstschussanlagen u.a. In den „Mauerschützenprozessen" versuchte die Justiz nach 1990 diese Menschenrechtsverletzungen zu ahnden.

Schirdewan, Karl, *Königsberg/Ostpreußen 14.5.1907, †Potsdam 14.7.1998. – Der Transportarbeiter Schirdewan schloss sich 1923 der KPD an und ging 1933 in den Untergrund. 1934 verhaftet und zu drei Jahren Zuchthaus verurteilt, wurde er nach Verbüßung der Strafe in KZ-Haft genommen und erst 1945 befreit. Er rückte danach in das ZK der KPD, dann der SED auf, war seit 1953 Mitglied des Politbüros und seit 1952 Abgeordneter der Volkskammer. 1958 wurde Schirdewan zusammen mit Wollweber wegen Opposition gegen Ulb-

richt und „Fraktionstätigkeit" sämtlicher Parteiämter enthoben und in die Staatliche Archivverwaltung abgeschoben. Im Januar 1990 rehabilitierte ihn die PDS.

Schussautomat SM-70. Bei den sogenannten Schussautomaten handelte es sich um die Selbstschussmine SM-70. Dieses Gerät hatte vom Jahr 1971 an die bis dahin üblichen (und gegenüber Wild und Schneelast noch empfindlicheren) Tretminen abgelöst. Anfang 1982 schätzte man die Zahl der an der 1393 Kilometer langen innerdeutschen Grenze eingebauten Selbstschussminen auf 54 000. Die SM-70 wurde durch Berühren oder Zerschneiden von Kontaktdrähten mechanisch ausgelöst, man konnte sie aber auch über eine Schwachstromleitung fernzünden. Die Mine funktionierte so, dass etwa 100 Gramm TNT detonierten und gut ein halbes Kilogramm scharfkantiger, gezackter Stahlteile aus einem Trichter jagten. Eine derartige „Munition" wirkte nach der Art von Dumdum-Geschossen; die durch den Trichter verursachte Streuung war um so verheerender, als bei jeder Berührung gleich drei der in verschiedenen Höhen angebrachten Minen krepierten und überdies der Aluminiumtrichter zersplitterte. Ein „Satz" von drei SM-70 bestrich den Raum entlang des Metallgitterzauns bis auf ungefähr 25 Meter.

SED. Die Sozialistische Einheitspartei Deutschland (SED) war durch die Vereinigung von KPD und SPD in der sowjetischen Besatzungszone entstanden, auf starken Druck der Besatzungsmacht und gegen den erbitterten Widerstand der westdeutschen und der Berliner SPD. Am 22.April 1946 wurden Otto Grotewohl (SPD) und Wilhelm Pieck (KPD) zu gleichberechtigten Vorsitzenden gewählt. Zunächst war noch von einem „besonderen deutschen Weg zum Sozialismus", der auf „demokratischem Weg erstrebt" werden sollte, die Rede. Schon 1948 aber war die SED eine Kaderpartei geworden, in der „Fraktionsbildung" streng verboten wurde. Andersdenkende wurden ausgeschlossen. Die Partei wurde zur alleinigen Führungsmacht im Staat. Dies war auch in Artikel 1 der DDR-Verfassung festgeschrieben. Höchstes Organ der SED war der Parteitag. Er bestimmte das Zentralkomitee (ZK), 120 stimm- und 60 nichtstimmberechtigte Mitglieder. Das ZK berief die Mitglieder des Sekretariats sowie die stimmberechtigten Mitglieder und Kandidaten des Politbüros. Zwischen den Parteitagen konnte das ZK Parteikonferenzen einberufen, die politische Entscheidungen gutheißen sollten. Sekretariat und Politbüro waren das eigentliche Machtzentrum, das alle politischen Entscheidungen traf. Sie wurden vom Generalsekretär geleitet. Basis der Partei waren 50 000 Grundorganisationen, das sind Gliederungen in Betrieben, Verwaltung, Akademien, Wirtschaftsverbänden, Wohngebieten, in der Polizei und Armee. Als sich die SED-Diktatur im Zeichen der Reformpolitik unter Michail Gorbatschow als nicht reformfähig erwies und Honecker durch Krenz am 18.10.1989 abgelöst wurde, konnte dieser nur noch den Konkurs einleiten. Am 9. November mussten die Grenzen geöffnet werden, am 1. Dezember strich die Volkskammer den Führungsanspruch der SED, am 3. Dezember traten ZK und Politbüro geschlossen zurück, am 16/17. Dezember gab sich die Partei den Zusatznamen Partei des Demokratischen Sozialismus (PDS), der am 4.2.1990 alleiniger Parteiname wurde.

SED-Politbüro. Das Politbüro des Zentralkomitees (ZK) der Sozialistischen Einheitspartei Deutschlands (SED) war das politische Machtzentrum in der DDR. Seine Mitglieder wurden vom ZK „zur politischen Leitung der Arbeit des ZK zwischen den Plenartagungen" gewählt. Seit Dezember 1979 gehörten dem Politbüro 18 Mitglieder und acht nicht stimmberechtigte Kandidaten, darunter zwei Frauen, an. Hier fielen alle grundsätzlichen politischen, wirtschaftlichen und personellen Entscheidungen. Das Politbüro der SED tagte an jedem Dienstag. Die Sitzungen, über deren Inhalt und Verlauf gewöhnlich nichts veröffentlicht wurde, leitete der Generalsekretär des ZK. Dem mindestens alle sechs Monate tagenden ZK hatte ein Politbüromitglied Bericht zu erstatten. Angehörige des Politbüros bildeten das ZK-Sekretariat. Seine Aufgaben waren die Leitung der laufenden Arbeit, Ausführung und Kontrolle der Parteibeschlüsse sowie die Besetzung aller wichtigen Posten. Die Tätigkeit von ZK, Politbüro und Sekretariat vollzog sich nicht öffentlich, die Willensbildung war für Außenstehende undurchschaubar. Das Parlament der DDR, die Volkskammer, hatte lediglich die von den Parteigremien vorbereiteten oder gefassten Beschlüsse zu bestätigen.

Siebzehnter Juni 1953 s. Tag der deutschen Einheit.

Sindermann, Horst, *Dresden 5.9.1915, †Berlin 20.4.1990. – Als 14-Jähriger schloss sich der aus einer Buchdruckerfamilie stammende Sindermann der kommunistischen Jugend an und wurde als deren Funktionär nach 1933 mehrmals festgenommen und 1935-45 in KZ-Haft gehalten. Er gehörte 1945 zu den ersten Mitgliedern der KPD, folgte ihr in die SED, deren ZK er seit 1954 angehörte. 1963-71 war er 1. Sekretär der Bezirksleitung Halle, danach bis 1973 1. Stellvertretender Vorsitzender des Ministerrats und 1973-76 deren Vorsitzender und damit Regierungschef der DDR. Seit 1967 Mitglied des Politbüros, amtierte Sindermann bis zum Zusammenbruch der SED-Herrschaft 1989 als Präsident der Volkskammer.

SMAD. Aufgrund der Juni-Deklaration der Siegermächte gab die sowjetische Besatzungsmacht am 9.6.1945 mit dem „Befehl Nr. 1" bekannt, dass zur Kontrolle der Kapitulationsbedingungen und zur Verwaltung der russischen Zone eine Sowjetische Militäradministration (SMAD) unter Marschall Georgi Schukow (*1896, †1974) in Berlin-Karlshorst

Propaganda-Plakat der SED.

LEXIKON

auf andere industrielle Zentren über (v.a. auf Bitterfeld, Halle, Leipzig, Merseburg, Magdeburg, Jena, Gera, Brandenburg und Görlitz). Die Demonstranten besetzten Rathäuser und öffentliche Dienststellen und stürmten über 20 Gefängnisse, um Gefangene zu befreien. Im Mittelpunkt ihrer Forderungen standen der Ruf nach Rücktritt der Regierung und die Abhaltung freier und geheimer Wahlen. Der Aufstand wurde schließlich durch sowjetische Truppen niedergeschlagen. Die Zahl der z.T. zu langjährigen Gefängnisstrafen verurteilten Demonstranten wurde im Westen auf 1200 geschätzt. Die DDR-Regierung gab offiziell eine Zahl von 21 Toten und 187 Verletzten bekannt.

Thüringen. Das erst 1920 durch den Zusammenschluss mehrerer Kleinstaaten gebildete Land Thüringen wurde im April 1945 von US-Truppen besetzt, im Juli gemäß alliierter Abmachung aber wieder geräumt und in die „SBZ" integriert; Erfurt löste Weimar als Regierungssitz ab. 1952 wurde Thüringen wie alle Länder der DDR aufgelöst und in die Bezirke Erfurt, Gera und Suhl gegliedert. Erst nach Zusammenbruch der SED-Herrschaft konstituierte sich das Land im Oktober 1990 neu und trat wie die anderen der Bundesrepublik bei; in Erfurt regiert seitdem ein CDU-Ministerpräsident.

Todesstrafe. Während im Bonner Grundgesetz von 1949 die Todesstrafe verboten wurde, wurde sie in der DDR erst 1987 abgeschafft. Bis zur Strafrechtsreform von 1968 wurde sie dort durch Enthaupten, danach durch Erschießung vollstreckt – Begnadigungen durch den Staatsrat waren selten. Von der Todesstrafe bedroht waren Mord, Planung und Durchführung von Angriffskriegen, Verbrechen gegen die Menschlichkeit, Hochverrat, Spionage, Terror, Sabotage sowie einige Militärstraftatbestände im Verteidigungsfall. Außer 122 NS-Verbrechern traf die Todesstrafe in der DDR, soweit bekannt geworden, etwa 80 „Staatsverbrecher" und 25 Mörder.

Ulbricht, Walter, *Leipzig 30.6.1893, †Berlin 1.8.1973. – Über zwei Jahrzehnte prägte der gelernte Tischler Ulbricht die Geschicke der DDR, stabilisierte das kommunistische System und führte den ostdeutschen Staat aus der Isolierung. 1912 zunächst der SPD beigetreten, fand Ulbricht schon 1919 zur KPD, für die er 1928 in den Reichstag einzog. Seine Karriere verdankte er nicht zuletzt engen Kontakten zu sowjetischen Genossen, die er auf zahlreichen Moskau-Reisen geknüpft hatte. Im Okt. 1933 ging er über Paris und Prag ins sowjetische Exil, wirkte dort mit an der Bildung des Nationalkomitees Freies Deutschland (NKFD) und kehrte mit einem Stab von Gesinnungsgenossen, der sog. Gruppe Ulbricht, schon eine Woche der deutschen Kapitulation nach Deutschland zurück, um den politischen Neuanfang in der „SBZ" zu organisieren. Obwohl nach Bildung der Sozialistischen Einheitspartei Deutschlands (SED) formal hinter deren ersten Vorsitzenden Pieck und Grotewohl rangierend, war Ulbricht der wahre Machthaber, was sich 1950 in seiner Ernennung zum Generalsekretär (1953 Erster Sekretär) der Partei ausdrückte. Er nutzte den Aufstand vom 17 Juni 1953 zur schrittweisen Entmachtung von Rivalen wie Schirdewan und zur Ausschaltung von Kritikern wie Harig. 1960 übernahm er auch den Vorsitz im Staatsrat und im Nationalen Verteidigungsrat (NVR) und übte de facto eine persönliche Diktatur aus. Auf ihn ging der Beschluss zur Errichtung der Berliner Mauer zurück, ebenso wie zum Ausbau der „Stasi". Gegen die Machtfülle Ulbrichts sammelte sich Unmut, der sich am 3.5.1971 auf der 16. ZK-Tagung entlud, als ihn die Kritiker um seinen „Ziehsohn" Honecker „aus Altergründen" zum Rücktritt zwangen. Er blieb nominell Staatsratsvorsitzender und Einflussloser (Ehren-)Vorsitzender der Partei.

Volkseigener Betrieb (VEB). Beschlagnahmen durch die „SMAD", entschädigungslose Enteignungen von „Naziaktivisten und Kriegsverbrechern", auch unentschädigte Verstaatlichung von Schlüsselindustrien, Bodenschätzen, Transportunternehmen, Versiche-

1969 gestifteter Ehrentitel „Betrieb der sozialistischen Arbeit".

rungswesen und Banken kennzeichneten die ökonomische Vor- und Frühgeschichte der DDR. Waren bei deren Gründung schon rund die Hälfte aller Produktionsmittel in Volks- oder Gemeineigentum überführt, so setzte sich diese Entwicklung mit dem Beschluss zum Aufbau des Sozialismus seit 1952 beschleunigt fort, bis fast der gesamte Produktionsbereich vom Staat kontrolliert wurde. Die einzelnen Unternehmen gingen entweder in Kombinaten auf, wurden von Genossenschaften geführt oder erhielten den Status von im Rahmen der Planwirtschaft eigenverantwortlich wirtschaftenden, abgabepflichtigen Volkseigenen Betrieben, die das Kürzel VEB im Namen zu führen hatten. Sie wurden zunächst unter dem Dach der „Vereinigung Volkseigener Betriebe" (VVB) der verschiedenen Branchen zusammengefasst, später oft direkt kommunalen oder Bezirksbehörden oder den dementsprechenden Industrieministerien unterstellt. Ihre Veräußerung an Privatpersonen war verboten. Die überwiegende Zahl der zuletzt ca. 8000 VEB arbeitete nach Weltmarktmaßstäben betrachtet unwirtschaftlich, so dass der Treuhandanstalt nach dem Kollaps der DDR ihre Privatisierung oder Sanierung nur unter Anhäufung eines riesigen Schuldenberges gelang. Unzählige Arbeitsplätze gingen dabei verloren.

Volkseigenes Gut (VEG). Die von der „SMAD" 1945/46 verfügte Bodenreform in der „SBZ" brachte große Flächen in Staatsbesitz, auf denen Länder, Kreise und Gemeinden Mustergüter organisieren sollten. Es entstanden dadurch von „werktätigen" (festangestellten) Bauern betriebene staatliche auf zeitweise fast 700, so sank sie bis zum Ende der DDR, allerdings bei wachsender bearbeiteter Fläche (zuletzt 446 000 ha), auf 465. Das lag daran, dass die Agrarpolitik genossenschaftlich orientiert war und auf das Modell der Landwirtschaftlichen Produktionsgenossenschaften (LPG) setzte. Allerdings waren die VEG als Staatsbetriebe leichter zu lenken, ihre Belegschaften wiesen einen hohen parteipolitischen und gewerkschaftlichen Organisationsgrad auf und waren damit so etwas wie die agrarpolitische Vorhut der SED. 1990 ging ihr Vermögen in die Treuhand-Verwaltung über, viele Alteigentümer der VEG-Flächen machten Ansprüche geltend.

richt und „Fraktionstätigkeit" sämtlicher Parteiämter enthoben und in die Staatliche Archivverwaltung abgeschoben. Im Januar 1990 rehabilitierte ihn die PDS.

Schussautomat SM-70. Bei den sogenannten Schussautomaten handelte es sich um die Selbstschussmine SM-70. Dieses Gerät hatte vom Jahr 1971 an die bis dahin üblichen (und gegenüber Wild und Schneelast noch empfindlicheren) Tretminen abgelöst. Anfang 1982 schätzte man die Zahl der an der 1393 Kilometer langen innerdeutschen Grenze eingebauten Selbstschussminen auf 54 000. Die SM-70 wurde durch Berühren oder Zerschneiden von Kontaktdrähten mechanisch ausgelöst, man konnte sie aber auch über eine Schwachstromleitung fernzünden. Die Mine funktionierte so, dass etwa 100 Gramm TNT detonierten und gut ein halbes Kilogramm scharfkantiger, gezackter Stahlteile aus einem Trichter jagten. Eine derartige „Munition" wirkte nach der Art von Dumdum-Geschossen; die durch den Trichter verursachte Streuung war um so verheerender, als bei jeder Berührung gleich drei der in verschiedenen Höhen angebrachten Minen krepierten und überdies der Aluminiumtrichter zersplitterte. Ein „Satz" von drei SM-70 bestrich den Raum entlang des Metallgitterzauns bis auf ungefähr 25 Meter.

SED. Die Sozialistische Einheitspartei Deutschland (SED) war durch die Vereinigung von KPD und SPD in der sowjetischen Besatzungszone entstanden, auf starken Druck der Besatzungsmacht und gegen den erbitterten Widerstand der westdeutschen und der Berliner SPD. Am 22.April 1946 wurden Otto Grotewohl (SPD) und Wilhelm Pieck (KPD) zu gleichberechtigten Vorsitzenden gewählt. Zunächst war noch von einem „besonderen deutschen Weg zum Sozialismus", der auf „demokratischem Weg erstrebt" werden sollte, die Rede. Schon 1948 aber war die SED eine Kaderpartei geworden, in der „Fraktionsbildung" streng verboten wurde. Andersdenkende wurden ausgeschlossen. Die Partei wurde zur alleinigen Führungsmacht im Staat. Dies war auch in Artikel 1 der DDR-Verfassung festgeschrieben. Höchstes Organ der SED war der Parteitag. Er bestimmte das Zentralkomitee (ZK), 120 stimm- und 60 nichtstimmberechtigte Mitglieder. Das ZK berief die Mitglieder des Sekretariats sowie die stimmberechtigten Mitglieder und Kandidaten des Politbüros. Zwischen den Parteitagen konnte das ZK Parteikonferenzen einberufen, die politische Entscheidungen gutheißen sollten. Sekretariat und Politbüro waren das eigentliche Machtzentrum, das alle politischen Entscheidungen traf. Sie wurden vom Generalsekretär geleitet. Basis der Partei waren 50 000 Grundorganisationen, das sind Gliederungen in Betrieben, Verwaltung, Akademien, Wirtschaftsverbänden, Wohngebieten, in der Polizei und Armee. Als sich die SED-Diktatur im Zeichen der Reformpolitik unter Michail Gorbatschow als nicht reformfähig erwies und Honecker durch Krenz am 18.10.1989 abgelöst wurde, konnte dieser nur noch den Konkurs einleiten. Am 9. November mussten die Grenzen geöffnet werden, am 1. Dezember strich die Volkskammer den Führungsanspruch der SED, am 3. Dezember traten ZK und Politbüro geschlossen zurück, am 16/17. Dezember gab sich die Partei den Zusatznamen Partei des Demokratischen Sozialismus (PDS), der am 4.2.1990 alleiniger Parteiname wurde.

SED-Politbüro. Das Politbüro des Zentralkomitees (ZK) der Sozialistischen Einheitspartei Deutschlands (SED) war das politische Machtzentrum in der DDR. Seine Mitglieder wurden vom ZK

Propaganda-Plakat der SED.

„zur politischen Leitung der Arbeit des ZK zwischen den Plenartagungen" gewählt. Seit Dezember 1979 gehörten dem Politbüro 18 Mitglieder und acht nicht stimmberechtigte Kandidaten, darunter zwei Frauen, an. Hier fielen alle grundsätzlichen politischen, wirtschaftlichen und personellen Entscheidungen. Das Politbüro der SED tagte an jedem Dienstag. Die Sitzungen, über deren Inhalt und Verlauf gewöhnlich nichts veröffentlicht wurde, leitete der Generalsekretär des ZK. Dem mindestens alle sechs Monate tagenden ZK hatte ein Politbüromitglied Bericht zu erstatten. Angehörige des Politbüros bildeten das ZK-Sekretariat. Seine Aufgaben waren die Leitung der laufenden Arbeit, Ausführung und Kontrolle der Parteibeschlüsse sowie die Besetzung aller wichtigen Posten. Die Tätigkeit von ZK, Politbüro und Sekretariat vollzog sich nicht öffentlich, die Willensbildung war für Außenstehende undurchschaubar. Das Parlament der DDR, die Volkskammer, hatte lediglich die von den Parteigremien vorbereiteten oder gefassten Beschlüsse zu bestätigen.

Siebzehnter Juni 1953 s. Tag der deutschen Einheit.

Sindermann, Horst, *Dresden 5.9.1915, †Berlin 20.4.1990. – Als 14-Jähriger schloss sich der aus einer Buchdruckerfamilie stammende Sindermann der kommunistischen Jugend an und wurde als deren Funktionär nach 1933 mehrmals festgenommen und 1935-45 in KZ-Haft gehalten. Er gehörte 1945 zu den ersten Mitgliedern der KPD, folgte ihr in die SED, deren ZK er seit 1954 angehörte. 1963-71 war er 1. Sekretär der Bezirksleitung Halle, danach bis 1973 1. Stellvertretender Vorsitzender des Ministerrats und 1973-76 deren Vorsitzender und damit Regierungschef der DDR. Seit 1967 Mitglied des Politbüros, amtierte Sindermann bis zum Zusammenbruch der SED-Herrschaft 1989 als Präsident der Volkskammer.

SMAD. Aufgrund der Juni-Deklaration der Siegermächte gab die sowjetische Besatzungsmacht am 9.6.1945 mit dem „Befehl Nr. 1" bekannt, dass zur Kontrolle der Kapitulationsbedingungen und zur Verwaltung der russischen Zone eine Sowjetische Militäradministration (SMAD) unter Marschall Georgi Schukow (*1896, †1974) in Berlin-Karlshorst

LEXIKON

auf andere industrielle Zentren über (v.a. auf Bitterfeld, Halle, Leipzig, Merseburg, Magdeburg, Jena, Gera, Brandenburg und Görlitz). Die Demonstranten besetzten Rathäuser und öffentliche Dienststellen und stürmten über 20 Gefängnisse, um Gefangene zu befreien. Im Mittelpunkt ihrer Forderungen standen der Ruf nach Rücktritt der Regierung und die Abhaltung freier und geheimer Wahlen. Der Aufstand wurde schließlich durch sowjetische Truppen niedergeschlagen. Die Zahl der z.T. zu langjährigen Gefängnisstrafen verurteilten Demonstranten wurde im Westen auf 1200 geschätzt. Die DDR-Regierung gab offiziell eine Zahl von 21 Toten und 187 Verletzten bekannt.

Thüringen. Das erst 1920 durch den Zusammenschluss mehrerer Kleinstaaten gebildete Land Thüringen wurde im April 1945 von US-Truppen besetzt, im Juli gemäß alliierter Abmachung aber wieder geräumt und in die „SBZ" integriert; Erfurt löste Weimar als Regierungssitz ab. 1952 wurde Thüringen wie alle Länder der DDR aufgelöst und in die Bezirke Erfurt, Gera und Suhl gegliedert. Erst nach Zusammenbruch der SED-Herrschaft konstituierte sich das Land im Oktober 1990 neu und trat wie die anderen der Bundesrepublik bei; in Erfurt regiert seitdem ein CDU-Ministerpräsident.

Todesstrafe. Während im Bonner Grundgesetz von 1949 die Todesstrafe verboten wurde, wurde sie in der DDR erst 1987 abgeschafft. Bis zur Strafrechtsreform von 1968 wurde sie dort durch Enthaupten, danach durch Erschießung vollstreckt – Begnadigungen durch den Staatsrat waren selten. Von der Todesstrafe bedroht waren Mord, Planung und Durchführung von Angriffskriegen, Verbrechen gegen die Menschlichkeit, Hochverrat, Spionage, Terror, Sabotage sowie einige Militärstraftatbestände im Verteidigungsfall. Außer 122 NS-Verbrechern traf die Todesstrafe in der DDR, soweit bekannt geworden, etwa 80 „Staatsverbrecher" und 25 Mörder.

Ulbricht, Walter, *Leipzig 30.6.1893, †Berlin 1.8.1973. – Über zwei Jahrzehnte prägte der gelernte Tischler Ulbricht die Geschicke der DDR, stabilisierte das kommunistische System und führte den ostdeutschen Staat aus der Isolierung. 1912 zunächst der SPD beigetreten, fand Ulbricht schon 1919 zur KPD, für die er 1928 in den Reichstag einzog. Seine Karriere verdankte er nicht zuletzt engen Kontakten zu sowjetischen Genossen, die er auf zahlreichen Moskau-Reisen geknüpft hatte. Im Okt. 1933 ging er über Paris und Prag ins sowjetische Exil, wirkte dort mit an der Bildung des Nationalkomitees Freies Deutschland (NKFD) und kehrte mit einem Stab von Gesinnungsgenossen, der sog. Gruppe Ulbricht, schon eine Woche der deutschen Kapitulation nach Deutschland zurück, um den politischen Neuanfang in der „SBZ" zu organisieren. Obwohl nach Bildung der Sozialistischen Einheitspartei Deutschlands (SED) formal hinter deren ersten Vorsitzenden Pieck und Grotewohl rangierend, war Ulbricht der wahre Machthaber, was sich 1950 in seiner Ernennung zum Generalsekretär (1953 Erster Sekretär) der Partei ausdrückte. Er nutzte den Aufstand vom 17 Juni 1953 zur schrittweisen Entmachtung von Rivalen wie Schirdewan und zur Ausschaltung von Kritikern wie Harig. 1960 übernahm er auch den Vorsitz im Staatsrat und im Nationalen Verteidigungsrat (NVR) und übte de facto eine persönliche Diktatur aus. Auf ihn ging der Beschluss zur Errichtung der Berliner Mauer zurück, ebenso wie zum Ausbau der „Stasi". Gegen die Machtfülle Ulbrichts sammelte sich Unmut, der sich am 3.5.1971 auf der 16. ZK-Tagung entlud, als ihn die Kritiker um seinen „Ziehsohn" Honecker „aus Altergründen" zum Rücktritt zwangen. Er blieb nominell Staatsratsvorsitzender und Einflussloser (Ehren-)Vorsitzender der Partei.

Volkseigener Betrieb (VEB). Beschlagnahmen durch die „SMAD", entschädigungslose Enteignungen von „Naziaktivisten und Kriegsverbrechern", auch unentschädigte Verstaatlichung von Schlüsselindustrien, Bodenschätzen, Transportunternehmen, Versiche-

1969 gestifteter Ehrentitel „Betrieb der sozialistischen Arbeit".

rungswesen und Banken kennzeichneten die ökonomische Vor- und Frühgeschichte der DDR. Waren bei deren Gründung schon rund die Hälfte aller Produktionsmittel in Volks- oder Gemeineigentum überführt, so setzte sich diese Entwicklung mit dem Beschluss zum Aufbau des Sozialismus seit 1952 beschleunigt fort, bis fast der gesamte Produktionsbereich vom Staat kontrolliert wurde. Die einzelnen Unternehmen gingen entweder in Kombinaten auf, wurden von Genossenschaften geführt oder erhielten den Status von im Rahmen der Planwirtschaft eigenverantwortlich wirtschaftenden, abgabepflichtigen Volkseigenen Betrieben, die das Kürzel VEB im Namen zu führen hatten. Sie wurden zunächst unter dem Dach der „Vereinigung Volkseigener Betriebe" (VVB) der verschiedenen Branchen zusammengefasst, später oft direkt kommunalen oder Bezirksbehörden oder den dementsprechenden Industrieministerien unterstellt. Ihre Veräußerung an Privatpersonen war verboten. Die überwiegende Zahl der zuletzt ca. 8000 VEB arbeitete nach Weltmarktmaßstäben betrachtet unwirtschaftlich, so dass der Treuhandanstalt nach dem Kollaps der DDR ihre Privatisierung oder Sanierung nur unter Anhäufung eines riesigen Schuldenberges gelang. Unzählige Arbeitsplätze gingen dabei verloren.

Volkseigenes Gut (VEG). Die von der „SMAD" 1945/46 verfügte Bodenreform in der „SBZ" brachte große Flächen in Staatsbesitz, auf denen Länder, Kreise und Gemeinden Mustergüter organisieren sollten. Es entstanden dadurch von „werktätigen" (festangestellten) Bauern betriebene staatliche auf zeitweise fast 700, so sank sie bis zum Ende der DDR, allerdings bei wachsender bearbeiteter Fläche (zuletzt 446 000 ha), auf 465. Das lag daran, dass die Agrarpolitik genossenschaftlich orientiert war und auf das Modell der Landwirtschaftlichen Produktionsgenossenschaften (LPG) setzte. Allerdings waren die VEG als Staatsbetriebe leichter zu lenken, ihre Belegschaften wiesen einen hohen parteipolitischen und gewerkschaftlichen Organisationsgrad auf und waren damit so etwas wie die agrarpolitische Vorhut der SED. 1990 ging ihr Vermögen in die Treuhand-Verwaltung über, viele Alteigentümer der VEG-Flächen machten Ansprüche geltend.

richt und „Fraktionstätigkeit" sämtlicher Parteiämter enthoben und in die Staatliche Archivverwaltung abgeschoben. Im Januar 1990 rehabilitierte ihn die PDS.

Schussautomat SM-70. Bei den sogenannten Schussautomaten handelte es sich um die Selbstschussmine SM-70. Dieses Gerät hatte vom Jahr 1971 an die bis dahin üblichen (und gegenüber Wild und Schneelast noch empfindlicheren) Tretminen abgelöst. Anfang 1982 schätzte man die Zahl der an der 1393 Kilometer langen innerdeutschen Grenze eingebauten Selbstschussminen auf 54 000. Die SM-70 wurde durch Berühren oder Zerschneiden von Kontaktdrähten mechanisch ausgelöst, man konnte sie aber auch über eine Schwachstromleitung fernzünden. Die Mine funktionierte so, dass etwa 100 Gramm TNT detonierten und gut ein halbes Kilogramm scharfkantiger, gezackter Stahlteile aus einem Trichter jagten. Eine derartige „Munition" wirkte nach der Art von Dumdum-Geschossen; die durch den Trichter verursachte Streuung war um so verheerender, als bei jeder Berührung gleich drei der in verschiedenen Höhen angebrachten Minen krepierten und überdies der Aluminiumtrichter zersplitterte. Ein „Satz" von drei SM-70 bestrich den Raum entlang des Metallgitterzauns bis auf ungefähr 25 Meter.

SED. Die Sozialistische Einheitspartei Deutschland (SED) war durch die Vereinigung von KPD und SPD in der sowjetischen Besatzungszone entstanden, auf starken Druck der Besatzungsmacht und gegen den erbitterten Widerstand der westdeutschen und der Berliner SPD. Am 22.April 1946 wurden Otto Grotewohl (SPD) und Wilhelm Pieck (KPD) zu gleichberechtigten Vorsitzenden gewählt. Zunächst war noch von einem „besonderen deutschen Weg zum Sozialismus", der auf „demokratischem Weg erstrebt" werden sollte, die Rede. Schon 1948 aber war die SED eine Kaderpartei geworden, in der „Fraktionsbildung" streng verboten wurde. Andersdenkende wurden ausgeschlossen. Die Partei wurde zur alleinigen Führungsmacht im Staat. Dies war auch in Artikel 1 der DDR-Verfassung festgeschrieben. Höchstes Organ der SED war der Parteitag. Er bestimmte das Zentralkomitee (ZK), 120 stimm- und 60 nichtstimmberechtigte Mitglieder. Das ZK berief die Mitglieder des Sekretariats sowie die stimmberechtigten Mitglieder und Kandidaten des Politbüros. Zwischen den Parteitagen konnte das ZK Parteikonferenzen einberufen, die politische Entscheidungen gutheißen sollten. Sekretariat und Politbüro waren das eigentliche Machtzentrum, das alle politischen Entscheidungen traf. Sie wurden vom Generalsekretär geleitet. Basis der Partei waren 50 000 Grundorganisationen, das sind Gliederungen in Betrieben, Verwaltung, Akademien, Wirtschaftsverbänden, Wohngebieten, in der Polizei und Armee. Als sich die SED-Diktatur im Zeichen der Reformpolitik unter Michail Gorbatschow als nicht reformfähig erwies und Honecker durch Krenz am 18.10.1989 abgelöst wurde, konnte dieser nur noch den Konkurs einleiten. Am 9. November mussten die Grenzen geöffnet werden, am 1. Dezember strich die Volkskammer den Führungsanspruch der SED, am 3. Dezember traten ZK und Politbüro geschlossen zurück, am 16/17. Dezember gab sich die Partei den Zusatznamen Partei des Demokratischen Sozialismus (PDS), der am 4.2.1990 alleiniger Parteiname wurde.

SED-Politbüro. Das Politbüro des Zentralkomitees (ZK) der Sozialistischen Einheitspartei Deutschlands (SED) war das politische Machtzentrum in der DDR. Seine Mitglieder wurden vom ZK

Propaganda-Plakat der SED.

„zur politischen Leitung der Arbeit des ZK zwischen den Plenartagungen" gewählt. Seit Dezember 1979 gehörten dem Politbüro 18 Mitglieder und acht nicht stimmberechtigte Kandidaten, darunter zwei Frauen, an. Hier fielen alle grundsätzlichen politischen, wirtschaftlichen und personellen Entscheidungen. Das Politbüro der SED tagte an jedem Dienstag. Die Sitzungen, über deren Inhalt und Verlauf gewöhnlich nichts veröffentlicht wurde, leitete der Generalsekretär des ZK. Dem mindestens alle sechs Monate tagenden ZK hatte ein Politbüromitglied Bericht zu erstatten. Angehörige des Politbüros bildeten das ZK-Sekretariat. Seine Aufgaben waren die Leitung der laufenden Arbeit, Ausführung und Kontrolle der Parteibeschlüsse sowie die Besetzung aller wichtigen Posten. Die Tätigkeit von ZK, Politbüro und Sekretariat vollzog sich nicht öffentlich, die Willensbildung war für Außenstehende undurchschaubar. Das Parlament der DDR, die Volkskammer, hatte lediglich die von den Parteigremien vorbereiteten oder gefassten Beschlüsse zu bestätigen.

Siebzehnter Juni 1953 s. Tag der deutschen Einheit.

Sindermann, Horst, *Dresden 5.9.1915, †Berlin 20.4.1990. – Als 14-Jähriger schloss sich der aus einer Buchdruckerfamilie stammende Sindermann der kommunistischen Jugend an und wurde als deren Funktionär nach 1933 mehrmals festgenommen und 1935-45 in KZ-Haft gehalten. Er gehörte 1945 zu den ersten Mitgliedern der KPD, folgte ihr in die SED, deren ZK er seit 1954 angehörte. 1963-71 war er 1. Sekretär der Bezirksleitung Halle, danach bis 1973 1. Stellvertretender Vorsitzender des Ministerrats und 1973-76 deren Vorsitzender und damit Regierungschef der DDR. Seit 1967 Mitglied des Politbüros, amtierte Sindermann bis zum Zusammenbruch der SED-Herrschaft 1989 als Präsident der Volkskammer.

SMAD. Aufgrund der Juni-Deklaration der Siegermächte gab die sowjetische Besatzungsmacht am 9.6.1945 mit dem „Befehl Nr. 1" bekannt, dass zur Kontrolle der Kapitulationsbedingungen und zur Verwaltung der russischen Zone eine Sowjetische Militäradministration (SMAD) unter Marschall Georgi Schukow (*1896, †1974) in Berlin-Karlshorst

LEXIKON

auf andere industrielle Zentren über (v.a. auf Bitterfeld, Halle, Leipzig, Merseburg, Magdeburg, Jena, Gera, Brandenburg und Görlitz). Die Demonstranten besetzten Rathäuser und öffentliche Dienststellen und stürmten über 20 Gefängnisse, um Gefangene zu befreien. Im Mittelpunkt ihrer Forderungen standen der Ruf nach Rücktritt der Regierung und die Abhaltung freier und geheimer Wahlen. Der Aufstand wurde schließlich durch sowjetische Truppen niedergeschlagen. Die Zahl der z.T. zu langjährigen Gefängnisstrafen verurteilten Demonstranten wurde im Westen auf 1200 geschätzt. Die DDR-Regierung gab offiziell eine Zahl von 21 Toten und 187 Verletzten bekannt.

Thüringen.  Das erst 1920 durch den Zusammenschluss mehrerer Kleinstaaten gebildete Land Thüringen wurde im April 1945 von US-Truppen besetzt, im Juli gemäß alliierter Abmachung aber wieder geräumt und in die „SBZ" integriert; Erfurt löste Weimar als Regierungssitz ab. 1952 wurde Thüringen wie alle Länder der DDR aufgelöst und in die Bezirke Erfurt, Gera und Suhl gegliedert. Erst nach Zusammenbruch der SED-Herrschaft konstituierte sich das Land im Oktober 1990 neu und trat wie die anderen der Bundesrepublik bei; in Erfurt regiert seitdem ein CDU-Ministerpräsident.

Todesstrafe. Während im Bonner Grundgesetz von 1949 die Todesstrafe verboten wurde, wurde sie in der DDR erst 1987 abgeschafft. Bis zur Strafrechtsreform von 1968 wurde sie dort durch Enthaupten, danach durch Erschießung vollstreckt – Begnadigungen durch den Staatsrat waren selten. Von der Todesstrafe bedroht waren Mord, Planung und Durchführung von Angriffskriegen, Verbrechen gegen die Menschlichkeit, Hochverrat, Spionage, Terror, Sabotage sowie einige Militärstraftatbestände im Verteidigungsfall. Außer 122 NS-Verbrechern traf die Todesstrafe in der DDR, soweit bekannt geworden, etwa 80 „Staatsverbrecher" und 25 Mörder.

Ulbricht, Walter, *Leipzig 30.6.1893, †Berlin 1.8.1973. – Über zwei Jahrzehnte prägte der gelernte Tischler Ulbricht die Geschicke der DDR, stabilisierte das kommunistische System und führte den ostdeutschen Staat aus der Isolierung. 1912 zunächst der SPD beigetreten, fand Ulbricht schon 1919 zur KPD, für die er 1928 in den Reichstag einzog. Seine Karriere verdankte er nicht zuletzt engen Kontakten zu sowjetischen Genossen, die er auf zahlreichen Moskau-Reisen geknüpft hatte. Im Okt. 1933 ging er über Paris und Prag ins sowjetische Exil, wirkte dort mit an der Bildung des Nationalkomitees Freies Deutschland (NKFD) und kehrte mit einem Stab von Gesinnungsgenossen, der sog. Gruppe Ulbricht, schon eine Woche der deutschen Kapitulation nach Deutschland zurück, um den politischen Neuanfang in der „SBZ" zu organisieren. Obwohl nach Bildung der Sozialistischen Einheitspartei Deutschlands (SED) formal hinter deren ersten Vorsitzenden Pieck und Grotewohl rangierend, war Ulbricht der wahre Machthaber, was sich 1950 in seiner Ernennung zum Generalsekretär (1953 Erster Sekretär) der Partei ausdrückte. Er nutzte den Aufstand vom 17 Juni 1953 zur schrittweisen Entmachtung von Rivalen wie Schirdewan und zur Ausschaltung von Kritikern wie Harig. 1960 übernahm er auch den Vorsitz im Staatsrat und im Nationalen Verteidigungsrat (NVR) und übte de facto eine persönliche Diktatur aus. Auf ihn ging der Beschluss zur Errichtung der Berliner Mauer zurück, ebenso wie zum Ausbau der „Stasi". Gegen die Machtfülle Ulbrichts sammelte sich Unmut, der sich am 3.5.1971 auf der 16. ZK-Tagung entlud, als ihn die Kritiker um seinen „Ziehsohn" Honecker „aus Altergründen" zum Rücktritt zwangen. Er blieb nominell Staatsratsvorsitzender und Einflussloser (Ehren-)Vorsitzender der Partei.

Volkseigener Betrieb (VEB). Beschlagnahmen durch die „SMAD", entschädigungslose Enteignungen von „Naziaktivisten und Kriegsverbrechern", auch unentschädigte Verstaatlichung von Schlüsselindustrien, Bodenschätzen, Transportunternehmen, Versiche-

1969 gestifteter Ehrentitel „Betrieb der sozialistischen Arbeit".

rungswesen und Banken kennzeichneten die ökonomische Vor- und Frühgeschichte der DDR. Waren bei deren Gründung schon rund die Hälfte aller Produktionsmittel in Volks- oder Gemeineigentum überführt, so setzte sich diese Entwicklung mit dem Beschluss zum Aufbau des Sozialismus seit 1952 beschleunigt fort, bis fast der gesamte Produktionsbereich vom Staat kontrolliert wurde. Die einzelnen Unternehmen gingen entweder in Kombinaten auf, wurden von Genossenschaften geführt oder erhielten den Status von im Rahmen der Planwirtschaft eigenverantwortlich wirtschaftenden, abgabepflichtigen Volkseigenen Betrieben, die das Kürzel VEB im Namen zu führen hatten. Sie wurden zunächst unter dem Dach der „Vereinigung Volkseigener Betriebe" (VVB) der verschiedenen Branchen zusammengefasst, später oft direkt kommunalen oder Bezirksbehörden oder den dementsprechenden Industrieministerien unterstellt. Ihre Veräußerung an Privatpersonen war verboten. Die überwiegende Zahl der zuletzt ca. 8000 VEB arbeitete nach Weltmarktmaßstäben betrachtet unwirtschaftlich, so dass der Treuhandanstalt nach dem Kollaps der DDR ihre Privatisierung oder Sanierung nur unter Anhäufung eines riesigen Schuldenberges gelang. Unzählige Arbeitsplätze gingen dabei verloren.

Volkseigenes Gut (VEG). Die von der „SMAD" 1945/46 verfügte Bodenreform in der „SBZ" brachte große Flächen in Staatsbesitz, auf denen Länder, Kreise und Gemeinden Mustergüter organisieren sollten. Es entstanden dadurch von „werktätigen" (festangestellten) Bauern betriebene staatliche auf zeitweise fast 700, so sank sie bis zum Ende der DDR, allerdings bei wachsender bearbeiteter Fläche (zuletzt 446 000 ha), auf 465. Das lag daran, dass die Agrarpolitik genossenschaftlich orientiert war und auf das Modell der Landwirtschaftlichen Produktionsgenossenschaften (LPG) setzte. Allerdings waren die VEG als Staatsbetriebe leichter zu lenken, ihre Belegschaften wiesen einen hohen parteipolitischen und gewerkschaftlichen Organisationsgrad auf und waren damit so etwas wie die agrarpolitische Vorhut der SED. 1990 ging ihr Vermögen in die Treuhand-Verwaltung über, viele Alteigentümer der VEG-Flächen machten Ansprüche geltend.

richt und „Fraktionstätigkeit" sämtlicher Parteiämter enthoben und in die Staatliche Archivverwaltung abgeschoben. Im Januar 1990 rehabilitierte ihn die PDS.

Schussautomat SM-70. Bei den sogenannten Schussautomaten handelte es sich um die Selbstschussmine SM-70. Dieses Gerät hatte vom Jahr 1971 an die bis dahin üblichen (und gegenüber Wild und Schneelast noch empfindlicheren) Tretminen abgelöst. Anfang 1982 schätzte man die Zahl der an der 1393 Kilometer langen innerdeutschen Grenze eingebauten Selbstschussminen auf 54 000. Die SM-70 wurde durch Berühren oder Zerschneiden von Kontaktdrähten mechanisch ausgelöst, man konnte sie aber auch über eine Schwachstromleitung fernzünden. Die Mine funktionierte so, dass etwa 100 Gramm TNT detonierten und gut ein halbes Kilogramm scharfkantiger, gezackter Stahlteile aus einem Trichter jagten. Eine derartige „Munition" wirkte nach der Art von Dumdum-Geschossen; die durch den Trichter verursachte Streuung war um so verheerender, als bei jeder Berührung gleich drei der in verschiedenen Höhen angebrachten Minen krepierten und überdies der Aluminiumtrichter zersplitterte. Ein „Satz" von drei SM-70 bestrich den Raum entlang des Metallgitterzauns bis auf ungefähr 25 Meter.

SED. Die Sozialistische Einheitspartei Deutschland (SED) war durch die Vereinigung von KPD und SPD in der sowjetischen Besatzungszone entstanden, auf starken Druck der Besatzungsmacht und gegen den erbitterten Widerstand der westdeutschen und der Berliner SPD. Am 22.April 1946 wurden Otto Grotewohl (SPD) und Wilhelm Pieck (KPD) zu gleichberechtigten Vorsitzenden gewählt. Zunächst war noch von einem „besonderen deutschen Weg zum Sozialismus", der auf „demokratischem Weg erstrebt" werden sollte, die Rede. Schon 1948 aber war die SED eine Kaderpartei geworden, in der „Fraktionsbildung" streng verboten wurde. Andersdenkende wurden ausgeschlossen. Die Partei wurde zur alleinigen Führungsmacht im Staat. Dies war auch in Artikel 1 der DDR-Verfassung festgeschrieben. Höchstes Organ der SED war der Parteitag. Er bestimmte das Zentralkomitee (ZK), 120 stimm- und 60 nichtstimmberechtigte Mitglieder. Das ZK berief die Mitglieder des Sekretariats sowie die stimmberechtigten Mitglieder und Kandidaten des Politbüros. Zwischen den Parteitagen konnte das ZK Parteikonferenzen einberufen, die politische Entscheidungen gutheißen sollten. Sekretariat und Politbüro waren das eigentliche Machtzentrum, das alle politischen Entscheidungen traf. Sie wurden vom Generalsekretär geleitet. Basis der Partei waren 50 000 Grundorganisationen, das sind Gliederungen in Betrieben, Verwaltung, Akademien, Wirtschaftsverbänden, Wohngebieten, in der Polizei und Armee. Als sich die SED-Diktatur im Zeichen der Reformpolitik unter Michail Gorbatschow als nicht reformfähig erwies und Honecker durch Krenz am 18.10.1989 abgelöst wurde, konnte dieser nur noch den Konkurs einleiten. Am 9. November mussten die Grenzen geöffnet werden, am 1. Dezember strich die Volkskammer den Führungsanspruch der SED, am 3. Dezember traten ZK und Politbüro geschlossen zurück, am 16/17. Dezember gab sich die Partei den Zusatznamen Partei des Demokratischen Sozialismus (PDS), der am 4.2.1990 alleiniger Parteiname wurde.

SED-Politbüro. Das Politbüro des Zentralkomitees (ZK) der Sozialistischen Einheitspartei Deutschlands (SED) war das politische Machtzentrum in der DDR. Seine Mitglieder wurden vom ZK

Propaganda-Plakat der SED.

„zur politischen Leitung der Arbeit des ZK zwischen den Plenartagungen" gewählt. Seit Dezember 1979 gehörten dem Politbüro 18 Mitglieder und acht nicht stimmberechtigte Kandidaten, darunter zwei Frauen, an. Hier fielen alle grundsätzlichen politischen, wirtschaftlichen und personellen Entscheidungen. Das Politbüro der SED tagte an jedem Dienstag. Die Sitzungen, über deren Inhalt und Verlauf gewöhnlich nichts veröffentlicht wurde, leitete der Generalsekretär des ZK. Dem mindestens alle sechs Monate tagenden ZK hatte ein Politbüromitglied Bericht zu erstatten. Angehörige des Politbüros bildeten das ZK-Sekretariat. Seine Aufgaben waren die Leitung der laufenden Arbeit, Ausführung und Kontrolle der Parteibeschlüsse sowie die Besetzung aller wichtigen Posten. Die Tätigkeit von ZK, Politbüro und Sekretariat vollzog sich nicht öffentlich, die Willensbildung war für Außenstehende undurchschaubar. Das Parlament der DDR, die Volkskammer, hatte lediglich die von den Parteigremien vorbereiteten oder gefassten Beschlüsse zu bestätigen.

Siebzehnter Juni 1953 s. Tag der deutschen Einheit.

Sindermann, Horst, *Dresden 5.9.1915, †Berlin 20.4.1990. – Als 14-Jähriger schloss sich der aus einer Buchdruckerfamilie stammende Sindermann der kommunistischen Jugend an und wurde als deren Funktionär nach 1933 mehrmals festgenommen und 1935-45 in KZ-Haft gehalten. Er gehörte 1945 zu den ersten Mitgliedern der KPD, folgte ihr in die SED, deren ZK er seit 1954 angehörte. 1963-71 war er 1. Sekretär der Bezirksleitung Halle, danach bis 1973 1. Stellvertretender Vorsitzender des Ministerrats und 1973-76 deren Vorsitzender und damit Regierungschef der DDR. Seit 1967 Mitglied des Politbüros, amtierte Sindermann bis zum Zusammenbruch der SED-Herrschaft 1989 als Präsident der Volkskammer.

SMAD. Aufgrund der Juni-Deklaration der Siegermächte gab die sowjetische Besatzungsmacht am 9.6.1945 mit dem „Befehl Nr. 1" bekannt, dass zur Kontrolle der Kapitulationsbedingungen und zur Verwaltung der russischen Zone eine Sowjetische Militäradministration (SMAD) unter Marschall Georgi Schukow (*1896, †1974) in Berlin-Karlshorst

LEXIKON

ihre Arbeit aufgenommen habe. Einen Monat später wurde die Bildung von Militärverwaltungen der Länder und von Ortskommandanturen verkündet. Die „SMAD" beschäftigte bis zu 60 000 Personen, zu deren Hauptaufgaben Entnazifizierung, Bestrafung von Kriegsverbrechern, Rückführung sowjetischer Staatsbürger und die Überwachung des politischen Lebens gehörten. Mit dem „Befehl Nr. 2" nämlich hatte die UdSSR in ihrer Zone als erste der alliierten Mächte Parteien wieder zugelassen, die jedoch Pluralität nur vorspiegelten, da die Besatzungsmacht die KPD massiv förderte und auf deren Vereinigung mit der SPD zur SED drängte, unter deren Führung ein Blocksystem etabliert wurde. Auch sonst übertrug die „SMAD" das sowjetische politische Modell auf ihre Zone und stellte durch Bildung Volkseigener Betriebe (VEB), Bodenreform und Enteignungen die Weichen in Richtung Sozialisierung. Hart griff die „SMAD" gegen angebliche und tatsächliche NS- und Kriegsverbrecher durch, die sie z.T. in einstigen KZ internierte oder nach Sibirien deportierte. Von insgesamt 200 000 so behandelten Deutscher soll rund die Hälfte umgekommen sein. Zur politischen Kontrolle ihrer Zone riegelte die „SMAD" diese zudem zunehmend gegen den Westen ab und schuf einen „Eisernen Vorhang" an der Demarkationslinie zu den Westzonen. Dahinter stand der ideologische Konflikt mit den einstigen Verbündeten, der wegen der Streitigkeiten um eine Währungsreform 1948/49 in der Berlin-Blockade gipfelte. Mit Bildung der DDR wurde die „SMAD" überflüssig, die Interessen der Besatzungsmacht nahm seit 10.10.1949 eine Sowjetische Kontrollkommission (SKK) wahr.

Sowjetische Streitkräfte in Deutschland. Nach dem Zweiten Weltkrieg wurden in Ostdeutschland Truppenteile der Roten Armee stationiert. Die „Gruppe Sowjetischer Streitkräfte in Deutschland" (GSSD) sollte der Sicherung des Aufbaus einer sozialistischen Staatsordnung dienen. Die GSSD hatte 380 000 Mann, gegliedert in 20 Divisionen und eine Luftlandearmee und war damit doppelt so stark wie die spätere Nationale Volksarmee der DDR (NVA). Von 1957 an wurde die Anwesenheit der GSSD in einem Truppenstationierungsvertrag zwischen der DDR und der UdSSR geregelt. Im Juli 1990 einigten sich der sowjetische Präsident und Bundeskanzler Kohl im Rahmen der deutschen Einheit auch über den Abzug der russischen Truppen. Zu diesem Zeitpunkt befanden sich 338 800 russische Soldaten und 207 400 ihrer Angehörigen im Land, die seither in ihre Heimat zurückkehrten. Bonn stellte für den Abzug der „Westgruppe der Truppen" (WGT), wie sie zuletzt hieß, 14 Milliarden Mark bereit. Mehr als acht Milliarden davon wurden zum Bau von 45 000 Wohnungen für die heimkehrenden Soldaten gezahlt. Die Bundesvermögensverwaltung übernahm von der früheren Roten Armee Liegenschaften von 240 000 Hektar – eine Fläche so groß wie das Saarland.

Sozialistischer Realismus. Durch Beschluss des Zentralkomitees der KPdSU vom 23.4.1932 wurde der offiziellen sowjetischen Literatur, Kunst und Musik ein sozialistischer Realismus als verbindliche Theorie und Methode verordnet. Er forderte „vom Künstler eine wahrheitsgetreue, konkret-historische Darstellung der Wirklichkeit in ihrer revolutionären Entwicklung". Die künstlerische Methode war demnach dem Realismus des 19. Jhs. verpflichtet; die Sujets, die Bedingungen der Kunstproduktion und die angestrebte Wirkung waren in den Dienst der Überwindung der dargestellten Realität im Sinne einer sozialistischen Konzeption zu stellen. Der positive Held als Revolutionär, treues Parteimitglied oder Verteidiger sozialistischer Errungenschaften rückte in den Mittelpunkt einer affirmativen Kunst, die vielfach zum bloßen Propaganda-Instrument verkam. Sozialistischer Realismus galt nach 1945 auch als oberste kulturpolitische Leitlinie in der DDR, wie sie etwa im „Bitterfelder Weg" zum Ausdruck kam. Sie wurde mittels Zensur und Fördermaßnahmen durchgesetzt. Erst allmählich wandelte sich das Bild seit Ende der 1960er Jahre, als z.B. in der Malerei u.a. in den Werken von Willi Sitte (*1921), Bernhard Heisig (*1925) oder Werner Tübke (*1929) die Lösung vom starren Realismus gelang und die DDR-Kunst auch im Westen Anklang fand. Manche sehen darin und in der wachsenden Distanz zum Staat bei einigen literarischen Werken nachträglich erste Anzeichen für die Erosion des SED-Staates.

Staatsfeindliche Hetze. Angriffe oder Aufwiegelung gegen die sozialistische Staats- und Gesellschaftsordnung durch Einführen, Herstellen oder Verbreiten dementsprechender Schriften oder Symbole; das Androhen von Verbrechen gegen den Staat und die Anstiftung zum Widerstand gegen ihn war nach § 106 des Strafgesetzbuches der DDR als „staatsfeindliche Hetze" strafbar. Ursprünglich als „Boykotthetze" bezeichnet, war die Einstufung von Äußerungen und Handlungen als solche Hetze Sache der Gerichte, die dabei einen weiten Interpretationsspielraum hatten. Wegen „staatsfeindlicher Hetze" wurde zudem verfolgt, „wer Repräsentanten oder andere Bürger der DDR wegen deren staatlicher oder gesellschaftlicher Tätigkeit" oder „die Freundschafts- und Bündnisbeziehungen der DDR diskriminiert" oder „den Faschismus oder Militarismus verherrlicht" hatte. Auch das war eine nach Bedarf dehnbare Bestimmung, die viele Dissidenten und kritische Intellektuelle bis zu fünf Jahre hinter Gitter brachte.

Staatsrat. Nach dem Vorbild des Obersten Sowjets in der UdSSR bildete die DDR am 12.9.1960 nach dem Tod des Präsidenten Pieck als ein Organ der Volkskammer den Staatsrat als kollektives Staatsoberhaupt. Den Vorsitzenden und damit das eigentliche Staatsoberhaupt stellte die SED (bis 1971 Ulbricht, dann bis zum Ende Honecker); ihm standen 8 Stellvertreter aus der SED und anderen Blockparteien sowie 20 andere Mitglieder, u.a. aus FDGB, Politbüro, Zentralkomitee, zur Seite. Sie alle wurden vom Parlament auf 5 Jahre gewählt. Der Vorsitzende des Staatsrats nahm die völkerrechtliche Vertretung der DDR wahr und verpflichtete die Mitglieder des Ministerrats bei Amtsantritt. Der Staatsrat ratifizierte und kündigte internationale Verträge, ernannte die Botschafter der DDR, verlieh Orden und hatte das Gnadenrecht; bei ihm waren die ausländischen Geschäftsträger akkreditiert. Mit der Zeit wuchsen seine Kompetenzen bis hin zu gesetzgeberischen Funktionen. Wegen der vielfältigen Personalunion mit den Spitzen der SED wurde er zum höchsten Kontrollorgan und gewann durch das Recht zur Berufung der Mitglieder des Nationalen

Standarte des Vorsitzenden des Staatsrates (1960-1990).

Verteidigungsrates und zur Proklamation des Verteidigungsfalles eine Schlüsselrolle im DDR-System. Das rief den Widerstand des Politbüros und des Ministerrats hervor, und nach Ulbrichts Sturz wurde der Staatsrat wieder auf seine primär repräsentativen Funktionen zurückgestuft. Nach dem Zusammenbruch der SED-Herrschaft Ende 1989 verlor der Staatsrat alle Bedeutung und wurde am 5.4.1990 abgeschafft.

Ständige Vertretung. Da sich die Bundesrepublik weigerte, die DDR als Ausland anzuerkennen, konnte im Grundlagenvertrag kein Austausch von Botschaftern vereinbart werden. Man einigte sich am 21.12.1972 darauf, „Ständige Vertretungen" in der Hauptstadt des jeweils anderen Landes einzurichten, geleitet von einem „Ständigen Vertreter". Die Kompetenzen und der Status der Vertretungen wurden in dem Protokoll vom 14.3.1974 festgelegt, nach dem sie de facto wie Botschaften behandelt und eingestuft wurden, gemäß der „Wiener Übereinkunft über die diplomatischen Beziehungen" vom 18.4.1971.

Stasi. Schon die sowjetische Besatzungsmacht richtete in ihrer Zone 1945/46 „Ämter für Information" ein, die Nachrichten „über die Stimmung im Volk" sammelten. Deutsche Stellen übernahmen diese Aufgabe bald, und schon damals spielte Mielke dabei eine Rolle. Am 8.2.1950 entstand daraus ein Ministerium für Staatssicherheit (MfS), später kurz „die Stasi" genannt. Zwischenzeitlich zum Staatssekretariat zurückgestuft, wurde es 1955 wieder Ministerium unter Wollweber, der besonderen Wert auf den Auslandsnachrichtendienst (Spionage) legte. Er fiel 1957 in Ungnade und musste Mielke weichen, der die „Stasi" in den folgenden Jahren systematisch zu einem alle Poren des Staates und des Volkes durchdringenden Überwachungsmoloch ausbaute. Zum Schluss beschäftigte die „Stasi" 91 000 hauptamtliche und 174 200 „Inoffizielle Mitarbeiter" (IM) und unterhielt ein Wachregiment von 11 000 Mann. Hinzu kam ein Heer von Offizieren im besonderen Einsatz (OibE) und „Gesellschaftlichen Mitarbeitern Sicherheit" (GSM); nirgends war man vor Spitzeln sicher. Gesteuert von der Zentrale in Ostberlin, infiltrierten 15 Bezirksverwaltungen und 200 Kreisdienststellen alle gesellschaftlichen Gruppen – v.a. die Kirchen – bis in die höchsten Ebenen, warben sie Kinder zur Ausforschung der Eltern an (und umgekehrt), platzierten sie „Wanzen" und geheime Kameras, zapften Telefone an usw. Offizielles Ziel war: „Zersetzung der feindlich-negativen Kräfte." Bei hartnäckigen Fällen griff die „Stasi" zu direktem Terror: gesellschaftliche Isolierung, Berufsverbot, Konfiszierung von Postsendungen, Verurteilung, Ausbürgerung; es kam sogar zu Mordanschlägen über die Grenzen hinweg nach Republikflucht. Grenzüberschreitend arbeitete v.a. die „Hauptabteilung Aufklärung" (HVA), die Agenten in der Bundesrepublik in Schlüsselstellungen von Wirtschaft und Politik einschleuste – spektakulärster Fall: die Guillaume-Affäre. Zur Destabilisierung des westdeutschen Staats knüpfte die HVA auch Kontakte zu RAF-Terroristen in der Nachfolge der Baader-Meinhof-Gruppe und gewährte ihnen Unterschlupf. Über ihren OibE Schalck-Golodkowski gewann sie auch vielfach nutzbare wirtschaftliche Kontakte zu höchsten Stellen (u.a. zu Strauß) im Westen. Nach dem Sturz Honeckers versuchte die Regierung Modrow die „Stasi" in ein „Amt für nationale Sicherheit" (AfNS) umzuwandeln, scheiterte aber am Widerstand der Bevölkerung, die vielfach „Stasi"-Dienststellen stürmte. Andere Pläne ließen sich später gegen das Votum des „Runden Tisches" nicht durchsetzen; am 8.2.1990 wurde die Auflösung der „Stasi"-Reste beschlossen. Zwar waren viele Akten bereits vernichtet, doch konnte die „Bundesbehörde für die Unterlagen des Staatssicherheitsdienstes der DDR" („Gauck-Behörde") noch erhebliche Bestände übernehmen oder rekonstruieren.

Stoph, Willi, *Berlin 9.7.1914, †Berlin 13.4.1999. – Anders als viele seiner Mitstreiter blieb der gelernte Maurer Stoph nach 1933 trotz Untergrundtätigkeit von KZ-Haft oder Schlimmerem verschont. Er war 1931 der KPD beigetreten, blieb aber nach Hitlers Machtergreifung in Deutschland, war im Zweiten Weltkrieg Soldat, übernahm danach die deutsche Zentralverwaltung Industrie in der „SBZ" und trat 1946 in die SED ein. 1950 rückte er ins ZK der Partei auf und 1953 ins Politbüro; seit 1950 gehörte er auch der Volkskammer an. 1952-55 war Stoph Wirtschafts- und 1956-60 Verteidigungsminister, als der er bis zum Armeegeneral befördert wurde (1959). 1961 wurde er Stellvertretender und 1962 amtierender Ministerpräsident anstelle des kranken Grotewohl. 1964-73 und von 1976 bis zum Ende der DDR war Stoph Regierungschef und zwischenzeitlich 1973-76 als Vorsitzender des Staatsrats auch ihr Staatsoberhaupt. Stets im Schatten erst Ulbrichts, dann Honeckers, schrieb er 1970 deutschdeutsche Geschichte durch seine Treffen mit Bundeskanzler Brandt in Erfurt und Kassel. Ende 1989 aus der SED ausgeschlossen, wurde Stoph vorübergehend wegen Verdachts des Amtsmissbrauchs verhaftet; 1992 stand er wegen seiner Mitverantwortung für die Morde an der innerdeutschen Grenze vor Gericht, erhielt aber Haftverschonung. Im August 1993 wurde das Verfahren gegen ihn eingestellt.

Tag der deutschen Einheit. Der 17. Juni 1953 ist kein Nationalfeiertag, sondern ein Gedenktag, der an den Arbeiter- und Volksaufstand in der DDR erinnern soll. Die vor allem von Industriearbeitern getragene Erhebung vom 16. und 17. Juni wurde durch einen lohnpolitischen Konflikt ausgelöst und steigerte sich zu einem Massenprotest gegen die Politik der SED und der DDR-Regierung. In den Morgenstunden des 17. Juni machte sich die 12 000 Beschäftigte zählende Belegschaft des Stahl- und Walzwerks Henningsdorf auf den Weg ins Berliner Stadtzentrum. Die Ausweitung der Demonstrationen veranlasste den sowjetischen Militärkommandanten, in den Mittagsstunden den Ausnahmezustand zu verhängen. Es kam zu Zusammenstößen zwischen der Volkspolizei und den protestierenden Ostberlinern. Von Ostberlin griff der Aufstand

Demonstration vor dem Brandenburger Tor am 17. Juni 1953.

LEXIKON

auf andere industrielle Zentren über (v.a. auf Bitterfeld, Halle, Leipzig, Merseburg, Magdeburg, Jena, Gera, Brandenburg und Görlitz). Die Demonstranten besetzten Rathäuser und öffentliche Dienststellen und stürmten über 20 Gefängnisse, um Gefangene zu befreien. Im Mittelpunkt ihrer Forderungen standen der Ruf nach Rücktritt der Regierung und die Abhaltung freier und geheimer Wahlen. Der Aufstand wurde schließlich durch sowjetische Truppen niedergeschlagen. Die Zahl der z.T. zu langjährigen Gefängnisstrafen verurteilten Demonstranten wurde im Westen auf 1200 geschätzt. Die DDR-Regierung gab offiziell eine Zahl von 21 Toten und 187 Verletzten bekannt.

Thüringen. Das erst 1920 durch den Zusammenschluss mehrerer Kleinstaaten gebildete Land Thüringen wurde im April 1945 von US-Truppen besetzt, im Juli gemäß alliierter Abmachung aber wieder geräumt und in die „SBZ" integriert; Erfurt löste Weimar als Regierungssitz ab. 1952 wurde Thüringen wie alle Länder der DDR aufgelöst und in die Bezirke Erfurt, Gera und Suhl gegliedert. Erst nach Zusammenbruch der SED-Herrschaft konstituierte sich das Land im Oktober 1990 neu und trat wie die anderen der Bundesrepublik bei; in Erfurt regiert seitdem ein CDU-Ministerpräsident.

Todesstrafe. Während im Bonner Grundgesetz von 1949 die Todesstrafe verboten wurde, wurde sie in der DDR erst 1987 abgeschafft. Bis zur Strafrechtsreform von 1968 wurde sie dort durch Enthaupten, danach durch Erschießung vollstreckt – Begnadigungen durch den Staatsrat waren selten. Von der Todesstrafe bedroht waren Mord, Planung und Durchführung von Angriffskriegen, Verbrechen gegen die Menschlichkeit, Hochverrat, Spionage, Terror, Sabotage sowie einige Militärstraftatbestände im Verteidigungsfall. Außer 122 NS-Verbrechern traf die Todesstrafe in der DDR, soweit bekannt geworden, etwa 80 „Staatsverbrecher" und 25 Mörder.

Ulbricht, Walter, *Leipzig 30.6.1893, †Berlin 1.8.1973. – Über zwei Jahrzehnte prägte der gelernte Tischler Ulbricht die Geschicke der DDR, stabilisierte das kommunistische System und führte den ostdeutschen Staat aus der Isolierung. 1912 zunächst der SPD beigetreten, fand Ulbricht schon 1919 zur KPD, für die er 1928 in den Reichstag einzog. Seine Karriere verdankte er nicht zuletzt engen Kontakten zu sowjetischen Genossen, die er auf zahlreichen Moskau-Reisen geknüpft hatte. Im Okt. 1933 ging er über Paris und Prag ins sowjetische Exil, wirkte dort mit an der Bildung des Nationalkomitees Freies Deutschland (NKFD) und kehrte mit einem Stab von Gesinnungsgenossen, der sog. Gruppe Ulbricht, schon eine Woche der deutschen Kapitulation nach Deutschland zurück, um den politischen Neuanfang in der „SBZ" zu organisieren. Obwohl nach Bildung der Sozialistischen Einheitspartei Deutschlands (SED) formal hinter deren ersten Vorsitzenden Pieck und Grotewohl rangierend, war Ulbricht der wahre Machthaber, was sich 1950 in seiner Ernennung zum Generalsekretär (1953 Erster Sekretär) der Partei ausdrückte. Er nutzte den Aufstand vom 17 Juni 1953 zur schrittweisen Entmachtung von Rivalen wie Schirdewan und zur Ausschaltung von Kritikern wie Harig. 1960 übernahm er auch den Vorsitz im Staatsrat und im Nationalen Verteidigungsrat (NVR) und übte de facto eine persönliche Diktatur aus. Auf ihn ging der Beschluss zur Errichtung der Berliner Mauer zurück, ebenso wie zum Ausbau der „Stasi". Gegen die Machtfülle Ulbrichts sammelte sich Unmut, der sich am 3.5.1971 auf der 16. ZK-Tagung entlud, als ihn die Kritiker um seinen „Ziehsohn" Honecker „aus Altergründen" zum Rücktritt zwangen. Er blieb nominell Staatsratsvorsitzender und Einflussloser (Ehren-)Vorsitzender der Partei.

Volkseigener Betrieb (VEB). Beschlagnahmen durch die „SMAD", entschädigungslose Enteignungen von „Naziaktivisten und Kriegsverbrechern", auch unentschädigte Verstaatlichung von Schlüsselindustrien, Bodenschätzen, Transportunternehmen, Versiche-

1969 gestifteter Ehrentitel „Betrieb der sozialistischen Arbeit".

rungswesen und Banken kennzeichneten die ökonomische Vor- und Frühgeschichte der DDR. Waren bei deren Gründung schon rund die Hälfte aller Produktionsmittel in Volks- oder Gemeineigentum überführt, so setzte sich diese Entwicklung mit dem Beschluss zum Aufbau des Sozialismus seit 1952 beschleunigt fort, bis fast der gesamte Produktionsbereich vom Staat kontrolliert wurde. Die einzelnen Unternehmen gingen entweder in Kombinaten auf, wurden von Genossenschaften geführt oder erhielten den Status von im Rahmen der Planwirtschaft eigenverantwortlich wirtschaftenden, abgabepflichtigen Volkseigenen Betrieben, die das Kürzel VEB im Namen zu führen hatten. Sie wurden zunächst unter dem Dach der „Vereinigung Volkseigener Betriebe" (VVB) der verschiedenen Branchen zusammengefasst, später oft direkt kommunalen oder Bezirksbehörden oder den dementsprechenden Industrieministerien unterstellt. Ihre Veräußerung an Privatpersonen war verboten. Die überwiegende Zahl der zuletzt ca. 8000 VEB arbeitete nach Weltmarktmaßstäben betrachtet unwirtschaftlich, so dass der Treuhandanstalt nach dem Kollaps der DDR ihre Privatisierung oder Sanierung nur unter Anhäufung eines riesigen Schuldenberges gelang. Unzählige Arbeitsplätze gingen dabei verloren.

Volkseigenes Gut (VEG). Die von der „SMAD" 1945/46 verfügte Bodenreform in der „SBZ" brachte große Flächen in Staatsbesitz, auf denen Länder, Kreise und Gemeinden Mustergüter organisieren sollten. Es entstanden dadurch von „werktätigen" (festangestellten) Bauern betriebene staatliche auf zeitweise fast 700, so sank sie bis zum Ende der DDR, allerdings bei wachsender bearbeiteter Fläche (zuletzt 446 000 ha), auf 465. Das lag daran, dass die Agrarpolitik genossenschaftlich orientiert war und auf das Modell der Landwirtschaftlichen Produktionsgenossenschaften (LPG) setzte. Allerdings waren die VEG als Staatsbetriebe leichter zu lenken, ihre Belegschaften wiesen einen hohen parteipolitischen und gewerkschaftlichen Organisationsgrad auf und waren damit so etwas wie die agrarpolitische Vorhut der SED. 1990 ging ihr Vermögen in die Treuhand-Verwaltung über, viele Alteigentümer der VEG-Flächen machten Ansprüche geltend.

LEXIKON

Volkseigentum. Schon die „SMAD" stellte 1945-49 die planmäßig aus, sprach aber vom Volkseigentum an den Produktionsmitteln, weil der Staat als „politische Organisation der Werktätigen" und die SED als „Partei der Arbeiterklasse" für das Volk stehe. Es sei über diese Organisation an allen Entscheidungen und am Erwirtschafteten beteiligt. Vollständig in Volkseigentum in diesem Sinn überführt wurden Bodenschätze, Bergwerke, Gewässer, Naturreichtümer, Kraftwerke, Banken, Versicherungen, Transportmittel, Verkehrswege, Luftfahrt, Schifffahrt, Post- und Fernmeldewesen sowie letztlich alle Industriebetriebe. Das Eigentum daran war unveräußerbar, durfte nicht belastet oder verpfändet oder in andere Eigentumsformen umgewandelt werden. Nur das, was produziert wurde, konnte durch Verkauf als Ware in Privateigentum oder etwa durch Vermietung in genossenschaftliches Eigentum übergehen.

Volkskammer. Die Volkskammer war nach der Verfassung der DDR „das oberste staatliche Machtorgan". Sie hatte „über die Grundfragen der Staatspolitik" zu entscheiden und verwirklichte „in ihrer Tätigkeit den Grundsatz der Einheit von Beschlussfassung und Durchführung" (Artikel 48). Damit war die Einheit der sozialistischen Staatsmacht hergestellt und das Prinzip der Gewaltenteilung abgeschafft. Der im Mai 1949 in der sowjetischen Besatzungszone gebildete „Deutsche Volksrat" konstituierte sich am 7. Oktober 1949 (dieser Tag wurde als Gründungstag der DDR gefeiert) als „provisorische Volkskammer". Nach den ersten Wahlen vom 15. Oktober 1950 entfiel das Provisorium. Seit 1963 bestand die Volkskammer aus 500 (vorher 466) Abgeordneten, 66 von ihnen waren Vertreter Berlins, die bisher, entsprechend dem Wahlverfahren der Bundestagsabgeordneten aus Westberlin, von der Ostberliner Stadtverordnetenversammlung „benannt" wurden. Wahlen zur Volksvertretung der DDR fanden alle fünf Jahre statt. Die Volkskammer wählte die führenden Personen des Staates und beschloss Gesetze. Im Allgemeinen war es allerdings so, dass ihre Mitwirkung darauf beschränkt war, Beschlüsse der Parteiführung der SED zu bestätigen. Am 18.3.1990 wurde erstmals in freien Wahlen eine Volkskammer gewählt, in der die Allianz für Deutschland die Mehrheit hatte und die CDU die Regierung bildete. Sie trat umgehend mit der Bundesregierung in Verhandlungen über den Beitritt der DDR zur Bundesrepublik ein, der nach Durchsetzung der Währungs- und Sozialunion am 1.7.1990 und nach Verabschiedung des Einigungsvertrags am 3.10.1990 vollzogen wurde.

Volkspolizei. Gleich nach Kriegsende genehmigte die „SMAD" in der „SBZ" den Aufbau deutscher Sicherheitskräfte, in denen aber nur ausgewiesene „Antifaschisten" tätig sein sollten, während Angehörige der NS-Polizei zu entlassen waren. Die Gründung der „Deutschen Volkspolizei" (DVP) wurde per Dekret auf den 1.7.1945 festgelegt, obwohl, v.a. auf Ortsebene, schon vorher Polizeiformationen bestanden. Sie arbeiteten auch nach der Gründung der DDR noch lange ohne neuen gesetzlichen Auftrag auf der Basis von preußischen Gesetzen aus der Weimarer Zeit; erst am 11.6.1968 wurde ein „Gesetz über die Aufgaben und Befugnisse der DVP" erlassen. Das hatte seinen Grund in dem zunächst unscharfen Auftrag: Wie in allen Ländern war der Volkspolizei die öffentliche Sicherheit und Ordnung anvertraut. Daneben aber gab es in den ersten Jahren auch paramilitärische Verbände wie die späteren Grenztruppen der DDR oder die Kasernierte Volkspolizei, die erst mit Gesetz über den Aufbau der Nationalen Volksarmee (NVA) 1956 in den Streitkräften aufging und v.a. deren Ausbilder und Offiziere stellte. Alle waffentragenden Einheiten in der DDR waren bis dahin unter dem Dach der DVP versammelt. Sie unterstand anfangs den Landesbehörden, wurde aber bald dem Innenministerium unterstellt; die eigentliche Polizei wurde dabei in zahlreiche Hauptabteilungen (HA) gegliedert, darunter auch in eine für den Strafvollzug. Seit 1962 verfügte die DVP über eine eigene Hochschule, die bis 1989 rd. 3500 Offiziere ausbildete. Die Volkspolizei mit ihren zuletzt rd. 80 000 hauptamtlichen Polizisten und

1966 gestifteter Ehrentitel „Verdienter Volkspolizist der Deutschen Demokratischen Republik".

177 500 „Freiwilligen Helfern" war allgegenwärtig und bei planmäßig gepflegter Rechtsunsicherheit und weitem Ermessensspielraum dementsprechend gefürchtet. Dazu trugen die Überwachung der Hausbücher durch Abschnittsbevollmächtigte (ABV) und der Terror in den Strafanstalten ebenso bei wie die vielfältigen Verbindungen zur „Stasi", die eigene Leute in Schlüsselpositionen der DVP platzierte. Über die Personenkennzahl (PKZ) konnten beide Organisationen über jeden Bürger alle in diversen Datenbanken gespeicherten Informationen erhalten. Gegen sein Ende war der Polizeistaat DDR so weit perfektioniert, dass er sich quasi selbst misstraute und daran auch scheiterte. Mit Beitritt der DDR zur Bundesrepublik am 3.10.1990 ging die Polizeihoheit an die neuen Bundesländer über; etwa 40 % der DVP-Mitarbeiter mussten aus dem Dienst ausscheiden.

Vorsitzender des Staatsrats der DDR. Der Vorsitzende des Staatsrats war nach dem DDR-Staatsrecht der „höchste Repräsentant der Republik". Er leitete die Tätigkeit des Staatsrats, der als kollektives, von der Volkskammer (der Volksvertretung der DDR) gewähltes Organ eine teils repräsentierende, teils regulierende und auch kontrollierende Funktion in Bezug auf Staatsapparat und Staatstätigkeit ausübte Unter dem ersten Inhaber des Amtes, Walter Ulbricht, der – wie seit 1978 Honecker und danach Krenz – zugleich SED-Generalsekretär war, wurde der Vorsitzende des Gremiums eine zentrale Instanz in der DDR-Politik, die auch die Regierungstätigkeit stark mitbestimmte. Nach dem Machtwechsel in der Partei von Ulbricht zu Honecker 1971 behielt Ulbricht den Vorsitz des Staatsrats; zugleich wurden die Möglichkeiten des Staatsrats eingeschränkt, der kollektive Charakter des Gremiums betont und sein Vorsitz zu einer mehr oder minder einflusslosen Repräsentations-Position. Die Übernahme des Amtes – das nach Ulbrichts Tod drei Jahre von Willi Stoph, dem Regierungschef der DDR, wahrgenommen worden war – durch Honecker hatte dann weder zu einer wesentlichen Wiederaufwertung des Staatsrats noch zu der seines Vorsitzes geführt.

Währungsunion. Wie die Währungsreform der entscheidende Schritt zur Teilung Deutschlands war, so wurde auch

LEXIKON

die Wiedervereinigung durch eine Währungsunion eingeleitet. Am 18.5.1990 unterzeichneten die Finanzminister der Bundesrepublik und der DDR einen Staatsvertrag über die am 1.7.1990 in Kraft tretende Wirtschafts-, Währungs- und Sozialunion der beiden deutschen Staaten. Danach wurden auch in Ostdeutschland die Löhne, Gehälter, Renten, Mieten und Stipendien künftig 1:1 in DM ausgezahlt; für Kinder bis zu 14 Jahren konnten 2000, für Personen zwischen 15 und 59 Jahren 4000 und für noch ältere 6000 DDR-Mark 1:1 in DM gewechselt werden. Höhere Beträge wurden 2:1 umgestellt. Die schlagartige Einbeziehung der DDR in das Wirtschaftssystem der Bundesrepublik führte zu erheblichen Anpassungsproblemen wie dem Zusammenbruch ganzer Kombinate, explodierender Arbeitslosigkeit, dem Ausverkauf von DDR-Betrieben und Immobilien, schmerzhaften Abwicklung von Institutionen, schweren Belastung des Bundeshaushalts durch Sozialleistungen u.a. Die Währungsumstellung nutzten Spekulanten zu illegalen Geschäften – das Schlagwort von der „Vereinigungskriminalität" entstand.

Warschauer Pakt. Der Warschauer Pakt ist das politische und militärische Bündnis von sieben sozialistischen Staaten Mittel- und Osteuropas. Ihm gehören die Sowjetunion, seinerzeit die Deutsche Demokratische Republik, Polen, die Tschechoslowakei, Ungarn, Bulgarien und Rumänien an – Letzteres wegen seines Anspruchs auf eine eigenständigen Außenpolitik, allerdings nur in eingeschränkter Form. Das Gründungsmitglied Albanien trat 1968 aus Protest gegen die Besetzung der CSSR durch Pakttruppen aus. Das Bündnis beruht auf dem 1955 geschlossenen, 1985 auf weitere zwanzig Jahre verlängerten „Vertrag über Freundschaft, Zusammenarbeit und gegenseitigen Beistand". Er sieht den gegenseitigen, auch militärischen Beistand bei einem Angriff von außen auf ein Mitgliedsland „in Europa" vor. Das höchste Leitungs- und Koordinierungsgremium ist der einmal jährlich tagende Politische Beratende Ausschuss, in dem die Partei- und Regierungschefs ständige Mitglieder sind. Hinzugezogen werden zumeist die Außen- und Verteidigungsminister, der Oberkommandierende der Vereinten Streitkräfte sowie deren Generalstabschef, welch letztere bislang immer Sow-

1966 gestiftete „Medaille der Waffenbrüderschaft".

jetgeneräle waren. Weitere Paktorgane sind die Komitees der Außen- und Verteidigungsminister, das Vereinte Oberkommando und dessen Stab, ein Militärrat mit beratender Funktion sowie ein Technisches Komitee. Dem Vereinten Oberkommando unterstehen in Kriegszeiten alle Land-, Luft- und Seestreitkräfte der Mitgliedstaaten, in Friedenszeiten nur Teile davon. Ständig unterstellt sind ihm die im Ausland stationierten Sowjettruppen, also die in Polen, Ungarn, der CSSR und seinerzeit der DDR. Die einzige und vollständig dem Oberkommando unterstellte Gesamtarmee war die DDR-Volksarmee. Nach Schätzungen des Londoner Instituts für Strategische Studien stehen bei allen Paktarmeen zusammen 6,2 Mio. Mann unter Waffen. Daneben verfügen sie, grob gesprochen, über gut 62 000 Panzer, rund 13 800 Flugzeuge und knapp 2000 Kriegsschiffe. Hinzu kommen auch noch die atomaren Lang-, Mittel- und Kurzstreckenraketen der Sowjetunion.

Wehrerziehung. Schon im Kindergarten der DDR begann mit Besuchen in Kasernen und Auftritten von Soldaten vor Kindergruppen die Wehrerziehung. Das setzte sich fort mit Geländespielen in den ersten Schulklassen, in den Ferienlagern der Jungen Pioniere der Freien Deutschen Jugend (FDJ) und in Patenschaften von Einheiten der Nationalen Volksarmee (NVA) mit Jugendgruppen. In den Lehrplänen der Mittelstufe sollte Wehrerziehung integrierter Bestandteil aller Fächer sein, wobei v.a. im Sportunterricht militärische Ordnungsformen einzuüben waren. Das mündete in der Oberstufe in direkte vormilitärische Ausbildung der Jungen und Vor-

1970 gestiftete „Verdienstmedaille der Zivilverteidigung der Deutschen Demokratischen Republik".

bereitung der Mädchen auf Aufgaben der Zivilverteidigung. Mit dem Schuljahr 1978/79 wurde das Fach „Wehrkunde" an den Oberschulen obligatorisch. Die NVA und die Gesellschaft für Sport und Technik (GST) unterstützten diese Bemühungen intensiv. Wehrerziehung war auch fester Bestandteil der beruflichen Bildung. Schulabgänger, die sie ablehnten, erhielten keinen Lehrvertrag, ihnen blieb nur die „Karriere" als Hilfsarbeiter. Im Studium, in den Betrieben, im FDGB u.a. gab es zahlreiche Programme zur Wehrerziehung, die militärische Fertigkeiten vermitteln, aber auch ein klares Feindbild verankern sollten. Die damit verbundene ständige Indoktrinierung erzeugte jedoch oft Abwehr und speiste die auch in der DDR zuletzt nicht mehr zu unterdrückende Friedensbewegung.

Wehrpflicht. In der DDR galt Wehrpflicht als „Recht und Ehrenpflicht" seit Verabschiedung eines dementsprechenden Gesetzes am 24.1.1962. Ein Recht auf Kriegsdienstverweigerung bestand nicht, nur ein waffenloser Dienst als „Bausoldat", aber ebenfalls im Rahmen der Nationalen Volksarmee (NVA), wurde angeboten. Die Dienstzeit betrug zuletzt 18 Monate. Frauen konnten auf freiwilliger Basis Wehrdienst leisten in Bereichen wie medizinische Versorgung, Kommunikation, Verwaltung, Meteorologie u.a.

Wiedervereinigung. Der Ost-West-Gegensatz führte nach 1945 zur Teilung Deutschlands und 1949 zur Bildung zweier deutscher Staaten. Während die DDR die Teilung bald als endgültig verstand, blieb in der Bundesrepublik das Volk durch die Präambel ihres GGs aufgefordert, „in freier Selbstbestimmung die Einheit und Freiheit Deutschlands zu vollenden". Dieses sog. Wiedervereinigungsgebot musste damit handlungsleitend für jede Bundesregierung sein. Bundeskanzler Adenauer suchte den Weg dazu durch Integration der BRD ins westliche Bündnissystem und durch wirtschaftliche Stärkung. Sowjetische Angebote einer Wiedervereinigung auf der Basis einer Neutralisierung Deutschlands (Stalin-Note vom 10.3. 1952 lehnten die Westmächte mit Adenauers Einverständnis ab; mit der Hallstein-Doktrin versuchte er einer Aufwertung oder gar Anerkennung der DDR entgegenzuwirken. Deren Konsolidierung aber schritt voran, so dass sich die Große Koalition (1966) der von den USA eingeleiteten Politik der Entspannung anschloss und die Regierungen Brandt und Schmidt seit 1969 mit einer neuen Ostpolitik einen „Wandel durch Annäherung" und „menschliche Erleichterungen" anstrebten. Trotz des 1972 geschlossenen Grundlagenvertrags mit der DDR schien eine „Wiedervereinigung" auf absehbare Zeit ausgeschlossen zu sein, und es kam sogar zu Diskussionen über die Streichung der dementsprechenden Passage im GG. Sie wurden 1989 gegenstandslos durch die Entwicklung in der DDR, wo unter dem Druck der sowjetischen Reformpolitik und der eigenen Bevölkerung (Fluchtbewegung, Massenproteste) das SED-Regime gestürzt wurde. Am 3.10.1990 trat die DDR nach Art. 23 GG der Bundesrepublik bei; am 2.12.1990 folgten die ersten gesamtdeutschen Wahlen – das Wiedervereinigungsgebot war eingelöst. Man sprach und spricht inzwischen allerdings lieber schlicht von Vereinigung, um den Unterschied zum früheren Gesamtdeutschland deutlich zu machen.

Wohnungsbau. In der DDR fanden sich in der Nachkriegszeit günstige Verhältnisse; dementsprechend gering fiel das Wohnungsbauvolumen aus: Es betrug 1950 nur ein Viertel der Aufwendungen, die in der Bundesrepublik pro Einwohner geleistet wurden; in den 1980er Jahren waren es 65 %. Die Wohnraumzählung von 1981 wies 6,6 Mio. Wohnungen aus, die durchschnittlich von 2,5 Personen bewohnt wurden. Allerdings waren die Wohnungen in der DDR durchweg kleiner als im Westen (durchschnittlich 58 m_ in der DDR gegenüber 78 m_ in der BRD). Überalterung des Wohnungsbestandes, schlechte Ausstattung und hoher Reparaturbedarf machten zudem große Investitionen erforderlich. Obwohl zwischen 1971 und 1989 rd. 386 Mrd. Mark für den Bau von Wohnungen und Gemeinschaftseinrichtungen und zur Erhaltung der alten Bausubstanz aufgewendet wurden, blieb in der DDR der schlechte Bauzustand der Wohnungen Dauerthema.

Wolf, Markus, *Hechingen 19.1.1923. – Der Sohn des Arztes und Schriftstellers Friedrich Wolf (*1888, †1953) emigrierte 1933 mit den Eltern und lebte 1934-45 in der Sowjetunion. 1942 wurde er Mitglied der KPdSU, 1946 Mitglied der SED. Er arbeitete nach dem Krieg zunächst im Berliner Rundfunk, dann im diplomatischen Dienst der DDR. 1951 wurde Wolf zum Leiter des „Instituts für Wirtschaftswissenschaftliche Forschung", einer Spionageorganisation, im DDR-Außenministerium ernannt. 1952 wechselte Wolf zur „Stasi" und erhielt 1956 die Leitung der „Hauptverwaltung Aufklärung" (HVA), in der v.a. Spionage gegen die Bundesrepublik betrieben wurde. Die Tätigkeit seiner „sozialistischen Kundschafter an der unsichtbaren Front" wurde dabei keineswegs verheimlicht, und Wolf sonnte sich gern öffentlich in den Erfolgen seiner Truppe. Bis zu seinem Ausscheiden aus dem aktiven Dienst 1986 erklomm er hohe militärische Ränge, zuletzt (1980) den eines Generalobersten. 1993 wurde Wolf vom Oberlandesgericht Düsseldorf wegen Landesverrats zu 6 Jahren Haft verurteilt. Der Haftbefehl ist jedoch außer Vollzug; Wolf profitiert von dem Spruch des Bundesverfassungsgerichts (23.5.1995), wonach Spionage zu Lasten der Bundesrepublik, ausgeübt von Personen, die ihren Lebensmittelpunkt in der DDR hatten, nicht mehr unter Strafe zu stellen ist.

Wollweber, Ernst Friedrich, *Hannoversch-Münden 28.10.1890, †Berlin 3.5.1967. – Der Matrose Wollweber trat 1919 in die KPD ein. 1928-32 war er Abgeordneter im Preußischen Landtag, 1932 im Deutschen Reichstag. Als Abteilungsleiter für Organisation im ZK der KPD baute er das Westeuropa-Büro der Komintern auf (sog. Wollweber-Organisation). Er emigrierte 1933 zunächst nach Dänemark, dann nach Schweden, später in die UdSSR. 1946 kehrte er nach Deutschland zurück und war seit 1947 Generaldirektor für das Schifffahrtswesen in der „SBZ", seit 1949 Staatssekretär im Ministerium für Verkehr. 1955-57 war er als Minister Chef der „Stasi"; 1954-58 gehörte er dem ZK der SED an. Im Februar 1958 wurde Wollweber zusammen mit Karl Schirdewan wegen „Fraktionsbildung" aus dem ZK ausgeschlossen. Postum erfuhr er 1990 seine Rehabilitierung durch die SED/PDS.

Zentralkomitee der SED. Als „Hoheitsorgan" zwischen den Parteitagen gab es bei der SED, der Sozialistischen Einheitspartei Deutschlands, das Zentralkomitee. Laut Statut und entsprechend der Regelung in anderen kommunistischen Parteien führte das ZK die Beschlüsse des Parteitages aus und war diesem gegenüber rechenschaftspflichtig. In der Praxis war das ZK, das mindestens einmal in sechs Monaten zu einer Plenumsitzung zusammentrat, jedoch eher ein Beratungs- und Kontrollgremium. Obwohl sich der Prozess der politischen Willensbildung wegen der Nichtöffentlichkeit der Tagungen nur schwer durchschauen ließ, gilt es als sicher, dass die meisten bedeutsamen Entscheidungen in den eigentlichen Führungsgremien – im Politbüro und im Sekretariat des ZK – fielen. Zu den regelmäßigen Aufgaben des ZK-Plenums gehörten die Entgegennahme und Erörterung des vom Politbüro erstatteten Rechenschaftsberichtes. Die dabei gehaltenen Referate und Diskussionsbeiträge wurden in der Regel von der Parteizeitung nur in Auszügen veröffentlicht.

Zivilverteidigung. Die DDR regelte die Zivilverteidigung gesetzlich zwischen 1967 und 1970, unterstellte ihr die Sanitätseinrichtungen des Deutsche Roten Kreuzes (DRK) und integrierte den Katastrophenschutz. Unterstellt war die Zivilverteidigung zunächst dem Vorsitzenden des Ministerrats, seit 1978 dem Ministerium für Nationale Verteidigung. Daher konnte in ihren Einrichtungen auch ein waffenloser Wehrdienst abgeleistet werden. Frauen konnten für Aufgaben der Zivilverteidigung dienstverpflichtet werden. Offiziere wurden in einem 1960 geschaffenen Institut der Zivilverteidigung ausgebildet.

Zwei-plus-Vier-Vertrag. Eine Wiedervereinigung Deutschlands war auch nach dem Zusammenbruch der SED-Diktatur in der DDR nur mit Zustimmung der vier Siegermächte möglich. Daher suchten die beiden deutschen Staaten 1989/90 in sog. Zwei-plus-Vier-Gesprächen etwaige Bedenken der USA, Großbritanniens, Frankreichs und/oder der UdSSR hinsichtlich der Bildung eines Gesamtdeutschlands zu zerstreuen und die Bedingungen auszuhandeln, unter denen die Vereinigung für alle akzeptabel wäre. Am 12.9.1990 wurde ein Zwei-plus-Vier-Vertrag unterschrieben, der für das vereinte Deutschland galt, der von Bundestag und Volkskammer am 20.9.1990 mit überwältigender Mehrheit angenommen wurde und am 4.3.1991 in Kraft trat, nachdem die UdSSR als letzter Staat die Abmachungen ratifiziert hatte. Damit erhielt die Bundesrepublik die volle innen- wie außenpolitische Souveränität. Im Zusammenhang mit dem Vertrag sagte Deutschland der UdSSR 13 Mrd. DM Finanzhilfe für den Abzug ihrer Truppen bis 1994 zu.

IMPRESSUM

Bildnachweis
Bundesarchiv 12(o.), 14, 15(o.), 16(O.), 17, 18, 19(o.), 20, 22, 23(2), 24, 25(o.), 26, 27(o.), 28(u.), 29(3), 30(2), 32, 33(o.), 34, 36(2), 37(o.l.), 38, 39(o.), 40(r.), 42(2), 43, 44(u.), 46, 48(2), 49(o.), 52,(2), 53, 54, 55(o.), 56, 57(o.), 58, 59, 60(u.), 64, 65(o.), 66 (o.l.), 67(2), 68, 69(o.), 70, 72(o.), 74(o.), 75, 77, 78, 79(r.), 80, 81(o.), 82, 83(o.), 84, 85(o.), 86(u.), 87(o.), 88(o.), 89, 90(o.), 92, 93(o.), 94(u.), 95, 96(o.), 97, 98(2), 100, 101(2), 102, 105(o.), 107(o.), 108, 109(2), 110, 111, 112(o.), 113, 114, 115, 116, 120, 121, 122(2), 124, 125(2), 126, 128, 129, 130, 131, 132, 133(2u.), 134, 136, 137(2), 138, 139(o.), 140(2), 141(o.), 142, 143(o.), 144(o.), 145, 147(2), 148, 149(2), 150, 151(2), 152, 153, 154, 155(2), 156, 157, 158, 159. Archiv des Herausgebers. Private Sammler-und Leihgeber. Da einige Vorlagen nicht eindeutig zugeordnet werden konnten, werden berechtigte Honoraransprüche selbstverständlich abgegolten.
Einband (s/w-Fotos): Bundesarchiv (l. o.), (l. m.), (l. u.), (r. o.), (r. m.), Baader (r. u.)

Wesentliche Texte der Chronik entstammen dem DDR-Handbuch der Bundesregierung, die uns das Bundesministerium des Inneren freundlicherweise zur Verfügung gestellt hat.

© Otus Verlag AG, St. Gallen, 2007

Alle Rechte vorbehalten, auch die des auszugsweisen Nachdrucks, des öffentlichen Vortrags und der Übertragung in Rundfunk und Fernsehen.

Herstellung und Organisation: Dr. Christian Zentner, München

Mitarbeiter: Daniela Kronseder, Dr. Nora Wiedenmann

Umschlaggestaltung und Layout: Petra Obermeier, München

ISBN 978-3-907194-54-6